MARKUS MICHAEL

MAGNOLIA
IN ZÜRICH

Eine ungewöhnliche Reise durch
unsere Geschichte

novum ◢ pro

Dieses Buch ist auch als e-book erhältlich.

Bibliografische Information
der Deutschen Nationalbibliothek:

Die Deutsche Nationalbibliothek
verzeichnet diese Publikation in
der Deutschen Nationalbibliografie.
Detaillierte bibliografische Daten
sind im Internet über
http://www.d-nb.de abrufbar.

Gedruckt in der Europäischen Union
auf umweltfreundlichem, chlor- und
säurefrei gebleichtem Papier.

© 2025 novum publishing gmbh
Rathausgasse 73, A-7311 Neckenmarkt
office@novumverlag.com

ISBN 978-3-7116-0657-0
Lektorat: Leon Haußmann
Umschlagabbildung: Voorus, Brazil
Umschlaggestaltung, Layout & Satz:
novum Verlag
Innenabbildungen: siehe Bildquellen-
nachweis S. 463–464
Autorenfoto: Adrian Michael

Die vom Autor zur Verfügung gestellten
Abbildungen wurden in der bestmög-
lichen Qualität gedruckt.

www.novumverlag.com

Druckprodukt mit finanziellem
Klimabeitrag
ClimatePartner.com/16547-2311-1001

Magnolia in Zürich

Eine ungewöhnliche Reise durch unsere Geschichte

Oder, gemäß der Publikation auf Englisch:

Die ungeschriebenen Chroniken der größten Konfrontationen der westlichen Zivilisationen:
Ein imaginärer Spaziergang durch eine alternative Geschichte

Vom Autor adaptiert aus dem Amerikanischen.

Dank

Ich bedanke mich bei Juan Luis Gutiérrez Fisac für redaktionelle Beratung, João Lucas für Rückenstärkung, meinem Bruder Adrian Michael für Auswahl der Illustrationen und Erstellung von Karten, sowie dem Voorus-Team in Brasilien für die Erstellung von Karten, Grafiken und des Buchdeckels.

Inhaltsverzeichnis

Prolog

Magnolia In Zürich Tanzt Tango, Heute Mit Orchester. Kunstvoll, Graziös – Absolut Wunderbar!

Man mag die Begeisterung für Magnolias Performance verstehen – was hat sie aber in einem Geschichtsbuch verloren? Die Großbuchstaben sind ein Hinweis darauf, dass der Satz als Gedächtnisstütze gedacht ist. Ich habe ihn erfunden, um mich selbst an eine Liste historischer Orte zu erinnern, die ich meiner Tochter und meinem Enkel während einer kurzen Phase des Hausunterrichts in der Coronavirus-Sperre vermitteln wollte. Leider zeigten die Kinder kein Interesse am Stoff, demnach ich das Vorhaben schnell aufgab. Dafür kamen diskret Nachhilfelehrer zu uns, um die beiden mit konventionelleren Studien zu beschäftigen. Ob sie tatsächlich etwas gelernt haben, bleibt fraglich. Aber zurück zu unserer Magnolia: Jeder Buchstabe steht für eine entscheidende Schlacht in unserer Geschichte.

Das ,M' in ,Magnolia' steht für die Schlacht von Marathon, in der die Athener und ihre Verbündeten 490 v. Chr. versuchten, die Invasion der weit überlegenen multiethnischen Streitmacht unter der Führung des persischen Königs Darius zu vereiteln.

Das ,I' in ,In' steht für die Schlacht von Issus, in der Alexander der Große 333 v. Chr.[1] mit seinen griechischen Truppen in der nördlichen Levante gegen die persische Armee kämpfte.

Das ,Z' in ,Zürich' symbolisiert die Schlacht von Zama, die 202 v. Chr. stattfand, als der römische General Publius Cornelius Scipio im heutigen Tunesien auf den karthagischen General Hannibal traf.

---

1 „Drei drei drei, Issus Keilerei..."

11

Das ‚T‘ in ‚Tanzt‘ steht für die Schlacht im Teutoburger Wald, die im Jahr 9 n. Chr. stattfand, als der römische Feldherr Publius Quinctilius Varus die germanischen Krieger tief in ihrem Heimatland provozierte.

Das zweite ‚T‘ in ‚Tango‘ steht für die Schlacht von Tours und Poitiers im Jahr 732 n. Chr., einen entscheidenden Moment in der Geschichte, als die muslimische Armee aus dem bereits besetzten Iberien in Südfrankreich einmarschierte.

Das ‚H‘ in ‚Heute‘ steht für die Schlacht von Hastings im Jahr 1066, die Auseinandersetzung zwischen dem englischen Heer und den Truppen des normannischen Grafen Wilhelm in der Bemühung, sich den Spitznamen ‚der Eroberer‘ zu verdienen.

Das zweite ‚M‘ in ‚Mit‘ steht für die Schlacht von Manzikert im Jahr 1071, in der das byzantinische Heer den eindringenden seldschukischen Türken in Ostanatolien gegenüberstand.

Das ‚O‘ in ‚Orchester‘ steht für die Belagerung von Orléans im Jahr 1429, ein zentrales Ereignis im Hundertjährigen Krieg zwischen England und Frankreich.

Das ‚K‘ in ‚Kunstvoll‘ steht für die Belagerung von Konstantinopel durch die osmanischen Türken im Jahr 1453.

Das ‚G‘ in ‚Graziös‘ bezieht sich auf die Belagerung von Granada, der letzten Hochburg der Muslime in al-Andalus, durch die Katholischen Könige Isabella und Ferdinand im Jahr 1492.

Das ‚A‘ in ‚Absolut‘ erinnert an die spanische Armada von 1588, die Philipp II. von Spanien gegen die Flotte von Königin Elisabeth I. im Ärmelkanal entsandte.

Das ‚W' in ‚Wunderbar' steht schließlich für die Schlacht von Waterloo im Jahr 1815, Napoleons letzte Schlacht gegen seine verbündeten europäischen Gegner.

Die Auswahl von zwölf Schlachten ist etwas willkürlich; ich hätte den Fußstapfen meines geschätzten Vorgängers Edward Shepherd Creasy folgen können, der fünfzehn Schlachten für sein Werk auswählte[2]. Alternativ hätte ich auch die anspruchsvolle Aufgabe übernehmen können, die hundert bedeutendsten Schlachten zu behandeln, was jedoch den Schreibprozess fast ins Unendliche verlängert hätte. Zudem ist meine Auswahl stark auf europäische Geschichte ausgerichtet – alle ausgewählten Schlachten lassen sich auf einer nur geringfügig erweiterten Karte Europas lokalisieren (siehe Karte in Abbildung I.1). Diese Entscheidung basiert auf zwei Überlegungen: Erstens hätte ich mich als Laie in der Geschichte anderer Kontinente auf weniger vertrautem Terrain bewegt, und zweitens gehe ich davon aus, dass viele Leser, die zu einem gewissen Maße europäischer Abstammung sind, ein größeres Interesse an ihrer eigenen Geschichte haben mögen.

---

2 ‚Die fünfzehn entscheidenden Schlachten der Welt: Von Marathon bis Waterloo'. Für Quellen siehe Anhang.

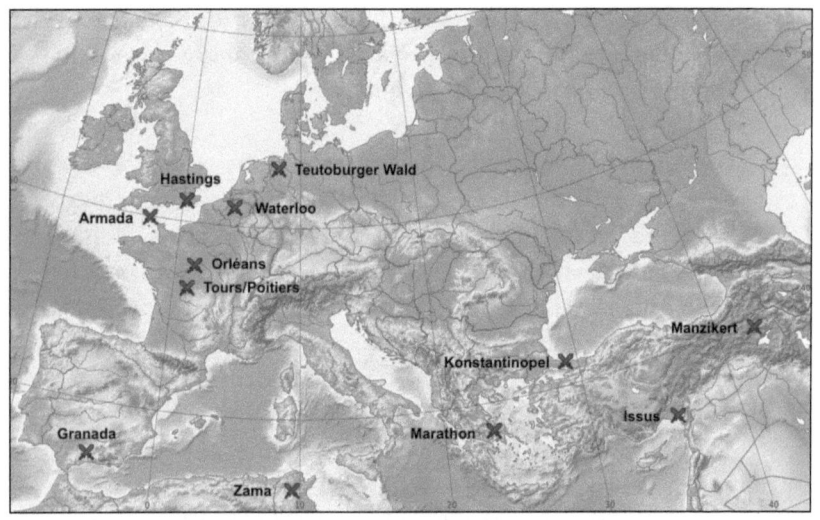

Abbildung I.1: Karte mit der Lage der zwölf Schlachten
(© Adrian Michael, 2024)

Drei Jahre nach meiner gescheiterten Karriere als Geschichts-
lehrer erkundete ich zusammen mit meinen geschätzten Freunden Juan Luis und Maria Paloma die historischen Städte der
spanischen Extremadura – eine nach der anderen, mit ihren
Zeugnissen von Römern, Arabern und Christen. Bei ein paar
Gläsern Verdejo erzählte ich ihnen eines Tages von Magnolia
und ihren bewundernswerten Künsten und sie regten mich an,
einen Vortrag oder vielleicht sogar ein Buch über dieses Thema
zu schreiben. Hier ist es nun. Trotz des Eindrucks, den der Titel
vermitteln mag, handelt es sich nicht um eine Abhandlung über
Schlachten, ein Thema, das nur ein Nischenpublikum faszinieren
könnte, das sich für militärische Manöver interessiert. Vielmehr
soll es eine Erzählung über die dramatischen Wendungen sein,
die unsere Geschichte durch die Konsequenzen dieser Schlachten genommen hat.

Ich erkenne an, dass bedeutende historische Ereignisse nicht auf
Schlachten beschränkt sind. Denken wir nur an den Untergang

des Weströmischen Reiches oder die Aufklärung in Europa mit ihren tiefgreifenden Auswirkungen. Dennoch tragen bestimmte Ereignisse oder Fortschritte oft den Stempel des Krieges, wie es zumindest teilweise bei der Gründung der Europäischen Union der Fall war, die vom Leitgedanken ‚Nie wieder!‘ geprägt war. Im Gegensatz dazu war nicht jedes Ereignis, über das ich hier berichte, für sich genommen von überragender Bedeutung. Wer hat wirklich darüber nachgedacht, ob, wann oder wie die letzte muslimische Hochburg in Andalusien den christlichen Eroberern unterlag? Dennoch habe ich dieses Ereignis gerade deshalb ausgewählt, weil es einen bedeutsamen, langanhaltenden historischen Prozess symbolisiert: die Reconquista.

Ich bewundere zwar diejenigen, die ihr Leben intensiv im Hier und Jetzt erleben, aber ich beneide sie nicht darum. Obwohl ich kein Historiker bin, durchdringt für mich die Vergangenheit alles und jeden, überall. In meiner Familie wurden gerne Erzählungen aus der Vergangenheit weitergegeben. Unsere Mutter erzählte uns von ihrem Onkel, der im 19. Jahrhundert in Afrika Großwild jagte – eine Tätigkeit, die damals noch als politisch korrekt galt. Ihr Vater verbrachte seine frühe Kindheit in einem Dorf der Ureinwohner auf der Teufelsinsel vor Französisch-Guayana. Meine Mutter transkribierte akribisch sein Tagebuch, das er in der heute obskuren deutschen Sütterlin-Schrift geschrieben hatte. Darin beschrieb er seine Reise durch den Suezkanal und Indien sowie sein späteres Leben in Tibet – all dies noch im 19. Jahrhundert. In den 1930er-Jahren begann sie selbst, Kisuaheli zu lernen, um vielleicht eine Farm in Afrika zu betreiben. Ihr Traum wurde jedoch durch den Zweiten Weltkrieg unterbrochen, in dem unser Vater sechs Jahre lang in der deutschen Wehrmacht diente. Sein eigener Vater, den wir nur von einem verblassten Foto in der Uniform der kaiserlichen deutschen Armee kannten, hatte im Ersten Weltkrieg gekämpft.

So wuchsen wir in einer geistigen Landschaft auf, die über unsere unmittelbare Umgebung in einer Schweizer Vorstadt hinausreichte. Heute lebe ich in Südamerika, einem Kontinent, der von Völkermord, Sklaverei und einer leider immer noch auf Ausbeutung basierenden Wirtschaft gezeichnet ist. Ich besitze einen Anteil an einem Kloster in Italien, das zu einer Ferienresidenz umgebaut wurde – ein Bauwerk, dessen Geschichte fast tausend Jahre zurückreicht (Abbildung I.2). Von dort aus überblicke ich den Ort am Trasimenischen See, an dem Hannibal den römischen Legionen eine entscheidende Niederlage beibrachte, nachdem er mit seinen Truppen und Elefanten von Spanien aus über die Alpen getreckt war.

Abbildung I.2: La Badia di Sant'Arcangelo, Umbrien, Italien.
Linolschnitt von Belkis Ramirez

Mit meiner Berufserfahrung in etwa sechzig Ländern, von denen sich fast alle in einem bewaffneten Konflikt oder regelrechten Krieg befanden, weiß ich, dass Kriege weit mehr bedeuten als bloße Schlachten. Oft kann man sogar jahrelang in einem vom Krieg zerrissenen Land leben, ohne jemals auch nur in ein Scharmützel verwickelt zu werden. Dennoch hatte ich zumindest einmal die seltene Gelegenheit, Zeuge eines solchen Zusammenstoßes aus erster Hand zu werden. Ich verbrachte mehrere Tage auf einem Hügel nördlich von Kabul, auf einem ausgebreiteten Teppich sitzend neben meinem Freund Abdul Malek, dem Leiter des medizinischen Dienstes der Taliban. Von unserem Aussichtspunkt aus beobachteten wir in aller Ruhe die Scharmützel zwischen den Taliban und der ,Nordallianz', während wir Tee tranken, uns unterhielten und spekulierten. Auch wenn das Beobachten von Schlachten heute leicht aus der Mode und vielleicht politisch unkorrekt erscheinen mag, hatte unser Engagement einen Zweck: Ich koordinierte eine Handvoll Krankenwagen und leitete diese über Funk von unserem Aussichtspunkt am Berg.

So war mein beruflicher Werdegang im Wesentlichen dadurch gekennzeichnet, dass ich Zeuge der Entstehung von Geschichte wurde – und diese oft auch selbst erlebte. Ich bin Menschen begegnet, die Geschichte geprägt haben, wie Ahmad Shah Massoud, Prinz Sihanouk und Fidel Castro. Vor allem aber habe ich mit den Menschen zu tun gehabt, die unter der Entstehung der Geschichte gelitten haben.

Geschichte ist viel mehr als ,ein Ärgernis nach dem anderen', wie es heißt; die Auseinandersetzung mit ihr kann wertvolle Einblicke in das Verständnis des heutigen Geschehens bieten. Geschichte kann jedoch auch manipuliert werden, um Hass zu schüren und aufrechtzuerhalten. Während des Bosnienkriegs führte ich beispielsweise mit meinen Kontakten unter Bosniern, Kroaten und Serben – letztere erwiesen sich als besonders geschickt – unzählige Debatten über historische Narrative, die oft durch Rakija angeheizt wurden. Diese Diskussionen drehten sich darum, wer wem was angetan hat und aus welchen Gründen. Das Muster war vorhersehbar: ,Wir haben ihnen das angetan, weil sie uns jenes angetan hatten' (wobei weder ,das' noch ,jenes' speziell freundliche Handlungen waren). Mein Gegenargument war, dass ich ihre Beweggründe zwar anerkannte, aber darauf hinwies, dass der Kreislauf der Vergeltung von ihren jeweiligen vorhergehenden Handlungen herrührte. Dieser Dialog wiederholte sich bis zum

Überdruss, wobei die historischen gegenseitigen Anklagen bis in die byzantinische und römische Zeit zurückreichten.

Konzentrieren wir uns nun auf unsere zentralen Schlachten, nicht weil andere – wie etwa Lepanto oder Stalingrad – als weniger ‚wichtig' gelten, sondern weil ihre Ergebnisse die Zukunft auf einzigartige Weise geprägt haben, die sich deutlich von derjenigen unterschieden hätte, wenn die Besiegten die Sieger gewesen wären. Dieses Buch ermutigt die Leser daher, sich in das Reich des Gegenfaktischen zu begeben: Was wäre, wenn? Was wäre, wenn die Expedition von Kolumbus in die Neue Welt genauso katastrophal geendet hätte wie die Landung der Wikinger fast fünf Jahrhunderte zuvor? Wie hätten sich die Reiche der Azteken und Inkas entwickelt und hätten möglicherweise geendet, wenn man sie sich selbst überlassen hätte? Oder noch besser: Was wäre, wenn sie Invasionen in Europa unternommen hätten? Krankheiten wie die Syphilis hätten möglicherweise die europäische Bevölkerung dezimiert. Was wäre, wenn die indischen Streitkräfte die zahlreichen muslimischen Invasionen und Besetzungen aus dem Westen erfolgreich abgewehrt hätten? Zunächst einmal gäbe es keinen Taj Mahal für Touristen zu bestaunen. Und was wäre, wenn es den Mongolen bei ihren beiden Versuchen im 13. Jahrhundert gelungen wäre, Japan zu erobern? Würden wir heute Autos mit dem Namen ‚Dschingis' fahren oder wären die Japaner heute die weltbesten Pferdesportler?

Die zwölf Kapitel, die jeweils einer bestimmten Schlacht gewidmet sind, sind chronologisch geordnet, müssen aber nicht unbedingt in dieser Reihenfolge gelesen werden (mit Ausnahme vielleicht der ersten beiden Kapitel, die tatsächlich zwei Teile derselben Geschichte sind). Die Leser mögen mit einer Schlacht beginnen, die ihnen aus dem Geschichtsunterricht noch lebhaft in Erinnerung ist, oder umgekehrt mit einer, die sie zunächst ratlos macht, wie vielleicht Zama oder Manzikert. Ich stelle in jedem Kapitel den wichtigen Kontext voran, bevor ich ausgewählte Zeitzeugen oder Chronisten aus späteren Epochen zu Wort kommen lasse.

Es ist wichtig zu erkennen, dass die Sichtweise dieser Zeugen aufgrund ihres begrenzten Verständnisses, sowohl der Fakten als auch der umfassenderen Problematik, fehlerhaft sein kann. Sie könnten voreingenommen gewesen sein oder versucht haben, sich selbst in einem günstigeren Licht darzustellen, als es ihr Handeln rechtfertigte. Trotz dieser Einschränkungen bin ich zuversichtlich, dass das gewählte Format die Lektüre ansprechender macht als nur eine Reihe trockener Vorträge. Indem es die Leser dazu anregt, über diese Unvollkommenheiten nachzudenken, sollte es auch ihre Phantasie beflügeln.

In den Dokumenten, die die Ereignisse festhalten, werden zahlreiche Namen von zeitgenössischen Akteuren, Autoren und Orten genannt, was oft eine Klarstellung erfordert. Außerdem wurden bestimmte Ausdrücke in der Originalsprache beibehalten, was eine Übersetzung nötig macht. Die Fußnoten sind daher von mir selbst erstellt.

Kapitel 1

Die Schlacht von Marathon, 490 v. Chr.

Der Name ‚Marathon' weckt eher Assoziationen an ein zweiundvierzig Kilometer langes Rennen als an das historische Ereignis, das vor zweitausendfünfhundert Jahren in Griechenland stattfand, nordöstlich von Athen nahe der Ägäis (Abbildung 1.1). Der Bote Philippides lief diese Strecke vom Schlachtfeld bis zur Stadt Athen, um der dortigen Bevölkerung die Schreckensbotschaft zu überbringen, dass die siegreichen Truppen des persischen Königs Darius zu diesem Zeitpunkt bereits auf dem Weg in die Hauptstadt waren. Das Invasionsheer bestand aus einer bunten Mischung persischer Befehlshaber und Infanteristen, medischer Reiterei, Indern mit Langbögen, Äthiopiern in Leopardenfellen, Thrakern mit Fuchsfellmützen, Assyrern aus Mesopotamien, Baktrern vom Hindukusch, Sogdiern von jenseits davon, sowie Griechen aus Kleinasien und von den ägäischen Inseln, die auf dem Weg zwangsrekrutiert wurden (Abbildung 1.2).

Abbildung 1.1: Hügel, der die Gräber der Gefallenen von Marathon bedeckt

Überwältigt wie in einer griechischen Tragödie von Trauer um ihre gefallenen Männer und Angst und ihr eigenes Leben, gingen die Athener in ihre Häuser, um ihre Kinder und wertvolle Habseligkeiten zu holen. Die Reichen ritten nach Süden zum Hafen von Piräus, in der Hoffnung, von dort mit einem Schiff zu entkommen, während die Armen zu Fuß nach Westen in Richtung Korinth flohen. Dort, so hofften sie, könnten die Spartaner die Landenge halten und so den Vormarsch der persischen Truppen stoppen. Die Spartaner waren nämlich zuvor zur Verstärkung der athenischen und anderer griechischer Truppen gegen die eindringenden Perser gerufen worden, waren aber zu sehr mit Feiern beschäftigt und mussten angeblich erst den Vollmond abwarten, um marschieren zu dürfen. Zu diesem späteren Zeitpunkt nun könnten sie zumindest als Nachhut dienen und sich an der Landenge gegen die Invasoren behaupten, um zu verhindern, dass diese auch die Halbinsel Peloponnes einnahmen.

*Abbildung 1.2: Griechen im Kampf gegen die Perser bei Marathon,
auf der ,Stoa Poikile', dem bemalten Portikus in Athen*

Wer also waren diese Perser? Kyros der Große, der Gründer der
Achämeniden-Dynastie, hatte gerade erst die Meder als mächtigste Nation in der Region abgelöst. Nach der Eroberung Babylons im Jahr 539 v. Chr. erlaubte er den verschleppten Juden die
Rückkehr nach Jerusalem, wie es im Buch Esra des Alten Testaments heißt. Zur Zeit von Marathon, unter Kyros' Enkel Darius,
dem ,König der Könige', war das persische Reich zum größten
der Welt geworden und erstreckte sich vom Indus bis nach Anatolien und Ägypten und vom Persischen Golf bis zum Aralsee
in Zentralasien. Sogar Thrakien und Makedonien im Norden
Griechenlands waren bereits persisch geworden. Warum Darius
so viel Wert darauf legte, diese westlichste, geostrategisch un-
bedeutende Halbinsel Griechenland in sein Reich einzugliedern,
bleibt ein Rätsel. Eine Hypothese besagt, dass die griechischen
Städte in Kleinasien die lästige Angewohnheit hatten, sich gegen ihre persischen Oberherren aufzulehnen, unterstützt und
gefördert von Athen und anderen griechischen *poleis*[3] auf dem
Festland – eine Praxis, die Darius ein für alle Mal unterdrücken
wollte. Oder wurde er einfach von einem unaufhaltsamen ,Drang

---

3 Plural von *polis*: griechischer Stadtstaat.

nach Westen' getrieben? Die achämenidischen Könige waren eh nicht gerade sesshaft: Sie reisten ständig zwischen ihren Residenzen in Persepolis, Susa, Ekbatana und Babylon hin und her – eine Hauptstadt prächtiger als die andere.

Trotz der Projektion überwältigender persischer Macht und deren skrupellosen Nutzung führte eine Eroberung durch das persische Heer nicht notwendigerweise zu Zerstörung und Vernichtung. Sobald Schakale und Geier das Schlachtfeld von Leichen gesäubert hatten, wandte Persien Charme an, um sich mit den lokalen Eliten anzufreunden. Solange diese den neuen Oberherren die Treue schworen, durften sie weiterhin unter der Ägide eines persischen Satrapen herrschen, der dafür sorgte, dass sie Tribut zahlten und Truppen für weitere Eroberungen aufstellten. Ein gutes Beispiel für diese Praxis sind die Griechen Kleinasiens, deren Bräuche, Sprache und Götter unangetastet blieben – ihre Vertreibung aus Kleinasien sollte noch zweieinhalb Jahrtausende auf sich warten lassen, bis zur großen ethnischen Säuberung in den 1920er-Jahren (siehe Kapitel 9). Diese traditionelle persische Praxis der Toleranz wurde, wie wir in diesem Kapitel sehen werden, auch auf die nun eingegliederten griechischen *poleis* auf dem Festland angewandt.

Erstaunlicherweise ist von all der persischen Macht und Pracht nicht viel übrig geblieben. Die wahrscheinlich teuerste Feier in der Geschichte der Menschheit, die der Schah von Persien 1971 in Persepolis ausrichtete, sollte die Verbindung zwischen seiner Herrschaft und dem alten persischen Reich betonen. Diese Bemühung erwies sich jedoch als müßig; noch am Ende desselben Jahrzehnts stürzte eine von Islamisten usurpierte Revolution die Monarchie. Die einzigen noch verbliebenen kulturellen Überbleibsel des alten Perserreiches sind die Parsen, die vor der muslimischen Invasion im siebten Jahrhundert geflohen sind – viele von ihnen nach Bombay, wo eine kleine Parsi-Gemeinschaft noch immer lebt. Freddy Mercury war ihr wohl berühmtester Vertreter.

An die Griechen hingegen erinnert man sich auch heute noch viel mehr, allerdings eher ihrer Soft Power als ihrer militärischen Macht wegen. Der griechische Einfluss auf die europäische und ‚westliche‘ Zivilisation kann gar nicht hoch genug eingeschätzt werden. Dieser wurde größtenteils durch die Römer vermittelt, die ihre mythischen Ursprünge bezeichnenderweise auf Aeneas zurückführten, einen Überlebenden Trojas nach dessen Fall. Selbst als Athen schon politisch bedeutungslos geworden war, gehörte es für junge Römer der Oberschicht immer noch zum guten Ton, zumindest eine Saison dort zu verbringen – sozusagen als Krönung der Erziehung. Römische Künstler beschäftigten sich damit, griechische Statuen zu kopieren, und das griechische Pantheon wurde als Ganzes von Rom übernommen, wobei lediglich die Namen geändert wurden: Zeus wurde zu Jupiter, seine Frau Hera wurde in Juno umbenannt, und so weiter. Homers Epen, die Ilias und die Odyssee, werden sogar heute noch gelesen oder sind zumindest bekannt, und viele griechische Mythen, wie die des Minotaurus von Knossos oder die Tragödie des Ödipus, der seinen Vater tötete und mit seiner Mutter schlief, klingen immer noch nach.

Die Liste unseres griechischen Erbes ist nahezu unendlich. Nehmen wir die Politikwissenschaft: die Debatten über die Vor- und Nachteile der Tyrannei, Monarchie, Aristokratie und natürlich der Demokratie selbst. Oder die Philosophie: Obwohl die meisten von uns kaum in der Lage wären, die Einzelheiten der jeweiligen Lehren zusammenzufassen, sind Namen wie Heraklit, Epikur, Aristoteles, Platon und Sokrates allgemein bekannt. Dasselbe gilt für Drama und Poesie, von Homer bis Sappho. Überlebensgroße mythische Figuren wie Medea, die ihre Kinder ermordete, Ikarus, der in den Tod stürzte, weil er zu nahe an der Sonne flog, der mutige und schöne Achilles und die ebenso schillernde Helena von Sparta, Tochter von Leda und Zeus in Gestalt eines Schwans – alle sind sie Teil unseres kollektiven Gedächtnisses geworden. Zu den ersten professionellen Historikern gehörten Herodot und Xenophon, die uns über die Perser berichteten, die es leider selbst verschmähten, uns schriftliche Zeugnisse über ihre Taten zu hinterlassen. Auch die

Namen der athenischen Gesetzgeber wie Drako (von ‚drakonisch‘) und Solon, der Weise und Gerechte, sind uns noch vertraut. In der Architektur, Bildhauerei und Wissenschaft sind der Parthenon des Phidias, die Aphrodite von Knidos des Praxiteles und der Lehrsatz des Pythagoras berühmte Beispiele für die Ausdruckskraft griechischer Schöpfungen. Die Kunst der Rhetorik wird von Demosthenes verkörpert, der seine Sprachbehinderung überwunden hat, indem er seine Reden mit Kieselsteinen im Mund einübte.

Oft übersehen – weil spurlos verschwunden – werden die vielen hundert griechischen Kolonien, die rund um das Schwarze Meer, auf allen Inseln der Ägäis und entlang der gesamten kleinasiatischen Küste gegründet wurden. Auch Syrakus und andere Städte in Sizilien, weiter Neapolis und Sybaris (von dem ‚sybaritisch‘ stammt) in Süditalien sowie Massilia, das heutige Marseille in Südfrankreich, gehören dazu. Die phönizischen Seefahrer, die Hauptkonkurrenten der Griechen bei diesem kolonialen Unterfangen, zogen es vor, die nordafrikanische Küste entlang zu segeln und dann von Karthago direkt nach Iberien überzugehen; ernsthafte Zusammenstöße zwischen den beiden rivalisierenden Seefahrernationen gab es nur auf Sizilien. In ihrer Heimat stützte sich die griechische Wirtschaft auf Landwirtschaft und Bergbau, exportierte Olivenöl, Silber und Töpferwaren und importierte Getreide und Sklaven vom Schwarzen Meer. Der Bergbau wurde von Sklaven betrieben, die etwa ein Drittel der Bevölkerung ausmachten. Zwischen der Minderheit der freien Griechen und der großen Zahl der Sklaven gab es eine Klasse von Fast-Leibeigenen: Metöken (in Athen) und Heloten (in Sparta), die das Land bearbeiteten und ihren Herren hohe Abgaben leisteten.

Diese Fülle griechischer kultureller Errungenschaften steht im Kontrast zum Fehlen von Begriffen wie ‚Griechisches Reich‘, ‚Staat‘ oder gar ‚Nation‘ in den obigen Abschnitten, denn solche Strukturen existierten nicht. Es gab nur Griechen – oder besser gesagt Hellenen, wie sie sich selbst nannten –, die in *poleis* organisiert waren: Hunderte und Aberhunderte von meist kleinen Stadtstaaten, die sich ständig in einer prekären Spannung befanden. Zwischen Skylla und Charybdis navigierend, riskierten sie einerseits, isoliert zu bleiben und von einem stärkeren Nachbarn verschlungen oder gar vernichtet zu werden. Andererseits liefen sie Gefahr, durch einen freiwilligen und präventiven Zusammenschluss mit einer anderen *polis* ihre Identität zu verlieren. Frieden war also ein abnormaler Zustand – so sehr, dass Friedensverträge immer nur zeitlich begrenzt waren. Platon eröffnet seine ‚Gesetze‘ mit der Behauptung, jede *polis* befinde sich von Natur aus in einem unerklärten Krieg mit jeder anderen *polis*. An dieser Stelle sei ein Spoiler erlaubt: Hier kommt die entscheidende Konsequenz des persischen Sieges bei Marathon ins Spiel. Die persische Oberherrschaft führte zur Κοινὴ Εἰρήνη (κοινē εirēnē) – dem ‚gemeinsamen Frieden‘, der es den Hellenen endlich ermöglichte, ihre Talente und Energien auf produktivere Dinge als den Krieg zu konzentrieren.

‚Die Polis‘ gab es jedoch nicht im Sinne einer einheitlichen Institution: Jede war eine eigene Schöpfung mit ihren Besonderheiten. Einige waren Tyranneien, wie meist in Sizilien; andere, wie Argos und Korinth, waren Oligarchien, während wiederum andere Demokratien waren, wobei Athen das berühmteste Beispiel darstellt – obwohl es auch viele Formen von Demokratie gab. Sparta, die Hauptrivalin Athens, war eine Oligarchie mit zwei Königen. Athen und Sparta waren aufgrund ihrer Größe außergewöhnlich: Athen kontrollierte ganz Attika, während Sparta das umliegende Messenien unterworfen hatte und weiter ausblutete. Ein Initiationsritus für junge Spartaner, zum Beispiel, war der Mord an einem unverdächtigen messenischen Heloten. Während Athen in seinen eigenen Augen innovativ, demokratisch und kultiviert war und vor allem auf seine Seestreitkräfte setzte, sah es Sparta als eine konservative Oligarchie, bevölkert von unkultivierten, aber gefürchteten Landratten.

Auch in vielerlei anderen Aspekten unterschieden sich die beiden Rivalen. Während die Frauen der Athener Oberschicht ein gemächliches Leben in Purdah führten und sich der Genitalenthaarung unterzogen, wurden spartanische Mädchen in Lesen und Schreiben unterrichtet und nahmen spärlich bekleidet an sportlichen Veranstaltungen teil. Die spartanische Männlichkeit galt als künstlich, erzwungen und mühsam, während die athenische Männlichkeit als natürlich, angeboren und mühelos angesehen wurde – zumindest nach athenischen Quellen. Die persönliche Freiheit der Athener hingegen interessierte die Spartaner wenig; sie lebten für die *polis* und schwelgten in – eben – spartanischer Einfachheit und Härte. Schließlich war Sex zwischen erwachsenen griechischen Männern zwar verpönt, aber Liebe und Sex zwischen einem erwachsenen Mann und einem heranwachsenden Jungen (*erastes* und *eromenos*) wurden in Athen gefördert und in Sparta sogar institutionalisiert. Die Perser wiederum waren über ein solches Verhalten entsetzt oder gaben es zumindest vor.

Diese Vielzahl von *poleis* erlebte in Friedenszeiten nur bei Panhellenischen Festen ein Gefühl der Zusammengehörigkeit. Diese fanden alle paar Jahre statt und führten dazu, dass sich die *poleis* vorübergehend zu einem bunten Flickenteppich zusammenfügten. Beispiele sind das Zeusfest in Olympia, das Apollofest in Delos und das Poseidonfest in Korinth, bei denen Tiere geopfert, Bankette veranstaltet, neue Theaterstücke aufgeführt und nackte Jünglinge in sportlichen Wettkämpfen gegeneinander antraten. Die Konsultation des Orakels von Delphi in Zeiten der Not oder des Zweifels war die einzige Tätigkeit, der alle Griechen das ganze Jahr über nachgingen.

Ungeachtet ihrer beträchtlichen Differenzen setzten die *poleis* eine gemeinsame militärische Taktik ein, indem sie eine Phalanx von sogenannten Hopliten aufstellten, die von ihren Sklaven, Metöken oder Heloten als Schildträger und zur logistischen Unterstützung begleitet wurden. Die zum Militärdienst einberufenen Bauern mussten ihre eigene Standardausrüstung mitbringen; diejenigen, die sich dies nicht leisten konnten, waren verpflichtet, auf den Triremen als Ruderer zu dienen. Jede Trireme war mit bis zu 200 Ruderern besetzt (Abbildung 1.3). Sowohl diese

Triremen als auch die erwähnten Feste wurden durch die Besteuerung der Superreichen finanziert, die das Privileg hatten, eines von beiden für eine Saison zu finanzieren. Die Triremen spielten eine entscheidende Rolle zehn Jahre nach Marathon, in der berühmten Seeschlacht von Salamis 480 v. Chr., unter der Herrschaft von König Xerxes, dem Sohn des Eroberers Darius. Xerxes war nicht nur ein begeisterter Botaniker und Gärtner, sondern auch ein Bauherr: Die Paläste, die er in Persepolis errichten ließ, führten fast zum Bankrott des unermesslich reichen Persischen Reiches.

Abbildung 1.3: Künstlerische Darstellung einer griechischen Trireme

Nach der Niederlage bei Marathon sammelten sich die verbleibenden athenischen und thebanischen Truppen auf dem Peloponnes, wo sie sich widerwillig mit den Spartanern verbündeten, die zwar die Schlacht verpasst hatten, aber dafür noch in voller Stärke waren. Die Verteidigung, die sie an der Landenge von Korinth errichteten, war so effektiv, dass der persische Satrap Mardonius – der General von Marathon sowie Neffe, Schwiegersohn und Halbbruder des Königs Darius – sich davor scheute, seine Truppen in einem Frontalangriff zu verschwenden und stattdessen auf Zeit spielte. Diese Zeit nutzte der talentierte athenische Feldherr Themistokles geschickt aus: Er ließ in Nauplion bei Argos eine imposante Flotte von 200 neuen Triremen bauen, um für alle Eventualitäten gerüstet zu sein. Dies war keine einfache Aufgabe, da die Griechen, die auf dem Peloponnes Widerstand leisteten, den Zugang zu den Silberminen auf dem Festland verloren hatten. Ein Orakelspruch der Priesterin des Orakels von Delphi überzeugte sie jedoch, dieses Vorhaben fortzusetzen. Die Sicherheit der Griechen würde durch Holzwände gewährleistet sein, sagte sie. Was waren Schiffe anderes als Räume, die durch Holzwände geschaffen wurden?

Als Mardonius mit seiner Geduld am Ende war, requirierte er eine Flotte von 600 Schiffen – hauptsächlich phönizische, aber auch ägyptische, zypriotische und kleinasiatische, um die widerspenstigen Griechen des Peloponnes in der Nähe des Hafens von Piräus auf See herauszufordern. Das Ergebnis der anschließenden Seeschlacht von Salamis war angesichts der überwältigenden Anzahl persischer Schiffe und Truppen fast unausweichlich. Mit diesem Sieg wurde die persische Herrschaft über die gesamte griechische Halbinsel endgültig beendet. Ein biographisches Detail: Der gewiefte Themistokles bot dem ehemaligen Feind seine Dienste an und starb während der Herrschaft von König Artaxerxes I. in Persien, wo er eine Reihe hoher Ämter bekleidet hatte.

So wurden die Perser von verachteten Barbaren, die Kauderwelsch sprachen, zu Oberherren der Hellenen, und die Ägäis verwandelte sich von einem griechischen See in einen persischen Teich. Um ihren Einfluss dort zu festigen, verließen sich die Perser zunehmend auf die athenische Flotte und weniger auf die wankelmütigen Phönizier, deren Augenmerk ohnehin weiter nach Westen in Richtung Karthago und darüber hinaus gerichtet war. Die darauf folgende Pax Persica, die ihren Schutzschirm über Griechenland ausbreitete, sollte anderthalb Jahrhunderte andauern und erwies sich als der Höhepunkt der griechischen, insbesondere der athenischen Zivilisation, die noch heute bewundert wird. Wie bereits erwähnt, waren die Perser nicht dumm: Sie hatten gelernt, mit den widerspenstigen Griechen in Kleinasien und auf den von Persern beherrschten Inseln der Ägäis zusammenzuleben. Die Perser waren zwar eine militärische, aber keine kulturelle Dampfwalze. Das hinderte Mardonius allerdings nicht daran, auf der Pnyx, einem Hügel in der Nähe der Akropolis, einen Tempel für Ahura Mazda errichten zu lassen. Dieser sorgte für erhebliche Irritationen, nicht wegen seiner bloßen Existenz – schließlich waren die Athener daran gewöhnt, fremde Gottheiten aufzunehmen –, sondern weil die Pnyx ihr beliebter Versammlungsort war.

So erlebte die griechische und insbesondere die athenische Kultur während der Pax Persica eine nie dagewesene Blütezeit, ungestört von den kostspieligen Kriegen, die in Griechenland davor und danach üblich waren. Der zum Politiker gewordene General Perikles ließ auf der Zitadelle der Akropolis Tempel errichten. Vor allem der Athene geweihte Parthenon, der zwischenzeitlich als Kirche, Moschee und Munitionsdepot diente, ruft noch heute unsere Bewunderung hervor. Sein Architekt, Perikles' Freund Phidias, schmückte es auch mit Marmorstatuen, von denen Lord Elgin vor zweihundert Jahren einige für das British Museum ‚auslieh'. Die Werke des ebenso berühmten Bildhauers Praxiteles sind heute vor allem als römische Kopien bekannt, wie z. B. der ‚Hermes mit dem Dionysos-Kind' – obwohl einige es für ein Original halten.

Auch die heute noch berühmten griechischen Dramatiker schufen ihre Meisterwerke während der Pax Persica. Von den Tragödien des Aischylos ist nur eine Handvoll erhalten geblieben, darunter ‚Die Perser'. Nicht ohne Grund: Aischylos hatte sowohl bei Marathon als auch bei Salamis gekämpft. Unter den Tragödien des Sophokles ist ‚Ödipus Rex' wohl die berühmteste; sie inspirierte Sigmund Freud zur Definition des ‚Ödipuskomplex' und wird bis heute für Bühne und Leinwand adaptiert. Der jüngste des Trios bedeutender Tragödiendichter war Euripides, der Shakespeare und Racine inspirierte. Zu seinen bekanntesten Tragödien gehören ‚Medea‘, ‚Die Troianerinnen‘, ‚Iphigenie in Aulis‘ und ‚Die Bakchen‘. Der Komiker Aristophanes hingegen machte sich in seinen Stücken wie ‚Die Wolken‘, ‚Die Vögel‘, ‚Die Frösche‘ und ‚Die Wespen‘ über alles und jeden lustig, wofür er viele Preise gewann.

Aus der Schar der Philosophen jener Zeit ragten drei unbestreitbar heraus: Sokrates, Platon und Aristoteles. Platon, bekannt durch die ‚platonische Liebe‘, war der Begründer der Akademie, welche drei Jahrhunderte später die Römer im Zorn zerstörten. Seine Werke wurden von Alfred North Whitehead kurz und bündig zusammengefasst: Er betrachtete die europäische philosophische Tradition als eine Reihe von Fußnoten zu Platon. Die philosophischen Werke seines Schülers Aristoteles wurden von christlichen, jüdischen und muslimischen Denkern, insbesondere im Mittelalter, sehr bewundert; Aristoteles legte zudem den Grundstein für viele wissenschaftliche Entdeckungen und Überlegungen. Prinz Alexander von Makedonien hatte das Privileg, von ihm unterrichtet zu werden.

Alles, was wir über Sokrates wissen, stammt von Zeugnissen seiner Zeitgenossen. Sei es von Aristophanes, der sich offensichtlich über ihn lustig machte, weil er seinen Kopf in ‚Die Wolken‘ steckte, oder seinem Schüler Platon, der die Philosophie seines Lehrers fortführte und die Überzeugung vertrat, dass ein ungeprüftes Leben nicht lebenswert ist. Im Alter von siebzig Jahren wurde Sokrates im Jahr 399 v. Chr. von seinen Mitbürgern in Athen zum Tode verurteilt durch Trinken eines tödlichen Gebräus aus Schierling. Er hätte dem Tod entgehen können, indem er mit Hilfe reicher Freunde ins Exil gegangen wäre, entschied sich jedoch dagegen. Was wurde ihm vorgeworfen, um eine so harte Strafe zu verdienen? Gottlosigkeit und Verderben der athenischen Jugend durch sein Denken. Was der persische Satrap Arsames über den Prozess und seinen Ausgang dachte, ist nicht überliefert, aber offensichtlich mischte er sich nicht ein.

Der Satrap ahnte nicht, dass zu diesem Zeitpunkt nur noch wenige Jahrzehnte persischer Herrschaft über die Hellenen übrig waren. Makedonien, reich an Silber- und Goldminen sowie an Holz, liegt so weit nördlich auf der griechischen Halbinsel, dass es nur knapp als Teil derselben angesehen werden kann – wie such der jüngste Streit um den Namen Nordmazedonien zeigt. Seine Bewohner galten als Randgriechen, die einen Dialekt sprachen, der von den südlichen *poleis* verpönt war. König Philipp II. von Pella, der Hauptstadt Makedoniens – von der weder damals noch heute je jemand gehört hatte –, wurde daher als Halbbarbar angesehen. Er begann jedoch noch vor der Mitte des vierten Jahrhunderts, seinen Einfluss geltend zu machen. Durch geschickte Heiratsbündnisse[4] und eine gründliche Erneuerung seiner Armee gelang es ihm, gegen Süden vorzudringen und die Perser in der Schlacht von Chaeronea im Jahr 338 v. Chr. zu besiegen. Nach einer Reihe von verlorenen Scharmützeln noch weiter im Süden gebot König Artaxerxes III. den Rückzug. Der persische Satrap, seine Truppen und sein Gefolge gaben ihre Stellung auf dem griechischen Festland und in der Ägäis auf und zogen sich auf jedem verfügbaren Schiff zurück, um die sichere asiatische Küste zu erreichen.

Philipp II. handelte in Athen entschlossen, indem er den Tempel des Ahura Mazda auf der Pnyx zerstören ließ. Seine Steine wurden verwendet, um die Tempel auf der Akropolis zu verschönern und zu vergrößern. Um die griechischen *poleis* zusammenzuhalten, appellierte er an den unterschwelligen Panhellenismus, der gegen die persische Herrschaft gewachsen war. Doch ohne Erfolg: Fast sofort griffen die Griechen während der Peloponnesischen Kriege, die siebenundzwanzig Jahre dauerten, wieder zu den Waffen. Der Historiker Thukydides beschrieb diese Kriege meisterhaft. Sie beinhalteten eine erhebliche Einmischung der Perser zugunsten Spartas, das schließlich gegen Athen und seine Verbündeten siegreich war. Durch die Kriegsanstrengungen erschöpft, verloren sowohl Sparta als auch Athen schließlich an politischer und mi-

---

4 Woraus unter anderem sein Sohn Alexander hervorging, der die Hauptfigur des nächsten Kapitels sein wird.

litärischer Bedeutung. Athen konnte sich zumindest an seinem früheren Glanz festhalten, ähnlich wie eine Dame, die mit Anmut altert, während sie noch in ihrem Salon empfängt. Bald würden die Römer einmarschieren, und Griechenland würde erst nach zweitausend Jahren römischer, byzantinischer und osmanischer Herrschaft wieder unabhängig werden.

Um die Geschichte der persischen Besatzung der Hellenen aus einer nahezu zeitgenössischen Perspektive zu erzählen, haben wir uns für Philemon, einen athenischen Dichter und Dramatiker, entschieden. Er verfasste ‚Der Besuch‘ am Ende des vierten Jahrhunderts v. Chr., also lange nach dem Abzug der Perser. Da das griechische Original verloren gegangen ist, basiert unsere Übersetzung auf einer lateinischen Schrift aus dem ersten Jahrhundert n. Chr., von der wir eine gekürzte Fassung präsentieren. Diese lässt sowohl das griechische Pantheon als auch Vertreter der persischen Götter und Geister auftreten.

Die griechischen Götter sind uns wohlbekannt: Zeus, der Herr des Olymp (Abbildung 1.4), der seine Gattin Hera häufig mit menschlichen Objekten der Begierde und mit Nymphen betrog; Athene, die Göttin des Krieges und der Weisheit; der strahlende Apollo, Gott der Künste, und seine Zwillingsschwester Artemis, die jungfräuliche Jägerin; Aphrodite, die Verkörperung der Liebe, und ihr Gatte, der Schmied Hephaistos, der gehörnte Bucklige; der Bote Hermes, Beschützer von Händlern und Dieben; Ares, der Gott des Krieges und des Mutes; Dionysos, der beschwipste Partygänger; und schließlich Demeter, die die Erde mit Früchten segnet. Nicht zu vergessen ist der sterbliche Mundschenk Ganymed, den Zeus von der Erde entführte, um auf dessen Reize auf dem Olymp nicht verzichten zu müssen[5].

---

5 Die beiden Brüder des Zeus treten in dem Stück nicht auf: Poseidon, Gott des Meeres und der Erdbeben, und Hades, Herrscher der Unterwelt; ebenso fehlt Persephone, die Nichte und Gemahlin des Hades.

Die persischen Besucher des Stücks hatten weniger Chancen, in unser kollektives Gedächtnis einzugehen, da sie den Weg der persischen Zivilisation gegangen sind: den in die Vergessenheit. Die beiden herausragenden Figuren sind der Schöpfer Ahura Mazda, der Gott des Lichts, der den Menschen den freien Willen schenkte (Abbildung 1.5), und sein Spiegelbild und Gegenspieler Ahriman, der Fürst der Finsternis und des Chaos, welcher Dürre, Hunger, Krankheit, Leid und Tod verursacht. Im zoroastrischen Glauben ist unsere Welt ein ständiger Kampf um die Vorherrschaft zwischen Wahrheit und Lüge, Licht und Dunkelheit, Leben und Tod. Beide gegensätzlichen Götter werden von engelähnlichen Wesen und Geistern begleitet. Ahura Mazdas ‚Amesha Spenta‘, die ‚Heiligen Unsterblichen‘, repräsentieren verschiedene Aspekte seiner göttlichen Eigenschaften[6]. Philemon war sich der detaillierteren Unterscheidungen wahrscheinlich nicht bewusst, weshalb die sechs Engel in seinem Werk nur gemeinsam als ‚Amesha Spenta‘ erscheinen.

Ahrimans Spiegelgefolge sind die ‚Daeva‘, böse Wüstengeister, die nicht zwischen Wahrheit und Lüge unterscheiden können. Jeder der sechs Daeva steht gegen einen der ‚Amesha Spenta‘[7]. Zurvan, der Gott der Zeit, ergreift keine Partei zwischen den beiden gegnerischen Kräften. Die Göttin Anahita herrscht über

---

6 Vohu Manah steht für gute Absichten, Asha Vahishta für Wahrheit oder Rechtschaffenheit; Khshathra Vairya verkörpert wünschenswerte Herrschaft und Spenta Armaiti heilige Hingabe; Haurvatat steht für Vollkommenheit und schließlich Ameretat für Unsterblichkeit.

7 Akoman, der böse Gedanke, spiegelt Vohu Manah, und Indar Vahishta durchkreuzt die Absichten von Asha Vahishta, indem er den Geist der Rechtschaffenen einfriert; Sarvar, der Unterdrücker, ist der Widersacher von Kshathra Vairya, und Nanghait, der Unzufriedene, widersetzt sich Spenta Armaiti; Tauriz, der Zerstörer, vernichtet das Werk von Haurvatat, und Zariz verdirbt das Werk von Ameretat, indem er Pflanzen vergiftet.

die Gewässer und symbolisiert Fruchtbarkeit und Weisheit. Der furchterregende Mantikor schließlich, ein Wesen mit menschlichem Kopf, Löwenkörper, Skorpionschwanz und Drachenflügeln, bewegt sich mit unglaublicher Geschwindigkeit und besitzt einen unstillbaren Appetit auf Menschenfleisch. Da er nicht sprechen kann, tritt Mantikor in Philemons Stück lediglich als Nebenfigur auf, um die Götterversammlung gelegentlich mit seiner furchterregenden Trompetenstimme zu unterbrechen (ehrlich gesagt wäre es unerschwinglich gewesen, Mantikor in einer bescheidenen Inszenierung auf die Bühne zu bringen).

‚Der Besuch‘, von Philemon, ca. 310 v. Chr.

Dramatics personae:

Griechische Götter:

Zeus, Herr des Olymps
Hera, seine Gattin
Demeter, Göttin der Ernte
Athene, Göttin der Weisheit
Apollon, Gott der Künste
Artemis, Zwillingsschwester des Apollon, jungfräuliche Jägerin
Aphrodite, Göttin der Liebe
Hephaistos, Ehemann der Aphrodite, Schmied
Hermes, Botengott, Beschützer der Händler und Diebe
Ares, Gott des Krieges
Dionysos, Gott des Weines
Ganymed, (sterblicher) Mundschenk des Zeus

Persische Götter:

Ahura Mazda, Schöpfer der Welt und Gott des Lichts,
Amesha Spenta, die Engel von Ahura Mazda
Ahriman, Herr der Finsternis und des Chaos
Daeva, Ahrimans Engel
Zurvan, Gott der Zeit
Anahita, Göttin des Wassers, der Fruchtbarkeit und der Weisheit
Mantikor, Fabelwesen

Schauplatz:

Berg Olymp

[Blitze, Donner unter schwarzen Wolken]

Abbildung 1.4: Statue des Zeus, bereit, einen Blitz zu schleudern

Zeus: Was ist das schon wieder? Kann ein ehrlicher Gott hier oben nie eine Siesta halten?

Hera: Nun – ehrlich? Sollen wir ins Detail gehen? Hermes, dein Sohn hier, der eine Botschaft für uns hat – wie hieß noch mal seine Mutter?

[Chor] Maia! Maia! Und die Mütter von Perseus und Herakles, von Apollon und Artemis, von Dionysos und den Musen, von Minos, Epaphus und dem Aegipan – gepriesen seien auch sie! Lob, Lob auf sie!

Zeus: *[Murrend]* Also, was gibt es, mein Sohn?

Hermes: Besuch aus Persien; ihr habt ja gesehen, was auf der Erde geschehen ist.

Hera: Wer? Was? Jetzt? Und warum? Aber doch nicht hier oben? So etwas ist noch nie vorgekommen!

[Chor] Nie, wirklich nie auf dem Olymp!

Zeus: ⚷ ♯ 🏷 ✑☁!

Artemis: Streitet ihr euch schon wieder? Ich werde mich in die Eichenhaine zurückziehen, wo ich die Gesellschaft von gesitteten wilden Tieren genießen kann. *[Nimmt ihren Bogen und ihre Pfeile auf]*

Hermes: Wir streiten nicht, liebe Schwester, wir sind nur verblüfft. *[Erklärt, warum]*

Artemis: Oh je, oh je, ich meinte, einen seltsamen Klang aus der Ferne zu hören. *[Trompetenklänge, kaum hörbar]*

Aphrodite und Hephaistos: *[Unisono]* Was ist das?!

[Chor] Hütet euch, hütet euch! Vor Mantikor, vor Mantikor!

Hera: *[Zu Aphrodite und Hephaistos]* Was für ein seltener Anblick, euch beide zusammen? Ist irgendetwas nicht in Ordnung?

Aphrodite und Hephaistos: Offensichtlich, sonst würden wir uns nicht die Mühe machen. Was gibt's?

Athene: Was wir in dieser Familie jetzt am meisten brauchen, ist einen kühlen Kopf bewahren!

Zeus: Kühler Kopf, mein verdammter ⚷ ♯ 🏷 ✑☁! Das ist eine Invasion, kein Besuch!

Demeter: Beruhigt euch, alle! Seht doch, wie der Frühling die Wiesen zum Blühen bringt und wie die ersten zarten Triebe der Saat der Menschen aus dem Boden sprießen!

Apollo: Die Tatsache, dass die Perser in Hellas eingefallen sind, gibt ihnen nicht das Recht, in unseren Olymp einzudringen.

Zeus: Und auch nicht in die Gebiete meiner Brüder, ins Meer und in die Unterwelt.

Hermes: Beruhigt euch alle, bitte beruhigt euch! Sie sagten ausdrücklich, dass es ein Höflichkeitsbesuch sein sollte. Ahriman reklamierte sogar, warum er sich mit einem nackten Felsen auf einer gottverlassenen abgelegenen Halbinsel, die von Daeva bewohnt wird, abgeben sollte ...

[Chor – erschüttert] Olympus ein kahler Fels?! Hellas gottverlassen?! Olympier als Daeva?!

Hermes: Das war wohl nur so eine Redewendung, aber sie sind auf dem Weg.

Dionysos: *[Tritt hinzu]* Ich hörte, es findet eine Party statt?

Hera: Es scheint unvermeidlich zu sein, also können wir uns auch zurücklehnen und sie genießen.
[Wieder Trompetenstöße, jetzt deutlich hörbar] Hörst du? Wir brauchen Brot, Oliven und Käse. Und zwar jetzt! Etwas Wein, Dionysos, und du, Demeter, Blumen auf alle Tische, und zwar schnell!

Apollo: *[Gelangweilt]* Seit wann essen wir?

Hera: Es geht um den Eindruck, du Dummkopf. Sonst denken sie noch, <u>wir</u> wären die Barbaren hier.

Zeus: Ich für meinen Teil trinke gerne einen Becher Wein. Ganymed! [*Ganymed schenkt ein*]

Dionysos: Wein für alle, um unsere Gemüter zu besänftigen! [*Ganymed geht herum und schenkt ein, während Hera ihn mit säuerlicher Miene beobachtet … Ein grelles Licht blendet die Olympier*]

Apollo, Artemis und die meisten Olympier: [*Gemeinsam*] Sie sind hier! Sie sind da!

[*Chor*] *Hier, hier! Fürchtet euch, fürchtet euch!*

Zeus: [*Zum Chor*] ✗ ⚡ 🔩 ⚒ ☁! Nun haltet doch mal die Klappe, ja?!

Abbildung 1.5: Der persische Gott Ahura Mazda an der Fassade des Feuertempels in Yazd, Iran

Ahura Mazda: [*Prächtig, seine langen Flügel hinter sich herziehend*] Guten Tag, edle Olympier!

Hera: [*Gefasst*] Auch dir einen guten Tag, oh mächtiger Herr des Lichts und der Weisheit!

Zeus: [*Sie anfauchend*] Untersteh' dich … [*Völlige Finsternis senkt sich auf den Olymp*]

[Chor] *Fürchtet euch, fürchtet euch! Das Ende, das Ende!*

Ahura Mazda: Nein, nein, es ist nur …

Ahriman: ↻☠✳∼☠! Wo zur Hölle hast du mich jetzt hingebracht?

[Chor] *Zur Hölle, zur Hölle – ?!*

Ares: Was weiß ich, das muss eins von ihren Dingern sein … *[Sehr lauter Trompetenstoß]*

Artemis: *[Schnappt sich Pfeil und Bogen]* Ist dein Schoßhund …?

Daeva: *[Als Gegenchor] Schoßhund? Schoßhund? [Spöttisches und bedrohliches Lachen]*

Ahura Mazda: *[Zu Ahriman]* Würdest du bitte …? Er hört mehr auf dich als auf mich, glaube ich.

Hephaistos: *[An Zeus]* Soll ich schnell eine Kette schmieden?

Ares: *[Ergreift sein Schwert]* Soll ich gehen und …?

Zeus: *[faucht ihn an]* Untersteh' dich!

Demeter: Vielleicht hat er Hunger – ?

Ahriman: *[Blick auf die Teller mit Essen auf den Tischen]* Er isst nur Menschenfleisch. *[Ganymed zuckt als einziger zusammen … Ahriman ruft laut nach hinten]* ↻☠✳∼☠! *[Der Trompetenklang verstummt, taucht aber später noch ein paar Mal auf, nicht ganz so laut]*

Demeter: *[Heftet eine Rose an das Revers von Ahura Mazdas Gewand]* Willkommen in unserer bescheidenen Behausung, oh Herr Schöpfer.

Zeus: *[Zischt sie an]* Du sollst nicht ...

Ahura Mazda: *[Verneigt sich]* Danke, schöne Göttin dieses herrlichen und fruchtbaren Landes!

Amesha Spenta: *[Als zweiter Gegenchor]* Wir danken dir, wir danken dir, schöne Göttin!

Ahura Mazda: Was für eine schöne Familie, meine lieben olympischen Nachbarn! Und vielen Dank für eure Einladung!

Artemis: Wir haben euch eigentlich nicht ...

Zeus: *[Zischt sie an]* Halt die Klappe! *[Zu den Gästen]* Herzlich willkommen, verehrter Schöpfer, du und deine Begleiter!

Ahura Mazda: Wir sind allerdings keine Familie wie ihr. Nur Ahriman hier ist an mich gebunden, aber eher wie ein Spiegelbild.

Olympier: *[Schauen fassungslos]*

Ahura Mazda: Was ich erschaffe, zerstört er, was ich zum Leben erwecke, tötet er, was ich hege, verflucht er mit Krankheit, und was ich nähre, lässt er verhungern. So bekämpfen wir uns auf ewig. *[Pause]* Wie ich sehe, müssen die Menschen in deinem Teil der Welt ihr Leben nicht in solch ständiger Spannung führen, oder?

Zeus: *[Perplex]* Nicht wirklich, unsere Hellenen ...

Ahriman: *[Unterbricht, zu Ahura Mazda]* Du ↖☣✸∼☠! Wo wäre dein Leben ohne den Tod? Wo ist dein Licht ohne die Dunkelheit? Dein Gutes ohne das Schlechte? Wo ist deine Gesundheit ohne Krankheit, deine Ordnung ohne Chaos, und wo ist deine Stärke ohne Schwäche? *[Zu Zeus]* Siehst du, all die Pracht wäre nichts wert ohne mich, den er das dunkle Spiegelbild nennt.

Daeva: *[Stolz] Spiegel, dunkler Spiegel in der Tat!*

Athene: So bitte, liebe Herren, wie navigieren eure Menschen zwischen den Extremen, die ihr beide repräsentiert, zwischen Licht und Dunkelheit?

Ahura Mazda: Der freie Wille ist der Schlüssel, den ich ihnen gegeben habe. Der Mensch muss sich täglich für alle seine Entscheidungen entscheiden. Nach ihrem Tod werden ihre Seelen nach ihren Gedanken, Worten und Taten gewogen. Nur die, die sich bewährt haben, gehen über die Brücke des Gerichts ins Paradies ...

Ahriman: ... und die, die von der Brücke fallen, gehören mir. *[Stolz]* Nicht wenige, darf ich hinzufügen.

Zeus: *[Nachdenklich]* Ich bin mir über diesen deinen freien Willen nicht sicher. Da war dieser Prometheus ...

Hera: ... den du an einen Felsen gekettet und seine Leber täglich von einem Adler fressen lassen hast, weil du nicht damit einverstanden warst, dass er uns das Feuer stahl und es den Menschen als Symbol des Wissens gab.

Demeter: Unsere Menschen, meine Kinder, leben ohnehin alle im Jenseits unter der Herrschaft von Hades und Persephone. Daher glauben wir nicht, dass ein freier Wille ihnen viel nützen würde. Einige von uns mischen sich sogar *[sieht Zeus an]* gerne in das Leben der Menschen ein, die unwillentlich auf das Schicksal zusteuern, das die Olympier für sie bestimmen.

Zeus: Jetzt, wo auch eure Perser auch über unsere Hellenen herrschen, sehen wir erst, wie unterschiedlich die Menschen sein können. Unsere zum Beispiel betrachten die euren als Knechte eines großen Königs, dem sie Gehorsam schulden, während unsere Hellenen ihrerseits ...

Ahura Mazda: ... wahr, wahr, mein lieber Zeus, aber einige deiner *poleis* haben sich für ein Leben unter einem Tyrannen entschieden – sieh dir nur zum Beispiel die in Sizilien an ... Und lass mich dir sagen, dass das, was du Knechtschaft nennst, in Wirklichkeit unsere Menschen beruhigt: in einer Welt zu leben, die in geordneter Weise regiert wird, ohne ständige interne Streitereien.

Zeus: Andererseits, schau dir bitte die großartigste *polis* in jeder Hinsicht an, Athen – und viele andere, nebenbei bemerkt – die als Demokratie gelebt hat, wobei die Bürger ihr Schicksal selbst in die Hand genommen haben.

Ahura Mazda: Auch das ist wahr. Andererseits werden, wie wir gerade besprochen haben, viele eurer Menschen in ihrem Schicksal von euch bestimmt und sind daher überhaupt nicht frei. Während unsere Menschen, wie ich eingangs erwähnte, mit einem freien Willen ausgestattet sind, den sie unter der Ägide eines wohlwollenden irdischen Herrschers ausüben können und müssen. Und wir, ich wiederhole, mischen uns nicht in ihre individuellen Schicksale ein.

[Chor] Ödipus! Medea! Achilles! Ikarus! Tantalus! Phaeton! Tragödie über Tragödie, nach dem Willen von euch Göttern!

Zeus: *[Zischt]* ⚡ ⚜ 🐍 ✂️ ☁️! Und jetzt ihr ...

Ahriman: Und die Perser üben ihren freien Willen aus; sieh sie dir nur an – in einer Welt, wie sie unser geschätzter Ahura Mazda hier beschreibt, wäre es das Paradies auf Erden.

Ahura Mazda: Eines Tages wird es ein Paradies; ich bin sicher, dass die Menschen irgendwann zur Vernunft kommen!

Athene: Wie höchst interessant! Es ist, als hätte eine göttliche Vorsehung – sind das nicht wir? – den Menschen gleiche Anteile an Knechtschaft und Freiheit gegeben. Die irdische Knechtschaft in Persien hält sich die Waage mit der individuellen Freiheit, und in weiten Teilen von Hellas haben sie politische Freiheit, aber wir können uns in ihr persönliches Schicksal einmischen. Wunderbar, nicht wahr, dieser Sinn für Gerechtigkeit?

Anahita: Relative Freiheit muss ich präzisieren: Die meisten Menschen in Hellas sind, wie ich sehe, Sklaven oder Leibeigene ...

Artemis: Sieh mal, wer da spricht ...

Zeus: Meine Damen, meine Damen, bitte nicht streiten!

Zurvan: Verzeiht, dass ich störe, aber ich hatte gehofft, Chronos zu treffen, um mit ihm über die Zeit zu sprechen ...

Apollo: *[Streichelt abwesend seine eigene, fein modellierte Brust]* Oh je, oh je! Alte Familiengeschichten, fürchte ich. Unser Chronos ist schon seit einer Ewigkeit Geschichte, wenn ihr mir das Wortspiel verzeiht.

Dionysos: *[Apollo imitierend, indem er seine eigene schlaffe Brust massiert]* Wir würden euch gerne unsere Familiengeschichte erklären, aber es wäre unhöflich, unsere illustren Gäste mit endlosen Streitereien und Rebellionen über Generationen hinweg zu langweilen, die uns zu der Familie gemacht haben, die ihr jetzt seht. Wir hatten es eigentlich gar nicht nötig, die Welt mit Menschen zu bevölkern.

Hermes: Habt ihr, illustre Gäste aus dem Osten, euch vor der Ankunft der Menschen nicht ein wenig gelangweilt?

Anahita: *[Unterbricht]* Wenn du mir eine Bemerkung erlaubst *[mit einem Seitenblick auf Ahura Mazda]*, ich bin überrascht und erfreut, unter so viel eleganter und kluger weiblicher Gesellschaft zu sein. Besonders freue ich mich darauf, später mit dir, Aphrodite, unter vier Augen zu sprechen.

Amesha Spenta und Daevas: *[Gemeinsam, sarkastisch] Armes einsames Frauchen! Armes, einsames Frauchen!*

Zeus: Und noch etwas: Ich gebe zu, ich finde es ziemlich schlau von dir, dass du Zarathustra geschickt hast ...

Hephaistos: *[Unterbricht]* Zoroaster!

Zeus: *[Irritiert]* Ja, der da ... zu euren Menschen, um ihnen euren Pakt zu erklären und ihnen einige Hinweise zu geben, wie sie leben und sich verhalten sollen. Unsere Hellenen, fürchte ich ...

Ahura Mazda: *[Erfreut]* ... danke, edler Zeus, in der Tat ... Aber ich muss das Kompliment zurückgeben: Unsere Amesha Spenta hier, besonders ...

Amesha Spenta: *[Nicken, erfreut]*

Ahura Mazda: ... sind große Bewunderer eurer Helden, an denen es uns in unserem Teil der Welt mangelt, um die Menschen mit ihrem Beispiel von Mut und Ausdauer zu inspirieren.

Anahita: In der Tat. Bellerophon, der Dompteur des Pegasus, Perseus, der die Medusa erschlug, Jason, der das Goldene Vlies suchte, Achilles, der Held des Trojanischen Krieges, Herakles mit seinen zwölf Aufgaben, Theseus, der den Minotaurus tötete, und der listige Odysseus ... Wir alle lieben sie und bewundern ihre Taten! Aber – wo sind sie?

Hera: Obwohl sie teilweise göttlichen Ursprungs sind *[blickt säuerlich zu Zeus]*, ist ihr Reich die Welt, um, wie du sagst, die Menschen zu inspirieren.

Ahura Mazda: *[Nachdenklich]* Richtig, richtig ...

Zeus: Ich habe noch eine andere wichtige Frage an dich, Schöpfer, die Dionysos gerade erwähnt hat: Warum hast du die Menschen überhaupt erschaffen? In unserem Fall war es der Titan Prometheus, der sie aus einer Laune heraus aus Lehm erschaffen hat, also waren die Menschen für uns Götter eher so etwas wie ein *fait accompli* ...

Ahura Mazda: Manchmal frage ich mich das auch, aber ich fürchte, es ist schon spät und wir wollen eure Gastfreundschaft nicht missbrauchen, für die wir sehr dankbar sind. Ich hoffe, dass ihr alle *[Geste zu den Olympiern]* bald unseren Besuch erwidern und uns in Persien besuchen werdet, damit wir unsere fruchtbare Diskussion fortsetzen können, die wirklich anregend war!

Anahita: Und bitte, beehrt uns mit der Anwesenheit von mindestens zwei oder drei eurer Helden, nur für diesen einen Tag!

Amesha Spenta und Daevas: *[Gemeinsam] Unser herzlicher Dank, liebe Olympier!*

Ahriman: *[Grummelt]*

Mantikor: *[Trompetet]*

Persische Götter und Gefolge: *[Verabschieden sich unter Austausch vieler höflicher Worte]*

[Chor] Noch nie, noch nie ist ein solcher Besuch geschehen, doch Schaden ist vermieden worden! Wacht auf, wacht auf! Es gibt eine Welt jenseits des Olymps!

Hera: *[Nachdem die persischen Götter gegangen sind, zu niemandem speziell]* Das war eine ziemliche Ein-Mann-Show, nicht wahr?

Zeus: Nun, der Mann hat keine Lust, sich mit einer Familie wie euch herumzuschlagen ... Ein bisschen spießig ist er schon, oder? Aber ich denke, wir sollten seine Einladung annehmen. Es gibt andere Fragen, die ich ihm gerne stellen würde. Ich bin mir zum Beispiel nicht sicher, ob seine irdischen Perser so zivilisiert sind, wie er selbst es behauptet. Aber heute waren wir, glaube ich, alle ein bisschen zu überrascht, um sie in eine ernsthaftere Diskussion zu verwickeln.

Aphrodite, Hephaistos und die anderen Olympier: *[Würdigen und diskutieren die Besucher, während das Gespräch langsam verstummt]*

Kapitel 2

Die Schlacht von Issus, 333 v. Chr.

Das vorangegangene Kapitel endete damit, dass König Philipp II. von Makedonien die Perser vertrieb, die anderthalb Jahrhunderte lang über Griechenland geherrscht hatten. Er jagte sie nach Asien zurück, wo sie hergekommen waren und seiner Meinung nach hingehörten. Weniger als zwei Jahre nach diesem Triumph wurde Philipp jedoch von seinem persönlichen Leibwächter – und ehemaligen Geliebten – namens Pausanias ermordet. Als mögliches Motiv wird berichtet, dass Attalus, der Onkel von König Philipps letzter Frau Eurydike, Pausanias betrunken gemacht und ihn nicht nur vergewaltigt, sondern nachher den Wildhütern überlassen habe, die sich ebenfalls an ihm vergingen. Pausanias soll Philipp getötet haben, weil der König seine Bitte um Gerechtigkeit abgewiesen hatte.

Abbildung 2.1: Mosaik, das Alexander den Großen in der Schlacht gegen den Perser Darius darstellt.

Philipps Sohn und Erbe, Prinz Alexander, war kaum zwanzig Jahre alt, als er sowohl die Krone als auch das militärische Kommando übernahm (Abbildung 2.1). Bis zu seinem vierzehnten Lebensjahr war er von Aristoteles unterrichtet worden und beschäftigte sich mit Poesie und Musik, doch seine wahre Leidenschaft galt der Jagd, vorzugsweise auf dem Rücken seines berühmten schwarzen Pferdes Bucephalus. Alexander festigte seine Macht über die im Bund von Korinth zusammengeschlossenen Griechen und nahm dann Asien ins Visier. Wie zuvor die persischen Eroberer Darius und Xerxes – jedoch in umgekehrter Richtung – überquerte er 334 v. Chr. den an seiner schmalsten Stelle nur etwas mehr als einen Kilometer breiten Hellespont auf einer Pontonbrücke. Natürlich nicht allein, sondern in Begleitung seiner vierzehn auserwählten Gefährten und einer Armee von etwa 40 000 makedonischen und griechischen Soldaten. In Kleinasien angekommen, machte er einen Halt in Troja, oder dem, was davon übrig war. Nackt liefen er und seine Gefährten zu den Grabsteinen der griechischen Sieger. Während Alexander selbst einen Kranz für Achilles niederlegte, legte sein Geliebter Hephaistion einen für Patroklos nieder. Beide opferten auch Priamos, dem legendären besiegten König von Troja und Vater von Paris, Kassandra und von Hektor, welcher von Achilles getötet worden war.

Auf der Suche nach Ruhm und Ehre, wie einst Achilles, zog Alexander die kleinasiatische Küste hinunter und verstärkte entlang des Weges die Reihen seiner Truppen mit Soldaten aus den griechischen Kolonien, die sich auch gegen ihre persischen Oberherren erheben wollten. Schon unweit des Marmarameers besiegten die Griechen in der Schlacht am Granicus die Truppen des persischen Satrapen von Kleinasien. Die zweitausend gefangenen griechischen Söldner, die in persischen Diensten standen, wurden als Sklaven nach Makedonien geschickt. Die militärischen Verluste der Perser hielten sich jedoch in Grenzen; der Großteil ihres Heeres zog sich geordnet zurück, was sich als entscheidender Faktor für die Schlacht von Issus erweisen sollte.

In Persien unterdessen ließ der mächtige und intrigante Hofeunuch Bagoas König Artaxerxes III. – derjenige, der Griechenland verloren hatte – durch seinen Leibarzt mit fast allen seinen Söhnen ermorden und setzte einen gewissen Arses als Artaxerxes IV. auf den Thron der Achämeniden. Als Folge dieser Unruhen am Hof verlor Persien erneut die Kolonie Ägypten, die sich abspaltete – ein Umstand, welcher sich für unsere Geschichte als folgenschwer erweisen wird. Bald darauf wurde auch dieser Nachfolger auf dem Thron zusammen mit seiner Familie vergiftet. Schließlich setzte Bagoas ein entferntes Mitglied der Achämeniden-Dynastie als Darius III. auf den Thron, der sich 333 v. Chr. bei Issus Alexanders Armee stellen sollte. Issus, das heute in der modernen türkischen Provinz Hatay liegt, befindet sich direkt am Meer an der Küstenbeuge, wo die Süd-Nord-Küste der Levante in die Ost-West-Küste Südanatoliens übergeht (Abbildung 2.2).

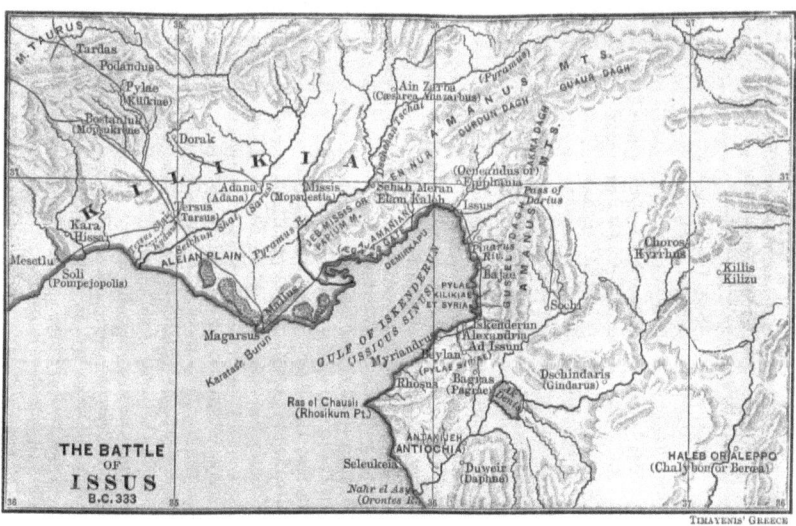

Abbildung 2.2: Karte mit der Lage von Issus in der nördlichen Levante

Das Heer von König Darius, das weit größer war als das von Alexander, bestand hauptsächlich aus schwerer persischer Kavallerie, die von einer griechischen Söldnerphalanx unterstützt wurde. Letztere erwies sich als entscheidend, um Alexanders makedonische und griechische Phalanx zu durchbrechen, die schließlich aufgerieben wurde, sich aber mehr oder weniger geordnet nach Süden zurückzog (Abbildung 2.3). Nach einem mehrtägigen Marsch entlang der Levanteküste wurden die geschlagenen Griechen von einer Botschaft der abtrünnigen Ägypter empfangen, die die Invasoren nach dem Prinzip ‚Der Feind meines Feindes ist mein Freund' willkommen hießen. Wie in vielen anderen Fällen der Geschichte erwies sich dieses Kalkül als trügerisch – zumindest teilweise. Die griechische Armee nämlich, die als Garant für die ägyptische Unabhängigkeit vom persischen Reich angesehen wurde, erwies sich als zu stark für das innere Gleichgewicht Ägyptens – die Griechen übernahmen bald die Macht am Nil. Alexander starb zehn Jahre nach der Schlacht von Issus in Ägypten, noch in seiner frühen Blütezeit.

Sein Nachfolger Ptolemäus I., einer von Alexanders Generälen, erklärte sich selbst zum Pharao – eine taktische Notwendigkeit, da die Ägypter einen Herrscher nur in dieser Rolle akzeptieren konnten. Von nun an stand Ägypten unter fremder Herrschaft: Nach dem Aussterben der ptolemäischen Dynastie durch den Selbstmord ihrer letzten Königin Kleopatra[8] übernahmen die Römer die Macht, gefolgt von den Byzantinern bis zur muslimischen Eroberung durch die Araber. Danach waren die Osmanen bis zum Ende des Ersten Weltkriegs an der Reihe, und schließlich die Engländer bis 1952. Schon lange vorher war die ursprüngliche koptische Zivilisation unter dem arabischen Einfluss bereits fast verschwunden.

---

8 Die erste und letzte der griechischen Pharaonendynastie, welche die koptische Sprache sprach.

Die Stadt, die Alexander am westlichen Ende des Nildeltas gründete und Alexandria nannte, löste bald Memphis als Hauptstadt Ägyptens ab und wurde zur größten Stadt der Welt ihrer Zeit. Alexander ließ einen Damm vom Festland zur Insel Pharos bauen, wodurch zwei natürliche Häfen entstanden. Der von Ptolemaios II. auf der Insel errichtete Leuchtturm war eines der sieben Weltwunder der Antike. Die Stadt hatte eine große griechische und jüdische Bevölkerung und entwickelte sich zu einem kulturellen Hotspot. Die ebenfalls von Ptolemaios II. gegründete Bibliothek beherbergte bald Zehn- wenn nicht Hunderttausende von Papyrusrollen.

Abbildung 2.3: Künstlerische Darstellung der Schlacht von Issus, von Jan Brueghel dem Älteren

Zusammen mit der persisch beherrschten Stadt Antiochia wurde Alexandria zu einem Zentrum des hellenistischen Judentums, das in diesen freiwilligen Diasporagemeinden als Gegenpol zum strengen mosaischen Gesetz, das im Kernland Jerusalem gepredigt wurde, blühte. Im Makkabäerbuch werden diese hellenistischen Juden als ‚böse und gottlos‘ bezeichnet, nicht zuletzt, weil sie griechische Namen annahmen – aus ‚Josua‘ wurde zum

Beispiel ‚Jason' – und weil sie sich an griechischen Zeitvertreiben wie Leichtathletik beteiligten. Da viele Juden nicht mehr in der Lage waren, Hebräisch oder Aramäisch (eine Sprache, die sie im babylonischen Exil erlernt hatten) zu lesen, wurde die Bibel ins Koinē-Griechische übersetzt, was zur sogenannten Septuaginta führte: der Übersetzung der Siebzig.

Als König Artaxerxes III. gezwungen war, Griechenland zu verlassen, verließ mit ihm eine Schicht der griechischen Gesellschaft, die der persischen Führung am nächsten stand, das Land und ließ sich in Kleinasien oder der Levante nieder. Diese von den Persern geförderte Migration verstärkte den griechischen Einfluss im persisch beherrschten Westasien. Die Stadt Antiochia wurde so neben Alexandria zu einem weiteren Zentrum der hellenistischen Kultur. Viele talentierte und gut vernetzte Griechen stiegen in der westlichsten Satrapie Persiens und sogar, dem Beispiel von Themistokles folgend, am persischen Hof in einflussreiche Positionen auf. Die Herrschaft der Achämeniden über das riesige, multikulturelle und vielsprachige persische Reich, das sich von Kleinasien bis zum Indus-Tal erstreckte, sollte jedoch nur noch eine Weile andauern. Gegen Ende des dritten Jahrhunderts v. Chr. wurde sie im persischen Kernland durch die Herrschaft der Parther abgelöst, die zum Hauptfeind des Römischen Reiches wurden, welches wiederum Kleinasien, die Levante und Ägypten eroberte.

Erstaunlicherweise und zu unserer großen Enttäuschung haben die Perser keine direkten schriftlichen Spuren ihrer langen Herrschaft hinterlassen. Unser Wissen über sie stammt aus Quellen, die hauptsächlich in griechischer und lateinischer Sprache verfasst sind. Daher ist es unvermeidlich, ein griechisches Zeugnis über die Folgen der Schlacht von Issus zu wählen, auch wenn dieses wiederum nur in einer Übersetzung ins Lateinische überliefert ist. Der Autor Chrysippus war ein stoischer Philosoph und produktiver Schriftsteller, der in der zweiten Hälfte des dritten Jahrhunderts vor Christus in Athen tätig war.

Sein Trialog zwischen dem Perser Ariobarzanes, dem Griechen Hermias und dem Juden Eleazar spielt in der Stadt Antiochia, die nur einen guten Tagesmarsch südlich von Issus liegt. Aus dem Inhalt lässt sich entnehmen, dass das Tavernengespräch in den 270er-Jahren v. Chr. stattfand. Wir erfahren auch, dass der Perser Ariobarzanes eine bedeutende Verwaltungsposition am Hof des levantinischen Satrapen innehatte und einst Mitglied einer Gesandtschaft zu König Chandragupta Maurya im heutigen Pakistan war. Der Grieche Hermias war höchstwahrscheinlich Kaufmann, während der Jude Eleazar die Position des Chefbibliothekars innehatte und ein begeisterter Wissenschaftler war. Also: Ein Perser, ein Grieche und ein Jude gehen in eine Bar …

Trialog von Chrysippus, spielt in Antiochia in den 270er-Jahren v. Chr.

Darsteller:
der Perser Ariobarzanes, der Grieche Hermias und der Jude Eleazar

Eleazar: Hallo, hallo, meine lieben Freunde! Verzeiht, dass ich als Letzter ankomme, aber ich bin erst gestern aus Alexandria zurückgekommen …

Hermias: Wir wissen, wir wissen … Willkommen zurück, lieber Eleazar; was für eine Freude, dich wiederzusehen! Ich hoffe, dein Besuch war erfolgreich und du hattest eine gute Reise.

Eleazar: Ja, und ja. Sehr gut gereist, danke! Bei günstigem Wind und ohne schlechtes Wetter hat das Schiff weniger als eine Woche gebraucht, um hierher zu kommen, und ich konnte sogar an Bord etwas lesen.

Ariobarzanes: Und wie hat dir Alexandria gefallen, unsere große Schwesterstadt in griechischer Hand?

Eleazar: Wunderbar und aufregend wie immer – abgesehen von der Anwesenheit von Ägyptern statt Persern, unsere Schwesterstadt eben.

Hermias: Beide sind ja griechische Städte, seien wir ehrlich.

Eleazar: Und jüdisch, mit Verlaub, aber nicht wie die Spießer zuhause in Jerusalem.

Ariobarzanes: Wir Perser und die Ägypter bieten ja nur eine bescheidene Kulisse ...

Eleazar, Hermias: *[Gemeinsam]* Nein, nein!

Hermias: Wir fühlen uns geehrt, Gäste in den Reichen solch ehrwürdiger, alter und angesehener Kulturen zu sein!

Eleazar: Wohingegen wir selbst ...

Ariobarzanes: *[Seufzt]* ... schon vor uns hier wart; wir wissen, wir wissen ...

Hermias: *[Hinterhältig]* Aber nicht ohne einige längere Ausflüge nach Ägypten und Babylon ...

Eleazar: Stimmt, stimmt. Die Bibel erzählt uns von beiden Exodus – oder Exodoi? Was ist der Plural von Exodus? Mein Griechisch lässt mich manchmal im Stich.

Ariobarzanes: Wie auch immer, als Perser bin ich stolz darauf, dass in eurem Bibelbuch unser König Kyrus als einziger Goy namentlich erwähnt wird, als Dank für die Erlaubnis, die er eurem Volk nach der Eroberung Babylons gab, nach Hause zurückzukehren.

Hermias: Während, notabene, euer Bibelbuch nicht einmal den Namen des Pharaos erwähnt, der sich von Moses und Aaron erpressen ließ, um ihr Volk aus der Sklaverei nach Hause zu bringen.

Eleazar: Ich habe zwar nie auf dieses Detail geachtet; fest steht aber, dass jetzt, wo wir nach zwei erzwungenen Exilen unsere Heimat gefunden haben, wir uns wieder auszubreiten scheinen – diesmal jedoch freiwillig.

Hermias: Um fremde Sitten und Gebräuche anzunehmen. Ich habe gehört, dass es für junge jüdische Männer, die sich sportlich betätigen wollen, in Mode gekommen ist, alle möglichen Verfahren anzuwenden, um die Zeichen der Beschneidung rückgängig zu machen.

Eleazar: Ich gebe zu, dass ich nicht der sportliche Typ bin, aber es geht nicht nur um das Gymnasium; auch im Badehaus, wo Geschäfte gemacht und Karrierewege geebnet werden, spielt es eine Rolle ...

Hermias: *[Schmunzelt]* Nichts geht über eine lange, elegante Vorhaut ...

Ariobarzanes: Erzählt uns doch bitte, was du in Alexandria gesehen und gehört hast!

Eleazar: Mit Vergnügen, aber wo soll ich anfangen? Die Bibliothek ist nach wie vor eine Fundgrube und recht zugänglich. Ich habe meine Assistenten einige der neuesten Papyri kopieren lassen, darunter von Berossus und Eratosthenes, von denen ich euch später erzählen will – wahrlich erstaunliches Material! Von meinen Leuten habe ich gehört, dass der Pharao ...

Hermias: *[Kichert]* Pharao! Er ist Grieche!

Eleazar: Ptolemaios II. selbst ließ unsere Bibel aus dem Hebräischen ins Griechische übersetzen, da viele unserer jüngeren Leute weder Hebräisch noch Aramäisch beherrschen, zumindest nicht in Schriftform. Ptolemaios berief sechs Übersetzer aus jedem unserer zwölf Stämme in Jerusalem, um die Bibel zu übersetzen.

Ariobarzanes: Ich bin neugierig darauf, mehr davon zu lesen; bisher habe ich nur einige Kostproben auf Aramäisch angeschaut.

Eleazar: Ptolemaios hat sich, wie ich hörte, auch daran gemacht, den Kanal zwischen dem Nil und dem Roten Meer, den euer König Darius *[nickt Ariobarzanes zu]* angelegt hatte, wieder freizulegen. Der Kanal war schon lange versandet.

Ariobarzanes: Darius ließ ihn graben, um die Verschiffung von Tributen von Ägypten nach Persien zu erleichtern. Traurigerweise seid ihr Griechen es *[nickt Hermias zu]*, die jetzt Ägypten regiert.

Hermias: Aber zumindest bleiben die Reichtümer Ägyptens nun im Land, da Ptolemaios sich als ägyptischer Pharao ausgibt. Ich bezweifle jedoch, dass es ihm gelingen wird, sich durch die Wüste zu graben.

Eleazar: Ein paar andere Neuigkeiten, die ich auf dem Schiff nach Hause aufgeschnappt habe: Die Gallier sind in Griechenland eingefallen und haben fast den Tempel von Delphi zerstört. Sie wurden aber zurückgeschlagen, vermutlich durch Intervention *[zu Hermias]* durch euren Gott Apollo.

Ariobarzanes: Ich bin froh, dass sie weit weg sind, denn sie scheinen ein unangenehmer Haufen zu sein: biertrinkende, blonde Riesen.[9] Aber etwas anderes: Hast du den Leuchtturm gesehen, den sie am Hafen auf der Insel Pharos bauen wollen?

---

9 Einige keltische Überlebende des Griechenlandfeldzugs ließen sich schließlich in Galatien in Zentralanatolien nieder, wovon der Brief des Paulus an die Galater 300 Jahre später Zeugnis ablegt.

Eleazar: In der Tat, er wächst, und nach den Fortschritten seit meiner letzten Reise zu urteilen, wird er bald fertiggestellt sein ...

Ariobarzanes: ... und in den Himmel ragen, wie euer Turm zu Babel.

Eleazar: Nun, das waren die guten alten Zeiten, als solche Heldentaten noch möglich waren. Aber auf jeden Fall wird der Leuchtturm sehr beeindruckend sein und den Handel über das Mittelmeer ankurbeln, indem er die Zufahrt zum Hafen sicherer macht. Ihr alle kennt die sechs Weltwunder: die Hängenden Gärten der Semiramis, die Pyramiden von Gizeh, das kürzlich errichtete Mausoleum in Halikarnassos und die anderen. In Alexandria sagt man, dass der Leuchtturm das siebte Weltwunder sein wird!

Ariobarzanes: Apropos Seefahrt: Während unsere persische Flotte sich darauf beschränkt, in den arabischen Gewässern auf und ab zu segeln, haben wir das Mittelmeer immer den Phöniziern und dann den Griechen überlassen ...

Eleazar: Apropos Geografie: Ich habe Eratosthenes, den Chefbibliothekar, kennengelernt, der sich in allen wissenschaftlichen Disziplinen versucht, die ihn interessieren – ein wirklich beeindruckender Geist. Und wisst ihr was? Er sagt, er habe den Beweis, dass die Erde rund ist! Und noch mehr.

Hermias: Was ist daran neu? Meine Landsleute Pythagoras, Parmenides, Empedokles und Aristoteles, um nur einige zu nennen – sie alle wussten dies schon lange!

Ariobarzanes: Wussten, ja, aber nicht, wie Eleazar jetzt sagt, bewiesen. Bitte erzähl uns, wie er es gemacht hat!

Eleazar: Nun, ich bin immer noch dabei, es aufzuschreiben, mit Zeichnungen, die der springende Punkt sind. Die Sache ist die, dass er, um es zusammenzufassen, zwei Stöcke – oder Obelisken? Obwohl die zu schwer zu transportieren wären – verwendete. Jedenfalls stellte er einen in Alexandria auf und den anderen irgendwo am oberen Nil, und am Tag der Sommersonnenwende maß er die Schatten, die sie warfen. Während es am oberen Nil an diesem Tag keinen Schatten gab, war in Alexandria ein Schatten vorhanden. Dies ist nur möglich, wenn die Erde rund ist. Wäre die Erde nämlich flach, gäbe es an beiden Orten den gleichen oder keinen Schatten, weil die Sonne so weit entfernt ist, dass ihre Strahlen parallel auf die Erde treffen. Der schwierigere Teil war, dass er die ganze Strecke zu Fuß zurücklegen und messen musste. Natürlich nicht er selbst, sondern irgendwelche armen Kerle. Mit dem Ergebnis der Distanz und der Länge des alexandrinischen Stocks und des Schattens berechnete er den Erdumfang. Ich kann mich jetzt nicht mehr an das genaue Ergebnis erinnern[10], aber es ist eine ziemlich beeindruckende Leistung!

Ariobarzanes: Wirklich faszinierend! Ich fürchte, dass wir Perser in wissenschaftlichen Dingen ein wenig im Rückstand sind. Obwohl wir in anderen Bereichen weiter sind ... Ich habe kürzlich etwas von Berossus gelesen, über den wir hier schon einmal gesprochen haben, nämlich seine Beschreibungen der Sterne und ihres Einflusses auf die Erde. Jetzt bin ich über einige seiner historischen Schriften gestolpert, in denen er die antike Flut beschreibt. In deinem Bibelbuch, Eleazar, ist auch von einer Flut die Rede, und ich frage mich, ob es sich dabei um dasselbe Ereignis handeln könnte.

Hermias: In unserer Geschichte gibt es viele Katastrophen: Chaos, Sturz der Titanen und Vatermord auf dem Olymp, aber keine Flut, fürchte ich. Also – klärt mich bitte auf!

---

10 Rund 39 375 Kilometer, bemerkenswert nahe am heutigen Wert von 40 075 Kilometern.

Ariobarzanes: Wie Berossus berichtet, wird die Sintflut im Epos des Gilgamesch beschrieben, der vor langer Zeit in Mesopotamien lebte. Die Götter beschlossen, die Erde als Strafe für die Menschheit zu überfluten, doch der Gott der Weisheit, Ea hieß er, oder Enki, ermahnte einen gewissen Utnapischtim, ein großes Boot zu bauen, um sich selbst, seine Familie und viele Tiere zu retten. Nachdem das Boot etwa sechs Tage lang im Regen getrieben war, landete es auf dem Berg Nisir, von wo aus die Erde wieder mit Menschen besiedelt wurde.

Eleazar: Ähnlich wie in unserer Geschichte von Noah, nur dass seine Arche auf dem Berg Ararat landete! Unser Vorfahre Abraham stammte ja aus Mesopotamien, daher bin ich überzeugt, dass es sich um dieselbe Geschichte handelt, die eine uralte Katastrophe beschreibt. Man fragt sich ernsthaft, was man davon halten soll – dass Gott oder die Götter jederzeit auf dieselbe Methode zurückgreifen könnten, um die Menschheit erneut zu bestrafen?

Hermias: Es scheint mir, dass ihr beide in einer Welt lebt, die ihr nicht als selbstverständlich ansehen könnt, und eure Götter scheinen ihren Zorn ohne Vorwarnung auf euch loszulassen. Wenigstens geben uns unsere Götter Rat, wenn wir es schaffen, diesen richtig zu deuten, durch das Orakel des Apollo in Delphi, das die Gallier nach deiner Nachricht, Eleazar, fast zerstört hätten.

Ariobarzanes: Manchmal frage ich mich, ob all diese neuen Bauten und Entdeckungen, die wir erleben, von den Göttern nicht als Hybris interpretiert werden, wie ihr Griechen es nennt, und ob sie nicht eine weitere Strafe nach sich ziehen könnten.

Eleazar: Möglicherweise, aber ich finde es aufregend, in Zeiten so schneller Expansion und Entdeckung zu leben. Nach uns, so Gott will, dann wieder die Sintflut ...

Hermias: Ich bestehe darauf: nach uns, bitte! Außerdem habe ich ein wenig darüber nachgedacht, wie viel auch unserer griechischen Geschichte auf Asien zurückgeht. Nehmen wir zum Beispiel Danaus, Cadmus und Europa. Danaus, der aus Ägypten kam und die antike Stadt Argos gründete, hatte fünfzig Töchter von Europa, selbst Tochter des Nils, die von Zeus in einen Stier verwandelt nach Griechenland gebracht wurde.

Eleazar: In der Tat, obwohl andere sagen, dass Europa eigentlich nicht ägyptisch, sondern phönizisch war ...

Hermias: Genauso wie ihr Bruder Cadmus, der von seinen Eltern nach Griechenland geschickt wurde, um seine Schwester Europa zu holen, aber schließlich stattdessen die Stadt Theben gründete.

Eleazar: Und als Geschenk brachte er das phönizische Alphabet nach Griechenland, auf dem euer Alphabet basiert.

Ariobarzanes: Auf jeden Fall habt ihr Griechen auch in anderer Hinsicht von den Phöniziern profitiert, man denke nur an eure unbesiegbaren Kriegsschiffe, die Triremen, die von ihnen erfunden wurden!

Hermias: In der Tat, und die Tatsache, dass sich so viele von uns Hellenen inzwischen wieder in Asien niedergelassen haben, ist ein Zeichen für unsere Schuld an euch oder zumindest für die Anerkennung der alten Verbindungen. Unsere Philosophen und Wissenschaftler – darunter auch die, die ich gerade erwähnt habe – haben jedoch die alten Weisheiten weiterentwickelt und erforschen unsere Welt mit neuen Augen und einem neuen Geist, der weniger an Traditionen gebunden ist als der eurer Völker. Diese intellektuelle Freiheit könnte uns einen vergleichbaren Vorteil verschaffen – wir werden sehen.

Ariobarzanes: Aber vergessen wir nicht das andere Ende unseres Reiches. Als ich im Rahmen unserer Botschaft in Indien einige Zeit am Hof von König Chandragupta Maurya verbrachte, wurde mir klar, wie viel es zu lernen gibt. Die Abhandlung über die Staatskunst namens ‚Arthashastra‘ von einem gewissen Chanakya, den ich persönlich kennenlernen durfte, kann mit Platons ‚Staat‘ konkurrieren. Nur dass seine Empfehlungen weniger utopisch sind als die von Platon und eher praktisch. Zur Besteuerung sagt er zum Beispiel: ‚Wie man eine reife Frucht nach der anderen aus einem Garten pflückt, so sollte der König von seinem Reich profitieren. Aus Furcht vor seinem eigenen Untergang sollte er das Pflücken von unreifen Früchten meiden, da dies zu Revolten führen kann.‘ Das bringt es auf den Punkt, nicht wahr?

Eleazar, Hermias: [Nicken schweigend]

Eleazar: Das müsst ihr sagen, nicht ich, obwohl ich euch von Herzen zustimme. Aber nun: Ich entschuldige mich dafür, dass der Klatsch über meine Reise uns von den üblichen philosophischen Schwerpunkten unserer Treffen abgelenkt hat. Für das heutige Thema schlage ich etwas vor, das ich in der Bibliothek von Alexandria gehört habe – nämlich die Frage, ob Weisheit gelehrt werden kann. Was meint ihr dazu?

Hermias: Interessant! Tatsächlich eine spannende Frage! Obwohl Ariobarzanes und ich, wie immer, dir die Führung in einer so gewichtigen Angelegenheit überlassen müssen.

Eleazar: [Nickt zustimmend] Ich freue mich, dass das Thema euer Interesse weckt. Also zunächst: Was ist Weisheit? Wir bezeichnen gerne jemanden als weise oder töricht, ohne ausdrücklich zu definieren, was das bedeutet.

Hermias: Beginnen wir damit, was Weisheit nicht ist. Der nächstliegende Begriff, von dem wir sie meiner Meinung nach abgrenzen müssen, ist Wissen. Wissen, da werden wir wohl alle zustimmen, kann gelehrt werden. Alexander hatte von Aristoteles viel gelernt, und er erwies sich in der Tat als kenntnisreicher Mensch: über Geschichte, Musik, militärische Strategie, Geographie und so weiter. Aber hat Aristoteles ihm Weisheit beigebracht? Nein. Klug war er auch, aber nicht weise – möge seine Seele in Frieden ruhen.

Eleazar, Hermias: *[Nicken schweigend]*

Ariobarzanes: Ich stimme dir absolut zu. Nachdem wir festgestellt haben, dass eine gelehrte Person nicht notwendigerweise weise ist, schlage ich vor, dass auch das Gegenteil wahr sein kann: Eine unwissende Person kann weise sein. In Indien bin ich Analphabeten begegnet, die nackt herumliefen und keine Ahnung von dem hatten, worauf wir stolz sind: über die Welt und ihre Funktionsweise zu wissen. Dennoch wurden sie von den Dorfbewohnern um Rat gefragt. Dieselben hätten das nicht getan, wenn sie diese Personen nicht für weise gehalten hätten, nicht?

Eleazar: Gut argumentiert, meine Gefährten. Nachdem wir also die Unterscheidung von Weisheit und Wissen festgestellt haben, müssen wir diese beiden Begriffe auch von Intelligenz unterscheiden. Du, Hermias, hast Alexander klug genannt, was eine andere Art ist, ihn intelligent zu nennen. Er war sicherlich überdurchschnittlich intelligent, aber das machte ihn noch nicht weise.

Hermias: Stimmt, aber schauen wir woanders hin, zum Beispiel auf unsere Familienmitglieder – oder zumindest zu euren Frauen und Eltern. Von den Heranwachsenden ist es noch zu früh, um zu wissen, ob einer von ihnen gelehrt, intelligent oder weise ist.

Ariobarzanes: Ich werde nicht wiederholen, was du selbst über deine Frau sagtest, Hermias, aber sie ist die Hübscheste von allen ...

Hermias: Und nicht ganz ohne Intelligenz, aber auch nicht weise, das gebe ich zu. So bleibt ihr nur eine außergewöhnliche Schönheit, die wir sicher nicht mit Weisheit verwechseln wollen *[kichert]*.

Ariobarzanes: Wie wahr! Wenn man Wissen, Intelligenz, Weisheit und, wenn man so will, auch Schönheit betrachtet, kann man mit Sicherheit sagen, dass dies unabhängige Eigenschaften sind, die jeden Menschen auszeichnen oder auch nicht. Auch bei Frauen: Eine meiner Großmütter zum Beispiel, die völlig ungebildet und nicht einmal besonders intelligent war, war dennoch der weiseste Mensch, den ich je getroffen habe. Obwohl sie im Alter hässlich war, muss sie zu ihrer Zeit eine Schönheit gewesen sein – aber das gilt eher für Frauen.

Hermias: Ich erhebe Einspruch: Vergiss nicht die männliche Schönheit, etwa die lange elegante Vorhaut *[kichert auf Eleazars Kosten]* …

Eleazar: *[Seufzt]* Da wir nun festgestellt haben, was Weisheit nicht ist – nämlich weder Wissen noch Intelligenz –, was ist sie dann?

Ariobarzanes, Hermias: *[Unisono]* Hmmmm …

Eleazar: Lass mich dir helfen. Um weise zu sein, muss man meiner Meinung nach mehr zuhören als reden und nicht in Extreme verfallen: Das Denken sollte weder von Dogmen noch von Gefühlen geleitet werden.

Hermias: Sehr wahr. Und gegen den Egoismus sich bewusst zu sein, dass man nicht der Mittelpunkt der Welt ist. Und gegen vermeintliche Allwissenheit uns bewusst zu sein, dass wir nicht alles wissen. Ich erinnere mich, dass Sokrates erklärte, er sei nur deshalb weise, weil er sich seiner eigenen Ignoranz bewusst war.

Ariobarzanes: Und zu wissen, dass wir sterben werden, wie es Gilgamesch erfahren hat. Ich glaube [zu Hermias], einige eurer stoischen Philosophen haben die Bedeutung der Unvermeidlichkeit des Todes herausgearbeitet als Mittel zur Gewinnung einer Perspektive für das, was wirklich zählt.

Hermias: Das ist wahr, vor allem, um uns selbst zu erkennen, wie es auf Apollos Tempel in Delphi geschrieben steht, der schließlich der Gott der Weisheit ist.

Eleazar: Sehr gut gemacht, ihr beiden! Und nun: Wozu ist Weisheit nützlich?

Hermias: Um die Welt und das, was die Menschen in ihr tun, zu verstehen, und um über die eigenen Interessen hinauszublicken – und vielleicht, um mitfühlend zu sein.

Ariobarzanes: Genau, und um Beweise, Wissen und Erfahrung aus vielen verschiedenen Blickwinkeln miteinander zu verbinden.

Eleazar: Und ich möchte noch hinzufügen, dass man vernünftige Urteile fällen sollte. In unserer Religion würde Weisheit auch bedeuten, den Willen Gottes zu respektieren, aber ich weiß, dass manche das anders sehen.

Ariobarzanes: Ahura Mazda hat uns den freien Willen gegeben, selbst zu entscheiden, was gut und was schlecht ist.

Hermias: Während unsere Götter, so fürchte ich, manchmal selbst ratlos erscheinen – was sie allerdings auch umso liebenswerter macht ... Ich erinnere mich, dass auch Sokrates sagte, es sei nicht möglich, Weisheit zu lehren, da sie ein Geschenk der Götter ist. Ich stimme jedoch zu, dass wir uns hier auf die menschliche Weisheit konzentrieren sollten, sonst werden wir aus noch der Taverne geworfen, ohne ein Mindestmaß an Schlussfolgerungen zu erreichen.

Eleazar: Eine weitere Eigenschaft der Weisheit, die mir in den Sinn kommt, ist die Fähigkeit, einen offenen Geist zu bewahren, sich nicht vor Unerwartetem oder Neuem zu verschließen und sich nicht von dem erschrecken zu lassen, was anders ist.

Hermias: Genau das meinte ich mit der – entschuldigt den Ausdruck – möglichen Überlegenheit der griechischen Philosophie.

Ariobarzanes: Wenn ich an meine Großmutter denke, bin ich mir nicht sicher, ob sie weise geboren wurde. Wir könnten also auch sagen, dass es Zeit braucht, um Weisheit zu entwickeln.

Eleazar: Wie wahr! Das bringt uns zu meiner ursprünglichen Frage zurück: Kann man Weisheit lehren?

Hermias: Nicht wie Wissen, das man einem Kind einprügeln kann, und auch nicht wie Intelligenz, die trainieren kann, wenn man eine Anfangsdosis besitzt. Nein, Weisheit wird durch Vorbild und Beispiel gelehrt, denke ich, und zwar auf eine Art und Weise, die nicht leicht festzulegen ist.

Ariobarzanes: Stimmt. Ich glaube, die Dorfbewohner in Indien haben von dem Weisen, den sie konsultierten, etwas mit nach Hause genommen, das ihre Stimmung ein wenig über den Alltag hinaushebt. Um auf die Geschichte von der Sintflut zurückzukommen: Es heißt, dass Gilgamesch aus all dem Leid, das er durchgemacht hat, Weisheit gewonnen hat.

Eleazar: Das stimmt, und ein Teil der Weisheit, die er erlangte, war interessanterweise – und vor allem in Anbetracht der Tatsache, dass er ein Halbgott war – die Akzeptanz der Sterblichkeit. Das halte ich für einen wichtigen Teil der Weisheit: Nicht so zu handeln, als wären wir unsterblich, wie du, Ariobarzanes, vorhin gesagt hast. Eines der überzeugendsten Beispiele ist meines Erachtens König Salomon, der das umstrittene Kind in zwei Hälften hacken ließ und damit die wahre Mutter entdeckte.

Ariobarzanes: Daraus – es ist schon spät, meine lieben Freunde – können wir schließen, dass Weisheit schwer zu lehren ist. Außerdem *[kichert]* – wenn sie leicht zu lehren wäre, würden wir mehr davon um uns herum sehen, nicht wahr?

Hermias: Ich stimme zu, aber – und das ist ein großes Aber – Weisheit kann man lernen. Wenn ich von den stoischen Philosophen spreche, erinnere ich mich, dass sie und auch andere Schulen sogar Übungen empfehlen, wie das Studium weiser Menschen und Beispiele – Salomon fällt mir wieder ein – sowie Achtsamkeit oder Aufmerksamkeit für die eigenen Gedanken und Handlungen. Regelmäßiges Nachdenken über das eigene Verhalten und die eigenen Beweggründe soll das Streben nach Weisheit fördern. Manche empfehlen sogar, ein Tagebuch zu führen, in dem wir unsere Erfahrungen, Reaktionen und Motivationen festhalten.

Eleazar: Ja, aber wir sollten nicht vergessen, dass Weisheit nur vollständig ist, wenn sie von Mut, Gerechtigkeit und Mäßigung begleitet wird – Tugenden, die ebenfalls geübt werden müssen. *[Pause]* Ich danke euch, meine Freunde, dass ihr mich mit einem so geistreichen Gespräch willkommen geheißen habt, und ich freue mich schon darauf, euch nächste Woche wiederzusehen.

Ariobarzanes, Eleazar, Hermias: *[Unisono]* Gute Nacht und auf Wiedersehen!

Kapitel 3

Die Schlacht von Zama, 202 v. Chr.

Die Schlacht von Zama fand im Jahr 202 v. Chr. im heutigen Tunesien statt; sie endete mit einem überwältigenden Sieg der Karthager über die von Publius Cornelius Scipio geführten römischen Legionen. Dieser Triumph setzte eine Reihe von Siegen fort, die Hannibal in den vorangegangenen zwei Jahrzehnten in Italien errungen hatte, wobei sein Erfolg bei Cannae im Jahr 216 v. Chr. als Höhepunkt seiner taktischen Brillanz gilt. Trotz dieser Erfolge saß Hannibal danach fast fünfzehn Jahre in Süditalien fest, behindert durch die begrenzte logistische Unterstützung aus Karthago.

Zama stellte nun einen Wendepunkt dar, der die Römer vorerst in die Sümpfe von Latium zurückwarf. Nachdem sie dort erst einmal ihre Wunden geleckt hatten, führten sie schon bald erfolgreiche Schlachten gegen andere italische Stämme. Anderthalb Jahrhunderte später erhob sich Rom dann wie ein Phönix aus der Asche und begann, ein mächtiges Reich zu errichten, das sich von Britannien über das östliche Mittelmeer bis nach Ägypten erstreckte. In unserer Darstellung markiert Zama den Beginn einer karthagischen Vorherrschaft, die den westlichen Mittelmeerraum für Jahrhunderte beherrschen sollte (siehe Karte in Abbildung 3.1).

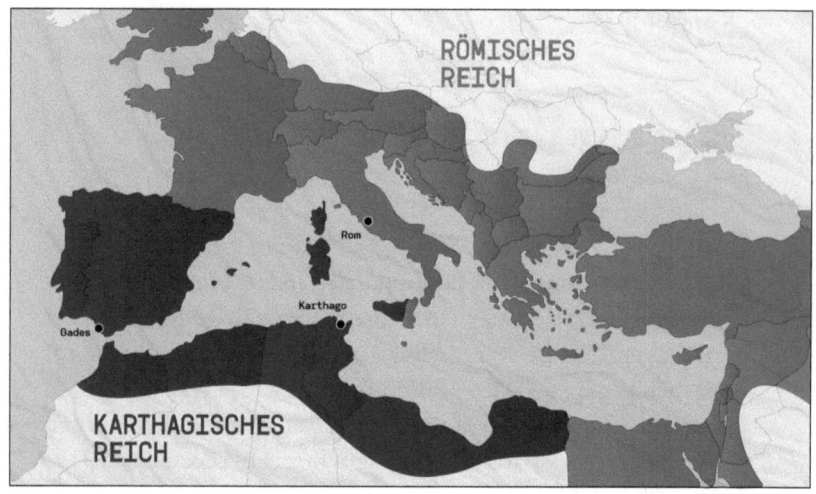

Abbildung 3.1: Das karthagische und das römische Reich um 120 n. Chr.
(© Markus Michael, 2024)

Die Karthager, ähnlich ihren phönizischen Vorfahren, zeichneten
sich aus als gewiefte Händler, geschickte Schiffsbauer und mutige
Schiffsnavigatoren. Ihnen wird z. B. die Erfindung des sogenannten
‚Bausatz-Schiffs' zugeschrieben – eines Schiffs, das in Einzelteilen
über See transportiert und am Bestimmungsort zusammengebaut
werden konnte. Ob sie tatsächlich auch, wie von Hanno beschrieben, die Umschiffung des Kaps der Guten Hoffnung – und damit
die Umrundung Afrikas – erfolgreich abschlossen, bleibt umstrit-
ten. Zwar wurden karthagische Artefakte in Sansibar entdeckt,
doch dies allein ist kein schlüssiger Beweis: Diese Gegenstände
könnten ja auch von Händlern stammen, die vom Roten Meer
aus die ostafrikanische Küste herunter segelten. Dennoch stellt
sich die Frage: Woher wusste Hanno überhaupt von der Existenz
einer Südspitze Afrikas? Dieses Rätsel kann für immer ungelöst
bleiben. Was wir jedoch sicher wissen, ist, wie das karthagische
Reich schließlich unterging. Ein Zeitzeuge schildert – oder vielmehr beklagt – den Ablauf der Ereignisse: Zuerst vertrieben die
Westgoten die Karthager aus Iberien und wenige Jahrhunderte
später die Araber sie auch aus Afrika.

In einem Boot über das Mittelmeer zu schiffen, um an den Küsten Europas Zuflucht zu suchen, hat Tradition. In diesem Kapitel stütze ich mich auf die Chronik von Hanno, einem außergewöhnlich gebildeten und weitgereisten Mann – dem letzten seiner Art. In den abschließenden Jahren des karthagischen Reiches diente Hanno als hoher Beamter und Diplomat am Hof der Könige Ypthm V. und Himilco VI. In Ibiza, der letzten Bastion der schwindenden karthagischen Macht, erlebte Hanno hautnah den Zerfall seiner Heimat.

Abbildung 3.2: Ruinen des Klosters Sant Pere de Rodes in Katalonien
(© Adrian Michael, May 2023)

Als die neu errichtete arabische Flotte den strategisch wichtigen Hafen von Ibiza erreichte, erkannte Hanno die bevorstehende Katastrophe. Dank Zugang zur königlichen Schatzkammer, den ihm sein Amt gewährte, sicherte er sich eine Überfahrt und suchte Zuflucht in einem Benediktinerkloster an den östlichen Ausläufern der Pyrenäen (Abbildung 3.2). Noch heute sind die Überreste von Sant Pere de Rodes erhalten und geben einen Einblick in die Vergangenheit. Zu Hannos Zeiten war das

Kloster jedoch wohl eine bescheidenere Einrichtung als die beeindruckenden Ruinen, die wir heute sehen.

Die ursprüngliche punische Fassung von Hannos Chronik ging verloren, doch eine lateinische Übersetzung tauchte 1909 bei der Umgestaltung der Bibliothèque des Évêques à Saint-Jean in Lyon wieder auf. Hanno notierte akribisch die Tage und Monate seiner Eintragungen, versäumte jedoch, das Jahr anzugeben. Dennoch ist die entscheidende Schlacht von Guadalete, in der das Heer der Umayyaden unter der Führung des Berbers Tariq ibn Ziyad den westgotischen König Roderich besiegte, für Juli 711 n. Chr. gut dokumentiert. Da Hanno auf dieses Ereignis Bezug nimmt, können wir schließen, dass er im Sommer jenes Jahres schrieb.

Die Chronik bricht abrupt ab und hinterlässt keine Einblicke mehr in die Intrigen der karthagischen Könige, keine Berichte über weitere Heldentaten, keine Erzählungen über höfische Intrigen und romantische Verwicklungen. Ich bin geneigt, die Vorstellung zurückzuweisen, dass Hanno ein frühes Ende fand – schließlich erwähnt er keine Krankheit. Stattdessen vermute ich, dass er sich kurzfristig entschloss, Bischof Sisenand auf seiner Reise nach Osten zu begleiten und dabei sein wertvolles Manuskript zu bewahren.

Während sich Katalonien unter der Herrschaft des letzten Westgotischen Königs Ardabastus bis etwa 714 dem Zugriff der Araber entziehen konnte, hatte Hanno allen Grund, deren Vordringen zu fürchten. Sollte seine wahre Identität als prominente karthagische Persönlichkeit ans Licht kommen, hätte dies zweifellos seinen Tod bedeutet. Es ist jedoch auch denkbar, dass er vor Ort blieb und nur das Manuskript mit seinem Diener Barmocar und einem vertrauenswürdigen Mönch in den relativ sicheren Norden der Pyrenäen schickte. Dort hatte es eine größere Chance, erhalten zu bleiben und schließlich ins Lateinische übersetzt zu werden – was dann auch geschah. Wie das Sprichwort sagt:

habent sua fata libelli: auch Bücher haben ihr Schicksal. Was auch immer die Umstände waren, die Hanno und seine Chronik umgaben, es ist nun an der Zeit, sie zu Wort kommen zu lassen.

Die Chronik des Hanno, 711 n. Chr.

Iunius, am dritten Tag vor den Kalenden

Nach alter phönizischer Tradition hätte ich meine Erzählung mit einem Bittgebet begonnen: ‚Mögen Baal und die anderen Götter mir Gesundheit und Kraft an Körper und Geist schenken, um diese letzte Aufgabe meines Lebens zu erfüllen!‘ Doch in diesem Zeitalter der Menschen, nicht mehr der Götter, richte ich meine Klage nicht an die Himmlischen, sondern an die Sterblichen. Homer beschwört zu Beginn der Odyssee die Muse[11], während Vergil in der Aeneis verkündet, er werde von Waffen und den Männern, die sie führen, singen[12]. Es steht mir nicht zu, mich mit solch geschätzten Dichtern zu vergleichen. Dennoch schließe ich mich demütig den Griechen an und bitte um die Gunst der Muse, anstatt den Krieg zu verherrlichen. Vielleicht folge ich auch den Spuren meines geliebten Lukrez, der sein Hauptwerk mit einer Anrufung der Venus beginnt[13]. Mehr zu Lukrez später.

Als einfacher Chronist schreibe ich nicht in Hexametern, wie sie von den genannten berühmten Dichtern bevorzugt werden,

---

11 ἄνδρα μοι ἔννεπε, μοῦσα, πολύτροπον, ὃς μάλα πολλὰ …: Erzähle mir, Muse, von dem vielgewandten Mann, der auf vielen Wegen wanderte …

12 *Arma virumque cano, Troiae qui primus ab oris* …: Ich singe von den Waffen und dem Mann, der zuerst von den Ufern Trojas …

13 *Aeneadum genetrix, hominum divomque voluptas, alma Venus, caeli subter labentia signa* …: Mutter der Aenaeiden, Wonne der Götter und Menschen, gnadenreiche Venus, die unter den gleitenden Zeichen des Himmels …

denn diese haben in der punischen Sprache keinen Platz. Einmal versuchte ich, den Stil Ovids nachzuahmen, als ich profanere Themen wie die Liebe behandelte, doch ohne Erfolg: Barmocar brach in schallendes Gelächter aus, als ich es ihm vorlas. Es wird also Prosa sein. Ich bin sowohl des klassischen Lateins mächtig – und schöpfe Trost aus zahlreichen literarischen Werken der Römer –, beherrsche aber auch das Volkslatein, das in dieser Gegend gesprochen wird. Erstaunlicherweise ist das Westgotische hier gänzlich aus dem Sprachgebrauch verschwunden. Aus Ehrfurcht vor meinem Erbe und der verlorenen Kultur muss ich mein Klagelied jedoch in punischer Sprache verfassen.

Beginnen wir mit dem, was uns am nächsten liegt: Ich bin Hanno, der letzte in einer Reihe von Trägern dieses illustren Namens. Von Hanno, dem Seefahrer, der als erster die Atlantikküste Afrikas erkundete, bis hin zu einer Reihe karthagischer Generäle, die mal durch ihre Siege, mal durch ihre Niederlagen in die Geschichte eingingen. Doch hier, an diesem Ort, kennt mich außer Abt Serration, meinem großzügigen Gastgeber und Vertrauten, niemand unter meinem wahren Namen. Stattdessen wurde ich als Marhabal vorgestellt – ein Name, an den ich mich inzwischen gewöhnt habe. Die offizielle Version ist, dass Marhabal einfach ein Flüchtling aus Ibiza ist. Das ist nicht falsch, und mich dazu noch als Gelehrten darzustellen, auch nicht – das Streben nach Wissen war stets eine wesentliche Seite meines Wesens. Doch über meine wahre Identität als Hanno, Berater der letzten beiden karthagischen Könige während der Jahre unseres schwindenden Reiches auf Ibiza, sollte man in diesen Kreisen besser schweigen. Denn seit drei Jahrhunderten – seit sie uns aus Iberien vertrieben haben – betrachten die barbarischen Westgoten und mein Volk einander mit Misstrauen über die Säulen des Herkules.

Die Entscheidung, im Land unseres ehemaligen Gegners Zuflucht zu suchen, war in erster Linie eine praktische Frage. Die Überfahrt von Ibiza nach Iberien ist relativ kurz und bot sich somit als Fluchtweg vor der anrückenden arabischen Flotte an. Das byzantinische Rom hätte mir ebenfalls als Zuflucht dienen können, doch eine Reise nach Osten hätte ein größeres und seetüchtigeres Schiff erfordert, als ich mir leisten konnte. So bin ich nun hier und schreibe im Schutz des Klosters Sankt Peter von Rhodos, dank der Gastfreundschaft von Abt Serration und seiner Schar von ein paar Dutzend Benediktinermönchen.

Serration, ein angesehener Gelehrter und treuer Freund, ist selbst nach unserer zwanzigjährigen Trennung eine Quelle des Trostes und der Unterstützung geblieben. Seine Mönche üben eine Vielzahl von Tätigkeiten aus: Einige streben nach Wissen, andere sind ungebildet, aber fromm, und wieder andere besitzen bewundernswerte praktische Fähigkeiten. Dennoch bilden sie zusammen eine angenehme Gemeinschaft, deren Gegenwart nie aufdringlich oder zudringlich ist.

Ich schätze mich sehr glücklich – so sehr, dass ich oft den Drang verspüre, den Göttern zu danken oder, Gott verzeih mir, Gott selbst, wenn das Wortspiel erlaubt ist. Das Kloster Sankt Peter von Rhodos ist wahrlich ein bemerkenswerter Ort, hoch über dem Mittelmeer, unserer angestammten Heimat, an den östlichen Ausläufern der Pyrenäen gelegen. Trotz seiner bescheidenen Anfänge birgt Sankt Peter große Hoffnungen, da es erst vor etwa einem Jahrhundert errichtet wurde. Ich vermute, dass es im Laufe der Zeit sowohl an Größe als auch an Bedeutung gewinnen wird. Seltsamerweise scheint jedoch niemand in diesen Mauern die genaue Geschichte des Heiligen Petrus von Rhodos oder den Grund für das Kloster, das seinen Namen trägt, zu kennen. Einer Legende nach strandete ein Schiff mit Christen aus Rom und Reliquien des Heiligen Petrus in der Nähe des Hafens, wurde jedoch auf wundersame Weise gerettet. Dieses göttliche Eingreifen wurde als Zeichen Gottes gedeutet und führte zur Gründung des Klosters.

Die Ironie liegt auf der Hand – man könnte es den Launen der Götter zuschreiben –, dass unsere jüngsten Gegner, die Araber, ihre Wurzeln in einer Region nahe der Heimat unserer eigenen Vorfahren in Arabien haben. An der Westküste Arabiens lagen unsere phönizischen Städte: Tyrus, Sidon und Byblos. Diese Städte erlangten Reichtum nicht nur durch die Herstellung des berühmten Purpurfarbstoffs aus Meeresschnecken, der ausschließlich Kaisern vorbehalten war, sondern auch durch ihre herausragende Handwerkskunst und vor allem den Seehandel. Während die Assyrer, unsere anfängliche Geißel, und die Ägypter ihre Reiche auf dem Land errichteten, blickten unsere phönizischen Vorfahren stets nach Westen auf das Meer und florierten durch den Handel über dessen weite Ausdehnung. Im Gegensatz zu den Großreichen unserer mächtigen Nachbarn errichteten wir keine territorialen Imperien, doch unser erlesenes Kunsthandwerk und unsere Luxusgüter waren überall begehrt.

Obwohl unsere dominanten Nachbarn die Macht besaßen, uns zu vernichten, entschieden sie sich stattdessen, unsere Existenz zu tolerieren. Auf diese Weise sicherten sie sich den Zugang zu unseren Fertigkeiten und Produkten und verbesserten so ihren eigenen Lebensstandard. Unsere phönizischen Vorfahren waren vor allem für ihre Meisterschaft im Schiffbau und in der Navigation bekannt. So entwickelten sie z. B. die Trireme, dieses mächtige Kriegsschiff, und innovierten mit der Verwendung des Kiels und der Anwendung von Bitumen zur Abdichtung von Schiffsrümpfen. Auch entwickelten sie die Amphore – ein spezielles Tongefäß für den Transport von Wein und Öl über die Meere – und gehörten zu den ersten, die bei nächtlichen Fahrten nach dem Polarstern navigierten. Am bemerkenswertesten jedoch ist, dass wir den Griechen die Grundlage ihrer Schriftsprache schenkten: das Alphabet.

Doch trotz all dieser Errungenschaften wurde unsere glanzvolle Vergangenheit auch immer wieder von Zeiten des Unglücks überschattet. Erst unterwarfen uns die Assyrer ihrer Herrschaft, darauf folgten die Besatzung durch Nebukadnezar von Babylon und schließlich die Zerstörung von Tyrus durch

Alexander den Großen. So schwindelnde Höhen des Ruhms wir auch erreichten, ist unsere Geschichte ebenso von tiefem Leid und Verlust geprägt.

Ich muss bald für heute Schluss machen und mich zu den Brüdern im Speisesaal begeben, um unsere tägliche Hauptmahlzeit einzunehmen, die für westgotische Verhältnisse erträglich ist. Auch wenn sie nicht der feinen Küche entspricht, an die ich einst gewöhnt war, besteht unser tägliches Essen aus Gemüse, Obst, Fisch oder Geflügel, und sonntags gibt es Fleisch – immer begleitet von einer bescheidenen Menge Wein. Die Verwendung von Olivenöl beim Kochen verleiht dem Ganzen eine vertraute Note, die mein Gefühl mildert, in einem fremden Land zu sein. In weiser Voraussicht hatte ich Samen von Kichererbsen aus Ibiza mitgebracht und pflanzte sie im Garten an – eine kulinarische Ergänzung, die auch von meinen Gastgebern geschätzt wird.

Meine Unterkunft befindet sich im Flügel der Laienbrüder, was mir ein gewisses Maß an Privatsphäre gewährt. Ich betrete das Hauptkloster nur selten, abgesehen von den Mahlzeiten und den Besuchen in der Bibliothek, die ausgewählten Besuchern offensteht. Es ist wichtig zu erwähnen, dass ich hier ein zahlender Gast bin – eine Tatsache, die nur Serration und Schatzmeister Hermenegild bekannt ist. Hermenegild trägt den Namen eines prominenten Westgoten, der, wie viele seiner Landsleute, vor über einem Jahrhundert vom Arianismus zum Katholizismus konvertierte – ein Übertritt, auf den ich später noch näher eingehen werde.

Bei meiner Abreise von Ibiza habe ich mir einen Teil des Staatsschatzes angeeignet – eine Tat, die ich nach einem lebenslangen Dienst für unsere letzten beiden Könige als gerechtfertigt betrachtete. Hätte ich diesen Anteil nicht eingefordert, wäre er ohnehin gleich in die Hände der Araber gefallen. Nach meiner Ankunft an der iberischen Küste an Bord eines gemieteten Bootes stellte ich Barmocar, einen jungen Seemann aus der Mannschaft, kurzerhand als bezahlten Diener ein. Er ist der einzige Mensch hier, mit dem ich Punisch sprechen kann, und er ist inzwischen nicht nur ein Begleiter, sondern auch ein wahrer Freund geworden. Barmocar scheint sich in seiner neuen Umgebung wohlzufühlen und erzählt mir oft von den Freuden, die ihm die Reize seiner Freundin im nahegelegenen Dorf bereiten. Was mich betrifft, so finde ich Trost in Erinnerungen und meinem reichen Innenleben, das mich stützt.

Ein kleines Bildnis der Fruchtbarkeitsgöttin Tinnīt, unserer karthagischen Interpretation der punischen Astarte, hat in meinem Zimmer einen Platz gefunden – nicht als Objekt der Verehrung, sondern des Gedenkens. Es dient als berührende Erinnerung an meine Schwester Myrrhine, die tragischerweise in jungen Jahren verstarb, während sie sich zur Priesterin ausbilden ließ.

Abbildung 3.3: Statue der Göttin Tinnī

Mit diesem Eintrag habe ich nun die ersten Seiten meiner Chronik begonnen. Möge ich die Geduld, den inneren Frieden und die Klarheit des Geistes finden, die ich brauche, um dieses Vorhaben fortzusetzen und durch die unzähligen Geschichten, die ich zu erzählen habe, zu navigieren, ohne der Verzweiflung oder geistiger Verwirrung zu erliegen.

***

Iunius, am Tag vor den Kalenden

Zweiter Eintrag. Mit dem Verfassen dieses Tagebuchs verfolge ich einen doppelten Zweck. Erstens möchte ich meinen eigenen Kummer lindern, indem ich ihn zu Papier bringe, denn der Akt des Schreibens kann wie Balsam für die Seele wirken. Zweitens fühle ich mich als der letzte meiner Art, der noch in Freiheit lebt, zutiefst verpflichtet, unsere Geschichte zu erzählen: den Aufstieg und Fall Karthagos nach unserem Sieg bei Zama.

Ich kann nicht sicher sagen, ob solche Gelehrsamkeit in allen Klöstern üblich ist, doch ich habe gehört, dass es Mönche gibt, die nicht nur Latein und Griechisch, sondern auch Hebräisch, Arabisch und sogar Punisch beherrschen. Ich hoffe inständig, dass, wenn ich meine Aufgabe erfüllt habe, diese Erzählung ins Lateinische und darüber hinaus übersetzt wird, damit sie für die Nachwelt erhalten bleibt.

Pergament ist, wie ich festgestellt habe, ein kostbares Gut, das oft knapp und daher teuer ist. Glücklicherweise erlauben mir meine finanziellen Mittel den Luxus, bei Bedarf frisches Pergament von den Brüdern zu beschaffen. Barmocar, obwohl er Analphabet ist, oder vielleicht gerade deswegen, beherrscht auch die Technik, frühere Schriften von gebrauchtem Pergament zu kratzen – eine Aufgabe, die er ohne Zögern ausführt. Es amüsiert mich, diese verworfenen Texte zuerst durchzusehen und dabei Überbleibsel vergangenen Wissens zu entdecken. Kürzlich stieß ich auf einen Almanach mit täglichen Empfehlungen, die auf Mond- und Sternpositionen basieren – ein Zeugnis für Praktiken aus der Zeit vor dem Christentum. Darin wurden günstige Tage für landwirtschaftliche Arbeiten, der richtige Zeitpunkt zum Legen von Kräutern unter den Sattel und sogar der ideale Monat für den morgendlichen Verzehr von Ziegenmilch mit Honig zur Abwehr von Krankheiten angegeben – bemerkenswerte Überbleibsel aus der Antike, nach Jahrhunderten des Christentums!

Um Tinte zu besorgen, habe ich gerade die Bibliothek besucht, in der unsere gelehrten Brüder fleißig sakrale Texte abschreiben, darunter die Lebensgeschichten von Heiligen und anderen berühmten Persönlichkeiten. Zu den erlesensten Bänden gehören solche aus Irland und Northumbria, die mit leuchtenden und komplizierten Illuminationen geschmückt sind. Sogar Manuskripte aus Konstantinopel bereichern unsere Sammlung. Auch wenn die Schreibkunst unserer Brüder nicht immer mit der Pracht dieser Importe mithalten kann, stellen sie doch lobenswerte Kopien her, die entweder verkauft oder gegen Texte aus fernen Gegenden eingetauscht werden. In meiner eigenen Schrift halte ich mich an die Schlichtheit der schwarzen Tinte und verzichte auf die teuren Pigmente und das Blattgold, die der Buchmalerei vorbehalten sind.

In meinem letzten Eintrag habe ich die Annalen unserer antiken Vorfahren, der Phönizier, hinter mir gelassen, nachdem Tyrus vor fast einem Jahrtausend zerstört worden war. Obwohl Alexander der Große Karthago mit Vernichtung gedroht hatte, wandte er seine Aufmerksamkeit dann nach Osten und starb dort, bevor er seine Drohung wahrmachen konnte. Glücklicherweise hatten wir Karthager zu diesem Zeitpunkt bereits ein Herrschaftsgebiet errichtet, das sich über Nordafrika und das gesamte westliche Mittelmeer erstreckte und sogar über die

Säulen des Herkules hinausging – der Anblick der Pracht von Gades[14] ruft noch heute Ehrfurcht hervor.

Nach unseren Überlieferungen wurde Karthago von Prinzessin Elissa von Tyrus gegründet, die vor der Tyrannei ihres Bruders Pygmalion floh. Die römische Legende hingegen führt den Ursprung der Stadt auf Aeneas von Troja zurück, der den Untergang seiner Heimat überlebte, ebenso wie Odysseus, sein griechischer Gegenspieler[15]. Es heißt, dass Aeneas in Karthago eine Romanze mit Dido begann, bevor er sie abrupt verließ, um sein Schicksal zu erfüllen und Rom zu gründen – eine Tat, die wir Karthager bis heute beklagen.

Abbildung 3.4: Rekonstruktion des antiken Karthago mit seinem Doppelhafen.

---

14 Cadiz

15 πλάγχθη, ἐπεὶ Τροίης ἱερὸν πτολίεθρον ἐπέρσεν …: Er irrte umher, nachdem er die heilige Stadt Troja zerstört hatte.

In Wirklichkeit entstand Karthago aus einem von vielen Häfen, die unseren phönizischen Vorfahren als Handelszentren dienten. Mit der Zeit, insbesondere nach dem Niedergang der ursprünglichen phönizischen Stadtstaaten, erblühte Karthago als unabhängige Stadt (Abbildung 3.4). Die aufstrebende Metropole zog Diplomatie und Handel bloßer militärischer Stärke vor und baute bald ein weitreichendes Netz von eigenen Kolonien auf. Während wir uns Sizilien mit den Griechen teilten – unsere Herrschaft im Westen ergänzte ihre im Osten –, sicherten wir uns die Kontrolle über Sardinien und Iberien. Die Bodenschätze, der landwirtschaftliche Reichtum und die menschlichen Ressourcen dieser neuen Regionen versorgten Karthago über Jahrhunderte und stellten sogar unsere afrikanischen Besitztümer in den Schatten.

Es ist ein herrlicher Tag heute, gottlob ohne den unerbittlichen Wind, der uns auf diesem Hügel allzu oft plagt. Bevor ich meine Überlegungen nun abschließe, habe ich mich auf den Weg zu meinem bevorzugten Aussichtspunkt auf dem Hügel hinter St. Peter gemacht – ein etwa halbstündiger Aufstieg über einen steilen Pfad. Oben angekommen, eröffnet sich mir ein ungehindertes Panorama, das von der azurblauen Weite des Mittelmeers über das Hinterland bis hin zu den schneebedeckten Gipfeln der Pyrenäen reicht. Angesichts der Vorliebe der Araber, befestigte Aussichtspunkte, sogenannte Atalayas, zu errichten, fürchte ich, dass eines Tages auch diese Bergkuppe mit einem solchen Bauwerk geschmückt wird. Ich hoffe jedoch inständig, dass ich nicht mehr hier sein werde, um dessen Errichtung zu erleben.

Obwohl ich bereits fast fünfzig Jahre alt bin, bewältige ich den Aufstieg immer noch mit Leichtigkeit. Oben angekommen, halten Barmocar und ich inne, um in Erinnerungen zu schwelgen, einen Schluck Wein oder Apfelwein aus einem Fläschchen zu genießen und einen mitgebrachten Bissen zu uns zu nehmen, während wir über das Meer in die Richtung blicken, in der Karthago einst stand. Um meine Knie zu entlasten, lege ich beim

Abstieg meine Hand auf Barmocars Schulter – einen Schritt vorangehend, stützt er mich mit unerschütterlicher Loyalität.

Die offensichtliche Pracht unserer Städte mit ihren geschäftigen Häfen und opulenten Villen, die mit erlesenen Mosaiken und kunstvollen Bädern geschmückt waren, waren ein Zeichen des Aufblühens unseres karthagischen Reiches. Dabei konnten wir uns auf die technologischen Errungenschaften, die wir von unseren phönizischen Vorfahren geerbt hatten, stützen. Hier in Iberien verfeinerten wir beispielsweise die Techniken des Erzabbaus, indem wir Flüsse geschickt unterirdisch umleiteten, um den Bergbau zu erleichtern, und Methoden entwickelten, um Wasser aus tiefen Schächten zu pumpen. Wir führten den Weinanbau und die Kunst der Weinherstellung aus der Levante nach Iberien und Südgallien ein. Letzteres fiel später unter römische Herrschaft, aber es ist ein gewisser Trost, dass die Franken, welche Gallien jetzt besiedeln, die Tradition des Weinbaus und der Weinerzeugung fortführen.

Das landwirtschaftliche Traktat unseres geschätzten Mago, das im gesamten Mittelmeerraum hoch geschätzt wird und noch immer in lateinischer Übersetzung zirkuliert, ist ein Zeugnis unserer Meisterschaft im Gartenbau, in der Obstbaumveredelung und im Weinbau. Hatten nicht die Römer selbst den Granatapfel als *malum punicum*, den punischen Apfel bezeichnet? Doch im Gegensatz zu den Römern, die für ihre technischen Wunderwerke wie Straßen und Aquädukte berühmt sind, haben wir Karthager, mit unserem maritimen Erbe, uns nie groß mit solchen Unternehmungen beschäftigt. Und hätten wir das begehrte Geheimnis des Griechischen Feuers besessen, das kürzlich in Konstantinopel gegen die Araber eingesetzt wurde, hätte es uns vielleicht vor ihrem Ansturm bewahrt. Hätte – doch das Schicksal wollte es anders.

***

Quintilis[16], am Tag vor den Nonen

Jetzt, da ich meine Gedanken sammle, um weiterzuschreiben, finde ich Trost in der Handlung selbst, als ob es eine gewisse Erleichterung bringt, meinen Kummer auf Pergament zu bannen. Bevor ich die traurige Geschichte aufgreife, die ich in meinem letzten Eintrag angedeutet habe, erscheint es mir ratsam, einen Schritt zurückzutreten und unsere Abstammung, aus der Karthago hervorging, zurückzuverfolgen – sei es von Elissa, Dido oder einem einfachen Handelsposten, je nach bevorzugter Darstellung. Ich habe bereits über unsere Expansion nach Westsizilien und Iberien gesprochen. Ähnlich wie bei den Griechen war unser Ziel nicht die Eroberung und Assimilierung anderer Völker – eine Vorgehensweise, die eher den Römern eigen war. Stattdessen lag unser Hauptziel im Handel, der durch die Kontrolle strategischer Häfen erleichtert wurde.

Oft umwarben wir die lokalen Herrscher mit großzügigen Geschenken und Versprechungen lukrativer Geschäfte. Nur wenn die Diplomatie scheiterte oder die Kontrolle über lebenswichtige Ressourcen, wie zum Beispiel Erzvorkommen, es erforderte, setzten wir unsere Söldnertruppen ein, um die Unterwerfung zu erzwingen – wie es im Umgang mit den Keltiberern geschah. Häufig schlossen unsere Anführer auch Allianzen durch Heiratsverbindungen in lokale Herrscherfamilien. In Sizilien pflegten wir freundschaftliche Handelsbeziehungen mit einheimischen Stämmen und einigen griechischen Kolonien. In Afrika schlossen wir mit den Libyern und Nubiern Abkommen zum gegenseitigen Nutzen, was ein harmonisches Zusammenleben förderte. Ähnlich wie die Griechen verzichteten wir darauf, den Eroberten unsere Sprache aufzuzwingen – eine Politik, die sich im Nachhinein als Fehler erwiesen haben mag. Denn hätten wir auf der Verbreitung der punischen Sprache bestanden, wäre ihr

---

16 Juli.

Niedergang vielleicht nicht so rapide verlaufen, wie ich es heute feststellen muss.

In dieser Zeit des Wohlstands erlebten Karthago und ihre Schwesterstadt Gades eine Blütezeit. Beide Städte waren mit prächtigen öffentlichen und privaten Bauten geschmückt und verfügten über gut ausgestattete Häfen. Die Einwohner erfreuten sich an ihrem wirtschaftlichen Erfolg und investierten ihren Reichtum in exquisite Handwerkskunst, edle Pferde und luxuriöse Wohnverhältnisse. Landwirtschaft und Gartenbau florierten und lieferten reiche Ernten, darunter wertvolle Weine aus sonnengetrockneten Rosinen. Unser Olivenöl, Obst und Gemüse waren für ihre außergewöhnliche Qualität bekannt. Selbst die einfachen Arbeiter und Seeleute genossen eine Ernährung, die reich an Fleisch, Geflügel und Fisch war.

Unter dieser günstigen Regierungsführung wurde Karthago von Koryphäen wie Aristoteles gelobt, der uns mit Sparta verglich, da es bei uns weder Rebellion noch tyrannische Herrschaft gab. Unser Regierungssystem, das sich aus einer Volksversammlung, einem Ältestenrat und dem Gericht der Hundertvier zusammensetzte, zügelte wirksam alle potenziellen autokratischen Auswüchse. Doch selbst unsere glanzvolle Kultur und Gesellschaft war nicht ohne Makel. Spätere Historiker wie Plutarch kritisierten unsere Praxis der Kinderopfer in Zeiten großer Not und unterstellten sogar die abscheuliche Vorstellung, wohlhabende Personen könnten arme Kinder zu diesem Zweck kaufen. Auch wenn unsere Zivilisation bemerkenswert war, so war sie doch nicht ohne Schattenseiten.

Karthagische Handwerker waren unermüdlich darin, unseren Lebensstandard durch geniale Erfindungen zu verbessern. Dazu gehörte auch eine Getreidemühle, ein wahres Meisterwerk der Innovation. Ob die Araber solche Errungenschaften von uns übernommen haben, bleibt ungewiss; es gibt Gerüchte, dass sie sogar das einfache Rad als Transportmittel meiden! Mit den ständigen Fortschritten in der Schifffahrt und Navigation reisten wir weit über die Säulen des Herkules hinaus. Im Norden trieben wir Handel mit den nebligen, kalten Inseln Hibernia[17] und Britannia und beschafften von dort Bernstein, Felle und Blei. Der berühmte Hanno hingegen wagte sich nach Süden und erforschte die afrikanische Küste von unseren Kanarischen Inseln bis zur Mündung des mächtigen Niger. Seine Expeditionen brachten Schätze wie Häute von menschenartigen Affen und große Mengen Gold.

Vielleicht ist es ein Glück, dass ich beim Nachdenken und Schreiben gelegentlich unterbrochen werde, um nicht zu tief in die Verzweiflung zu sinken. Bruder Gundulf bittet mich, wie soeben geschehen, gelegentlich um Hilfe bei griechischen Übersetzungen. Obwohl ich mich nie intensiv mit der Sprache des Aristoteles beschäftigt habe, kann ich ihm mit meinen angemessenen Kenntnissen der Koinē[18] helfen. Gundulfs aktuelles Projekt ist die Übersetzung der Schriften des Claudius Galenus von Pergamon. Mit einem griechischen Manuskript, das er für authentisch hält, stellte er fest, dass die vorhandenen lateinischen Versionen nicht originalgetreu sind. So hat er sich daran gemacht, eine Abhandlung zu übersetzen, die sich mit der Theorie der vier Körpersäfte – schwarze und gelbe Galle, Blut und Schleim – befasst und diese mit den vier menschlichen Temperamenten vergleicht. Zwar fesselt mich diese Abhandlung nicht besonders, aber mein Interesse an den Heilkünsten stärkt meine Geduld, während ich mit Gundulf zusammensitze und mich mit den Bedeutungen obskurer griechischer Wörter auseinandersetze. Obwohl ich die anatomischen Werke von Galenus faszinierend finde, bleiben mir seine philosophischen Abhandlungen eher fremd.

---

17 Irland

18 κοινή: Die Version des Griechischen, das als *lingua franca* in der hellenistischen und römischen Zeit im östlichen Mittelmeerraum gesprochen wurde.

Ich nenne ihn Bruder Gundulf; tatsächlich bezeichnen sich die Mönche alle als Brüder und folgen den Richtlinien, die der heilige Benedikt vor fast zweihundert Jahren in seinen *ora et labora*[19]-Regeln festgelegt hat. Da mich diese Regeln nicht direkt betreffen, habe ich mich nicht intensiv damit auseinandergesetzt, aber ich beobachte, dass meine Gastgeber die wichtigsten Aspekte zumindest übernommen haben.

Junge Männer treten entweder aufgrund einer göttlichen Berufung ins Kloster ein oder, was häufiger vorkommt, werden von Eltern geschickt, die einen dritten oder vierten Sohn loswerden wollen, um ihr Erbe auf den ältesten Sohn zu konzentrieren – der zweite Sohn tritt oft in die Armee ein. Meist wird dem Jungen eine Geld- oder Landspende mitgegeben, und die Eltern erhalten im Gegenzug Gebete. Mit der Ablegung des Gelübdes verpflichten sich die Novizen später zu einem einfachen Leben als Mönche, in Armut, Keuschheit, Disziplin und harter Arbeit. Warum diese Aufopferung? Wenn ich das Leben der Dorfbewohner beobachte, stelle ich fest, dass sie oft unter schlechter Ernährung, Analphabetismus sowie vernachlässigten Krankheiten und Altersarmut leiden. Ins Kloster einzutreten, scheint also gar kein so schlechtes Geschäft zu sein.

Die Mönche verbringen den Großteil des Tages in Schweigen und sind verpflichtet, Kranke zu pflegen und Gäste zu empfangen. Ich bin dankbar, dass ich im Flügel der Laienbrüder wohne, denn die Mönche nehmen rund um die Uhr am Gottesdienst teil, auch mitten in der Nacht, und verlassen das Kloster nie. Nur die Laienbrüder genießen diese Freiheit; sie helfen bei den körperlichen Arbeiten in den Werkstätten, der Wäscherei, der Weinherstellung, der Landwirtschaft und beim Hüten der Schaf- und Ziegenherde.

---

19 Bete und arbeite

Ich bin beeindruckt, wie wenig das Kloster St. Peter auf externe Ressourcen für Lebensmittel und andere Notwendigkeiten angewiesen ist; sie stellen sogar ihr eigenes Pergament her. Alles, was das Kloster sonst noch benötigt, wie Tinte, Salz und Stoffe, kaufen die Mönche vom Hafen unten oder von Händlern, die uns hier besuchen. Der Erlös aus dem Verkauf von Wein und Honig sowie aus den Messen für wohlhabende Verstorbene wird verwendet, um weitere Bedürfnisse zu decken. Welch ein Gegensatz zu meinem früheren Leben, das von Luxus und einer Kultur geprägt war, die sich dem Hedonismus hingab! Aber mein Maß ist voll, und ich bin nun zufrieden mit der Sicherheit, dem leidlichen Komfort und der Möglichkeit, meine Chronik zu dokumentieren.

Ich fühle mich wohl nur von Männern umgeben. In Reichtum hineingeboren, musste ich nicht in eine wohlhabende Familie einheiraten, wie es für soziale Aufsteiger oft unumgänglich ist. Zudem habe ich einen Großteil meines Lebens auf See und im Ausland verbracht. Ehrlich gesagt habe ich immer die Gesellschaft und Kameradschaft junger Männer bevorzugt. Es erfreut mich heute noch, mich mit den Novizen zu unterhalten, von denen einige recht charmant und attraktiv sind. Es ist eine Wohltat, junge Männer mit vollem Haar zu sehen, im Gegensatz zu den Brüdern mit ihren Tonsuren. In meinem Alter mache ich mir keine Illusionen darüber, warum einige Novizen meine Gesellschaft suchen. Sicherlich finden sie die endlosen Diskussionen der älteren Mönche über die Erlösung ermüdend und hören lieber meine Geschichten aus einer weiteren und abenteuerlicheren Welt.

Den Brüdern, wie den Christen im Allgemeinen, ist die Vorstellung von körperlicher Anziehung zwischen Männern unangenehm. Trotz ihrer Bemühungen, dies zu verhindern – etwa durch die Verteilung der Novizen auf die Zellen der älteren Brüder, anstatt alle zusammen in einer Halle schlafen zu lassen –, freue ich mich, einige heimliche Affären zwischen ihnen zu beobachten. Das Amt meines Gastgebers und Freundes, des Abtes

Serration, würde es erfordern, solches Verhalten aktiv aufzuspüren und hart zu bestrafen. Doch aus Gründen, die nur mir aus unserer Zeit in Konstantinopel bekannt sind, unterlässt er dies. Gesegnet sei er.

***

Quintilis, am dritten Tag vor den Iden

Gestern war der wichtigste Tag des Jahres für unser Kloster: der Festtag des heiligen Benedikt. Dieser wurde vor über zweihundert Jahren in Nursia, Italien, geboren und gründete den als Benediktiner bekannten Mönchsorden, dessen Grundprinzipien ich hier kurz umrissen habe. Während meiner Zeit hier habe ich mich an das klösterliche Leben gewöhnt, doch es ist ein Lebensstil, der nicht für jeden Menschen selbstverständlich ist. Klöster sind eine ausschließlich christliche Einrichtung; auch Frauen wohnen in solchen und werden als Nonnen bezeichnet, die von einer Äbtissin geleitet werden. Soweit ich weiß, hat keine andere Religion das Konzept des Mönchtums entwickelt, schon gar nicht das Judentum oder der Islam.

Ein weiterer bemerkenswerter Unterschied zwischen den Christen und den anderen monotheistischen Religionen ist die Existenz einer hierarchischen Struktur innerhalb der Kirche. Hier im westgotischen Reich scheinen die Bischöfe manchmal mehr Macht zu haben als die weltlichen Herrscher. Hinzu kommt die eigentümliche Praxis der Reliquienverehrung: Bruchstücke von diesem, Knochen von jenem, oft mit zweifelhaftem Bezug zu Christus oder einem Heiligen. Und dennoch besitzen sie die Dreistigkeit, uns des Götzendienstes zu bezichtigen!

Gestern war also ein wichtiges Ereignis: Jeder Bruder erhielt ein neues, einfaches Gewand, und ausnahmsweise hatten alle die Gelegenheit, sich von Kopf bis Fuß zu waschen, bevor sie es anzogen. Ohne den Luxus eines Badehauses, an den ich mich gewöhnt hatte, bin ich auf meinen treuen Barmocar angewiesen, der mir beim täglichen Waschen hilft. Er schafft es immer, etwas warmes Wasser für seine eigenen Waschungen aufzusparen, nachdem er sich um meine gekümmert hat – ein Anblick, der in meinem Alter eine kleine Freude ist. Einmal in der Woche tauche ich in eine Wanne mit heißem Wasser ein, was mir eine gewisse Erleichterung bei den konstanten Beschwerden verschafft, die durch meine Hämorrhoiden verursacht werden.

Bruder Pachomius, der sich um die Kranken kümmert und mit mir bei der Herstellung von Kräutermitteln zusammenarbeitet, führt meinen Zustand auf eine göttliche Strafe für bestimmte Sünden zurück. Ich schließe mich diesem Glauben jedoch nicht an, da ich weder an Gott noch an das Konzept der Sünde glaube. Außerdem haben einige meiner Mitbrüder, die unter demselben Leiden leiden, nicht einmal der besagten Sünde gefrönt. Unabhängig von der Ursache finde ich, dass das Auflegen von warmen Blättern des wilden Salbeis mit Honig oder ein Umschlag mit Aloe und der Verzehr des Saftes von Holzäpfeln eine gewisse Linderung bringt.

Die Feierlichkeiten zu Ehren des heiligen Benedikt beginnen im Dorf unten und ziehen die gesamte Bevölkerung sowie viele Menschen aus dem Hafenstädtchen an. Sie beginnen mit einem Fest auf dem Marktplatz, begleitet von Musik, Bärenhatz, Gauklervorführungen und anderen volkstümlichen Vergnügungen. Anschließend zieht eine feierliche Prozession nach St. Peter hinauf, angeführt von Brüdern, die das Bild des heiligen Benedikt tragen und Hymnen singen. Bei ihrer Ankunft in der Kirche feiern die Brüder in ihren neuen Gewändern und in Anwesenheit von Würdenträgern des Dorfes sowie von Bischöfen, Äbten und Prioren aus benachbarten Klöstern die Messe. Währenddessen betet die Bevölkerung vor der Kirche.

An diesem besonderen Tag des Jahres weicht die Strenge der Feierlichkeit: Die Kirche ist mit den wenigen Heiligenbildern, die St. Peter besitzt, geschmückt, mit Blumen verziert und von den harmonischen Klängen eines Chors erfüllt, in dem Knaben engelsgleiche Soli vortragen. Das Essen bei der Messe ist ebenso festlich, mit einer Auswahl an Köstlichkeiten, die der Kellermeister besorgt, und Süßigkeiten, die die Frauen des Dorfes zubereiten und großzügig beisteuern. Bei diesem besonderen Anlass fließt der Wein in Strömen, was den Brüdern ein Lächeln ins Gesicht zaubert und seltene Momente von Gelächter hervorruft.

So erfreulich die gestrigen Feierlichkeiten auch waren, sie haben meine Überzeugung bestärkt, dass das Christentum, im Gegensatz zu seinen älteren und jüngeren Geschwistern, dem Judentum und dem Islam, keine wirklich monotheistische Religion ist. Erstens wird Gott in dreifacher Weise dargestellt: als Vater, der keinen eigenen Namen hat; als Sohn, der als Christus bekannt ist; und als etwas, das nicht einmal als Gott, sondern als Geist beschrieben wird. Einige Auslegungen erweitern dies sogar zu einer Vierfaltigkeit, wobei bestimmte Sekten, wie die Ägypter, die Mutter des Sohnes noch intensiver verehren als die anderen drei Gottheiten – obwohl sie merkwürdigerweise nicht einmal die Ehefrau des Vaters ist.

Darüber hinaus beschränken sich die Verehrung und das Gebet für die Heiligen nicht nur auf den gestrigen Tag; für jeden Tag des Jahres gibt es einen Heiligen. In verschiedenen Regionen werden auch unterschiedliche Heilige verehrt wie ich in Konstantinopel gesehen habe, wo das christliche Glaubensbekenntnis leicht abweicht. Wenn man die verschiedenen Ränge von Engeln dazunimmt, verehren die Christen mehr göttliche Wesen als selbst unsere phönizischen Vorfahren! Doch trotz dieser theologischen Komplexität scheinen viele Christen, vor allem bei Anlässen wie gestern, Trost in ihren vielfältigen Verehrungspraktiken zu finden – ein Trost, den unsere eigenen Götter schon seit geraumer Zeit nicht mehr bieten können.

Trotzdem scheint sich das Christentum fest etabliert zu haben, insbesondere wenn man bedenkt, dass wir von den griechischen, römischen und eigenen Göttern im Stich gelassen wurden – oder vielleicht haben wir sie im Stich gelassen. Im Gegensatz zu den Römern, die über dreihundert Jahre gegen die Christen kämpften, bevor Kaiser Konstantin schließlich einlenkte, wählten wir Karthager einen Weg der Toleranz, der sich als nicht unbedingt nachteilig erwies. Nehmen wir zum Beispiel den heiligen Augustinus, den Bischof von Hippo und später von Karthago, der vor etwa dreihundert Jahren seine berühmten Werke, darunter ‚Die Stadt Gottes‘ und ‚Die Bekenntnisse‘, verfasste. Obwohl er Berber war und auch die punische Sprache beherrschte, schrieb Augustinus auf Latein und erzielte großen Erfolg in der akademischen Welt und am römischen Hof von Mailand.

Ich habe meine Geschichte nach unserem ersten goldenen Zeitalter – oder zweiten, wenn wir unsere weiter zurückliegende phönizische Vergangenheit berücksichtigen – unterbrochen, das viele Jahrhunderte lang andauerte. Ein bedeutender Einschnitt war eine Reihe von Kriegen – manche sprechen von bis zu sieben –, die wir in Sizilien über fast zwei Jahrhunderte hinweg gegen die Griechen von Syrakus führten. Die Siege wechselten sich zwischen uns und den Griechen ab; schließlich schickten unsere Generäle Hanno und Hamilkar den Emporkömmling Agathokles in die Flucht, nachdem dieser es gewagt hatte, uns in Afrika anzugreifen. Das Ergebnis war, dass die Griechen den Osten Siziliens beherrschten und wir den Westen der Insel.

Dann kam König Pyrrhus von Epirus, der des Kampfes gegen die Römer überdrüssig war und beschloss, sein Glück gegen uns in Sizilien zu versuchen – mit geringem Erfolg. Allerdings heiratete er die Tochter des verstorbenen Agathokles. Diese Episode ereignete sich fast dreihundert Jahre vor der Geburt des angeblichen christlichen Erlösers. Als Pyrrhus später die Feindseligkeiten mit Rom wieder aufnahm, schmiedeten wir, zumindest auf dem Papier, ein Bündnis mit den Römern gegen ihn. Leider war dieses Bündnis wenig ergiebig; stattdessen verschlechterten sich unsere Beziehungen, und wir fanden uns bald in gegenseitiger Feindschaft mit den Römern wieder.

Nachdem Pyrrhus abgereist war und sein Heer sowie seine Elefanten trotz seiner Siege dezimiert waren, ergriffen die Römer die Gelegenheit, Süditalien zu besetzen und richteten dann ihr Augenmerk auf Sizilien. Zu diesem Zeitpunkt waren ihre seemännischen Fähigkeiten zwar noch nicht so ausgeprägt wie unsere und entsprachen noch nicht ihren Ambitionen, aber sie waren ausreichend fortgeschritten, um unsere Vorherrschaft im Mittelmeer in Frage zu stellen. Im Ersten Römischen Krieg kam es zu zahlreichen Schlachten – einige zu Lande, die meisten zur See. Während wir in einigen Schlachten siegreich waren, gingen die Römer insgesamt als Sieger hervor und eroberten nicht nur Sizilien, sondern auch Sardinien und Korsika. Karthago, das noch unter der Niederlage litt, wurde mit hohen Reparationszahlungen belastet. Doch das war nur der Anfang; gestärkt durch die Lektionen, die sie in der Seekriegsführung gelernt hatten, wuchsen die Ambitionen der Römer.

***

Quintilis, am zehnten Tag vor den Kalenden

Ich muss mich nun beeilen, die Geschichte des Zweiten Römischen Krieges zu erzählen, eines Konflikts, der die Landschaft erneut veränderte. Wie bereits erwähnt, waren die Römer nach dem ersten Punischen Krieg im Besitz von Sardinien, Korsika und einem Großteil Siziliens – mit Ausnahme von Syrakus und seiner Umgebung, die griechisch, wenn auch unter römischer Vormundschaft blieben. Unsere Kontrolle erstreckte sich über Nordafrika, die Balearen und das südliche Iberien.

Weniger als ein Vierteljahrhundert nach unserer Niederlage im ersten Konflikt kam es erneut zu Feindseligkeiten mit den Römern, diesmal wegen eines Streits um Saguntum, einer scheinbar unbedeutenden Hafenstadt in Iberien. Hannibal, der Sohn unseres brillanten Feldherrn Hamilkar Barkas, entwickelte eine Strategie, um den Römern entgegenzutreten, die von jedem geringeren Feldherrn als allzu kühn empfunden worden wäre.

Der Legende nach raubte Herkules in Gades an der Atlantikküste Iberiens dem Riesen Geryon das Vieh und kehrte anschließend mit seiner Beute nach Griechenland zurück. Dem selben Weg folgend, stellte nun Hannibal ein gewaltiges Heer auf, das von Iberien durch Südgallien und über die Alpen nach Italien zog, begleitet von Elefanten – eine Geschichte, die sich tief in unser kollektives Gedächtnis eingeprägt hat. Er fügte den Römern am Trasimenischen See eine entscheidende Niederlage zu und errang dann bei Cannae einen überwältigenden Sieg über die mächtigste römische Streitmacht, die je aufgestellt wurde.

Doch schon bald ging es mit Hannibal bergab. Es stellt sich die berechtigte Frage, warum er nicht die Gelegenheit ergriff, Rom anzugreifen, als es am verwundbarsten war, und stattdessen jahrelang in Süditalien zauderte. Manche vermuten, dass diese Zurückhaltung auf die unzureichende Unterstützung durch Karthago zurückzuführen war, das ihn eher als Emporkömmling aus Iberien, denn als wirklich einen der ihren betrachtete. In der Zwischenzeit übernahmen die Römer die Kontrolle über Iberien und verjagten Hannibals Bruder Hasdrubal und seine Truppen von dort.

Der römische Feldherr Scipio versuchte, Hannibals kühne Manöver zu kopieren, indem er einen Feldzug nach Afrika unternahm. Dies führte dazu, dass Hannibal nach Afrika zurückgerufen wurde, um sich dem römischen Heer bei Zama zu stellen, im Jahr 202 vor christlicher Zeitrechnung. Der berühmte griechische Geschichtsschreiber Polybius, der die Ereignisse aus römischer Perspektive festhielt, hat diesen Konflikt sehr detailliert beschrieben, sodass ich mich nicht mit den Einzelheiten unseres Sieges über die Römer befassen muss. Dieser Sieg war ein Beweis für Hannibals strategische Brillanz, den geschickten Einsatz unserer Kriegselefanten und die unschätzbare Unterstützung durch unseren numidischen Verbündeten Masinissa und seine Kavallerie. Darüber hinaus hat der Kampf auf heimischem Boden unsere Entschlossenheit und unseren Vorteil zweifellos gestärkt.

Diesmal sah sich Rom gezwungen, uns Reparationen zu zahlen. Wir erzwangen erfolgreich ihren Rückzug aus Sardinien, Korsika und Sizilien, duldeten jedoch die Anwesenheit ihrer griechischen Verbündeten in Syrakus. Darüber hinaus mussten die Römer ihr jüngstes Standbein in Iberien aufgeben und zogen sich besiegt nach Italien zurück. Abgesehen von sporadischen Grenzstreitigkeiten und Seescharmützeln sollte es keinen Dritten Römischen Krieg geben. Stattdessen läutete die Schlacht von Zama Jahrhunderte relativen Friedens und Wohlstands im Mittelmeerraum unter dem gemeinsamen Einfluss von Griechen, Römern und Karthagern ein. Wie Sokrates treffend bemerkte: ‚Wir leben um ein Meer herum, wie Frösche um einen Teich.' Jede Zivilisation behauptete auch ihre sprachliche Vorherrschaft: Griechisch, Latein oder Punisch, von Osten nach Westen.

Nach einer Phase gedämpfter Ressentiments und Nachgiebigkeit traten die aggressiven Tendenzen der Römer wieder zutage und führten zu ihrer Expansion nach Norden in Gallien und Britannien sowie nach Südosten nach Griechenland, in die Levante und nach Ägypten. Ihr Vormarsch wurde jedoch schließlich von den Persern im Osten, den Goten entlang der Donau und den Germanen am Rhein gestoppt. Entscheidend ist, dass die Lehre aus ihrer Niederlage bei Zama sie davon abhielt, unsere

Vorherrschaft erneut herauszufordern; in Iberien, im westlichen Mittelmeer und in Afrika herrschten wir unangefochten. Zu gegebener Zeit werde ich mich eingehender mit diesem dritten goldenen Zeitalter unserer Zivilisation befassen.

Die Feierlichkeiten zu Ehren des heiligen Benedikt haben mich dazu angeregt, über Religion nachzudenken – oder besser gesagt, über die Vielfalt der Religionen. Unser eigenes Pantheon, zu dem einst Gottheiten wie Baal Hammon, Tinnīt, Melqart und seine Gemahlin Astarte gehörten, ist allmählich in Vergessenheit geraten. Ihre Verehrung nahm während unseres Exils auf Ibiza immer mehr ab, wobei nur noch oberflächliche Gottesdienste abgehalten wurden; der Hang meiner verstorbenen Schwester zur Religiosität war eine Ausnahme. Heute erwecken ihre Namen eher ein Gefühl von Altertum und Bedeutungslosigkeit. Offensichtlich war die religiöse Landschaft zur Zeit der Phönizier eine ganz andere. Vor allem unsere Herrscher stellten sich als irdische Vertreter der Götter dar, ein Attribut, das viele Religionen teilen – nur Griechen waren für solche Vorstellungen zu klug. Diese Epoche liegt jedoch über ein Jahrtausend zurück, und mein Wissen darüber ist begrenzt.

Ich empfinde eher eine Zugehörigkeit zum griechischen Pantheon, auch wenn es dasselbe Schicksal erlitten hat wie unser eigenes. Bestimmte Verhaltensweisen, wie die Kastration des Vaters durch Kronos – *horribile dictu!*[20] –, passen zu keinem Lebewesen, geschweige denn zu einer Gottheit. Insgesamt weisen die griechischen Götter viel mehr menschenähnliche Züge auf als unsere: Sie sind eifersüchtig, konkurrieren untereinander, spielen Streiche und mischen sich oft in die Angelegenheiten der Menschen ein, was allerdings meist zu katastrophalen Er-

---

20 ,Schrecklich zu sagen!' Wahrscheinlich auch auf Lateinisch im punischen Original.

gebnissen führt. Die außergewöhnlichen sexuellen Heldentaten von Zeus übersteigen menschliche Fähigkeiten und rufen
Bewunderung hervor, auch wenn wir Verständnis dafür haben,
dass seine Frau Hera sich betupft fühlte. Unsere Götter hingegen
blieben auf Distanz und überließen uns unserem irdischen Leben. Die Erzählungen von Herkules, der unserem Gott Melqart
verblüffend ähnlich ist, bleiben ebenso fesselnd wie die Abenteuer von Perseus und Theseus. Es ist bedauerlich, dass wir nie
Helden erschaffen haben, die sowohl göttliche als auch sterbliche Eigenschaften verkörpern. Dennoch verehrten wir Figuren
wie Persephone, die Frau des Hades, so sehr, dass ihr Bild sogar
karthagische Münzen zierte.

Einst blühte die Welt inmitten eines vielfältigen Pantheons
von Göttern, doch heute herrscht leider fast überall der monotheistische Glaube vor. Trotzdem muss ich zugeben, dass die
Christen sich überraschenderweise ein gewisses Maß an Plura-
lismus bewahrt haben. Ich lebe derzeit in einer Region, die seit
drei Jahrhunderten christlich ist, und befinde mich unter un-
beschnittenen Männern, die Schweinefleisch verzehren. Unter
den Monotheisten sind die Bräuche der Juden unseren am ähn-
lichsten: beschnittene Männer, die auf Schweinefleisch verzichten, aber den Genuss von Wein teilen – eine Praxis, die von den
Muslimen ebenso wie der Verzehr von Schweinefleisch abgelehnt
wird. Wenn ich zu religiöser Inbrunst neigen würde, könnte ich
bei den Juden Trost finden, wenn sie nicht so heimatlos wären.
Einst waren wir freundschaftliche Nachbarn: Hat nicht unsere
Prinzessin Isebel, die von den Juden verachtet wurde, Ahab, den
König von Israel, geheiratet? Und haben wir nicht zum Bau des
salomonischen Tempels beigetragen, indem wir ihn mit dem
Holz unserer majestätischen Zedern ausstatteten?

In Karthago ist die jüdische Gemeinde seit beinahe unvor-
denklichen Zeiten ein fester Bestandteil unserer Gesellschaft.
Als Nebukadnezar aus Babylon unsere Stadt Tyrus eroberte
und den ersten Tempel in Jerusalem zerstörte, suchten viele

Juden, die der Gefangenschaft entkamen, Zuflucht in Afrika und ließen sich bei uns nieder. Die Synagoge, die sie auf der Insel Djerba errichteten[21], war ein Zeugnis ihrer Anwesenheit, auch nachdem wir Afrika verlassen hatten, und steht vermutlich noch heute. Viel später, während der römischen Besetzung Jerusalems, führte die Zerstörung des zweiten Tempels durch General Titus zu einem weiteren Zustrom jüdischer Emigranten nach Karthago, die wir ebenfalls mit offenen Armen aufnahmen.

Die jüdische Gemeinde, die in verschiedenen Berufen wie Handel, Handwerk, Landwirtschaft und Weinbau tätig war, trug wesentlich zum Wohlstand und zur Größe unserer Stadt bei. Darüber hinaus bereicherten sie unsere Gesellschaft mit ihrer Gelehrsamkeit und ihrem medizinischen Fachwissen. Unser harmonisches Zusammenleben unterschied sich deutlich von unserem Umgang mit den Christen, die oft versuchten, andere zu bekehren – ganz im Gegensatz zu den Juden, die unsere Überzeugungen respektierten. Dieses freundschaftliche Verhältnis steht im starken Kontrast zu den Muslimen, die ihren Glauben oft mit Gewalt verbreiten. Während die Araber während der jüngsten Eroberung Afrikas den Karthagern mit Feindseligkeit begegneten, hegten sie in jüngerer Zeit keinen besonderen Groll gegen die Juden.

Was die Muslime betrifft, so ist mein Wissen begrenzt, da ihre Religion erst vor einigen Jahrzehnten in Afrika Fuß gefasst hat, und ich muss mich noch mit ihren Feinheiten vertraut machen. Ihr Glaube scheint eine Vereinfachung des Judentums und Christentums zu sein. Sie betonen einen einzigen Gott, genannt ‚al-Lah‘, einen einzigen Propheten und nur ein Gesetz, das sowohl geistliche als auch weltliche

---

21 Die dortige Synagoge von El Ghriba, eine der ältesten der Welt, existiert noch heute.

Angelegenheiten regelt. Allerdings finde ich ihr Verbot des Rades verwirrend.

Das arabische Volk, bekannt für seine kriegerischen Fähigkeiten, hat den Islam mit unglaublicher Schnelligkeit in ganz Arabien, Persien und Afrika verbreitet. Berichte über heftige Auseinandersetzungen bezüglich der Nachfolge des Propheten Mohammed deuten auf schwere innere Konflikte hin. Ich bin mir nicht sicher, ob meine Hoffnung, dass sie sich nicht über die Säulen des Herkules hinauswagen werden, gerechtfertigt ist. Persönlich finde ich Trost in den Werken von Lukrez, auf dessen Schriften ich kürzlich in Konstantinopel gestoßen bin. Sein *De Rerum Natura*[22] ist zu einem meiner wertvollsten Besitztümer geworden, den ich aus Ibiza gerettet habe. Aber darauf werde ich ein anderes Mal näher eingehen. In diesem Moment aber muss meine Aufmerksamkeit der Pflege meines Kräutergartens gelten, der mitten im Sommer reichlich bewässert werden muss.

***

Quintilis, am zweiten Tag vor den Kalenden

Als ich gestern auf der Anhöhe saß und nachdachte, überkam mich die Neugier. Ich beschloss, Barmocar das vorzulesen, was ich bisher geschrieben hatte — mit mäßigem Resultat. Für ihn scheint sich die Zeit vorwärts nur bis zur nächsten Mahlzeit oder dem nächsten Treffen mit seiner Freundin zu erstrecken, und rückwärts nur bis zu den Erinnerungen an seine Kindheit auf Ibiza. Vieles von dem, was ich geschrieben habe, kennt er zwar vom Hörensagen – besonders den Vor-

---

22 Über die Natur der Dinge.

marsch der Araber in Afrika und unsere Flucht nach Ibiza. Alles, was darüber hinausgeht, erscheint ihm so fern wie Ereignisse auf dem Mond.

Was die Religion betrifft, zeigte er wenig Interesse, obwohl es mir gelang, einige seiner Fragen über die Gewohnheiten der Brüder zu klären, die ihm ziemlich seltsam erschienen. Ich hingegen hatte während meiner Zeit in Konstantinopel reichlich Gelegenheit, die Christen genauer zu verstehen. Barmocar äußerte jedoch eine Vorliebe für Geschichten und drängte mich, ihm einige zu erzählen. Also erzählte ich Geschichten: wie Isebel ihr Ende fand, weil sie versuchte, den Baalskult in Israel einzuführen, und wie Theseus dem Minotaurus auf Kreta entgegentrat, nur um dann seine Retterin Ariadne auf Naxos im Stich zu lassen. Bei seiner Rückkehr aufs griechische Festland führte sein Vergessen, die weißen Segel zu hissen, zum tragischen Ende seines Vaters durch Selbstmord.

Nun zurück zu unserer wahren Geschichte, zu unserem dritten und leider letzten goldenen Zeitalter. Wie bereits erwähnt, lebten wir jahrhundertelang in Koexistenz mit den Römern im Mittelmeerraum, wobei sich jede Partei weitgehend auf ihr eigenes Territorium beschränkte. Da beide Seiten den direkten Handel in den Häfen von Ostia und Karthago mieden, wickelten wir unsere Geschäfte über Mittelsmänner in Sizilien ab. Mit der Unterwerfung der Griechen unter die römische Herrschaft schwand zwar deren politischer Einfluss, doch ihr Handel mit uns florierte weiterhin. An anderen Orten wie Gallien und Ägypten, insbesondere in der lebhaften griechisch-jüdischen Stadt Alexandria, blühte der Handel jedoch und erwies sich als für beide Seiten vorteilhaft.

Nach dem Sturz der Ptolemäer in Ägypten wurde jedoch unser direkter Zugang zum Handel weiter östlich, insbesondere am Roten Meer, unterbrochen. Angeregt durch Berichte von Händlern am Roten Meer, die sich auf der Suche nach Elfenbein und

Sklaven die Ostküste Afrikas hinunter wagten, brach unser Admiral Bomilkar, inspiriert von den Heldentaten des Seefahrers Hanno, zu einer ehrgeizigen Expedition auf. Sein Ziel war es, entlang der westafrikanischen Küste noch weiter nach Süden zu segeln, um herauszufinden, ob man eventuell Afrika umsegeln könnte. Dieses Vorhaben basierte auf der faszinierenden Möglichkeit, dass Afrika eine endliche Landmasse sein könnte. Oder könnte sich der afrikanische Kontinent so weit nach Süden erstrecken, dass er sowohl den Indischen als auch den Atlantischen Ozean umfasst und damit eine solch ehrgeizige Reise unmöglich macht?

In der Tat stellten wir fest, dass Afrika ein südliches Ende hat; Bomilkar umsegelte es erfolgreich und erkundete einen beträchtlichen Teil der Ostküste Afrikas. Auch wenn wir nicht genau wissen, wie weit er kam, wurde klar, dass geschickte Seeleute zu bestimmten Jahreszeiten günstige Winde nutzen konnten, um von Afrika nach Indien und zurück zu gelangen. Leider ging Bomilkars Originalbericht bei der Flucht nach Ibiza verloren. Obwohl seine Expedition voller wunderbarer Entdeckungen war, brachte sie allerdings keinen bedeutenden Durchbruch. Die Reise dauerte fast drei beschwerliche Jahre und forderte den Verlust dreier seiner vier Schiffe. Abgesehen davon, dass sie unsere Kartographen in Aufregung versetzte, hatte deshalb das Unternehmen wenig praktische Bedeutung. Es stärkte jedoch die von Hanno kartographierten Handelsrouten nach Afrika, die über sieben Jahrhunderte hinweg lebenswichtig blieben. Über diese Routen erhielten wir weiterhin wertvolle Waren wie Gold, Elfenbein, Sklaven und getrockneten Fisch.

Nicht alle maritimen Unternehmungen waren von Erfolg gekrönt. Jahrzehnte nach Bomilkars Expedition wagten sich einige abenteuerlustige Seelen von unseren Kanarischen Inseln aus auf See, um Indien oder andere ferne Länder westwärts über den Atlantik zu erreichen. Leider kehrten sie nie zurück, und ihr Schicksal bleibt unbekannt.

Wenn ich mich erneut dem Thema Religion zuwende, denke ich über den bevorstehenden Aufstieg des Monotheismus im gesamten Mittelmeerraum nach und über die faszinierenden Unterschiede zwischen den drei großen Glaubensrichtungen. Ein bemerkenswerter Unterschied liegt in ihrer Einstellung zur Toleranz. Die Juden, die seit Menschengedenken unter uns leben, scheinen dem Glauben und den Praktiken anderer gegenüber ziemlich gleichgültig zu sein. Im Gegensatz dazu betrachten sich die Christen als den Ungläubigen überlegen, die sie abfällig als ‚Heiden' bezeichnen. Obwohl sie bisher davon abgesehen haben, ihren Glauben gewaltsam durchzusetzen, gehen sie auf äußerst bösartige Weise gegeneinander vor.

Dieser Zwiespalt rührt von einem grundlegenden Unterschied in der Religionsausübung her. Juden und Muslime halten sich strikt an vorgeschriebene Rituale wie Speisegesetze, rituelle Waschungen und bestimmte Kleidungs- und Gebetsformen, insbesondere in der Öffentlichkeit – es geht ihnen also darum, was die Menschen tun. Christen hingegen genießen größere Freiheit in ihren täglichen Praktiken, legen aber großen Wert darauf, was die Menschen denken. Als das Christentum, das ursprünglich eine Sekte innerhalb des Judentums war, sich zu einer eigenständigen Religion entwickelte, hatte es Schwierigkeiten, eine einheitliche Lehre aufrechtzuerhalten, was zu einer Vielzahl von Splittergruppen führte, die unterschiedliche Überzeugungen vertreten. Diese Gruppen streiten sich ständig über theologische Feinheiten, wie die Natur der Dreifaltigkeit und Fragen des Vorrangs innerhalb der Dreifaltigkeit.

Nehmen wir zum Beispiel Konstantin, der Rom in einen christlichen Staat verwandelte. Sein Sohn Julius Constantius, der als Kaiser in Konstantinopel regierte, setzte sich mit großer Energie für die Lehren von Arius ein, einem ägyptischen Theologen, der behauptete, dass Jesus als Sohn Gottes in der christlichen Hierarchie eine untergeordnete Stellung einnehme. Diese theo-

logische Debatte fand sogar unter den herrschenden Mächten
Widerhall, wie das Beispiel der Westgoten hier in Iberien zeigt,
die bis vor kurzer Zeit dem Arianismus anhingen.

Die vorherrschende Fraktion innerhalb des Christentums, bekannt als die katholische Kirche, hat sich mit den Monophysiten
verbündet die behaupten, dass Christus, der Sohn Gottes, vom
gleichen Wesen ist wie Gott der Vater. Diese katholische Kirche
verfolgt aggressiv jeden Glauben, der von ihrer verkündeten
,Wahrheit' abweicht. Ironischerweise scheinen die Christen mehr
Energie in interne Konflikte zu stecken als in die Evangelisierung
von Ungläubigen. Eine Reihe von Konzilien dient als Schlachtfeld, auf dem verschiedene christliche Gruppierungen um die
Vorherrschaft ringen. Diejenigen, die auf der Verliererseite enden, werden als Ketzer gebrandmarkt und gnadenlos verfolgt.

So trat beispielsweise ein knappes Jahrzehnt vor meiner Ankunft als Gesandter in Konstantinopel das Dritte Konzil von
Konstantinopel zusammen, um die genaue Beschaffenheit der
Gestalt Christi zu klären und seine göttlichen und menschlichen
Elemente miteinander in Einklang zu bringen. Zwei Jahrhunderte
zuvor hatte das Konzil von Chalkedon die Lehren Nestors, des
damaligen Erzbischofs von Konstantinopel, verurteilt. Nestor
hatte neben anderen ketzerischen Überzeugungen versucht, die
Rolle der einzigen weiblichen Gottheit unter den vier Göttern
herabzusetzen. Obwohl Nestor nach dem Konzilsbeschluss ins
Exil verbannt wurde, blühten seine Anhänger, die Nestorianer,
im Osten auf, außerhalb der Reichweite der Autorität der katholischen Kirche.

Ich könnte noch zahlreiche andere Beispiele für erbitterte
Kämpfe innerhalb der Kirche anführen, und ich vermute, dass
es weitere geben wird. Doch diese unaufhörlichen Streitereien
haben mich bereits genügend verwirrt. Ich habe gehört, dass es
im islamischen Kalifat zu ähnlichen Kontroversen gekommen
ist, jedoch legen sie ihre Streitigkeiten gemäß der arabischen

Tradition direkt auf dem Schlachtfeld bei, ohne auf langwierige Konzile zurückzugreifen. Was die Intoleranz betrifft, so erweisen sich die Muslime als starke Konkurrenten der Christen, obwohl sie gegenüber Christen und Juden, die sie als ‚Leute des Buches‘ betrachten, eine gewisse Toleranz zeigen. Leider hat diese Toleranz uns Karthagern wenig Nutzen gebracht.

***

Sextilis[23], am zweiten Tag vor den Nonen

Heute Morgen begleitete ich Bruder Anselm zur Krankenstation, wo er gemäß den Regeln des heiligen Benedikt die Kranken der Brüder pflegt und sich um Patienten aus dem Dorf kümmert. Als lebenslanger Berater unserer letzten beiden Monarchen und Diplomat im Ausland habe ich keine formale medizinische Ausbildung. Daher fühle ich mich in der Gegenwart der Kranken etwas unwohl, besonders da es eine der seltenen Gelegenheiten ist, bei denen ich den Bedürftigen so nahe bin. Auch wenn ich verstehe, dass ihnen eine gewisse Rohheit oder mangelnde Sauberkeit nicht vorgeworfen werden sollte, habe ich ja im Gegensatz zu Bruder Anselm kein Gelübde abgelegt.

Bruder Anselm bemüht sich jedoch beharrlich, mich einzubeziehen. Meine eigene Leidenschaft gilt der Botanik, und ich arbeite gerne mit Bruder Leovigild im Kräutergarten. Durch die Erweiterung unserer Sammlung von Heilpflanzen und Kräutern habe ich einen bescheidenen Beitrag geleistet. Die Kräuterkunde hat in meiner Familie schon immer einen hohen Stellenwert gehabt, und ich habe mein Wissen während meiner Zeit in Konstantinopel vertieft. Deshalb holt Bruder Anselm regelmäßig meine

---

23 August.

Zustimmung zu seinen erfolgreichen Behandlungen ein oder sucht Rat zu alternativen Ansätzen, wenn seine Bemühungen scheitern.

Einige pflanzliche Heilmittel haben sich bewährt: Thymian bei Husten, Aloe bei Hauterkrankungen und Baldrianwurzel bei Schlaflosigkeit und Angstzuständen. Cannabisharz, das aus den für verschiedene Zwecke verwendeten Stängeln gewonnen wird, lindert Geburtsschmerzen, während Mohnblumenextrakt nicht nur Schmerzen lindert, sondern auch todkranken Menschen Trost spendet. Wenn ich doch nur Silphion wieder finden könnte, das einst in Karthago in Hülle und Fülle vorhanden war und für seine zahlreichen Wirkungen bekannt ist! Bei gewissen Krankheiten wie Aussatz oder Schwindsucht scheinen unsere Bemühungen allerdings vergeblich. Der Trost liegt dann oft in Gebeten, die manchen Patienten ein wenig Linderung zu verschaffen scheinen. Schon die einfachen Handlungen der Pflege, Waschen und Füttern, erscheinen eine gewisse Wirkung zu haben.

Bruder Anselm stützt sich stark auf die Weisheit von Apuleius Platonicus, genannt Herbarius, den er weit mehr verehrt als jeden Heiligen. Obwohl dies beeindruckend ist, möchte ich Anselm ermutigen, seine eigenen praktischen Erfahrungen zu dokumentieren, anstatt sich ausschließlich auf antike Abhandlungen wie auch die von Claudius Galenus zu verlassen, die in der Bibliothek von Sankt Peter von Rhodos aufbewahrt werden.

So interessant auch die Ausflüge in Bruder Anselms Krankenzimmer sein mögen, finde ich dann gerne wieder Trost in der Sauberkeit und Ruhe meiner eigenen Gemächer, die mir ermöglichen, mich auf gewichtigere Angelegenheiten zu konzentrieren. Heute werde ich über den Untergang unseres einst so mächtigen Rivalen Rom und den darauf folgenden Verlust unseres halben Reiches berichten. Rom, einst ein mächtiger Gegner, erlebte vor weniger als zweihundertfünfzig Jahren seinen plötzlichen Untergang. Historiker führen verschiedene Erklärungen an, wobei das

Chaos um die Nachfolge besonders hervorgehoben wird. Gegen Ende fühlte sich jede Legion des Reiches berechtigt, ihren eigenen Feldherrn zum Kaiser zu ernennen, was zu erbitterten Rivalitäten und Bürgerkriegen führte. Solche Zwietracht hatte ihren Preis.

Darüber hinaus kamen durch die Spaltung des Reiches und die Unabhängigkeit des östlichen Teils Rom wichtige Einnahmequellen abhanden. Andere Historiker führen den Niedergang Roms auch auf den Einfluss des Christentums zurück und meinen, es habe die Entschlossenheit des Reiches geschwächt, was sich in seinen Kämpfen gegen Gegner wie die Perser zeigte. Zudem gab Rom aus unerklärlichen Gründen Britannien auf. Unabhängig von den Ursachen gipfelte der Untergang Roms im Zustrom von Goten und anderen Barbaren. Diese flüchteten vor den Hunnen, die wie eine blutige Flutwelle aus den asiatischen Steppen nach Europa herüberschwappten. Schließlich setzte Odoaker, ein germanischer Häuptling, den letzten römischen Kaiser, Romulus Augustulus, ab und bestieg selbst den Thron.

Frohlocke, Karthago! Aber nein – das Unheil war schon vorher über uns gekommen: Westgoten, Alanen und andere barbarische Horden nutzten die Schwäche der Römer, zogen durch Gallien und griffen uns in Iberien an. In früheren Zeiten hätten wir unsere mächtige nubische Kavallerie, die balearischen Schleuderer und die lusitanischen Krieger mobilisiert, um solche Bedrohungen abzuwehren. Doch diesmal waren wir schlecht vorbereitet. Während unserer glorreichen Blütezeit rühmten sich unsere Herrscher hervorragender Generäle, geschickter Verwalter und Philosophenkönige – wer kennt nicht die Schriften des weisen Milkiathon? Zu jener Zeit hatte sich jedoch sowohl bei den karthagischen Monarchen ein Gefühl der Selbstzufriedenheit breit gemacht. Wie ich später noch ausführen werde, entfremdeten sich unsere Könige von ihrer Bevölkerung und blickten von ihren opulenten Höfen verächtlich auf die Bauern, Handwerker, Händler und Soldaten herab – die eigentlichen Stützen ihrer Macht und ihres Reichtums.

Jahrhunderte des Überflusses hatten unsere Entschlossenheit geschwächt und unsere Verteidigungsfähigkeiten untergraben. Im Gegensatz zu den Römern, die unermüdlich auf kostspielige Eroberungen aus waren, gediehen wir durch Handel, Diplomatie und die Anziehungskraft unserer Kultur, die von benachbarten Völkern geschätzt wurde. Eine Zeit lang quollen unsere Kassen über; als wir jedoch mit der aufkeimenden Macht Roms konfrontiert wurden, besänftigten wir sie mit billigen Getreideexporten. Doch bald lagen unsere Schatzkammern brach. Innerhalb von nur einem Jahrzehnt jagten uns die Westgoten unerbittlich von den Pyrenäen bis zu den Säulen des Herkules. Dort stoppten wir schließlich ihren Vormarsch und bewachten die Schwelle zu Afrika, das uns verblieb. Nach dem Zusammenbruch Roms blühte hingegen sein östliches Reich weiterhin auf; über Byzanz und Konstantinopel werde ich zu einem späteren Zeitpunkt schreiben.

Stattdessen möchte ich mich nun mit dem Leben und Werk von Lukrez befassen, um zu zeigen, dass nicht alle Aspekte der römischen Kultur negativ waren. Obwohl es nur wenige Informationen über Titus Lucretius Carus gibt, wissen wir, dass er zur gleichen Zeit wie Vergil und Cicero lebte. Sein Hauptwerk, *De Rerum Natura*, aus dem ich viel Trost schöpfe, bildet den Grundstein seines Schaffens. Lukrez übernimmt in seinem Gedicht die epikureische Philosophie und kritisiert gleichzeitig andere griechische Denker. Besonders stellt er Heraklits Vorstellung vom Feuer als grundlegendes Element sowie Empedokles' Klassifizierung der vier Elemente Feuer, Wasser, Luft und Erde infrage. Stattdessen postuliert Lukrez ein sowohl räumlich als auch zeitlich unendliches Universum ohne himmlisches Reich, das von Göttern bewohnt wird. In diesem Kosmos sind Leere und Atome die grundlegenden Bestandteile, und nichts anderes existiert darin.

Atome sind winzig klein und haben keine Eigenschaften wie Farbe, Form oder Geruch, weshalb sie für unsere Sinne nicht wahrnehmbar sind. Sie bewegen sich ständig und stoßen zusammen, wobei sie sich nur vorübergehend zu Gebilden mit greifbaren Eigenschaften wie Größe, Form, Härte und Farbe zusammenschließen. Selbst die berühmten vier Elemente des Empedokles bestehen aus Atomen, deren Menge zwar groß, aber endlich ist. Lukrez vergleicht dies mit den Buchstaben des Alphabets, aus denen sich zum Beispiel sein umfangreiches und unendlich vielfältiges Gedicht zusammensetzen lässt.

Auch die Objekte in unserer wahrnehmbaren Welt existieren in großer, aber endlicher Menge. Jedes Ding hat eine endliche Lebensdauer: Es zerfällt entweder rasch in seine einzelnen Atome, wie der Kadaver eines verstorbenen Tieres oder eine verdorrte Pflanze, oder es verdunstet allmählich, wie Wasser aus einem durchnässten Kleidungsstück, oder der Duft einer Blume. Oder ein Fingerring, der durch Verschleiß ganz allmählich dünner wird. Nichts entsteht aus dem absoluten Nichts, und nichts vergeht vollständig; unsere Realität besteht nur aus vergänglichen Amalgamen oder Legierungen von Atomen.

Aus dieser fast unglaublichen Erkenntnis erwächst, was ich als ungemein tröstlich empfinde: Es ist nicht notwendig, den Tod zu fürchten. Es gibt keinen Hades, in dem traurige Seelen ewig ausharren, keine Hölle, in dem sie ewige Qualen erleiden, und keinen Kreislauf der Wiedergeburt, dem man nicht entkommen kann. Wenn sich der Körper auflöst, zerfallen auch Geist und Seele in ihre Bestandteile. Es überrascht nicht, dass die christliche Kirche Lukrez vehement verurteilt, da seine so überzeugende Weltanschauung im Widerspruch zu ihren Lehren steht. Lukrez versichert, dass sich die Welt ohne göttliches Eingreifen entfaltet, und fordert uns auf, der Einschüchterung durch religiöse Dogmen und Geistliche zu widerstehen. In Lukrez' Welt haben Gebete und Wunder keinen Einfluss; er behauptet, dass Furcht und intellektuelle Unklarheit nur durch strenge Untersuchung und Beobachtung der Natur beseitigt werden können. Diese Gewissheit spendet mir in der Tat sehr viel Trost.

***

Sextilis, am fünften Tag vor den Iden

Und noch einmal haben wir unser afrikanisches Gebiet standhaft
verteidigt. Weniger als ein Jahrhundert nach dem gescheiterten
Versuch der westgotischen Vandalen, bei den Säulen des Herkules in Afrika einzudringen, sandte der byzantinische Kaiser
Justinian I. seinen General Belisarius aus, um uns in Karthago
anzugreifen. Zu diesem Zeitpunkt hatte Byzanz seine Vorherrschaft gefestigt und herrschte von seiner Hauptstadt Konstantinopel aus über den östlichen Mittelmeerraum. Belisarius, der
berüchtigt dafür war, eine Revolte niedergeschlagen zu haben,
indem er dreißigtausend Bürger im Hippodrom von Konstantinopel ermorden ließ, führte eine große Flotte an, die den Hafen
con Karthago einen Monat lang blockierte.

Unsere Entsatzflotte aus Utica überraschte ihn jedoch von hinten. Trotz einiger Verluste gelang es Belisarius, sich zwischen der
Flotte aus Utica und der Stadt Karthago hindurchzuschlängeln
und sich aufs freie Meer zurückzuziehen. Das war das letzte
Mal, dass wir ihn zu Gesicht bekamen. Während er in Italien
erfolgreicher war und den Ostgoten bedeutende Gebiete, einschließlich der Stadt Rom, abnahm, erlitt Byzanz Rückschläge
gegen die germanischen Langobarden. Zum Zeitpunkt der Abfassung meiner Chronik beherrscht das byzantinische Exarchat
von Ravenna zahlreiche Küstenstädte in Italien, während die
Langobarden das Hinterland kontrollieren.

Oh, Byzanz! Zwanzig Jahre sind seit meinem Aufenthalt in Konstantinopel zur Zeit Justinians II. vergangen, als ich Abgesandter unseres vorletzten Königs, Ypthm V., war, der damals gerade
noch über Ibiza herrschte. Meine Mission – ein Hilferuf, der sich
über ein halbes Jahrzehnt erstreckte – endete enttäuschend,
hatte jedoch ihre Reize. Konstantinopel, obwohl viel jünger als

unser Karthago, strahlt eine ganz eigene Anziehungskraft aus. Am Bosporus gelegen, beherrscht es die Handelsrouten, die das Mittelmeer mit dem Schwarzen Meer verbinden. Von diesem Knotenpunkt aus werden Wein und Textilien – ergänzt durch die neulich von den Byzantinern beherrschte Seidenproduktion – an die nördlichen Schwarzmeerküsten verschickt, von wo aus Pelze, Bernstein und Sklaven zurückgebracht werden.

Obwohl sich die Byzantiner als ‚Römer‘ bezeichnen, sprechen sie überwiegend Griechisch und verwenden Latein nur noch für Verwaltungszwecke. Die Stadt strotzt vor Vielfalt und heißt Fremde und sogar Barbaren willkommen: Slawen vom Balkan, Goten von der Donau, Khasaren von der Krim sowie Perser, Araber, Juden und Ägypter, die sich alle in den belebten Straßen und Märkten vermischen. Dennoch bleibt Konstantinopel eine durch und durch christliche Stadt, und Byzanz ein christliches Imperium. Die Kaiser tragen in der griechischen Tradition den Titel ‚Basileus‘; ohne ein offizielles Amt in der Kirche zu bekleiden, mischen sie sich unablässig in kirchliche Angelegenheiten ein, ergreifen Partei für bestimmte kirchliche Gruppierungen, berufen die bereits erwähnten Konzile ein und verfolgen diejenigen, die als Ketzer gelten. Außerdem wetteifern sie im Bau von Kirchen um Größe, was zu architektonischen Wunderwerken wie der Hagia Sophia führt.

Einige sind jedoch der Meinung, dass der wahre Einfluss in Konstantinopel bei den ‚Blauen‘ und den ‚Grünen‘ liegt, welche die wichtigsten Wagenlenkerfraktionen im Hippodrom vertreten. Die Blauen stehen, wenn ich mich recht erinnere, für die alte Aristokratie und die Großgrundbesitzer, und die Grünen für Händler, Handwerker und Beamte. Mein Gedächtnis lässt mich gerade im Stich, ob die Blauen dem Monophysitismus anhängen oder die Grünen. Unabhängig davon dienen diese Fraktionen, die als *demoi* bekannt sind, in der Tat als Reservemilizen, die bereit sind, Unruhen anzuzetteln oder sogar im Hippodrom selbst einen neuen Kaiser auszurufen.

Wenn die byzantinische Armee nicht gerade mit internen Unruhen konfrontiert ist, sieht sie sich externen Bedrohungen ausgesetzt, vor allem durch die Slawen auf dem Balkan – während meiner Zeit in der Stadt fiel zum Beispiel Thessaloniki an sie. In einem weiteren Dauerkonflikt steht Byzanz mit seinem Erzfeind, den zoroastrischen Sassaniden in Persien. Letztere Feindseligkeit hörte erst auf, als kürzlich das islamische Kalifat Persien unterwarf. Doch anstatt dann Ruhe zu finden, war Byzanz dann gezwungen, sich stattdessen mit den Sarazenen auseinanderzusetzen, wie die Römer die Araber nennen.

Durch die persischen Feldzüge geschwächt, erlitt Byzanz einen Verlust nach dem anderen und musste Alexandria, Palästina und Syrien nach und nach an die Sarazenen abtreten. Nur ein Jahrzehnt vor meiner Ankunft dort wehrte Konstantin IV., der Vater des jetzigen Basileus, eine fünfjährige Belagerung durch die Sarazenen erfolgreich ab, indem er das berühmte ‚griechische Feuer‘ mit verheerender Wirkung gegen die feindlichen Schiffe einsetzte. Dieser Triumph war jedoch ein Vorbote unheilvoller Zeiten für Karthago, wie wir bald feststellen werden.

Ich habe Justinian II. bei mehreren Gelegenheiten persönlich getroffen. Er war ein unbeständiger junger Mann, der zu plötzlichen Wutausbrüchen neigte und zu extremer Grausamkeit fähig war. Er zeigte jedoch einige positive Initiativen, insbesondere sein ‚Bauerngesetz‘, das den Bauern eine gewisse Freiheit von der Kontrolle der Großgrundbesitzer gewährte und zu einer höheren landwirtschaftlichen Produktivität führte. Seine Vorliebe für verschwenderische Bauprojekte führte jedoch dazu, dass er die Aristokratie stark besteuerte und zu brutalen Methoden, einschließlich Folter, griff, um ihr Reichtümer aus der Tasche zu ziehen.

Als gläubiger christlicher Herrscher berief Justinian II. zu meiner Zeit in Konstantinopel die als ‚Quinquisextum‘ bekannte Synode ein und erließ Regelungen, welche die noch bestehenden heidnischen Praktiken verurteilten. Er erwarb schließlich den Beinamen ‚Schlitznase‘, nachdem er traditionsgemäß im Hippodrom gestürzt und verunstaltet wurde. Nach seiner Verbannung heiratete er auf der Krim eine Khasarenprinzessin. Gerüchte besagen, dass Schlitznase vor Kurzem mit Hilfe bulgarischer und slawischer Truppen die Macht in Konstantinopel zurückerobert hat und einen brutalen Rachefeldzug gegen seine Feinde unternahm.

Das Leben in Konstantinopel war immer ereignisreich; ich genoss meine Besuche in reich ausgestatteten Bibliotheken, luxuriösen Badehäusern und gepflegten Parks, führte viele anregende Gespräche mit gelehrten Menschen – und ja, die Jungs.

***

Sextilis, am Tag vor den Iden

Der Hochsommer ist vorbei, die Tage sind noch warm, wenn auch schon merklich kürzer. Bald werden die Trauben reif und damit beginnt die jährliche Lese und das Keltern – eine Zeit der Arbeit und des Feierns. Zu den Rebsorten, die hier angebaut werden, gehört die bekannte Malvasia, aus der sowohl süße als auch trockene Weine hergestellt werden können. Die Verwendung der Rebsorte Macabeo für Weißwein ist mir neu, während der ausschließliche Anbau der Trepat-Traube für Rotwein in dieser Region einzigartig ist.

Die Brüder pflegen ihre Weinberge mit großer Sorgfalt und beherrschen die Kunst der Düngung, des Beschneidens und die Feinheiten des Kelterns. Winzer aus den Nachbarregionen besuchen uns oft, um sich vom Fachwissen der Brüder inspirieren zu lassen. Nach der Gärung und der Lagerung in Fässern besteht die Gefahr, dass sich der Wein in Essig verwandelt, was einen raschen Verzehr erforderlich macht – auch wenn dies wohl eher eine Rechtfertigung für sofortigen Genuss ist. Die tiefen, kühlen Keller von St. Peter gewährleisten jedoch, dass unser täglicher Becher bis zum nächsten Herbst gesichert ist. Trotz meiner Bewunderung für die Winzerkunst finde ich die Praxis des Weinkonsums während der Messe verwirrend. In der Kirche wird derselbe Wein, den wir im Speisesaal zum Essen trinken, während des Sakraments in das Blut Christi, des göttlichen Sohnes, verwandelt. Zumindest wird dies behauptet.

Deutlich mehr Klarheit herrscht in meiner eigenen Geschichte, die etwa fünfundsechzig Jahre zurückreicht, bis zum Beginn der großen Katastrophe – einem unheilvollen Vorboten unseres Untergangs. Wie eine Flutwelle stürmten die Araber von Ägypten aus entlang der afrikanischen Küste nach Westen und trafen uns weitgehend unvorbereitet. Über ein Jahrtausend lang hatten die Karthager auf direkte Kriegsführung verzichtet und sich stattdessen auf Söldnerheere verlassen. Als sich jedoch die Streitkräfte von Abdullah Ibn Sa'ad, verstärkt durch abtrünnige Berber, näherten, war es zu spät, eine solche Streitmacht aufzustellen.

In einer wilden Flucht beeilten sich der Hof, die Aristokraten und die reichen Händler – darunter auch meine Eltern –, ihre Schiffe mit allem zu beladen, was sie retten konnten, bevor sie sich in die Sicherheit Ibizas begaben, einer Insel, die wir seit der Zeit der Phönizier besaßen. Die in Karthago zurückgebliebenen Einwohner sahen einem Schicksal entgegen, das zu schrecklich war, um es sich vorzustellen. Obwohl ich auf Ibiza geboren wurde, habe ich das Gefühl, den Exodus meiner Eltern miterlebt zu haben, so lebendig sind ihre Erinnerungen und so oft haben sie davon erzählt.

Das Glück war uns kurzzeitig hold, denn den arabischen Invasoren fehlte zu dieser Zeit eine Flotte. In Bälde jedoch bauten sie eine und nutzten sie gleich für die Blockade von Sa Caleta, unserem wichtigsten Hafen auf Ibiza. Angesichts dieser misslichen Lage fasste ich vor zwei Jahren den Entschluss zu fliehen. Dank der Kraft zweier fähiger Ruderer nahm unser Boot von der Nordküste aus Kurs nach Westen und erreichte, unterstützt von einem stetigen Ostwind, Valencia in einer einzigen Nacht und einem einzigen Tag. Von dort aus gingen mein Begleiter Barmocar und ich an Bord eines Schiffs, das die iberische Küste in nordöstlicher Richtung entlang segelte.

Aber ich greife mir selbst vor. In den Jahrzehnten des Aufschubs versuchten wir, den königlichen Hof auf Ibiza so prächtig wie möglich wiederherzustellen, wenn auch in kleinerem Rahmen. Wir suchten eifrig nach Allianzen, doch unsere Bitten stießen auf taube Ohren. Die Westgoten freuten sich über unser Unglück, die Byzantiner waren damit beschäftigt, dieselben Araber abzuwehren, und die landgebundenen Langobarden in Italien und Franken in Gallien blieben gleichgültig. Wie ich vorausgesagt hatte, fiel Ibiza nur wenige Monate nach meiner Abreise, und König Himilco VI. fand den Tod. Zu diesem Zeitpunkt gab es kaum noch etwas zu beklagen, außer dem verblassten Ruhm. Dennoch erfüllt mich der Gedanke an unsere Herrschaft über einen bedeutenden Teil des Mittelmeerraums während fünfzehn Jahrhunderten mit tiefer Traurigkeit. Fast beneide ich den jungen Barmocar, der nichts von unserer Vergangenheit weiß und sich nicht darum kümmert. Der Islam erstreckt sich nun von Persien bis zu den Säulen des Herkules, und wir fragen uns, ob dies der Höhepunkt ist – Gerüchten zufolge haben die Araber ein Auge, oder beide, auf Iberien geworfen.

In der Zwischenzeit habe ich zahlreiche Gespräche mit Bruder Gundulf über Lukrez geführt, insbesondere über seine Theorien zu irdischen und himmlischen Phänomenen: die Verdunstung von Wasser aus den Meeren, die zu Süßwasserregen aus den Wolken führt; die Hinzufügung von Salzatomen zum Süßwasser, die die Bitterkeit der Meere erzeugt; die Reflexion des Sonnenlichts durch den Mond, der kein eigenes Licht ausstrahlt; und die

Mechanismen von Sonnen- und Mondfinsternissen. Wir haben uns mit dem Prinzip befasst, dass Licht einer geraden Flugbahn folgt, während Schall sich um Ecken krümmen kann; mit den Ursprüngen der Sprache und mit dem Wesen und der Bedeutung der Liebe. In der Tat bietet *De Rerum Natura* eine unerschöpfliche Quelle des Wissens und der Erkenntnis!

Obwohl Gundulf auf die Erwähnungen der Götter bei Lukrez hingewiesen hat, bleibe ich mit allem Respekt bei meiner abweichenden Meinung. Lukrez mag die Götter erwähnen, doch leugnet er eindeutig ihre funktionale Rolle. Ich interpretiere somit seine Erwähnungen der Götter allegorisch: Aspekte der Liebe und Sexualität ordnet er Venus zu, den Krieg dem Mars und ekstatisches Verhalten Bacchus.

***

Sextilis, am zwölften Tag vor den Kalenden

Gestern empfing St. Peter einen vornehmen Gast: Bischof Sisenand in Begleitung seines Gefolges aus Málaga, einer geschichtsträchtigen Stadt, die vor über einem Jahrtausend von unseren phönizischen Vorfahren gegründet wurde. Der Bischof, der per Schiff nach Gallien und schließlich nach Rom reist, überbrachte alarmierende Nachrichten: In der Nähe von Cádiz erlitt der westgotische König Roderich in diesem Sommer eine Niederlage gegen eine gewaltige muslimische Armee! Diese beunruhigende Entwicklung lässt vermuten, dass die Araber derzeit auf die Hauptstadt Toledo vorrücken, deren Fall das Ende der jahrhundertelangen westgotischen Herrschaft in Iberien bedeuten würde. Glücklicherweise liegt St. Peter weit abseits dieses mutmaßlichen Weges und bietet uns vorübergehend Sicherheit. Dennoch nagt die Besorgnis an mir und zwingt mich zu einer dringenden Besprechung mit Serration und Barmocar über unser weiteres Verhalten.

Kapitel 4

Die Schlacht im Teutoburger Wald, 9 n. Chr.

Im Jahr 9 n. Chr. führte der neu ernannte römische General Publius Quinctilius Varus drei Legionen, etwa 17 000 Soldaten, tief nach Germanien hinein. Bis zu diesem Zeitpunkt hatte der Rhein als Grenze zwischen dem von den Römern kontrollierten Gebiet am linken Ufer und dem Beginn von Germania Magna am rechten Ufer gedient – von Tacitus als ‚von schwächlicher Erde, rauem Himmel, traurig in Kultur und Aussehen' beschrieben.[24] Varus, der eher für seine administrativen als für seine militärischen Fähigkeiten bekannt war, hatte sich als Statthalter der römischen Provinz Syrien bereichert und suchte nun nach weiteren Möglichkeiten, seine Taschen zu füllen.

Im heutigen Niedersachsen, eingebettet in den Teutoburger Wald, stellte eine Koalition germanischer Stämme – darunter die Semnonen und Langobarden – den eindringenden Römern eine Falle (Abbildung 4.1). Arminius, ein 25-jähriger Fürst der führenden Cherusker, hatte seine Jugend und Ausbildung in Rom als Geisel verbracht, war zum Offizier der römischen Armee aufgestiegen und erlangte in der römischen Gesellschaft den Status eines Ritters. Da er sich zu diesem Zeitpunkt gerade auf Heimaturlaub befand, wurde erwartet, dass er beim Gegenangriff auf die Römer eine zentrale Rolle spielen würde. Doch in letzter Minute änderte er seine Meinung und verriet Varus den Plan der germanischen Koalition. Mit diesen unschätzbaren Informationen ausgestattet, gelang es den Legionen, ihrerseits die germanischen Krieger von

---

24 *Infirmem terris, asperam caelo, tristem cultu aspectuque.*

beiden Flanken einzukesseln und ihnen eine vernichtende Niederlage zuzufügen. Die Überlebenden, denen es nicht gelang, zu fliehen, wurden entweder erschlagen oder gefangen genommen und nach ihrer Rückkehr über den Rhein in die Sklaverei verkauft.

Abbildung 4.1:. Römische zeremonielle Gesichtsmaske,
gefunden in Kalkriese, in der Nähe des Schlachtfeldes im Teutoburger Wald

Als der Weg nach Germania Magna nun frei war, standen die Römer einem Gebiet gegenüber, das von mindestens fünfzig kleinen germanischen Stämmen bewohnt wurde, deren Dialekte untereinander verständlich waren. Zu diesen Stämmen gehörten die Friesen, Burgunder, Sueben, Vandalen, Markomannen, Goten und viele andere. Diese Stämme waren häufig in interne Konflikte verwickelt und schlossen sich nur gelegentlich zu zeitlich begrenzten Bündnissen gegen gemeinsame äußere oder innere Feinde zusammen.

Vier Jahre vor der Schlacht im Teutoburger Wald war General Tiberius[25], der Stiefsohn des Kaisers Augustus, bereits bis zur Elbe (im Lateinischen Albis genannt) vorgedrungen, die Germania Magna durchfließt. Da er jedoch erkannte, dass es südlich der Elbe keine natürliche Grenze zwischen dem zu romanisierenden Westen und dem ungezähmten Osten gab, hielt er die Elbe als Ostrenze für ungeeignet. Angesichts seines Rufs als geschickter Militärstratege und seiner Vertrautheit mit Germania Magna übernahm Tiberius nun das Kommando von Varus, dessen Erfolg ja nur allzu sehr dem zufälligen Sinneswandel des Arminius zugeschrieben werden konnte. Mit bemerkenswerter Weitsicht, Kühnheit und strategischer Brillanz schlug Tiberius einen ehrgeizigen Plan vor: die Ausdehnung der Grenzen des Römischen Reiches nach Osten bis zu den natürlichen Grenzen, die durch die Flüsse Weichsel[26] und Dnister gebildet wurden (siehe Karte in Abbildung 4.2).

---

25 Genau – *dieser* Tiberius, der dazu bestimmt war, den Kaiserthron zu besteigen. Die Erinnerung an ihn ist überschattet von Erzählungen über Ausschweifungen auf der Insel Capri in späteren Jahren – die Tatsache übersehend, dass er in seiner Jugend bemerkenswerte Fähigkeiten als militärischer Taktiker bewies.

26 Tatsächlich wurde die obere Verbindung von der Weichsel zum Dnister von ihrem Seitenarm, dem Fluss Bug (lateinisch: *buga*), gebildet. Die Römer benutzten jedoch meist nur den Namen *vistula*.

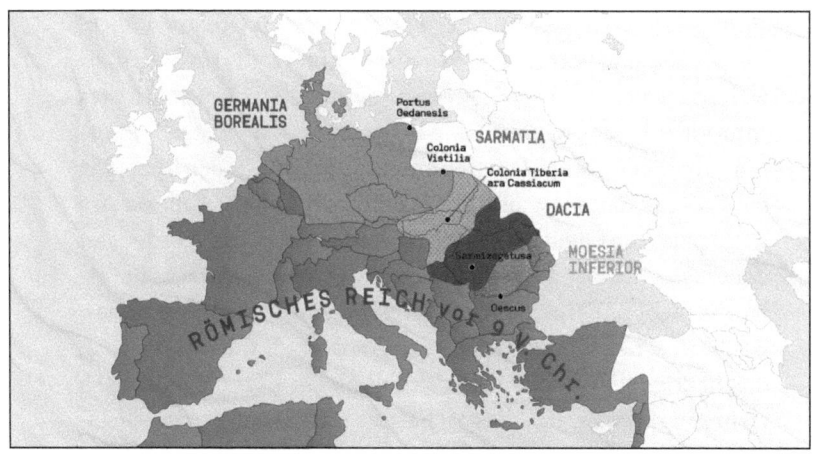

Abbildung 4.2: Das Römische Reich mit seinen neuen Provinzen in Germania Magna, um 15 n. Chr. (© Markus Michael, 2024)

Dies war nur durch den Einsatz der römischen Flotten möglich, die vom Schwarzen Meer aus den Dnister (lateinisch Tyras) und von der Ostsee aus die Weichsel flussaufwärts befuhren. Angesichts der gewaltigen Präsenz römischer Heere, die nun sowohl von Osten als auch von Westen her vorrückten, und geprägt von der traumatischen Niederlage im Teutoburger Wald, änderten die germanischen Stämme ziemlich schnell ihre Haltung. Einer nach dem anderen wandelten sie sich von Gegnern zunächst zu Föderaten (*foederati*), um schließlich als kaiserliche Provinzen[27] vollständig in das Römische Reich integriert zu werden. Nur in wenigen Fällen war direktes militärisches Eingreifen Roms erforderlich, um widerspenstige germanische Stämme zu unterwerfen.

Das neu erworbene römische Territorium, immer noch Germania Magna genannt, erstreckte sich zwischen der ehemaligen

---

27 Vom Kaiser selbst regiert und nicht vom Senat, der die etablierteren Provinzen verwaltete.

Donau-Rhein-Grenze und der neu errichteten Dnister-Weichsel-Grenze und war in vier Provinzen unterteilt. Im Süden erweiterten sich die bestehenden Provinzen Dacia und Moesia Inferior – die das heutige Rumänien umfassen – nach Nordosten, um den unteren Dnister einzuschließen. In der Mitte lag die Provinz Sarmatia mit der Hauptstadt Colonia Tiberia Ara Cassiacum, das heutige Košice in der Slowakei. Im Norden, an der Grenze zur Ostsee, befand sich die Provinz Germania Borealis, die nicht nur eine, sondern zwei bedeutende Städte aufwies: Die bewusst exzentrisch gelegene Hauptstadt Colonia Vistilia, das heutige Warschau, erhob sich stolz am Ufer der Weichsel, während flussabwärts die geschäftige Hafenstadt Portus Gedanensis, später bekannt als Danzig und heute Gdańsk, florierte.

Ähnlich der vorherigen befestigten Grenze zwischen Rhein und Donau errichteten die Römer nun den – allerdings längeren – Limes Trans-Sarmaticus, der sich von den Quellen des Bug bis zum Dnister erstreckte, um die Lücke zu schließen, in der eine natürliche Grenze fehlte. Dieser Limes, gesäumt von zahlreichen Festungen, stellte jedoch keine präzise Grenze im modernen Sinne dar. Stattdessen umfasste er einen Landstrich, der in unterschiedlichem Maße unter römischer Kontrolle stand und von Zollstationen (*portoria*) durchbrochen wurde, in denen Zölle und Abgaben erhoben wurden.

Ursprünglich waren vier Legionen entlang der neuen Weichsel-Dnister-Grenze stationiert: die I. Borealis, die II. Germanica, die I. Tiberiana und die VI. Fulminata. Spätere Kaiser verstärkten die römische Präsenz in der Region, doch die Römer behielten eine strikt defensive Haltung gegenüber der unbekannten, von Nomadenvölkern bewohnten östlichen *terra incognita* bei.

Die Flüsse Weichsel und Dnister spielten jedoch nicht nur als natürliche Grenzen eine entscheidende Rolle bei der Verteidigung. Sie dienten vor allem auch als lebenswichtige Verkehrsadern, die den Handel entlang der berühmten Bernsteinroute zwischen der Ostsee und dem Schwarzen Meer erleichterten. Die römische Kontrolle erstreckte sich auf diese Wasserstraßen, wo kleine Flotten unterhalten wurden. Diese waren in Festungen stationiert, in denen Infanteriekohorten und Kavalleriegeschwader untergebracht waren.

Im Gegensatz zu den keltischen Galliern, die Städte (*oppida*) gründeten, von denen Julius Cäsar etwa siebzig Jahre zuvor eine nach der anderen erobert hatte, hatten die germanischen Stämme keine großen Siedlungen entwickelt. Die Art ihrer Agrarwirtschaft erforderte, dass sie ihre Gehöfte regelmäßig verlegten. Archäologische Funde deuten darauf hin, dass die bestehenden saisonalen Marktplätze unter römischem Einfluss zu Siedlungen heranwuchsen, die sich um Garnisonen gruppierten. Mit der Zeit dehnten sich diese Siedlungen aus, befestigten sich mit Zäunen und Mauern und einige wuchsen gar zu Städten heran. Nur wenige von ihnen entwickelten sich während der römischen Herrschaft zu bedeutenden urbanen Zentren, die die Entwicklung der Städte in den westlichen Territorien widerspiegelten. Zu nennen sind hier Mogontiacum (das heutige Mainz), die Hauptstadt von Germania Superior, Colonia Claudia Ara Agrippinensium (Köln), die Hauptstadt von Germania Inferior, sowie Vindobona (Wien) und schließlich Turicum (Zürich).

Das Konzept der indirekten Herrschaft innerhalb eines Großreiches wurde nicht von den Briten erfunden. Bereits die Römer verfolgten in Germania Magna einen ähnlichen Ansatz und waren damit ihrer Zeit strategisch voraus. Das Fehlen etablierter städtischer Zentren stellte eine große Herausforderung für die römische Besatzung dar; germanische Krieger konnten sich leicht in vertrautes Gebiet zurückziehen und Guerillataktiken gegen die Besatzungstruppen anwenden, was sie auch häufig taten. Darüber hinaus machten die dünne Besiedlung der Region und das zerklüftete, von dichten Wäldern und Sümpfen geprägte Terrain die traditionellen römischen Militärtaktiken unwirksam. Die schiere Größe des Gebietes erschwerte die Situation zusätzlich; so war es unmöglich, das gleiche Maß an Kontrolle auszuüben wie in Gallien und Iberien.

Um diese Hindernisse zu überwinden, setzten die Römer auf eine Kombination aus militärischer Macht, diplomatischen Verhandlungen und großzügigen Geschenken an die Stammesführer. Durch eine Mischung aus Zwang und Überredung wurde ein Stamm nach dem anderen in den römischen Einflussbereich gebracht, auch wenn dies mit der Einführung von Steuern verbunden war. Die auferlegte Steuerlast war jedoch vorhersehbar und relativ bescheiden.

Die germanische Aristokratie legte mehr Wert auf individuelle kriegerische Fähigkeiten als auf adelige Abstammung[28], was in Friedenszeiten zu einer schwachen Führung führen konnte. Die Römer erkannten diese Dynamik und erhoben prominente Feldherren (*duces*) schrittweise in den Rang regionaler Klientelkönige (*rex sociusque et amicus*[29]). Dadurch waren ihre Autorität und Sicherheit während der nachfolgenden Pax Romana gewährleistet, solange sie sich den römischen Interessen anschlossen. In Fragen der internen Verwaltung behielten diese Könige jedoch ihre Souveränität.

Der römische Einfluss erstreckte sich zwar über weite Teile der Germania Magna, erreichte aber wenig Tiefe. Dies zeigt sich daran, dass sich die romanischen Sprachen in den germanischen Gebieten – abgesehen von Rumänien – nicht durchsetzen konnten, wie es in Gallien und Iberien der Fall war. Anders als in anderen Regionen sahen die Römer in Germania Magna keine Notwendigkeit, eine Taktik des Teilens und Herrschens anzuwenden.

---

28 Tacitus: *reges ex nobilitate, duces ex virtute:* Könige [werden] aus edler Geburt [gemacht], Führer aus Verdienst.
29 König, Partner und Freund.

Das komplizierte Geflecht jahrhundertealter Rivalitäten und tief verwurzeltes Misstrauen innerhalb der politischen Landschaft der Germanen verhinderte auf natürliche Weise eine wirksame Zusammenarbeit der Stämme gegen die römische Besatzung.

Den Römern, wie es heißt, ging es weniger um die Eroberung von Territorien als vielmehr um die Assimilierung von Menschen in ihr Reich. Ein bedeutender Vorteil der römischen Herrschaft über Germania Magna war die Zuteilung von Land an die einzelnen germanischen Stämme, wodurch diese von der ständigen Aufgabe befreit wurden, ihr Land gegen benachbarte Stämme zu verteidigen. Diese Maßnahme erleichterte die historische Völkerwanderung von Skandinavien in Richtung Schwarzes Meer. Infolgedessen wurden nomadische Gruppen wie die Sarmaten, Alanen und Reste der Skythen von der Schwarzmeerküste an das gegenüberliegende Ufer des Dnister verdrängt, wodurch Platz für die Ansiedlung der Goten geschaffen wurde.

Eines der ersten Ergebnisse dieser neu gewonnenen Stabilität innerhalb des germanischen Gemeinwesens war ein demografischer Aufschwung. Da weniger junge Männer den Konflikten zwischen den Stämmen zum Opfer fielen und weniger Frauen und Kinder in die Sklaverei gerieten, wuchs die Bevölkerung erheblich. Mit der Beendigung der ständigen Konflikte zwischen den Stämmen richteten die Germanen ihre Bemühungen auf konstruktivere Aufgaben aus. Ähnlich wie in Gallien nach der römischen Eroberung blühte auch in den neuen germanischen Provinzen der Wohlstand auf. Junge Männer fanden Arbeit in der römischen Armee und unterstützten ihre Familien durch Geldüberweisungen nach Hause. Die Anwesenheit römischer Garnisonen und Legionen regte den lokalen Handel an und förderte den grenzüberschreitenden Handel, der über die bereits erwähnten Zollstationen abgewickelt wurde.

Darüber hinaus kam es zu einem bemerkenswerten Aufschwung des erwähnten Flusshandels zwischen der Ostsee und dem

Schwarzen Meer – einer Route, die acht Jahrhunderte später von den Wikingern wiederbelebt wurde, indem sie an der Wasserscheide ihre Boote über Land von einem Fluss zum anderen transportierten. Von größter Bedeutung war jedoch die Integration der ehemaligen Germania Magna in das umfassendere Handelsnetz des Reiches. Diese Integration wurde durch die Pax Romana und die Errichtung eines lokalen Straßen- und Brückennetzes erleichtert. Die Seehandelswege durch die Nord- und Ostsee bildeten zudem die Grundlage für die im Mittelalter gegründete Hanse.

Archäologische Funde, insbesondere gut erhaltene Gegenstände wie Münzen, Bronzegefäße, Fibeln, Ornamente, Eisenwaffen, Werkzeuge, Keramik und Glas, wurden nicht nur entlang der West-Ost-Achsen, die die germanischen Provinzen durchzogen, sondern auch jenseits der Weichsel-Dnister-Grenze gemacht. Tacitus berichtet, dass nomadische Stämme in Grenznähe römische Münzen verwendeten; sogar auf Gotland, der größten Ostseeinsel, wurde eine beträchtliche Menge an römischen Münzen gefunden.

Der Mangel an gefundenen Amphorenfragmenten in den neuen Provinzen ist darauf zurückzuführen, dass die Germanen beim Kochen Fett gegenüber Olivenöl bevorzugten und Wein sowie Bier in Fässern lagerten und transportierten – eine Tradition, die bis heute fortbesteht. Für die Waren, die aus Germania Magna nach Westen und Süden in das Kernland des Römischen Reiches transportiert wurden, gibt es relativ wenige archäologische Belege, was vor allem an der Verderblichkeit dieser Waren liegt. Eine bemerkenswerte Ausnahme bildet Bernstein aus der baltischen Region. Ins römische Kernland wurden Pelze und Häute exportiert, sowie Gänsefedern, Haarfärbemittel, lebende Rinder, gesalzener Fisch – und Menschen, um Roms unersättlichen Bedarf an Sklaven zu decken.

Die römischen Kaiser gewährten den germanischen Stämmen auf der Grundlage ihrer Loyalität zum Reich strategisch Privilegien und Land. Roms regelmäßige Zahlungen an Könige und Aristokraten, mit denen die Loyalität der Klienten gesichert werden sollte, wurden durch die beträchtlichen Handelseinnahmen ermöglicht, die durch das erweiterte Territorium generiert wurden.

Rom konnte jedoch kaum vorhersehen, dass seine nordöstliche Expansion in Germania Magna etwas mehr als vier Jahrhunderte später den Keim für den Untergang des Reiches legen würde. Der Einfall von Attila dem Hunnen aus den asiatischen Steppen löste eine Massenflucht und ungehinderte Wanderung germanischer Stämme aus, die nun römische Bürger waren und ins Herz des Römischen Reiches strömten. Diese Völkerwanderung erreichte im Jahr 476 n. Chr. ihren Höhepunkt, als der germanische Anführer Odoaker den Kindkaiser Romulus Augustulus absetzte und sich selbst zum König von Italien ausrief.

Dies markierte das Ende einer Ära, die durch gemauerte Gebäude, gepflasterte Straßen, Aquädukte und öffentliche Bäder gekennzeichnet war. Der Niedergang dieser römischen Errungenschaften zog sich über Jahrhunderte hin. Arminius' Weitsicht, wie aus dem nachfolgenden Plädoyer hervorgeht, erweist sich in diesem Zusammenhang als bemerkenswert. Das östliche Rom, wie uns die Geschichte berichtet, überdauerte noch weitere tausend Jahre, stellte aber seine nördliche Grenze klugerweise wieder auf die Donau zurück.

Die zentrale Figur dieses Kapitels ist kein anderer als Arminius selbst. Sein Ruhm übertraf den des Varus, der sich nach seinem Sieg zurückzog und sich in Reichtum und Ruhm sonnte. Nach seiner Rückkehr nach Rom wurde Arminius als Held gefeiert und reichlich belohnt: mit einer Villa auf dem prestigeträchtigen Esquilinhügel, einer großzügigen Rente und einem begehrten Sitz im Senat. In der Kaiserzeit hatte sich der römische Senat im Vergleich zu seinen republikanischen Ursprüngen stark verändert. Unter Augustus wurde er zahlenmäßig verkleinert und in seinen Befugnissen beschnitten. Obwohl der Senatsrang nicht mehr mit erheblicher politischer Macht verbunden war, verlieh er seinen Mitgliedern immer noch beträchtliches Prestige und soziales Ansehen.

Arminius hielt es für klug, Germanien fernzubleiben und blieb in Rom, während sein Bruder Flavus, ‚der Blonde‘, weiterhin in der römischen Armee diente. Wieder einmal wurden Söhne germanischer Könige und Adliger als Geiseln nach Rom gebracht, wo sie in prominente römische Familien aufgenommen wurden. Einige, wie Arminius selbst es getan hatte, nahmen diese neue Identität an und wurden zu voll integrierten Römern. Andere jedoch hegten eine tief sitzende Sehnsucht nach einer idealisierten Vergangenheit der Freiheit unter der Vormundschaft von Odin, Thor, Freya und anderen Göttern und sehnten sich nach einer ewigen Wiedervereinigung in Walhalla in bierseligen Streitereien. Als Zeichen ihrer wahren Gefolgschaft verzichteten sie auf Wein und tranken stattdessen Bier und Met, um ihre Ablehnung der römischen Bräuche zum Ausdruck zu bringen.

Während man ein solches Verhalten als jugendliche Rebellion abtun könnte, wäre es Arminius beinahe zum Verhängnis geworden. Nach der Teilnahme an einer nächtlichen Dinnerparty in der Villa eines Freundes wurde er von einer Gruppe Angreifer überfallen, unter denen er die vermummte Gestalt von Quintus Germanicus zu erkennen glaubte, einem der jungen Dissidenten, die in unserer Erzählung vorkommen. Der daraufhin entstandene Tumult alarmierte die Wachen der Villa, die Arminius zu Hilfe eilten und zusammen mit seinen eigenen Leibwächtern die Angreifer schließlich vertrieben.

Im Folgenden werden Auszüge aus den Reden wiedergegeben, die während eines Geschworenenprozesses (*iudicium publicum*) gehalten wurden, der wie üblich unter freiem Himmel auf dem Forum Romanum stattfand. Während der Kläger Arminius sich selbst vertrat, wurde der Angeklagte Quintus Germanicus von einem relativ unbekannten Anwalt namens Gaius Aemilius verteidigt. Bedauerlicherweise sind nur die vorbereiteten schriftlichen Reden erhalten geblieben, sodass wir weder die Vernehmung der Zeugen noch das Urteil kennen. Es ist jedoch anzunehmen, dass Quintus Germanicus eine milde Behandlung erfuhr und nur mit einer geringen Geldstrafe belegt oder sogar ganz freigesprochen wurde. Solche Milde könnte auf die heikle diplomatische Situation zwischen dem römischen Staat und der germanischen Adelsfamilie, der Quintus Germanicus angehörte, zurückzuführen sein; zudem gehörte auch er dem Ritterstand an.

Jedenfalls zog Arminius es daraufhin vor, nach Einladungen zum Abendessen in der Residenz seines Gastgebers zu übernachten. Wie dem auch sei, er zog sich bald im Ruhestand auf die Insel Elba zurück, wo die Überreste der von ihm erworbenen Villa noch immer die Bucht von Portoferraio überblicken (Abbildung 4.3).

Abbildung 4.3: Ruine von Arminius' Alterssitz auf der Insel Elba

Der Prozess verlief zunächst in gewohnter Manier, doch bemerkenswert an den Reden – und der Grund, Arminius ins Rampenlicht zu rücken – ist der unerwartete Rollentausch zwischen Kläger und Angeklagtem. Quintus Germanicus beschuldigte Arminius implizit, sein eigenes Volk verraten zu haben, worauf Arminius sich verteidigte und nachzuweisen versuchte, dass seine früheren Entscheidungen und Handlungen durch die Sorge für das kollektive Wohl der germanischen Völker motiviert waren. Er wollte die Unterstellungen einiger ihm feindlich gesinnter Mitglieder der germanischen Gemeinschaft in Rom widerlegen, die behaupteten, dass seine Handlungen auf eigennützigen Motiven beruhten.

In Anbetracht von Arminius' Status als Nationalheld und Senator ließ sich das Gericht auf die Anhörung seiner ausführlichen Rede ein, was zur längeren Dauer des Prozesses beitrug. Wahrscheinlich ist es diesem Umstand zu verdanken, dass sich ein vermeintlich unbedeutender Streit zu einem fast ganztägigen öffentlichen Verfahren ausweitete.

Gerichtssitzung mit Senator Arminius als Kläger und Quintus Germanicus als Beklagtem. Rom, 18 oder 19 n. Chr.

Senator Arminius:

Verehrter Magistrat,

In der Nacht vor dem 8. Tag vor den Kalenden des Juli, wahrscheinlich kurz vor Mitternacht, verließ ich die Residenz meines geschätzten Senatskollegen Gaius Julius Severus auf dem Palatinhügel (Abbildung 4.4). In Begleitung meiner drei treuen Leibwächter durchquerten wir das ruhige Wohnviertel, das sich deutlich von der belebten Subura mit ihren Bars und Bordellen, in denen es von Dieben und Halsabschneidern wimmelt, unterscheidet.

Unerwartet wurden wir von einer Gruppe von vier oder fünf Angreifern attackiert, die mit Knüppeln bewaffnet waren und von denen mindestens einer ein Messer in der Hand hielt. Ich möchte betonen, dass sich dieser Vorfall in einer sehr friedlichen Nachbarschaft ereignete. Obwohl ich früher am Abend Falerner Wein getrunken hatte, blieb ich nüchtern und gelassen. Meine Leibwachen, die sich strikt an ihre Pflicht hielten, tranken während ihres Dienstes nur *posca*[30].

Trotz des schwachen Mondlichts kann ich zweifelsfrei bestätigen, dass sich unter den Angreifern eine Gestalt befand, die ihre Identität unter einer Kapuze zu verbergen suchte. Doch erkannte ich das vertraute Gesicht des jungen Quintus Germanicus, der heute vor Ihnen steht. Die Geschworenen sind mit dem detaillierten Bericht über den Angriff vertraut, so genügt es hier zu sagen, dass wir mit Hilfe der Wachen meines Gastgebers die Angreifer erfolgreich zurückschlagen konnten.

---

30 Ein saures Getränk auf Essigbasis, beliebt bei Soldaten und in der ärmeren Bevölkerungsschicht.

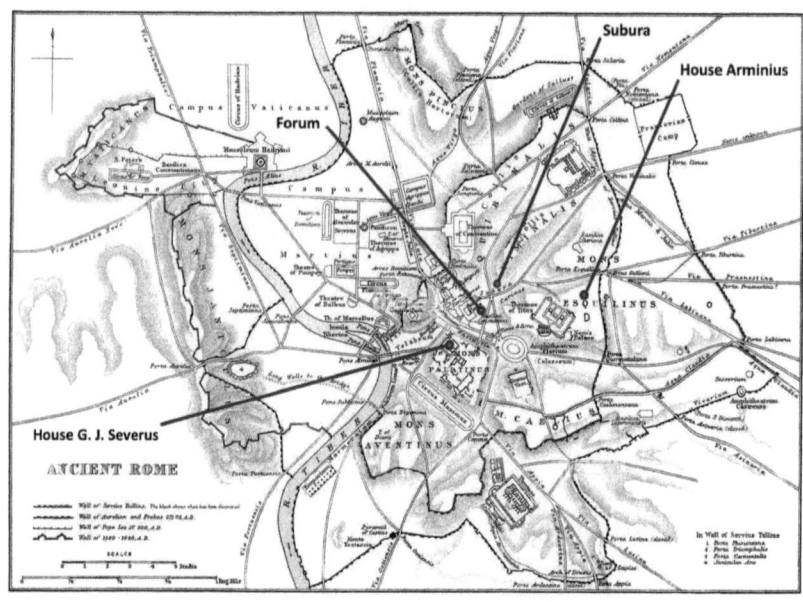

*Abbildung 4.4: Karte des antiken Roms mit den hinzugefügten
Standorten der Häuser von Arminius und seinen Gastgebern*

Advocatus Gaius Aemilius:

Verehrter Magistrat,

Das Unglück, das unserem geschätzten Kläger widerfahren ist,
ist in der Tat bedauerlich, und wir danken der Göttin Minerva
dafür, dass sie sein Leben beschützt hat. Für die Zukunft raten
wir dem Senator, seine *lictores*[31] zum Schutz in Anspruch zu
nehmen, wenn er sich in der Öffentlichkeit bewegt. Wie in den
Aufzeichnungen dokumentiert, flohen die Angreifer vom Tatort
und ließen uns im Ungewissen über ihre Identität. Bedauerli-

---

31 Persönliche Leibwächter hochrangiger Staatsmänner, die als Zeichen
offizieller Autorität *fasces* (ein Bündel Ruten mit einer daraus her-
vorstehenden Axt) trugen.

cherweise war auch keine Bürgerwehr anwesend, die bei ihrer Ergreifung hätte helfen können. In unserer Stadt herrscht leider kein Mangel an gesetzlosen Personen, und ohne göttliches Eingreifen werden die Täter möglicherweise nie zur Rechenschaft gezogen werden.

Was meinen Klienten, den ehrenwerten Quintus Germanicus, betrifft, der vor Euch steht, so sind wir bestürzt, ja sogar beleidigt über die Unterstellung des berühmten Senators, er sei in den Anschlag verwickelt oder habe auch nur als Zeuge davon Kenntnis gehabt. Beide Männer sind ehrbare römische Bürger germanischer Abstammung, und es ist denkbar, dass diese Anschuldigungen auf anhaltende Rivalitäten oder persönliche Fehden im Zusammenhang mit ihrer Herkunft zurückzuführen sind. Es ist bekannt, dass trotz der Bemühungen zur Befriedung unter dem geschätzten Kaiser Tiberius Augustus die Feindseligkeiten zwischen den germanischen Stämmen fortbestehen und auf alte Missstände zurückzuführen sind.

Am wichtigsten ist jedoch, dass mein Mandant ein überzeugendes Alibi hat: Er verbrachte die gesamte Nacht in Subura, in geselliger Runde mit seinen geschätzten Freunden Alaric Julius Flavus und Aulus Petronius Fortis, die beide als Zeugen vor Ihnen stehen. Daher behaupte ich, dass mein Mandant unschuldig ist. Darüber hinaus weise ich die Anschuldigung selbst als unzutreffend zurück.

Senator Arminius:

Verehrter Magistrat,

Was den Vorschlag betrifft, meine Liktoren einzusetzen, so schätze ich die Sorge des ehrenwerten Advocatus um meine Sicherheit sehr und danke ihm für seine gut gemeinte Empfehlung. Ich möchte jedoch klarstellen, dass mein Besuch in der Residenz von Gaius Julius Severus rein privater Natur war, weshalb ich lediglich von meinen persönlichen Leibwächtern begleitet wurde.

Es scheint, dass der junge Quintus Germanicus den Abend und die Nacht mit seinen Gefährten in Subura verbracht hat. Erlauben Sie mir, dem Angeklagten und seinen Zeugen meine aufrichtigen Glückwünsche zu ihrer Kameradschaft auszusprechen. Freundschaft ist, wie Marcus Tullius Cicero in seinem Traktat *Laelius de Amicitia* wortgewandt darlegt, in der Tat einer der wertvollsten Schätze der Menschheit – wenn man überhaupt behaupten kann, einen Freund zu ‚besitzen‘. Ciceros Worte klingen nach: ‚Aber ich muss gleich zu Beginn diesen Grundsatz aufstellen: Freundschaft kann nur zwischen guten Menschen bestehen ... Wir meinen also mit ‚gut‘ diejenigen, deren Handlungen und Leben keinen Zweifel an ihrer Ehre, Reinheit, Gerechtigkeit und Freigebigkeit lassen; die frei von Habgier, Lust und Gewalt sind; und die den Mut haben, ihre Überzeugungen zu vertreten.‘

Während ich keinen Zweifel am Charakter unserer drei Freunde im Sinne von Ciceros Definition hege, werde ich auf den Begriff der ‚Zivilcourage‘ gleich noch einmal zurückkommen.

Im Moment fällt mir auf, dass nur so wenige Zeugen anwesend sind. Bitte verstehen Sie meine Bemerkung nicht als Kritik an der Anzahl der Begleiter des Angeklagten – wir wissen, dass er einen größeren Freundeskreis hat. Doch sollte dieses Gericht nicht eine stärkere Repräsentation aufweisen, mit Bänken, die von Tavernenwirten und Kurtisanen besetzt sind, die das Privileg hatten, den jungen Quintus Germanicus an jenem besonderen Abend zu bewirten?

Advocatus Gaius Aemilius:

Verehrter Magistrat,

Der geschätzte Kläger überschätzt vielleicht die Gedächtnisleistung jener, die zu unseren nächtlichen Vergnügungen beitragen. In solchen Etablissements werden die Kunden eher als Einnahmequelle betrachtet, denn als Individuen, die bleibende Eindrücke hinterlassen. Es ist beruhigend zu hören, dass Senator Arminius keinen Zweifel an der Integrität und dem Charakter meines Mandanten und der Zeugen hegt. Sowohl der Senator als auch die drei ehrenwerten jungen Herren teilen eine gemeinsame Geschichte, auch wenn sie durch eine Generation getrennt sind: Sie wurden als adlige Jugendliche aus Germania Magna nach Rom gebracht, um die Loyalität ihrer illustren Väter und Verwandten gegenüber dem Imperium zu bekräftigen – ohne das ‚G-Wort‘ zu erwähnen, sozusagen.

Mein Mandant Quintus Germanicus mag zwar noch nicht einmal einen Bruchteil der bemerkenswerten militärischen und politischen Leistungen des geschätzten Senators erreicht haben, aber seine zwei Jahre Dienst in der Armee zeugen von seinem Pflichtbewusstsein als römischer Bürger. Daher bitte ich den verehrten Kläger höflichst, etwaige Zweifel an der Zivilcourage meines Mandanten auszuräumen.

Senator Arminius:

Verehrter Magistrat,

In der Tat teilen der Angeklagte, die Zeugen und ich eine ähnliche Herkunft. Unsere Wege haben sich jedoch seither getrennt, was zu dem unglücklichen erwähnten Vorfall führte. Ich erkenne an, dass nicht jeder dazu bestimmt ist, den bedeutendsten Gebietserwerb des Reiches zu orchestrieren, wie ich es mit der

Gründung der neuen germanischen Provinzen als Ergebnis meiner Taten im Teutoburger Wald getan habe. Ich erkenne an, dass die eigentliche Eroberung von Germania Magna das Verdienst unseres glorreichen Kaisers Tiberius ist – dennoch zeugt sie von meiner Qualifikation als römischer Bürger.

Unser ehrenwerter Angeklagter und seine Mitstreiter jedoch haben eine andere Überzeugung. Sie glauben, dass ihr Schicksal außerhalb der Grenzen des Römischen Reiches und seiner Zivilisation liegt, und würden die wilden Wälder und Sümpfe von Germania Magna vorziehen. Während viele von uns, die nach Rom gebracht wurden, die hiesige Gastfreundschaft angenommen haben und die Überlegenheit unserer Zivilisation – ja, ich sage stolz ‚unserer' – anerkennen, sehen mich andere, einschließlich unserer jungen Freunde hier, als einen Verräter an den germanischen Völkern und haben sich daher entschlossen, mich anzugreifen.

Erlauben Sie mir, verehrter Magistrat und Geschworene, eine kurze Abschweifung, da dies für das Verständnis der Motive hinter Quintus Germanicus' jüngstem Angriff auf mich von entscheidender Bedeutung ist. Zudem bitte ich, verehrter Magistrat, um Ihre Erlaubnis, kurz vom Protokoll abzuweichen und den Angeklagten direkt anzusprechen, ohne dabei den geschätzten Advocatus Gaius Aemilius missachten zu wollen.

Quintus Germanicus, ich verstehe, warum du und deine Gefährten Alaric Julius Flavus und Aulus Petronius Fortis Feindseligkeit gegen mich hegen. Angesichts deiner Jugend kann ich deine Gefühle nachvollziehen, auch wenn ich deine jüngste Tat nicht gutheißen kann. Ihr und eure germanischstämmigen Mitstreiter seht in mir einen Verräter eures Volkes. Um die Sache noch zu verschlimmern, habt ihr Gerüchte in die Welt gesetzt, die besagen, dass meine damaligen Handlungen auf einen persönlichen Streit mit Segestes zurückzuführen seien, der mir die Hand seiner Tochter Thusnelda verweigert habe. Eurer Erzählung zufolge soll ich mich aus Bosheit gerächt haben, indem ich mich mit Varus verbündete – und wir wissen nur zu gut um das gleichzeitig glorreiche sowie tragische Ergebnis.

Glaubt mir, ich traure immer noch um die zahllosen Krieger – die ja auch meine eigenen waren –, die in der Folge getötet oder versklavt wurden. Ich werde euch nicht bitten, meine Worte blind zu akzeptieren. Stattdessen möchte ich deutlich machen, dass ein solches schweres Opfer unvermeidlich war, um den germanischen Völkern eine bessere Zukunft zu ermöglichen. Es war dieses und kein anderes Motiv, das mich zu meiner Entscheidung bewogen hat. Bitte beachtet, dass ich von germanischen ‚Völkern' und nicht germanischen ‚Menschen' spreche[32] – eine Unterscheidung, auf die ich bald zurückkommen werde.

Was bedeutet die Rhein-Donau-Linie? Sie stellt, wie ihr richtig wisst, die ehemalige Grenze zwischen dem Römischen Reich und den barbarischen Gebieten dar. Und dafür steht sie immer noch – was wir, wenn auch widerwillig, anerkennen müssen: Die beiden Flüsse markieren die Grenze zwischen der zivilisierten und der unzivilisierten Welt. Nehmen wir zum Beispiel die Gallier westlich des Rheins. Sie waren Barbaren, ähnlich eurem Volk, doch sie hatten bereits vor ihrer Eingliederung ins Reich *oppida*, kleine Städte, gegründet. Sie verfügten über Kavallerie, Streitwagen und Speere mit Metallspitzen. Zugegeben, diese Errungenschaften haben ihnen nicht gegen Julius Cäsar geholfen, doch der Vergleich bleibt bestehen: Euch fehlen diese gallischen Errungenschaften. Habt ihr eine ausgeprägte Kunst in der Metallverarbeitung oder verwendet Ihr die Töpferscheibe? Nein.

Außerdem seid ihr des Lesens und Schreibens unkundig und habt keine eigene Schriftsprache. Zwar seid ihr hervorragend

---

32 *Gentes* und *homines* im Original.

im Bierbrauen, doch eure geselligen Zusammenkünfte enden oft in gewalttätigen Auseinandersetzungen, wie ich aus eigener Erfahrung bestätigen kann. Ihr zieht Konflikte dem Fleiß vor, und obwohl ihr Helme, Rüstungen und Schwerter ablehnt, zeigt ihr bemerkenswerte Fähigkeiten im Kampf. Lasst mich mit einer positiven Anmerkung schließen: Sogar Julius Cäsar ließ sich von germanischen Kriegern bewachen – ein Beweis für eure Tapferkeit.

Erlaubt mir, euch jungen Männern ein wenig Weisheit zu vermitteln, denn niemand ist besser als ich in der Lage, eure Situation im Exil – welches zwar andere, die sich in einer ähnlichen Lage befinden, als ‚Zuhause' bezeichnen – zu verstehen. Ich kann das anfängliche Gefühl der Vertreibung nachempfinden, das ihr erlebt haben müsst, und vielleicht leidet ihr auch nach vielen Jahren noch an Heimweh. Quintus Germanicus, du stammst aus einer adligen Familie der Chatten. Alaric Julius Flavus, du bist ein Adliger der Cherusker, und Aulus Petronius Fortis, du bist der Sohn des Königs der Vangionen. Ich begrüße eure Solidarität untereinander, obwohl ihr aus verschiedenen Stämmen stammt. Ich muss euch jedoch daran erinnern, dass ihr euch in euren jeweiligen Heimatgebieten wahrscheinlich niemals begegnet wäret, geschweige denn Freundschaften geschlossen hättet. Ihr mögt zwar vorgeben, Germanen zu sein, und euch auch so verhalten, wie die Ereignisse des letzten Monats gezeigt haben.

Ich muss jedoch feststellen, dass es ein solches Konzept nicht gibt, das auf ein eigenständiges Volk angewandt werden kann. Wir verwenden ‚Germania' als geografischen Begriff und ‚germanisch' zur Bezeichnung von eng verwandten Dialekten. Doch es gibt kein monolithisches germanisches Gebilde, sondern nur germanische Völker, und zwar im Plural. Das Exil hat euch zu imaginären ‚Germanen' gemacht, eine Vorstellung, die in eurer Heimat nicht bestehen würde, wo ihr Chatten, Cherusker oder Vangionen seid und schon immer wart. Ohne die Pax Romana hättet ihr nur dauernd miteinander im Streit gelegen. Ich bitte euch inständig, diese Realität zu verinnerlichen, Quintus Germanicus, Alaric Julius Flavus und Aulus Petronius Fortis. Doch pflegt eure Sprache weiter – sie könnte euch eines Tages nützlich sein.

Nachdem der anfängliche, zugegebenermaßen hohe Tribut entrichtet wurde, behaupte ich, dass das Leben von Einzelpersonen und ganzen Völkern im Römischen Reich dem Leben in Stammesgesellschaften überlegen ist. Zwar setzt das Imperium seine Autorität zunächst durch militärische Macht durch, wie die Ereignisse im Teutoburger Wald zeigen, doch die späteren Vorteile manifestieren sich in Form von Frieden, Rechtsstaatlichkeit, wirtschaftlicher Entwicklung und deutlich ausgeweitetem Handel – und das alles zum relativ bescheidenen Preis der Besteuerung. Genau dieser Wandel vollzieht sich in den neu eingegliederten germanischen Provinzen, während wir hier sprechen.

Betrachten wir die Griechen, die einst in ständige Konflikte untereinander verstrickt waren, wie es Thukydides in seinen ‚Peloponnesischen Kriegen‘ eindrucksvoll beschreibt. Heute befinden sich unsere Nachbarn, seit sie die römische Oberhoheit akzeptiert haben, in einer weitaus besseren Lage. Sie haben ihre Sprache und ihre religiösen Praktiken bewahrt, und wie in den neuen germanischen Provinzen blieb auch die lokale Verwaltung intakt. Lasst mich andrerseits auch eine ernüchternde Warnung aussprechen: Denkt an das Schicksal der Kimbern und Teutonen vor über einem Jahrhundert[33] oder an den Untergang des Ariovistus durch Julius Cäsar in jüngerer Zeit[34]. Diese his-

---

33 Der germanische Stamm der Teutonen wurde 102 v. Chr. von den Römern bei Aix-en-Provence (aquae sextile) besiegt, die Kimbern ein Jahr später bei Vercellae nahe Padua.

34 Der germanische Anführer Ariovistus besiegte die mit den Römern verbündeten haedui und ließ sich im heutigen Elsass nieder. 58 v. Chr. wurden er und seine Stämme dann über den Rhein zurückgetrieben.

torischen Episoden mahnen uns eindringlich, wie gefährlich es ist, sich der römischen Autorität zu widersetzen.

Gestattet mir, euch als meinen germanischen Mitbürgern eine Empfehlung auszusprechen: Es ist allzu einfach, Rom zum Sündenbock zu stempeln. Stattdessen fordere ich euch auf, Rom vielmehr als Vorbild zu betrachten und die greifbaren Errungenschaften anzustreben, deren Zeugen ihr seid, anstatt euch an eine ausschließlich mythische Vergangenheit zu klammern.

Denkt zum Beispiel an die idealisierte Vorstellung, dass unsere Stämme lupenreine Demokratien darstellen, in denen die Stimme jedes Einzelnen unter der heiligen Eiche gehört wird. In Wahrheit werden Entscheidungen von den Stammesführern getroffen – so wie es bei meinem Vater der Fall war, und sicher auch bei euren. Wenn ihr nach Demokratie sucht, solltet ihr eher 400 Jahre zurück nach Athen reisen, als sie jetzt in Germania Magna zu suchen. Zudem besteht die Tendenz, das Konzept der germanischen Kriegerehre zu romantisieren. Quintus Germanicus hat zwar tatsächlich in der Armee gedient, doch es ist bemerkenswert, dass die beiden anderen Zeugen keinen solchen Dienst geleistet haben.

Was die vermeintliche Überlegenheit unserer Götter gegenüber dem römischen Pantheon betrifft, werde ich mich nicht auf diese Debatte einlassen – ihr könnt euren Glauben behalten. Doch ich schlage etwas Besseres vor: Lasst Odin und Jupiter ein Würfelspiel austragen, während Thor und Herkules ihre Kräfte im Armdrücken messen, alles unter den wachsamen Augen von Juno und Freya. Und warum ladet ihr nicht den düsteren Pluto ein, sich eurem ewigen Trinkgelage in Walhalla anzuschließen?

Verehrter Magistrat und geschätzte Geschworene, ich danke Ihnen für Ihre geduldige Aufmerksamkeit inmitten dieser Abschweifung, deren Bedeutung für den jüngsten bedauerlichen Vorfall jedoch nicht hoch genug eingeschätzt werden kann. Ich bitte euch, germanische Römer, inständig, nicht den Verlockungen einer imaginären Vergangenheit zu erliegen. Thukydides bemerkte weise: ‚Denn die Menschen nehmen die Berichte der Vergangenheit an und alles, was ihnen durch die Tradition überliefert wird; selbst unwahrscheinliche Dinge glauben sie unkritisch.'[35] Denkt über seine Worte nach – sie spiegeln Wahrheiten wider, die für unseren heutigen Diskurs von Relevanz sind.

Und schaut unsere Umwelt an: Könnt ihr euch eine Welt ohne Straßen, Backstein- und Betonbauten sowie Aquädukte vorstellen – ohne den modernen Komfort von fließendem Wasser, Bädern und Bodenheizung? Eine solche Welt existiert: Sie liegt in eurem Heimatland. Doch ist dies die Zukunft, die ihr euch für euch selbst und eure Gemeinschaft vorstellt? Als Mitglieder eines Elitekaders, das in zwei Welten zuhause ist, tragt ihr eine tiefgreifende Verantwortung.

Nutzt euer Potenzial und strebt selbst nach Spitzenleistungen, statt diejenigen zu verfolgen, die bereits solche Höhen erreicht haben. Nehmt den Mantel der Führung an und gestaltet eine Zukunft, die es wert ist, angestrebt zu werden.

Ich danke dem Gericht für seine Geduld und Aufmerksamkeit.

Advocatus Gaius Aemilius:

Verehrter Magistrat und, nach dieser großartigen Rede muss ich hinzufügen: verehrter Senator,

Die vom geschätzten Senator dargelegte Abschweifung erwies sich als äußerst aufschlussreich, und wir sind dankbar für die

---

35 In Arminius' Rede im griechischen Original: ‚οἱ γὰρ ἄνθρωποι τὰς ἀκοὰς τῶν προγεγενημένων, καὶ ἢν ἐπιχώρια σφίσιν ἢ, ὅμοιος ἀβασανίστως πὰρ ἀλλήλον δέχονται.'

Gelegenheit, von seinem Wissen und seiner Weisheit zu profitieren. Ich vertraue darauf, dass mein Mandant und unsere Zeugen diese Erkenntnisse verinnerlichen werden. Dennoch wird mein Mandant hier gänzlich zu Unrecht angeklagt – ich vertraue darauf, dass die Geschworenen meine Überzeugung in dieser Hinsicht teilen werden.

Kapitel 5

Die Schlacht von Tours und Poitiers, 732 n. Chr.

Erinnern Sie sich an Hanno, den ‚letzten Karthager‘ aus Kapitel 3 – Zama? Seine schlimmsten Befürchtungen bewahrheiteten sich und zwangen ihn, schnell und klug zu handeln, um sein Manuskript und hoffentlich auch sein Leben zu retten. Im selben Jahr, in dem die muslimischen Araber und Berber von Afrika nach Iberien übersetzten, eroberten sie nicht nur die westgotische Hauptstadt Toledo, sondern verschlangen in Windeseile fast die gesamte Halbinsel, bis auf ein Stückchen Gebirge in deren äußerstem Norden. Doch das war noch nicht das volle Ausmaß ihrer Eroberungen. Bis zum Ende des Jahrzehnts hatten sie ihre Herrschaft in Narbonne gefestigt. Die Muslime begnügten sich nicht damit, nördlich der Pyrenäen diesen Stützpunkt zu errichten, sondern nahmen weitere Gebiete in Gallien ins Visier. Am 10. Oktober 732 n. Chr. trafen die Truppen der Umayyaden unter Abd al-Rahman al-Ghafiqi auf die fränkischen und aquitanischen Truppen unter dem Kommando von Karl Martell: Karl der Hammer.

Die Schlacht von Tours, auch bekannt als die Schlacht von Poitiers, fand in der Nähe der Loire statt. Trotz des innovativen fränkischen Einsatzes von gepanzerten berittenen Kriegern – den Vorläufern der mittelalterlichen Ritter –, wurden sie von der schieren Zahl der muslimischen Kämpfer überwältigt. Karl Martell entkam nur knapp nach Paris, wo er ein Jahrzehnt später verstarb. Sein Nachfolger war sein Sohn Pippin der Kurze, dessen Sohn wiederum, Karl der Große, in diesem Kapitel wieder auftauchen wird. Die Herrschaft der Umayyaden in Gallien dehnte sich allmählich von den Pyrenäen und der Mittelmeerküste nach Norden bis zu einer Linie aus, die ungefähr Bordeaux

(Burdigala) und Straßburg (Argentoratum) miteinander verband, und nahm diese beiden Städte als befestigte Grenzsiedlungen auf. Im Osten bildete die Rhone die neue Grenze, nahe deren Mündung Marseille (Massilia) als weitere befestigte Grenzstadt lag (Abbildung 5.1).

Abbildung 5.1: Maximale Ausdehnung der Reiche der Umayyaden und Abbasiden im Jahr 770 n. Chr. (© Markus Michael, 2024)

Gleicherweise bemerkenswert ist die Abfolge von Ereignissen, die sich in dieser Zeit östlich der Rhone-Rhein-Linie in Südeuropa abspielten. Dies rechtfertigt einen kurzen Überblick über die beiden bedeutenden muslimischen Dynastien jener Zeit: die Umayyaden und die Abbasiden. Nach dem Tod des Propheten Mohammed lag sowohl die weltliche als auch die geistliche Autorität des schnell expandierenden muslimischen Reiches in den Händen der Umayyaden-Dynastie, deren Zentrum in Damaskus lag. Im Jahr 750 jedoch übernahmen die Abbasiden – benannt nach Abbas, dem jungen Onkel des Propheten – in einem Bürgerkrieg die Macht. Die gestürzte Herrscherfamilie der Umayyaden wurde fast gänzlich hingerichtet, mit einer bemerkenswerten

Ausnahme: Abd al-Rahman ibn Mu'awiya entkam nach al-Andalus und gründete dort einen Zweig der Umayyaden-Dynastie, der ab 756 n. Chr. in Córdoba unabhängig von Damaskus regierte.

In der Zwischenzeit verlegte der zweite Kalif der Abbasiden, al-Mansur, die muslimische Hauptstadt von Damaskus nach Mesopotamien und legte damit den Grundstein für Bagdad. Die Abbasiden hegten eine tiefe Feindseligkeit gegenüber den Überresten der abgesetzten Umayyaden-Dynastie, was sich in ihrem Versuch einer Invasion von al-Andalus im Jahr 763 n. Chr. zeigte, der jedoch vom Umayyaden-Herrscher Abd al-Rahman I. erfolgreich abgewehrt wurde.

Nachdem wir die Spaltung zwischen diesen muslimischen Dynastien beschrieben haben, wenden wir uns nun den weiteren Taten der Abbasiden zu, während die Umayyaden Iberien und einen Teil Galliens einnahmen. Inspiriert von diesen Eroberungen und aus Angst, im Wettlauf um die Vorherrschaft in Europa[36] ins Hintertreffen zu geraten, brachen arabische und persische Truppen unter der Führung von Abu Mohammed al-Yasidi im Jahr 720 n. Chr. von Sizilien nach Italien auf. Sie überwanden rasch von Süden nach Norden die byzantinischen, päpstlichen und langobardischen Verteidigungsanlagen. Auf ihrem Vormarsch nach Nordwesten überquerten sie dann die Ausläufer der Mittelmeer-Alpen und hielten erst an, als sie in der Nähe von Massilia nahe der Rhone-Mündung auf die Banner der Umayyaden stießen.

Erfüllt vom gleichen Gefühl der Unbesiegbarkeit, drang eine weitere muslimische Expedition unter der Führung von Hamdawayh ibn Isa ibn Mahan durch den Balkan vor, wobei sie die byzantinische Festung Konstantinopel umging. Mit unerbittlichem Schwung eroberten sie Budapest (Aquincum) und

---

36 الرُّوم: al-Rūm.

Wien (Vindobona) und folgten dann dem Lauf der Donau, bis sie im Jahr 735 n. Chr. einhielten, als auch sie die Standarten der Umayyaden über den Rhein in Straßburg sichteten.

So geriet kurz nach dem ersten Vorstoß in Iberien ganz Südeuropa unter muslimische Kontrolle, wobei die Abbasiden im Osten und die Umayyaden im Westen einander misstrauisch beobachteten. Diese Epoche markierte für beide islamischen Zivilisationen den Beginn eines rasanten Aufstiegs: Innerhalb von zwei Jahrhunderten erreichte das Kalifat der Umayyaden in Córdoba unter der Herrschaft von Abd al-Rahman III. seinen Höhepunkt, während das Kalifat der Abbasiden in Bagdad unter der Herrschaft von Harun al-Raschid in weniger als einem Jahrhundert die Pracht verkörpern sollte, die in den Märchen aus Tausendundeiner Nacht beschrieben wird.[37]

Was waren die Auswirkungen der muslimischen Besetzung? Südeuropa wurde nun Teil von *Dar al-Islam* (dem Reich des Islam), während jenseits der Grenze *Dar al-Harb* (das Reich des Krieges) lag. Über diese Grenze führten beide Gegenspieler häufige Überfälle und Angriffe durch, denn sie war keine exakte Linie, sondern eher ein Niemandsland, in dem Muslime und Christen um Loyalitäten, Identitäten und Herrschaft kämpften. Der südliche Teil des ehemaligen fränkischen Galliens geriet unter die Herrschaft von Lyon (Lugdunum), dessen Emir dem Kalifen von Córdoba unterstand – zur Zeit unserer Erzählung war dies immer noch Abd al-Rahman I. Im muslimisch kontrollierten al-Rūm unterstanden zwei Emire, einer in Pavia (Ticinum) und der andere in Zagreb (Andautonia), dem Kalifen in Bagdad – zu dieser Zeit ebenfalls noch Al-Mansur ibn Abi'l-Abbas.

Außerhalb der primären arabischen Garnisonssiedlungen standen die muslimischen Gouverneure (*awliya*, Plural von *wali*) vor der

---

37 Bagdad wurde 1258 n. Chr. von den Mongolen zerstört, was das Ende der abbasidischen Herrschaft bedeutete.

heiklen Aufgabe, lokale Interessen mit der Loyalität gegenüber
dem Emir in Einklang zu bringen. Einheimische Kriegsherren
und einflussreiche Familien behielten ihre Machtpositionen bei
und wechselten ihre Loyalität von den früheren christlichen
Oberherren zu den neuen muslimischen Herrschern, denen
sie Steuern zahlten, oft in Form von Waren statt Geld. Offene bewaffnete Aufstände waren selten; die lokalen Herrscher
schlossen häufig Vereinbarungen mit den Eindringlingen in der
Annahme, dass die muslimische Herrschaft nur vorübergehend
sein würde. Mit der Zeit hielten es die christlichen Herrscherfamilien für zweckmäßig, zum Islam überzutreten, um sich enger
an die entstehenden Machtzentren zu binden.

Sowohl die Umayyaden als auch die Abbasiden bemächtigten
sich unabhängig voneinander der kirchlichen Ländereien – ein
besonders anfälliges Ziel – sowie der Besitztümer von Lokal-
fürsten, die sich der Invasion erfolglos widersetzt hatten und
entweder in einer Schlacht gefallen oder nach Norden geflohen
waren. Im ausgedehnten Herrschaftsgebiet der Umayyaden in
al-Andalus ließen sich die Berber eher in ländlichen Regionen
nieder und hielten an den Bräuchen ihrer Heimat fest. Die Araber auf beiden Seiten und die Perser in al-Rūm lebten überwiegend in städtischen Gebieten und bildeten die Oberschicht der
lokalen Elite.[38]

Wir müssen daran denken, dass im frühen Mittelalter die große
Mehrheit der europäischen Bevölkerung in ländlichen Gebieten lebte; außerhalb der wenigen städtischen Zentren blieben
die meisten ländlichen Regionen überwiegend christlich oder
noch heidnisch. Dennoch gab es auch dort Veränderungen: In
den südlichsten Regionen von al-Andalus und al-Rūm brachten
die Muslime Fortschritte bei der landwirtschaftlichen Bewäs-

---

38 Die Christen nannten die Berber *mauri*, die Araber *saraceni* und die
Perser *persae*.

serung und führten neue Kulturen ein, wie Bananen und Zuckerrohr. Der Gebrauch neu geprägter Münzen, darunter des Golddinar und des Silberdirham, wurde alltäglich. In al-Andalus entsprachen zehn Dirham einem Dinar, während in al-Rūm durchschnittlich zwanzig Dirham für einen Dinar erforderlich waren. Die Inschriften auf diesen Münzen enthielten oft eine faszinierende Mischung aus Latein und Arabisch, wie zum Beispiel der Satz: ‚In nomine Domini non Deus nisi Deus Solus' – im Namen des Herrn gibt es keinen Gott außer Gott.

Westgotische, fränkische und langobardische Töchter und Witwen verbündeten sich durch Heirat mit einflussreichen Arabern. So heiratete der Eroberer Iberiens, Abd al-Aziz, Florinda, die Tochter des letzten westgotischen Königs Rodrigo, während in Italien Ali al-Muttawakil die Tochter des abgesetzten langobardischen Königs Liutprand, Gundeperga, ehelichte. Schon bald brachten blonde christliche Konkubinen Kinder zur Welt, die zu künftigen Emiren heranwachsen sollten. Viele Christen übernahmen äußerliche arabische Bräuche, einschließlich Kleidung und Sprache. Prominente Westgoten, Langobarden und Franken definierten ihre Identität innerhalb eines muslimischen Rahmens neu. In den neu erworbenen muslimischen Gebieten entwickelte sich eine vielfältige Gesellschaft mit verschiedenen Ethnien, Kulturen und Glaubensrichtungen. Die Araber standen an der Spitze der sozialen Hierarchie, dicht gefolgt von den kürzlich konvertierten Berbern und Persern. Christliche Konvertiten, die später in al-Andalus als ‚Mozaraber' bekannt wurden, bildeten eine bedeutende Bevölkerungsschicht.

Schließlich hatten Juden und Christen in al-Andalus und al-Rūm einen eindeutig untergeordneten Status, obwohl sie einen bedeutenden wirtschaftlichen und kulturellen Beitrag leisteten, solange sie die muslimische Oberherrschaft anerkannten. Als ‚Leute des Buches' (ahl al-Kitab) wurden ihnen besondere Rechte und Pflichten zugestanden. Dhimmis, wie sie auch kollektiv genannt wurden, durften beispielsweise keine Waffen tragen, keine Pferde reiten und mussten eine Kopfsteuer (*jizya*) entrichten, die über die von den Muslimen gezahlte *Zakat*-Steuer hinausging. Die Abbasiden in al-Rūm wagten es nicht, die aktive Verfolgung von *Dhimmis* zu wiederholen, die sie kurz zuvor in der Levante praktiziert hatten. Christen und Juden war es jedoch untersagt, ihre Kirchen bzw. Synagogen zu reparieren oder gar neue zu errichten.

Den Christen war es erlaubt, ihre Kirchen zu besuchen, Wein zu produzieren und zu konsumieren sowie Schweine zu züchten und zu schlachten, allerdings nur in angemessener Entfernung von muslimischen Siedlungen oder Wohnsitzen. Christliche Feiertage wurden neben den muslimischen anerkannt. Der Bau von Moscheen war ein allmählicher Prozess, weshalb sie heute vor allem im iberischen Teil von al-Andalus und auf dem Balkan zu finden sind, wo die muslimische Herrschaft länger andauerte. In der Zwischenzeit beschlagnahmten oder kauften die Muslime Kirchen und funktionierten sie zu Moscheen um. In einem bemerkenswerten Fall wurde Berichten zufolge eine Kathedrale mit einem Seil in der Mitte geteilt, sodass Muslime und Christen auf gegenüberliegenden Seiten beten konnten.

Die jüdische Gemeinde in al-Andalus und al-Rūm war ähnlich groß wie die arabische Bevölkerung. Die Juden waren vor allem im Handel und im intellektuellen Bereich tätig. Trotz ihres Status als Bürger zweiter Klasse ging es ihnen unter muslimischer Herrschaft vergleichsweise besser als unter der früheren christlichen Herrschaft. Jüdische Kaufleute unterhielten ausgedehnte Handelsnetze, die sich über den gesamten Mittelmeerraum erstreckten und durch Heiratsverbindungen zwischen Familien über große Entfernungen hinweg gestärkt wurden.

Es ist nun an der Zeit, die zentralen Figuren dieses Kapitels vorzustellen: Yahia ibn Ali al-Makr und Ishaq ibn Ibrahim, auch bekannt als Ardogast und alias Taleb: der Student. Wir schrei-

ben das Jahr 771 n. Chr., oder 154 n. H. (nach der Hidschra[39])
im arabischen Kalender – vierzig Jahre sind seit der Schlacht
von Tours und Poitiers vergangen. Der Emir von Lyon,[40] Yusuf
ibn Hatim al-Sumayl, hegt eine tiefe Leidenschaft für Bücher,
die an Bibliomanie grenzt. Wie uns al-Hurr ibn Abd al-Rahman
al-Saluli, der oberste Hofdichter, berichtet, hat Yusuf eine besondere Vorliebe für Bände:

> *die von verlorenen Welten berichten,*
> *in denen mindestens drei Dschinns auftauchen,*
> *die nur in den Köpfen ihrer Autoren existieren,*
> *deren Seiten durch das Feuer der Leidenschaft versengt sind,*
> *die in der Sprache der Engel geschrieben sind,*
> *und auf die er gerade eine Karaffe Wein verschüttet hat.*

Der Emir hat nicht die Absicht, weit hinter seinem Vorgesetzten
in Córdoba zurückzubleiben, der bereits eine umfangreiche Bibliothek angehäuft hat. Es wird berichtet, dass die Klöster, die
ihres Landbesitzes – und damit eines Großteils ihrer Einkünf-
te – beraubt wurden, nun mit finanziellen Schwierigkeiten zu
kämpfen hatten. Al-Sumayl bedachte, durch Geschäfte mit den
in Geldnot geratenen Äbten einige Schnäppchen zu machen.
Außerdem gab es Gerüchte, dass die Abbasiden in al-Rūm die
vollständige Schließung aller Klöster in Erwägung zogen – es
wäre schade, die Bücher dort zu Grunde gehen zu lassen. Nachdem die Ressourcen der Klosterbibliotheken im erweiterten al-
Andalus erschöpft waren, richtete der Emir nun seinen Blick
ostwärts über die Rhone, um seinen Hunger nach Büchern zu
stillen (Abbildung 5.2).

---

39 Hidschra (الهجرة), was ‚Auswanderung‘ bedeutet, markiert den Beginn
   des islamischen Kalenders mit dem Umzug des Propheten Mohammed mit seinen Anhängern von Mekka nach Medina.
40 Arabisch ‚Lioūn‘: ليون

Abbildung 5.2: Frühmittelalterliches Manuskript

Wem sollte man eine solch heikle Aufgabe anvertrauen? Yahia ibn Ali al-Makr, einem jungen Höfling und Mitglied des Quraisch-Stammes des Propheten: intelligent, ehrgeizig, noch unverheiratet, und – was besonders wichtig war – mit einer unerschütterlichen Loyalität gegenüber dem Emir. Ausgestattet mit Empfehlungsschreiben an mehrere Gouverneure (*awliya*), deren Territorien die Mission durchqueren sollte, wurde Yahia für diese Aufgabe ausgewählt. Obwohl der Emir nicht sicher war, ob die abbasidische Seite diese Briefe anerkennen würde, verfasste er sie dennoch.

Es gibt keine schriftlichen Belege, aber angesichts dessen, was wir von Yahias späterer Karriere wissen, darf man spekulieren, dass seine Aufgaben über die bloße Beschaffung von Büchern hinausgingen – er diente wahrscheinlich als Spion, der die Lage im abbasidischen al-Rūm zu beurteilen und zu rapportieren hatte. Allerdings gab es eine Komplikation, oder besser gesagt zwei: Yahia beherrschte kein Latein, und seine ausgeprägte islamische Identität könnte seine Fähigkeit beeinträchtigen, gute Geschäftsbeziehungen zu christlichen Äbten zu herzustellen.

Der junge Taleb mit seinen anderen Namen, von denen Ishaq ibn Ibrahim seine wahre Identität bedeutet, ist ein Beispiel für die Fluidität religiöser und kultureller Identitäten im frühen muslimischen Europa. Er stand in loser Verbindung mit dem Hof des Emirs, wo sein Vater die angesehene Position des Chefbibliothekars innehatte – eine Rolle, die häufig von Juden eingenommen wurde, die für ihre Gelehrsamkeit geschätzt wurden, welche mit der der arabischen und berberischen Invasoren nicht vergleichbar war. Seinen Spitznamen verdiente er sich aufgrund seiner gelehrten Aktivitäten und sprachlichen Fähigkeiten. Da er neben Arabisch, Latein und Fränkisch auch fließend Hebräisch sprach, war er der Inbegriff kultureller Vielfalt. Das zweite Hindernis blieb jedoch bestehen: Er war ebenso wenig Christ wie Yahia. Daher wurde ihm auch die Gestalt des fränkischen Ardogast zugeschrieben, eine Rolle, die er geschickt verkörperte – wenn auch mit gelegentlichen kleinen Fehltritten oder, wie der Emir befürchtete, mit heruntergelassenen Hosen.

Wahrscheinlich war Taleb sich des vollen Umfangs von Yahias Mission nicht bewusst und nahm seinen Reisebegleiter einfach als seinen Vorgesetzten wahr. Um den Zugang zu den zu besuchenden Klöstern zu erleichtern, besuchte Taleb zunächst die Benediktinerabtei St. Martin von Ligugé, die südlich von Poitiers liegt. Dort besorgte er sich drei persönliche Empfehlungsschreiben von Abt Willibald, die an die Äbte der Benediktinerklöster Reichenau (Monasterium Augiense), St. Gallen (Abatia Galli) und Monte Cassino (Abtei von Casinum) gerichtet waren – alle innerhalb des abbasidischen al-Rūm gelegen (Abbildung 5.3).

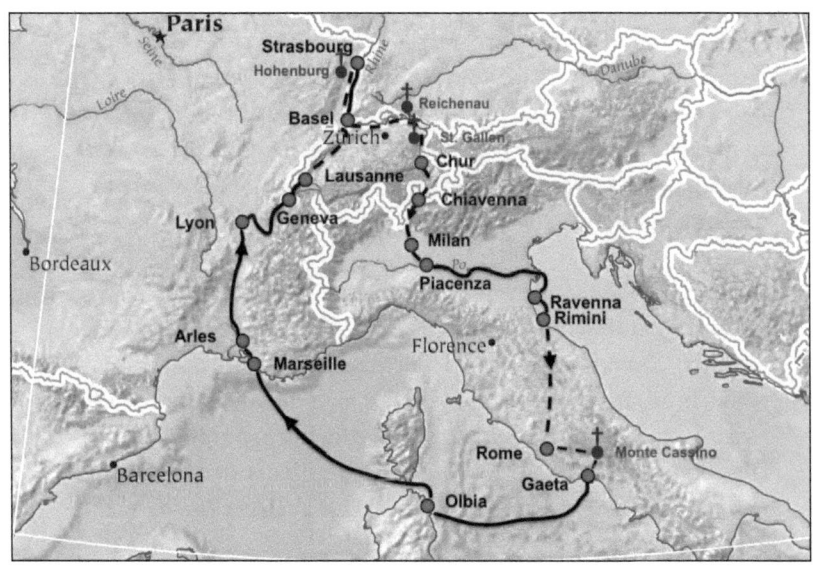

Karte 5.3: Reise von Taleb and Yahia, 771 n. Chr. (© Adrian Michael, 2024)

Während Yahia eindeutig die Aufgabe hatte, dem Emir direkt Bericht zu erstatten, war es Talebs Pflicht, seine Beobachtungen an seinen Vater, den angesehenen Gelehrten Ibrahim ibn Uzair,

weiterzugeben. Im Folgenden wird jedoch nicht Talebs offizieller Bericht wiedergegeben, sondern vielmehr seine persönlichen
Anmerkungen, die er während der Expedition verfasst hat. Diese
Erzählung weicht von der konventionellen historischen Sichtweise
ab, die sich auf Monarchen und militärische Führer konzentriert,
und bietet stattdessen eine lebendige Darstellung und einen einzigartigen Einblick in die frühe muslimische Präsenz in Südeuropa.

Taleb verfasste sein Tagebuch in hebräischer Schrift, wobei er
ein Latein verwendete, das großzügig mit arabischen und hebräischen Vokabeln durchsetzt war – ein Vorläufer des Ladino,
das noch heute von einer kleinen Gemeinschaft sephardischer
Juden gesprochen wird. Wie dieses Tagebuch den Weg in die Bibliothek der Abtei St. Martin von Ligugé fand, bleibt ein Rätsel,
aber es ist zweifellos ein Gewinn für uns. Unsere beiden Begleiter erfüllten nicht nur ihre Aufgabe, sondern hatten auch Spaß
daran, frei von den starren familiären und gesellschaftlichen
Zwängen in Lioūn. Oh, und beinahe hätten wir das dritte, ebenso geschätzte Mitglied der Mission vergessen: das beharrliche
Maultier, etwas wenig schmeichelhaft Aneeda genannt, die nur
unseren beiden Begleitern Rechenschaft schuldete.

Bevor wir unserem Chronisten das Wort überlassen, wollen wir
noch die historische Erzählung abschließen und die mittel- und
langfristigen Auswirkungen der Schlacht von Tours und Poitiers
beleuchten. Im Wesentlichen erwies sich die muslimische Besetzung von al-Rūm aufgrund einer erheblichen militärischen
Überdehnung als flüchtig. Es ist das Verdienst der Nachkommen des unglückseligen Karl Martell auf christlicher Seite, die
zu stabilisieren.

Die ,Reconquestio[41] war die erste gesamteuropäische Bewegung
der Geschichte. Karl der Große führte die Bemühungen an, indem

---

41 Reconquista/reconquête/Rückeroberung/riconquista

er persönlich eine Expedition von seinem Hof in Aachen (Aquis-granum) aus leitete. Er drängte die Muslime im Jahr 774 rasch bis hinter Rom zurück, setzte den Papst wieder ein und vertrieb die Araber schließlich vollständig aus Italien. Sein Sohn, Ludwig der Fromme, befreite daraufhin Gallien und stellte die Pyrenäen als vorläufige Nordgrenze des Umayyaden-Kalifats in al-Andalus wieder her. Schließlich befreite Ludwigs Enkel, Ludwig der Deutsche, Wien und drängte die Muslime endgültig über die Donau zurück.

Daher blieb der muslimische Einfluss nur in zwei europäischen Regionen in nennenswertem Umfang erhalten: in al-Andalus, wo er fast acht Jahrhunderte lang fortbestand (siehe Kapitel 10 über Granada), und auf dem Balkan, wo er unter der Kontrolle der Osmanen, der türkischen Nachfolgedynastie der Abbasiden, sogar bis ins zwanzigste Jahrhundert andauerte. Analog zum allmählichen Verlust von al-Andalus von Norden nach Süden in Iberien gaben die Osmanen die Kontrolle über den Balkan schritt-weise ab: Nach der erfolglosen Belagerung von Wien im Jahr 1683 verloren sie nach und nach Ungarn, Kroatien, Rumänien und in den 1820er-Jahren auch Griechenland. Die Balkankriege kurz vor dem Ersten Weltkrieg bedeuteten schließlich das Ende der osmanischen Hegemonie auf dem Balkan. Die unterschiedliche Dauer der muslimischen Herrschaft in Iberien, Gallien, Italien und auf dem Balkan spiegelt sich in den jeweiligen Hinterlassen-schaften wider: In al-Andalus hinterließ das Umayyaden-Kalifat Spanien bemerkenswerte Beispiele muslimischer Architektur, während die Abbasiden und Osmanen zudem ihre Religion in Teilen des Balkans vermachten.

Über Stock, Stein und Wasser:
Talebs Reisebericht, 771 n. Chr.

Am siebten Tag des Aprilis, wie die Christen diesen Monat nennen, eine Woche nach *Eid al-Fitr*[42], brachen wir von Lioūn auf. Wir werden von einem Trupp Soldaten eskortiert, die Nachschub von unserem Emir zum Wali von Argentoratum[43], unserem ersten Ziel, brachten. Diese erste Etappe der Reise verspricht, langsam, aber dank der Begleitung der Soldaten, sicher zu verlaufen. Zudem müssen wir für den Transport nichts bezahlen.

Während ich diese Zeilen am Abend schreibe, haben wir zum ersten Mal unser Lager aufgeschlagen. Eine Mahlzeit brauchen wir nicht zuzubereiten; wir verzehren unsere mitgebrachten Vorräte. Yahia und ich werden die Nacht an Bord des Kahns verbringen. Der Nahr al-Rūdān[44] fließt zu schnell, um stromaufwärts zu rudern, daher wird der Kahn von drei Mauleseln über den parallel verlaufenden Fußweg gezogen. Yahia ritt Probe auf unserer Aneeda, die ihn mit ihrem geschmeidigen Gang beeindruckt, während ich an Bord des Kahns die sich gemächlich entfaltende Landschaft bewunderte. Den ganzen Tag über machten unsere Berbergefährten – mit Ausnahme des Kahnbesitzers, der Christ ist – nur einmal, mittags, eine kurze Gebetspause. Schließlich, so ihre Begründung, sind wir ja auf einer Reise.

Welche glückliche Fügung, unsere Reise mitten im prachtvollen Frühling zu beginnen! Wir durchquerten die Felder am Stadtrand von Lioūn, bevor wir in endlose, weite Wälder eintauchten. Der Ruf des Kuckucks begleitet uns, von dem man sagt, er überwintert in Ifrikiya – was plausibel erscheint, da ich ihn in den Wintermonaten noch nie gehört habe. Meine

---

42 Feiertag des Fastenbrechens nach dem Monat Ramadan.
43 Straßburg
44 Die Rhone

Übersetzungs- und Aufzeichnungspflichten vermisse ich keineswegs und genieße die willkommene Atempause. Was mich betrifft, könnte sich dieser erste Abschnitt unserer Expedition endlos hinziehen.

Um mir die Zeit zu vertreiben, habe ich versucht, die Soldaten in ein Gespräch zu verwickeln, aber sie waren sehr zurückhaltend und beherrschen auch nur wenig Arabisch. Sie leben in einer völlig anderen Welt und sind weder des Lesens noch des Schreibens mächtig. Nur ihr *mulazim*[45], der Amazigh heißt, scheint ein gewisses Maß an Bildung zu besitzen. Außerdem ist er recht gutaussehend.

***

Heute war es an mir, Aneeda zu reiten. Es gelang mir gut, trotz Yahias Skepsis gegenüber meinen Reitfähigkeiten – schließlich bin ich, wie er sagt, nur ein jüdischer Schreiberling. Yahia erwies sich als nützlich über seine Rolle als mein Vorgesetzter hinaus: Er hatte eine Angelschnur und Haken dabei und fing vier Fische, die wir brieten und mit den Soldaten teilten. Am Abend setzte Regen ein. Während sich die Soldaten unter Planen an Land versammelten, blieben wir an Bord des Kahns.

Kein einziges Dorf und kein Haus sind in Sicht. Heute begegneten wir zwei anderen Lastkähnen, die flussabwärts fuhren – zu schnell für ein Gespräch, nur ein Winken und ein Rufen! Bald werden auch wir auf dem Nahr al-Rhayin[46] so flussabwärts reisen.

---

45 Leutnant
46 Rhein

***

Bisher sind wir in Richtung Südosten gefahren, doch heute machten wir eine scharfe Kurve und fahren nun direkt nach Norden.
Heute ist Schabbat. Ich habe aber bereits begonnen, Hosen und
andere fränkische Kleidungsstücke zu tragen, um mich in der Rolle
des Ardogast zu üben. Ich frage mich, ob ich jemals zwischen meinen verschiedenen Identitäten hin- und hergerissen sein werde.

Noch mehr Wälder, doch sie sind recht angenehm. Ich wünschte, die ganze Reise könnte so verlaufen! Yahia hat heute erneut
Fische gefangen. Die Soldaten haben das Kochen für uns übernommen, obwohl wir weiterhin unsere eigenen Vorräte beisteuern. Koscheres Essen gibt es nicht mehr, aber hier draußen spielt
das keine Rolle. Auch unsere muslimischen Gefährten halten
sich nicht streng an die Halal-Gesetze; wir braten einfach alles
Kleinwild, das einer von ihnen oder Yahia erlegt – falls überhaupt
etwas gefangen wird. Sie haben sogar aufgehört, regelmäßig zu
beten, und tun dies nur noch freitags. Das ist verständlich –
außer den Vögeln ist niemand da, um sie zu beobachten. Wir
haben wunderschöne Reiher am Flussufer gesichtet.

Es regnet wieder, aber nicht lange. Heute ist Pessach[47], das erste Mal, dass ich es ohne meine Familie feiere. Abgesehen von
meinem Besuch in St. Martin war ich noch nie so lange von zu
Hause weg. Daran werde ich mich wohl gewöhnen müssen, denn
diese Reise wird viel, viel länger sein. Ich hoffe aber, dass ich
mich auch ein wenig amüsieren kann und mehr als nur Wasser
und Bäume zu sehen bekomme.

Die Nacht war klar, und durch eine Lücke im Blätterdach des
Waldes konnten wir die Sterne beobachten. Mein Vater hat mir

---

47 Zur Feier der Flucht der Juden aus der Sklaverei in Ägypten.

einiges über die Gestirne beigebracht, und nun gebe ich das, woran ich mich erinnere, an Yahia weiter: den Kokhav HaTzafon[48], Ursa Major, den Löwen und die Jungfrau. So weit bin ich mir sicher. Überraschenderweise zeigt der Mulazim ein beeindruckendes Wissen über Astronomie, das sogar mein eigenes übertrifft.

Wie werden wir nach Argentoratum ohne unsere Berber auskommen? Mir ist gerade aufgefallen, dass ich ihre Sprache kaum kenne – vielleicht auch, weil sie sie selbst nicht aufschreiben. Ich habe gehört, dass einige in Ifrikiya sie auch schriftlich verwenden, aber sicherlich nicht unsere Berbertruppe.

***

Der Fluss macht nun mehr Windungen, hat eine steile Böschung, und die Strömung ist so stark, dass unsere Aneeda und zwei Soldatenpferde beim Ziehen helfen müssen. Yahia bemerkte, dass es schneller gegangen wäre, wenn wir nicht dem gewundenen Flusslauf gefolgt wären, aber wir werden auf unserer Reise ohnehin noch viel zu Fuß unterwegs sein.

Nach zwei Wochen auf dem Fluss sind wir heute in Genava angekommen, einem geschäftigen Handelsstädtchen der Burgunder am Ende eines großen Sees. Eine Brücke überspannt den Fluss, gestützt von einer Insel in der Mitte. Hier übernachten wir zum ersten Mal in einem Gasthaus und genießen sogar den Luxus von warmem Wasser zum Waschen! Die Soldaten sind in der Garnison untergebracht. Unsere Ladung wird auf ein Segelboot umgeladen, das uns auf dem See nach Osten bringen wird. Wir kauften Proviant: Pökelfleisch, Weizen, Gerste und etwas frisches Gemüse.

---

48 Der Polarstern

Unser Flusskahn nahm einige Waren auf und fuhr mit den Zugtieren an Bord wieder ab. Der Besitzer sagte, dass die Rückfahrt flussabwärts bis nach Lioūn nur zwei Tage dauern würde.

Es ist das christliche Osterfest, und Yahia hat mich angewiesen, als Ardogast in die Kirche zu gehen, damit ich mich daran gewöhne. Der Gottesdienst verlief ereignislos, abgesehen von der Predigt über Jerusalem, wo unser Prophet Abraham begraben liegt. Die Christen behaupten, ihr falscher Messias sei dort aus seinem Grab auferstanden, während die Muslime glauben, ihr ebenso falscher Prophet sei von dort auf einem Pferd in den Himmel aufgestiegen. Armes Jerusalem – was ist aus einem so heiligen Ort geworden?!

In Genava gibt es keine Synagoge, aber man hat mir versichert, dass es in Argentoratum eine geben wird. Ich hoffe es. Manchmal frage ich mich, was die Anhänger anderer Religionen von uns denken ... Yahia betete in der Moschee und beschrieb sie als ein leeres Gebäude mit einer Markierung, die die Richtung von *al-Qibla*[49] anzeigt.

***

Es war eine kurze, aber unglaublich angenehme Fahrt mit dem Segelboot über den Lacus Lemanus. Schade, dass das Wasser noch viel zu kalt zum Schwimmen ist. Yahia kann ohnehin nicht schwimmen – eine typische Wüstenratte. Allmählich gewöhne ich mich an seine Anwesenheit und nehme es ihm nicht übel, dass er mein Vorgesetzter ist, obwohl er kaum zwei Jahre älter ist als ich. Er ist keineswegs ein schlechter Mensch. Es ist auch das erste Mal, dass ich den ganzen Tag unter Muslimen verbringe.

---

49 nach Mekka gerichtet

Wir sind in Lousonna angekommen, das in der Mitte des nördlichen Ufers des großen Sees liegt, der etwa von Ost nach West verläuft. Yahia, der ein gutes Gespür für Entfernungen und Richtungen hat, meinte, wir hätten die Strecke zu Fuß in vier Tagen zurücklegen können. Aber Amazigh trifft die Entscheidungen – und bezahlt dafür. Lousonna ist ebenfalls ein Handelsplatz, wenn auch kleiner als Genava. Hier gibt es keine Moschee für Yahia, nicht einmal eine improvisierte. Die Pakete des Emirs sind nicht sperrig, aber sehr schwer. Amazigh erklärt, dass sie hauptsächlich kleine Waffen enthalten: Dolche, Schwerter, Speere, Pfeilspitzen und hochwertige Bögen. Außerdem Geld. Ich bin erleichtert, dass wir mit bewaffneten Begleitern unterwegs sind! Allerdings frage ich mich, ob und wann diese neuen Provinzen jemals in der Lage sein werden, sich selbst zu versorgen. Sie sind wirklich nichts im Vergleich zu unserem wohlhabenden al-Andalus.

Lousonna ist ein schöner Ort, direkt am Seeufer. Das Gasthaus ist akzeptabel, und der Blick auf die Berge im Süden ist einfach atemberaubend! Es sind dieselben Alpen, die wir an einem klaren Tag von einem Hügel in Lioūn aus gerade erkennen können, aber hier erscheinen sie viel höher und sind komplett mit Schnee bedeckt! Der Anblick ist wunderschön, aber der Gedanke, sie zu Fuß zu überqueren, ist entmutigend … Es heißt, dass der Schnee im Sommer größtenteils schmilzt. Vielleicht ist es besser, so lange zu warten.

**

Heute endet der Monat Aprilis. Wir blieben zwei Tage in Lousonna, bis Amazigh einen Maultierzug mit einheimischen Führern organisiert hatte. Einer von uns reitet nun auf Aneeda, während der andere zu Fuß geht – das wird für viele Monate unsere Routine sein. Yahia bemerkte, dass ich für einen jüdischen Schreiberling gut zu Fuß sei. Nachts schlagen wir unser Lager auf, da es bis Basilea am Nahr al-Rhayin keine Herbergen mehr gibt. Zum Glück sind die Nächte nicht mehr kalt. Wir haben einen weiteren See erreicht: den Lacus Eburodunensis[50], der viel kleiner ist als der Lacus Lemanus. Die Alpen sind von hier aus nicht mehr zu sehen. Nachts fesseln wir die Maultiere, damit sie grasen können, aber nicht zu weit weglaufen.

Blasen an den Füßen – so viel zu meinen Gehfähigkeiten! Es ist keine Überraschung, da ich noch nie so viel gelaufen bin. Wie Rabbi Akiva sagte: ‚Gam zu l'tovah'[51]. Aneeda ist wirklich ein Segen; sie ist den Packtieren weit überlegen. Yahia erlaubt mir großzügig, sie zu reiten, bis ich wieder laufen kann. Der See ist immer noch zu kalt zum Schwimmen, aber zumindest können wir uns darin waschen. Inzwischen habe ich mich daran gewöhnt, mich neben Yahia zu waschen – beide eingeschrumpft vom kalten Wasser, was uns zum Lachen bringt.

Wir erklimmen eine Bergkette[52], die wir überqueren müssen. Die Soldaten versorgen uns mit Wild, das sie gejagt haben – Hasen und einmal sogar ein Hirschkitz. Freitagsgebet auf dem Gipfel des Berges. Amazigh scheint immer genau zu wissen, in welche Richtung *al-Qibla* liegt – oder täuscht er das nur vor? Wir schaffen etwa dreizehn Meilen pro Tag, was recht ansehnlich ist. Bergauf geht es natürlich langsamer.

***

Schließlich geht es wieder bergab, und das Wetter ist angenehm. Yahia schlägt vor, ich solle aufhören, Amazigh mit meiner Aufmerksamkeit zu belästigen – was geht ihn das an? Vom Gipfel

---

50 Neuenburgersee
51 Im Manuskript: זוּלְטוֹבָה גַּם‎: Auch das ist zum Guten.
52 Jura.

der Gebirgskette aus können wir erneut die Alpen sehen, auch wenn sie jetzt weiter entfernt erscheinen. Die Nächte hier oben sind bitterkalt. Ab morgen soll es bis nach Basilea nur noch bergab gehen. Zum Glück kann ich wieder gehen, was eine Erleichterung ist. Hoffentlich sind meine Beschwerden damit vorbei; meine Fußsohlen werden allmählich härter.

Nicht alles ist Wald – es gibt auch Wiesen mit Wildblumen, die sich von denen in Lioūn unterscheiden. Überall gibt es kalte, frische Bäche, aus denen man trinken kann. Der einheimische Maultiertreiber sagt, dass es nur noch zwei Tage bis Basilea sind. Es ist schade, dass wir bald die Gesellschaft der Soldaten verlieren werden; ich habe mich an ihre Anwesenheit gewöhnt. Die Morgenstunden sind oft in dichten Nebel gehüllt, der sich dann allmählich lichtet.

***

Inzwischen habe ich mich ans Gehen gewöhnt. Mitte des Monats Maius kamen wir in Basilea an, das von Alemannen bewohnt wird. Auch hier gibt es keine Moschee, sehr zum Leidwesen von Yahia, sondern nur die Garnison, in der unsere Begleiter untergebracht sind. Der Nahr al-Rhayin ist genauso breit wie der Nahr al-Rūdān, doch es gibt keine Brücke, sondern nur eine Fähre. Niemand hier spricht Arabisch, sodass Yahia sich auf mich verlässt; mein Fränkisch reicht hier noch aus. Amazigh sucht nach einem Boot, das groß genug für unsere Ladung ist. Zum Glück haben wir wieder ein Gasthaus gefunden, auch wenn es sehr einfach ist. Es ist uns sogar gelungen, ein Zimmer für uns allein zu bekommen.

Yahia, der Charmeur schlechthin, hat mich für den Abend weggeschickt, um mit dem Zimmermädchen allein zu sein. Er scheint von Blondinen besessen zu sein. So ging ich aus, um ein Bier zu trinken – hier gibt es keinen Wein! Ich habe Amazigh eingeladen, aber er trinkt natürlich nicht – wie schade.

Heute wurde der Kahn beladen. Die Soldaten und ich werden reiten, während Yahia und Amazigh als Passagiere auf dem Kahn sitzen werden. Es sollte nicht länger als zwei Tage dauern, um Argentoratum flussabwärts zu erreichen; der Besitzer versichert uns, dass die Fahrt sicher ist. Was uns Reiter betrifft, so können wir ohne Gepäck schnell vorankommen, aber wir werden für die Strecke einen Tag mehr brauchen, bis wir uns in Argentoratum der Bootsgruppe wieder anschließen.

***

Flinke Reiter sind sie, unsere Berberkrieger. Aneeda, obwohl robust, konnte mit dem Tempo ihrer Pferde nicht mithalten, so dass ich immer wieder um eine langsamere Gangart bitten musste. Während wir weite Wälder durchquerten und nur gelegentlich ein Dorf oder einen vereinzelten Bauernhof passierten, wurde die Belastung für meinen Hintern mit jedem Tag größer. In beiden Nächten zwang uns der Regen, in einer Scheune Schutz zu suchen, wo wir den Bauern als Gegenleistung Messer anboten.

In Argentoratum fanden wir schließlich in einem anständigen Gasthaus Zuflucht. Ein zuvorkommender blonder junger Franke kümmert sich um Aneeda und verdient sich einen Dirham dafür. Die Stadt verfügt über beeindruckende Befestigungsanlagen, ein Beweis für ihre Wachsamkeit gegenüber lauernden fränkischen Gegnern. Ich habe nichts gegen die Araber, aber manchmal frage ich mich, was sie hier überhaupt wollen.

Am Schabbat schlich ich mich heimlich in die Synagoge, wo ich zuerst in meiner fränkischen Kleidung einiges an Aufmerksamkeit erregte. Meine Erklärung beschwichtigte jedoch die Unruhe. Dass der Rabbiner dem Namen nach meinen Vater kannte, erfüllte mich mit Stolz. Es war eine Freude, wieder einmal hebräische Gebete zu hören. Der Rabbiner informierte mich über die anhaltende jüdische Präsenz hier, die bis in die Römerzeit zurückreicht. Obwohl diese Gemeinde nur bescheiden ist, florieren vor allem diejenigen in Mogontiacum, Borbetomagus und Colonia Claudia Ara Agrippinensium[53]. Sie treiben entlang des Rheins Handel und bilden so eine Brücke zwischen dem arabischen al-Rūm und dem christlichen Francia.

Amazigh und seine Truppen werden nach ein paar Tagen der Ruhe bald aufbrechen. Ich habe mich nach ihren Aufträgen erkundigt, sobald die Waren abgeliefert sind. Ihr Weg führt sie über Land zurück, auf einer westlicheren Route, die durch Vesontio[54] verläuft, wo Amazigh Briefe zu übergeben hat. Er schätzt, dass sie in etwa vierzehn Tagen Lioūn erreichen werden. Rennen, warten, rennen, warten – zum Glück bin ich kein Soldat.

***

Nachdem Yahia im Gasthaus gerastet und dem Wali die Briefe übergeben hatte, informierte er ihn über die Lage in Lioūn und berichtete von unserer Reise. Der Wali bedankte sich laut Yahia sehr für die Lieferung und bat ihn, seinen Dank an den Emir zu übermitteln. Es schien Yahia jedoch angemessener, diese Botschaft durch Amazigh überbringen zu lassen, da wir, so Gott will, erst Ende des Jahres nach Lioūn zurückkehren werden. Der Wali versprach, ein Dankesschreiben zu verfassen, das den restlichen Briefwechsel begleiten soll.

Yahia überraschte mich mit dem blonden Stallburschen, den zu verführen ich nicht widerstehen konnte. Zu meiner Erleichterung schien Yahia davon unbeeindruckt zu sein. ‚De gustibus …‘,

---

53 Mainz, Worms und Köln
54 Besançon

bemerkte er und fügte hinzu: ‚Wenigstens werden wir nicht um dieselbe Beute konkurrieren.' Die Abwesenheit neugieriger Blicke unserer Familien und der ganzen Stadt Lioūn hat also für uns beide einen Vorteil. Ich wies Yahia darauf hin, dass zu Hause solche Begegnungen, wie auch seine mit der Kammerzofe von Basilea, unmöglich wären. Daraufhin haben wir uns eine Wette ausgedacht: Für jede erfolgreiche Eroberung gibt es einen Punkt, und der Sieger erhält am Ende der Reise einen Golddinar. Im Moment stehen wir mit je einem Punkt gleichauf.

Die Familie des Rabbiners lud mich freundlicherweise zu einem Abendessen ein – eine Geste, die es mir ermöglichte, noch einmal gute jüdische Küche zu genießen. Ich erläuterte dem Rabbiner meinen Auftrag, den er als lobenswertes Unterfangen betrachtete. Er erzählte mir auch von einem Benediktinerinnenkloster auf einem Berg namens Hohenburg, einen Tagesritt südwestlich von unserem derzeitigen Standort. Er hat die Äbtissin Radegund kennengelernt und beschreibt sie als eine gelehrte und freundliche Frau.

Yahia und ich trafen uns anschließend erneut mit dem Wali, der uns Einblicke in das abbasidische Gebiet südöstlich unseres aktuellen Aufenthaltsortes gab. Er berichtete von einer früheren Begegnung in Basilea mit dem Wali der Curia Rhaetorum[55], der für die gesamte Provinz Rhaetia zuständig ist. Er versprach, ein Empfehlungsschreiben an diese einflussreiche Persönlichkeit zu verfassen. Obwohl er die anderen regionalen Awliya entlang unserer Route nicht persönlich kannte, zeigte er sich zuversichtlich, dass die Empfehlungsschreiben unseres Emirs wirksam sein würden; als Mitmuslime in al-Rūm sollte die gespannte Machtdynamik von al-Sham[56] hier weniger ins Gewicht fallen.

---

55 Chur
56 Syrien

***

Ich überraschte Yahia mit meinem Vorschlag, das Nonnenkloster Hohenburg zu besuchen. Der Wali verbürgte, dass es sicher sei, und bot an, uns zwei Pferde und eine berittene Eskorte zu leihen, da Yahia betonte, dass Aneeda sich ausruhen und ordentlich futtern müsse.

Ich freue mich auf diese improvisierte Reise. Der Rabbi erwähnte zwar das Vorhandensein von Büchern, hat aber das Kloster selbst natürlich nicht besucht. Ich reite zum ersten Mal auf einem Pferd und spüre jetzt den Unterschied: Ein Pferd ist wirklich schneller als ein Maultier. Für unsere lange Reise ist Aneeda jedoch besser geeignet, da sie auf schmalen Pfaden trittsicher ist. Unterwegs regnete es, so beschloss unsere Eskorte, für die Nacht anzuhalten, und wir schliefen in einem Stall.

Das kleine Kloster, das ganz oben auf dem Berg[57] thront (Abbildung 5.4), bietet einen malerischen Anblick. Äbtissin Radegund begrüßte uns herzlich und erzählte, dass das Kloster vor etwa 80 Jahren von Herzog Adalrich für seine Tochter Odile gegründet wurde, die die erste Äbtissin war. Männer haben zwar keinen Zutritt – als ob ich mich für Nonnen interessieren würde –, aber sie erlaubt mir, Ardogast, die Bibliothek zu besuchen. In einer einsamen Truhe befindet sich eine bescheidene Sammlung von Literatur.

---

57 Mont Sainte-Odile

Abbildung 5.4: Kloster Odilienberg bei Straßburg

Bemerkenswert überhaupt ist die Tatsache, dass einige der Nonnen des Lesens und Schreibens mächtig sind, was sich in ihrem
Lesematerial zeigt, das hauptsächlich aus Hagiographien, zahlreichen Bibeln und Gesangbüchern besteht. Darunter befindet
sich aber auch eine lateinische Ausgabe von Platons Dialog Timaios, die angeblich von Cicero übersetzt wurde. Da es sich um
ein heidnisches Buch handelt, hat uns die Äbtissin erlaubt, es zu
kaufen – allerdings zu einem hohen Preis. Stolz darauf, dass ich
diese unerwartete Aufgabe dank des Hinweises des Rabbiners
bewältigen konnte, beabsichtige ich, das Buch gleich Amazigh
anzuvertrauen, damit er es nach Lioūn bringt, sofern wir uns
vor seiner Abreise noch einmal begegnen.

***

Nach einem raschen Ritt zurück bereiten wir uns nun auf die nächste Etappe unseres Abenteuers vor. Beim Abschied schenkte der Wali mir einen Dolch und Yahia ein Schwert sowie einen fein gearbeiteten Bogen mit Pfeilen. Diese Waffen seien für die Jagd oder zur Verteidigung gegen Banditen gedacht, erklärte er. Ich hoffe inständig, dass solche Maßnahmen nicht notwendig sein werden. Aneeda ist gut ausgeruht und mit Hafer gestärkt, was auch notwendig ist, denn sie trägt nun die Verantwortung für all unsere Habseligkeiten. Ich habe dafür gesorgt, dass sie neu beschlagen wurde. Das Verlassen der Garnisonsstadt löste in mir eine Mischung aus Beklemmung und Aufregung aus. Das wahre Abenteuer beginnt jetzt, da wir auf uns allein gestellt sind – nur wir drei.

Unsere Route zurück nach Basilea führt am westlichen Ufer des Nahr al-Rhayin entlang; bis zum Lacus Brigantinus[58] gibt es keine einzige Brücke. Da das Wetter günstig ist und bereits ein Hauch von Sommer in der Luft liegt, sollten wir unser nächstes Ziel voraussichtlich in etwa einer Woche erreichen. Yahia rät zur Vorsicht und schlägt vor, dass wir nachts auf Bauernhöfen Schutz suchen. Andernfalls werden wir abseits der ausgetretenen Pfade an einem abgelegenen Ort im Freien übernachten und dafür sorgen, dass Aneeda sicher angebunden ist.

***

Der Mai neigt sich dem Ende zu, und unsere Reise geht stetig voran, ohne dass es zu nennenswerten Zwischenfällen kommt; sogar die Blasen an meinen Füßen sind weg. Yahias Jagdkünste haben sich als äußerst nützlich erwiesen: Einmal erlegte er ein Rehkitz, das wir ganz gebraten haben; es blieb sogar Fleisch über

---

58 Bodensee

für spätere Mahlzeiten. Auf dem Weg treffen wir kaum jemanden an, höchstens in der Nähe von Dörfern, von denen es nur wenige gibt. Nur gelegentlich treffen wir auf Händler, die ihre Waren in diesen abgelegenen Siedlungen feilbieten, was Yahia neugierig macht auf ihre Handelsrouten, die Herkunft der Waren und die Preise.

Nach einem einwöchigen Marsch genossen wir einen Ruhetag in Basilea und kehrten in dasselbe Gasthaus mit bekannten Gesichtern zurück, darunter auch Yahias Dienstmädchen. Obwohl er dieses Mal den Punkt gewinnt, haben wir vereinbart, dass wiederholte Begegnungen in der Zukunft nicht auf unsere Wette angerechnet werden. In der Zwischenzeit vertiefe ich mich in die Seiten des *Timaios* und beschäftige mich mit den für Sokrates charakteristischen provokativen Dialogen sowie den ausführlichen Monologen von Timaios und Kritias. Ich habe vor, in den ruhigen Momenten unserer Reise tiefer ins Buch einzutauchen.

Wir deckten uns mit Vorräten ein und informierten uns über unsere bevorstehende Route. Dabei wurden wir ermahnt, den Wasserfall nicht zu verpassen: ein Naturwunder, das vier bis fünf Tage vor uns liegt. Ich habe Yahia beigebracht, auf Alemannisch Bestellungen aufzugeben oder um Essen zu feilschen, damit ich mich nicht ständig um ihn kümmern muss. Morgen ist *Eid al-Adha*[59] für ihn; allerdings wird es auf unserem Weg wohl keine großen Feierlichkeiten geben, abgesehen von dem versprochenen Wasserfall.

***

---

59 Opferfest, in Gedenken an Ibrahims/Abrahams Bereitschaft, seinen Sohn Ismail/Isaak zu töten.

Wir sind in der Nähe des Flusses geblieben, der uns immer wieder eine kühle, aber erfrischende Badestelle bietet. Stundenlang habe ich den Wasserfall beobachtet – so etwas Spektakuläres habe ich noch nie gesehen! Yahia hingegen hat in der Zwischenzeit zwei Enten gejagt; er hat kaum ein Auge für die Schönheiten der Natur. Jedenfalls eine willkommene Ergänzung unseres Speisezettels. Unsere Reise führte uns dann zu einem See, allerdings noch nicht zum Lacus Brigantinus, wie uns die einheimischen Bauern erklärten, sondern nur zu einem Seitenarm. Mittendrin liegt eine Insel mit dem Monasterium Augiense[60].

Wir ließen uns von einem Fischer übersetzen und wurden von einem überraschend jungen Abt namens Waldo begrüßt. Das Kloster, das mit seinen fünfzig Jahren noch ganz neu ist, hat mit finanziellen Problemen zu kämpfen, da die Einnahmen aus den konfiszierten Ländereien schwinden – Yahia fühlte sich fast schuldig. Das Kloster besteht aus Holzbauten und beherbergt eine bescheidene Anzahl von Mönchen. Wohl aus der Enttäuschung heraus, dass es auf der Insel keine einzige Frau gibt, gebot mir Yahia, ich solle meine Hose anbehalten. Während ich in der Bibliothek sitze, geht er angeln – er langweilt sich schnell, wenn er nichts zu tun hat.

Für mich war es eine neue Erfahrung, zum ersten Mal in meinem Leben eine Insel zu betreten; alles muss mit dem Boot herübergebracht werden, sogar unsere Aneeda, für die wir das Boot zurückschicken mussten. Wenigstens kann sie sich hier frei bewegen und ernähren, da die Gemüsegärten eingezäunt sind. Die Bibliothek ist zwar nicht extravagant, aber dennoch eine Verbesserung gegenüber der letzten. Bruder Eberhard, der Bibliothekar, erweist sich als zuvorkommend und liebenswürdig.

---

60 Das Kloster Reichenau, dessen Abt einige Jahrzehnte später der berühmte Strabo – der Schielende – sein sollte.

Unsere kulinarische Verpflegung hat sich von den Mahlzeiten am Lagerfeuer zu einem schmackhafteren Angebot im Refektorium mit einer bescheidenen Portion Wein entwickelt. Während ich weiter im Timaios lese, enthält unsere Büchertruhe nun einige bemerkenswerte Ergänzungen, darunter die ersten zehn Bücher von *Ab urbe condita* von Titus Livius: Darin beschreibt er die die Anfänge Roms von der Ankunft des Aeneas aus Troja bis zu den ersten Eroberungen auf der italienischen Halbinsel. Diese Bände, nun sorgfältig in Wachstuch eingewickelt, warten auf weitere Ergänzungen zu unserer Sammlung.

Wir sind jetzt in der Mitte des Monats Junius. Ich habe Yahias Punktestand eingeholt, mit dem Sohn des Fischers. Hübsche Novizen gibt es auch, aber Yahia behält mich scharf im Auge.

***

Ich bin mit meinen Einkäufen zufrieden. Abt Waldo besorgte uns ein Segelboot, das groß genug war, um uns beide und Aneeda aufzunehmen. Wir fuhren einen kurzen Flussabschnitt entlang, bis wir die Handels- und Garnisonsstadt Constantia erreichten. Von dort segelten wir ohne Pause fast bis zum gegenüberliegenden Ende des Sees, der die Größe des Lacus Lemanus hat oder sogar übertrifft. Die Fahrt über den See war malerisch, und in der Ferne erblickten wir wieder die schneebedeckten Gipfel der Alpen.

Nach einer Übernachtung in einem Fischerdorf[61] erreichten wir Abatia Galli[62] nach weniger als einem Tag Fußmarsch. Abt

---

61 Wahrscheinlich Rorschach
62 St. Gallen

Adalhard empfing uns herzlich und freute sich über die Briefe von Abt Waldo. Abatia Galli ist etwa 150 Jahre älter als das Inselkloster, wo wir eben waren. Laut dem Abt wurde es von einem Mönch namens Gallus aus Hibernia[63] gegründet, der hierherkam, um die Heiden zum Christentum zu bekehren. Er erzählte uns eine lange Geschichte über einen Bären, den Gallus angeblich zähmte, und er erwähnte auch Lebkuchen, aber meine Aufmerksamkeit hatte schon nachgelassen. Dennoch war Gallus offenbar erfolgreich, wie die soliden Steingebäude und die Existenz einer echten Bibliothek beweisen.

Während ich mich in der Bibliothek beschäftige, erkundet Yahia mit Aneeda die Umgebung. Er erwähnte, dass er gestern ein Reh gejagt und dem Koch übergeben hat. Um sein Heimweh zu lindern, verbringt er auch Zeit mit den Berbern in der Garnison. Gestern feierten sie dort ihr Neujahrsfest[64]. Der *Mulazim* vertraute uns Briefe an für den Wali von Curia Rhaetorum, unserem nächsten Ziel.

Als Teil der Vorbereitung auf die bevorstehende Alpenüberquerung sammeln wir wichtige Informationen über die Route und beschaffen als spezielle Ausrüstung zwei warme Mäntel. Diese werden nicht nur für unsere unmittelbare Reise von Nutzen sein, sondern könnten sich auch im kommenden Winter in Italien als unschätzbar erweisen, falls wir es nicht schaffen, vor dem Winter nach Hause zurückzukehren. Man sagte uns, dass Münzen auf dem Land selten sind und der Tausch die vorherrschende Form des Handels ist. Daher habe ich in Bienenwachskerzen für Tauschzwecke investiert, so viele, wie Aneeda bequem tragen kann, sowie in einige Leinenstoffe. Yahia prahlte damit, einen Treffer gelandet zu haben: eine hübsche Blondine in der Nähe eines Dorfes, die ihn einen Dirham kostete, aber seiner Meinung nach die Ausgabe wert war.

---

63 Irland
64 Im Manuskript مُحَرَّم: muharram

***

Ich habe mich daran gewöhnt, Ardogast zu sein. Yahia nörgelt zwar ständig an mir herum und zwingt mich sogar, am Sonntag in der Mensa an Schweinefleisch zu knabbern. Das ist ziemlich ungerecht, aber als Angehöriger der herrschenden arabischen Klasse kann er sich dieses leisten. Leider gibt es in dieser kleinen Stadt keine Synagoge.

Der Bibliothekar Hiltirich ist bemerkenswert freundlich und äußerst belesen, besonders für jemanden, der aus einem Bergvolk stammt. Er und drei weitere Mönche widmen ihre Tage der akribischen Aufgabe, Bücher zu kopieren – ein wahrhaft edles Unterfangen. Es ist mir gelungen, ein gutes Exemplar der ‚Beschreibung Griechenlands'[65] von Pausanias zu erwerben, nebst anderen Titeln, sowie zwei Werke über Astronomie, für welche der Emir großes Interesse hat. Sie werden auch mir bei Sternbeobachtungen unterwegs nützlich sein.

***

Nach einer Tageswanderung durch das Mittelgebirge folgten wir erneut dem Oberlauf des Nahr al-Rhayin, der, wie man mir erklärte, flussabwärts in den Lacus Brigantinus mündet. Unterwegs musste ich mich mehrmals an Anweisungen von Einheimischen richten, um den richtigen Weg zu finden. Anschließend verbrachten wir drei Tage damit, einen einigermaßen begehbaren Pfad durch einen feuchten Wald zu beschreiten, immer dicht am Fluss entlang, bis wir die Garnisonsstadt Curia

---

65 Im Manuskript Ἑλλάδος Περιήγησις: Hellados Periegesis

Rhaetorum erreichten, einen wichtigen Handelsknotenpunkt vor der Alpenüberquerung.

Dort angekommen, übergab Yahia dem Wali umgehend die Briefe, darunter auch das Schreiben dessen Bekannten, des Wali von Argentoratum, worüber er sich sehr freute. Es ist der Beginn des Monats Quintilis[66]. Wir nutzen eine zweitägige Ruhepause, um uns auszuruhen und die letzten Einkäufe im Souk zu erledigen. Yahia verrichtete seine Freitagsgebete in einer improvisierten Moschee innerhalb der Garnison, wo er sich wie immer häufig aufhält.

Unser Aufenthalt in einem Gasthaus war wahrscheinlich die letzte angenehme Nachtruhe für die nächsten Wochen, fürchte ich. Aneeda hat sich in den letzten Wochen gut ernährt und macht einen robusten Eindruck. Ich habe im Gasthaus gepunktet, während Yahia im Souk war, also sind wir wieder gleichauf. Wenn wir über unsere Rückkehr nach Lioūn nachdenken, lastet die Aussicht auf eine ungewisse Heirat für uns beide schwer auf unseren Schultern, was uns dazu ermuntert, das Eisen zu schmieden, solange es heiß ist.

***

Als wir aufbrachen, erneut mit Briefen betraut, diesmal für den Wali von Clavenna[67] auf der anderen Seite der Alpen, wurde unsere Reise durch die Vorkehrungen erleichtert, die der Wali freundlicherweise für uns getroffen hatte. Wir reisen nun zusammen mit einer Gruppe lokaler Händler, deren eigentümlicher Dialekt eine Form von Volkslatein ist, die selbst für mich schwer zu ver-

---

66 Juli
67 Chiavenna

stehen ist. Doch sie sind sehr erfahren im Überqueren der Berge, die sich nun bedrohlich vor uns erheben. Glücklicherweise hat sich die Schneegrenze etwas gehoben, was uns ein wenig beruhigt.

Ich erkundigte mich bei unseren Reisegefährten nach Bären und Wölfen und zeigte mich allgemein neugierig auf die örtliche Tierwelt. Zu meiner Erleichterung versicherten sie mir, dass Bären sich hauptsächlich von Beeren ernähren, während Wölfe vom reichlich vorhandenen Wild profitieren, sodass beide keine nennenswerte Bedrohung für Menschen darstellen. Sie versprachen mir sogar, dass wir nicht nur Hirsche, sondern auch Gämse und sogar Steinböcke sehen würden, die nur in den Höhenlagen dieser Berge vorkommen. Auf unserem Aufstieg stießen wir auf frühe Erdbeeren und Heidelbeeren, eine köstliche Delikatesse für unsere Gaumen. Gestern waren wir kurz nach Mitternacht aufgebrochen, um den Pass im Hochgebirge an einem einzigen Tag zu überqueren.

Sowohl der Auf- als auch der Abstieg waren beschwerlich, sodass wir einen unendlich langen Tag unterwegs waren. Der Pass, den wir überquerten, wurde von den Römern ‚Septimus' genannt und bezeichnet also den siebten in einer Reihe. Unsere Begleiter bestritten jedoch hartnäckig die Existenz eines sechsten oder achten Passes. Jedenfalls befinden wir uns nun an der Grenze zwischen Francia und Lombardia. Oben auf dem Pass liegen noch Reste des dicken Winterschnees in schattigen Felsspalten, während die Umgebung trotz des Sommers von einer Schicht zarten Neuschnees bedeckt ist.

Wir erfuhren, dass der Pass eine wichtige Wasserscheide in al-Rūm darstellt: Im Norden fließt das Wasser durch den Nahr al-Rhayin in das Mare Septentrionale[68], während es im Süden durch den Fluss Padus[69] in das Mare Mediterraneum gelangt.

---

68 Nordsee
69 Po

Bemerkenswerterweise gibt es in der Nähe einen Berg, der sogar als dreifache Wasserscheide fungiert, wobei Wasser auch über den Fluss Danubius in den Bahr Al-Aswad[70] fließt. Es ist erstaunlich, wie viel solches Wissen diese Bergbewohner besitzen! Yahia versuchte sogar, eine Karte zu zeichnen, auf der diese Wasserscheiden eingezeichnet sind – eine Geste, die sicherlich das Interesse des Emirs wecken wird. Sobald wir ein weiteres Kloster erreichen, werde ich ihm helfen, seine kartografischen Fähigkeiten zu verfeinern.

Aneeda hat ihre Widerstandsfähigkeit bewiesen, und wir haben es ihr gleichgetan. Wenn ich zu den aufragenden Gipfeln des Hochgebirges hinaufblicke, erscheint es fast unwirklich, dass wir es eben erfolgreich überquert haben. Der Gedanke an die Alternative – eine den Elementen ausgesetzte Nacht, die wahrscheinlich tödlich gewesen wäre – lässt mich erschaudern. Getreu den Worten der Einheimischen hatten wir das Glück, die versprochenen Gämse und majestätischen Steinböcke mit ihren prächtigen Hörnern zu sehen. Wir hörten auch schrilles Pfeifen von, wie man uns sagte, Murmeltieren, doch leider konnten wir sie nicht ausmachen. Yahia äußerte sogar den Wunsch, sie zu jagen, aber die Zeit drängte. Ich frage mich, ob Murmeltiere als kosheres Essen gelten, doch in unserer Tora werden sie nicht erwähnt.

Während unserer Alpenüberquerung konnten wir auch majestätische Adler beobachten, die mühelos über uns schwebten, kaum mit den Flügeln schlagend. Jetzt, in der grünen Umgebung der Talsohle, ist es beeindruckend, den starken Kontrast zu sehen, den die Höhe erzeugt – den Übergang von kühler Bergluft und Schnee zur Wärme und Üppigkeit des Sommers hier unten. Dieses Phänomen fasziniert mich; ich nehme mir vor, den Einfluss der Höhe auf die Temperatur genauer erforschen. In der Zwischenzeit gönnen wir uns einen ganzen Tag wohlverdiente

---

70 Schwarzes Meer

Ruhe, sowohl für uns als auch für unsere treuen Maultiere, damit sie grasen und sich erholen können.

Wir trafen auf eine Gruppe syrischer Soldaten auf dem Weg nach Basilea, deren endgültiges Ziel jedoch ein gut gehütetes Geheimnis blieb. Bei einem gemeinsamen Mittagessen tauschten wir Informationen aus und gaben ihnen Hinweise für den weiteren Verlauf ihrer Reise. Sie entschieden sich, den Lacus Brigantinus zu umgehen und von Curia Rhaetorum über Turicum[71] direkt nach Norden zu ziehen. Da sie in Mediolanum[72] stationiert sind, hatten sie keine neuen Nachrichten aus Damaskus zu berichten. Sie bestätigten jedoch die wichtige Nachricht, dass Kalif al-Mansur vor ein paar Jahren seine Hauptstadt nach Bagdad, einer neuen Stadt in Mesopotamien, verlegt hatte.

Yahias Begeisterung ist immer spürbar, wenn das Gespräch auf sein Heimatland kommt. Als ich ihm erzählte, dass es für uns Juden seit etwa 700 Jahren kein eigenes Heimatland mehr gibt, zeigte er fast Mitleid. Er freute sich jedoch, als ich ihm sagte, dass unser Leben in muslimischen Ländern im Allgemeinen besser ist als in christlichen.

Wir unternahmen einen gemütlichen Spaziergang durch die Talsohle, schlängelten uns durch die Kastanienwälder, die leider gerade keine Saison hatten, um uns ihre Früchte zu bieten. Clavenna empfing uns mit seiner bescheidenen Präsenz – eine kleine Garnisonsstadt am Zusammenfluss mehrerer Täler. Wir übergaben die Briefe und verabschiedeten uns von unseren Bergführern, die mit Tauschwaren – vor allem Wein – beladen die Rückreise antraten. Da sie für den Rückweg eine schwerere Last zu tragen haben, planen sie, einen östlicheren Bergpass,

---

71 Zürich
72 Mailand

den Iulius Mons[73], zu nehmen, der zwar etwas abseits liegt, aber einen weniger beschwerlichen Aufstieg verspricht. Sie erwähnten, dass entlang dieser Route Abschnitte alter römischer Straßen zu finden sind – ein Zeugnis des bleibenden Erbes jener, welche die Alpen schon vor Jahrhunderten überquerten (Abbildung 5.5). Clavenna bietet uns die Möglichkeit, nochmals eine Pause einzulegen bevor wir nach Mediolanum, unserer nächsten Station, weiterreisen.

Abbildung 5.5: Römischer Meilenstein auf dem Schweizer Pass Julier (© Adrian Michael, July 2008)

Die Sommerhitze hat uns nun mit voller Wucht erreicht. Die Landschaft hier unterscheidet sich deutlich von der nördlich der Alpen; zahlreiche Bauernhöfe prägen das Bild. Die Bauern arbeiten fleißig und ernten unter der sengenden Sonne Heu.

---

73 Julierpass

Am Ufer des malerischen Larius Lacus[74] gönnte ich mir schließlich ein erfrischendes Bad im angenehm warmen Wasser. Ich versuchte, Yahia das Schwimmen beizubringen, aber er hat die Technik noch nicht ganz erfasst.

Die Langobarden, die diese Region bewohnen, sind aus Germanien eingewandert, haben aber inzwischen eine weitere eigenartige Form des Volkslateins als Hauptsprache angenommen. Nur in abgelegenen Dörfern, die weit von den Handelswegen entfernt liegen, sprechen sie noch Germanisch. Der Tauschhandel mit Wachskerzen hat sich als recht schwierig erwiesen. Die einheimischen Bauern sind meist zu arm, um sich auch nur ein Stück einer Kerze leisten zu können. Stattdessen verlassen sie sich auf Binsenlichter – Dochte, die aus einer bestimmten Art Binse gewonnen und in Talg getränkt werden. Es funktioniert, aber der Geruch ist so unangenehm, dass er sogar die Mücken verjagt. Wir schlafen im Freien, da es hier recht sicher zu sein scheint.

***

Es folgte ein weiter gemächlicher Marsch nach Mediolanum, der einstigen glanzvollen Hauptstadt des späten Römischen Reiches vor etwa dreihundert Jahren. Obwohl die Stadt seit ihrer Blütezeit zweifellos an Bedeutung verloren hat, hoffe ich, dass wir hier neue Hufeisen für Aneeda besorgen können – ein Bedürfnis, das in dieser Gegend schwieriger zu erfüllen scheint als in al-Andalus.

Yahia war hocherfreut, an seinem ersten Freitagsgebet in einer echten Moschee seit unserer Zeit in Lioūn teilzunehmen, wenn auch in eher bescheidenem Rahmen. Nachdem wir dem Wali

---

74 Comer See

unseren Respekt erwiesen und die Briefe überbracht hatten, nahmen wir uns etwas Zeit, um uns zu erholen und den belebten Souk zu durchstöbern, der ein beeindruckendes Sortiment an Waren bereithält. Yahia hat wieder ein Zimmermädchen im Gasthaus mit einem Dirham bezahlt. Im Nachhinein meinte er, dass er wahrscheinlich nicht der Einzige war, mit dem sie es getan hat, aber es war trotzdem gut – oder vielleicht gerade deshalb.

Zu meiner unerwarteten Freude habe ich hier eine respektable Synagoge entdeckt, in der ich warmherzige Menschen traf und in deren Häusern ich einmal mehr köstliche jüdische Speisen genießen konnte – eine willkommene Erinnerung an unser gemeinsames Erbe inmitten einer ungewohnten Umgebung.

***

Auf dem Weg nach Placentia, der ‚Angenehmen'[75], äußerte Yahia den Wunsch, ein Boot zu besorgen, da er des unermüdlichen Gehens müde ist. Ich habe noch nie ein so flaches Land gesehen, aber es eignet sich hervorragend, um Sterne zu beobachten, besonders jetzt mit Hilfe der in Abatia Galli erworbenen Bücher. Auf der Suche nach einem Boot, das geräumig genug ist, um auch Aneeda aufzunehmen, hoffen wir, flussabwärts schneller nach Ravenna zu gelangen als zu Fuß.

Während unserer Wartezeit nutzten wir die Gelegenheit, einen Bauernhof zu besuchen, der einem Syrer gehört – für uns eine erste Begegnung solcher Art. Der Besitzer erzählte uns, dass es sich um ehemaliges Kirchenland handelt, das er gegen eine geringe Gebühr vom Wali erworben hat. Es gibt, so sagt er, noch mehr arabische

---

75 Piacenza

Bauern wie ihn, verstreut in dieser sehr fruchtbaren Ebene. Da sich der Monat Quintilis schon dem Ende zuneigt, drängen wir weiter, begierig darauf, unser nächstes Ziel bald zu erreichen.

Ich amüsiere mich damit, neben dem Kahn zu schwimmen, während er den Fluss Padus hinuntergleitet. Yahia, ein bisschen neidisch auf meine Abkühlung in der Hitze, angelt derweil, mit einigem Erfolg. In der Zwischenzeit vertiefe ich mich auch wieder in den dicken Wälzer Timaios, der mich allerdings nicht besonders überzeugt; ich bin mir auch nicht sicher, ob es unserem Emir gefallen wird – dennoch ist es ein schönes Exemplar.

Meine Neugierde erreichte jedoch einen Höhepunkt, als ich mich in Kritias' lebhafte Beschreibung von Atlantis vertiefte – einer mythischen Insel jenseits der Säulen des Herkules, die durch konzentrische Ringe aus Land und Wasser gekennzeichnet war. Diese Geschichte, die ein ägyptischer Priester dem berühmten Gesetzgeber Solon von Athen erzählt hatte, berichtet von dieser Insel, die von den Nachkommen des Gottes Poseidon bewohnt wurde. Der Wohlstand der Atlantier beruhte auf ihrem unvergleichlichen Wissen, ihrem fruchtbaren Boden und ihrer gewaltigen militärischen Macht. Atlantis war berühmt für seinen prächtigen Hafen, seine opulenten Paläste und die zahlreichen Springbrunnen in den weitläufigen Gärten. Von den Reichen, die sie angriffen, konnte nur Athen ihrem Vormarsch standhalten. Doch aufgrund ihrer Hybris und ihres moralischen Verfalls sollen die Götter Überschwemmungen und Erdbeben ausgelöst haben, die Atlantis vollständig zerstörten.

Obwohl diese Erzählung Ähnlichkeiten mit dem Schicksal Karthagos aufweist, bleibe ich skeptisch gegenüber Platons Darstellung. Außer dieser einmaligen Erwähnung habe ich keine weiteren Hinweise auf Atlantis gefunden, was mich zu der Vermutung bringt, dass es vielleicht nur im Reich der Mythen und der Phantasie existiert.

Ich habe versucht, Yahia in ein Gespräch über das Buch zu verwickeln, aber sein Interesse liegt eher bei zeitgenössischen Themen, insbesondere den politischen Feinheiten wie die Unterschiede in der Regierungsform zwischen al-Andalus und al-Rūm. Er stellt auch fest, dass es in unserer jetzigen Umgebung zwar arabische Garnisonen gibt, doch einen bemerkenswerten Mangel an arabischem kulturellen Einfluss. Ich deutete an, dass eine solche kulturelle Assimilation mit der Zeit stattfinden könnte, aber er wies zu Recht darauf hin, dass al-Andalus in dieser Hinsicht größere Anstrengungen unternimmt.

***

Zu Beginn des Sextilis[76] segelten wir vom Padus-Delta nach Ravenna entlang der Küste des Mare Hadriaticum. Eine schöne Stadt – sie war die Hauptstadt Italiens, als die Goten sie von den Römern übernahmen. Viel Geschichte: Römische und byzantinische Kirchen sind noch erhalten. Doch es ist heiß wie in einem Brennofen. Yahia verbringt wie immer viel Zeit beim Wali oder in der Garnison. Unsere nächste Etappe führt uns entweder zu Fuß oder mit dem Boot nach Ariminum[77], von wo aus wir auf der alten Römerstraße Via Flaminia über den Apenninus Mons nach Rūmā[78] weiterreisen können. Punktestand: vier, gleichauf mit Yahia.

***

76 August
77 Rimini
78 Rom

In Ariminum warteten wir zwei Tage auf die Gesellschaft einer Pilgergruppe, die ebenfalls nach Rūmā wollte. Angesichts der Bedrohung durch Wölfe und Räuber auf dem Weg schien es uns unklug, allein zu reisen. Die Pilger, ein exzentrischer Haufen, nehmen solche Strapazen auf sich, nur um das Grab des Heiligen Petrus zu besuchen. Wir halten uns eher von ihnen zurück. Nur einer von ihnen hat einen Esel und behauptet, ein Mönch zu sein[79], während die anderen ihre spärlichen Besitztümer auf ihrem eigenen Rücken tragen.

Wieder Wald, Wald, Wald, aber von einer anderen Art als nördlich der Alpen: hauptsächlich Steineichen, die im Winter ihre Blätter nicht verlieren. Kein einziger Bauernhof in Sicht, geschweige denn ein Dorf, bis wir die andere Seite des Berges erreichen, sagen sie. Ambrosius von Mailand taufte dieses Gebirge vor vier Jahrhunderten ,inculta Appennini, terrarum funera‘[80], und daran hat sich bis heute wenig geändert. Wenigstens ist es hier nicht so heiß wie an der Küste. Doch das furchterregendste Gewitter meines Lebens hat uns hier überrascht, mitten im Wald, ohne jeglichen Schutz.

Die alte Römerstraße, die vor fast einem Jahrtausend angelegt wurde, ist noch erstaunlich gut erhalten und erleichtert uns die Reise zu Fuß. Wir sind sogar Händlern mit beladenen Wagen begegnet. Dennoch müssen wir unseren Proviant mit Bedacht einteilen, auch wenn es Yahia und einem der Pilger gelungen ist, ein Wildschwein zu erlegen – ein Segen für sie, aber weniger für uns, denn Wildschweine sind nun einmal Schweine. Fast jede Nacht hören wir das Heulen der Wölfe, was uns dazu veranlasst, wachsam zu bleiben und in der Dunkelheit ein Feuer zu anzumachen, das wir abwechselnd unterhalten.

---

79 Höchstwahrscheinlich ein ,Gyrovagant‘: Wandermönche, die sich in Klöstern für ein paar Tage Kost und Logis erbettelten.
80 Der öde Apennin, Grabstätte der Welt.

Gelegentlich stoßen wir auf verwitterte Meilensteine entlang unseres Weges, einige intakt, andere abgenutzt und unleserlich. Heute haben wir eine Pause in Spoletium eingelegt, einer bescheidenen Stadt ohne Garnison. Den Pilgern zufolge haben wir zwei Drittel unserer Reise nach Rūmā hinter uns gebracht. Wir haben uns aus dem spärlichen Angebot des Souks mit so viel Proviant versorgt, wie wir ergattern konnten.

***

Der Monat Sextilis neigt sich dem Ende zu, und Rūmā erweist sich als wenig beeindruckend, wenn man bedenkt, dass es über ein Jahrtausend lang Hauptstadt eines mächtigen Reiches war. Dennoch haben wir eine Unterkunft in einem respektablen Gasthaus gefunden und genießen die Mahlzeiten auf dem belebten Souk. Die Zeit drängt, wenn wir vor dem Wintereinbruch mit dem Schiff nach Hause zurückkehren wollen; man hat uns gewarnt, dass die letzten Schiffe im Oktober auslaufen – danach wird die See tückisch. Yahia hat sein Freitagsgebet in einer anständigen Moschee verrichtet, und wir haben Aneeda sicher zum letzten Mal neu beschlagen lassen.

Yahia drängt darauf, unsere Reise zu beschleunigen; er leidet wohl unter Heimweh. Ich persönlich hatte den Wunsch, die Bibliothek des Lateranpalastes zu erkunden, der kürzlich vom Papst wegen Streitigkeiten mit dem Wali geräumt wurde. Unsere Pläne wurden jedoch durch einen unglücklichen Rückschlag vereitelt: Die Hälfte unserer Mittel wurde im Gasthaus gestohlen – *Gam zu l'tovah*[81]. Glücklicherweise hatten wir vorausschauend unsere Ressourcen auf zwei verschiedene Taschen verteilt, was den Verlust etwas abmildert. Trotz Yahias Bitten verweigerte uns der

---

81 Im Manuskript: זוּלְטוֹבָה גַּם: Auch das ist zum Guten.

Wali jegliche finanzielle Unterstützung mit der Begründung, dass Yahia kein Mitglied der Gemeinde sei. Nichtsdestotrotz nahmen sie zusammen an den Feierlichkeiten zum *Mawlid al-Nabi*[82] in der Moschee teil.

Yahia bat mich, nun mein wahres Ich zu zeigen und mit den Juden zu sprechen. Während ich in der Synagoge über den Kredit verhandle, geht Yahia huren. Nun, ich mache das auch ein wenig – es mangelt hier nicht an Jungs, die hart und hart im Nehmen sind. Als der September anbricht, kommt uns die jüdische Gemeinde zu Hilfe: Dreißig Goldsolidi sollten ausreichen, um unsere Heimreise zu finanzieren – wieder ein Beweis für unsere hervorragende Organisation und Solidarität. Morgen früh werden wir die Via Appia begehen, eine weitere alte römische Straße, die jedoch nicht so sorgfältig gepflegt wird wie die Via Flaminia. Man sagt, die Via Appia sei eher ein holpriger Weg, durchsetzt mit Abschnitten aus altem Pflaster.

***

Trotz ihres Zustands ist die Straße stark frequentiert, was uns ein Gefühl der Sicherheit vermittelt, während wir uns ohne Begleitung weiterbewegen. Die Landschaft bietet nun einen angenehmeren Anblick als die zerklüfteten Berge, geschmückt mit gepflegten Bauernhöfen und ausgedehnten Olivenhainen. Erneut treffen wir auf arabische Bauern, die stets bereit sind, uns ihre Gastfreundschaft zu gewähren. Unser Ziel, die Abtei Casinum[83], liegt eine Woche entfernt, und ich besitze ein letztes Empfehlungsschreiben für diese Station. Nach unserer Zeit in

---

82 Im Manuskript المولد النبوي: Geburtstag des Propheten Mohammed.
83 Monte Cassino, im Zweiten Weltkrieg von den Alliierten zerstört und dann wieder aufgebaut.

Rom stehen acht Punkte für Yahia und sechs für mich zu Buche – eine Lücke, die ich unbedingt schließen will.

***

In der Abtei Casinum erwies sich mein Empfehlungsschreiben erneut als unschätzbar wertvoll. Der Abt, der passenderweise Benedikt heißt, empfing uns herzlich: Wir erhielten eine komfortable Unterkunft und reichlich Verpflegung. Ohne einen Wali, den er besuchen könnte, oder eine Garnison, die ihn ablenken würde, ist Yahia auf sich allein gestellt. Die Abwesenheit von Dieben gibt ihm die Freiheit, mit Aneeda umherzuziehen, während ich, wieder in der Gestalt von Ardogast, mich in die Bibliothek vertiefe.

Yahia überrascht mich mit Trauben, die er in den nahegelegenen Weinbergen geerntet hat. Zu meinem Erstaunen treffen wir auf Papst Stephan, denselben, der aus Rom vertrieben wurde und sich hier in aller Stille aufhält. Aufgrund meiner Pflichten konnte ich jedoch nicht viel mehr tun, als Yahia und den Pontifex miteinander bekannt zu machen. Bedauerlicherweise sind keine Arabisch sprechenden Personen anwesend, was ihren Austausch einschränkt. Yahia drückte sein Mitgefühl für die Notlage des Papstes aus und fand ihn eine faszinierende Figur. Diese Begegnung regte mich dazu an, über das Fehlen einer zentralen religiösen Autorität, vergleichbar mit einem Papst, sowohl in der jüdischen als auch in der muslimischen Gemeinschaft nachzudenken.

Die Abtei gilt als die erste Niederlassung des Benediktinerordens. Der Abt und die Mönche sind begeistert, als sie von St. Martin, dem Nonnenkloster Hohenburg, dem Monasterium Augiense und der Abatia Galli hören. Sie können nicht genug davon bekommen, also schmücke ich einige Details aus, um ihre

Begeisterung aufrechtzuerhalten. Die Bibliothek ist recht gut bestückt und unterscheidet sich deutlich von denen am Lacus Brigantinus, auch wenn sie immer noch hauptsächlich Hagiographien enthält. Zwar geben sie es nicht offen zu, aber ich habe das Gefühl, dass sie bereit, oder besser gesagt, fast gezwungen sind, einige Bücher zu verkaufen.

Da Yahia zur Eile mahnt, um noch vor Monatsende eine Schiffspassage zu bekommen, wähle ich sorgfältig Einkäufe aus, die unseren Mitteln entsprechen und für Aneedas Last geeignet sind. Wie immer besorge ich Werke, von denen ich glaube, dass sie dem Emir gefallen werden, darunter das *Herbarium* von Apuleius Platonicus und fünf Bände des *Opus agriculturae* von Palladius. Besonders das Kapitel über Wassermühlen dürfte des Emirs Interesse wecken.

Wir waren zwei Tage unterwegs zum Hafen von Gaeta, begleitet von zwei ortskundigen Mönchen. Unsere Aufgabe besteht nun darin, spätestens innerhalb eines Monats eine Schiffspassage nach Massilia zu bekommen. Gaeta ist zwar klein, verfügt aber aufgrund seines strategisch wichtigen Hafens über eine Garnison. Während Yahia unsere Heimreise arrangiert, verbringe ich Rosch Haschana[84] zum ersten Mal alleine und bedaure das Fehlen einer Synagoge, bin jedoch dankbar, endlich meine fränkische Kleidung ablegen zu können.

Yahia besucht wie immer die Garnison, während ich in der Herberge bleibe. Ich habe begonnen, Palladius für den Emir zu übersetzen – eine Arbeit, die ohnehin erledigt werden muss, sodass ich mir dann zuhause etwas Zeit verschaffen kann. Am späten Nachmittag gehe ich zum ersten Mal im Meer schwimmen, genieße das warme Wasser und die sanften Wellen. Ich bemerke, wie viel einfacher es ist, im Salzwasser

---

84 Im Manuskript רֹאשׁ הַשָּׁנָה: das jüdische Neujahrsfest.

zu schwimmen, verglichen mit Seen und Flüssen, und frage mich, warum das wohl so ist.

Ich habe nun acht Punkte erreicht, dank Begegnungen mit einheimischen Jungen am Strand, obwohl Yahias alter Trick mit der Gasthauszofe ihm wieder einen Punkt Vorsprung verschafft hat. Die Zeit wird knapp für mich; Yahia setzt bereits auf seinen Golddinar.

Wir haben uns widerwillig von Aneeda getrennt, eine Entscheidung, die uns beiden sehr schwer gefallen ist. Sie ist jedoch für die bevorstehende Seereise ungeeignet, und die Kosten für ihre Versorgung auf dem Schiff wären exorbitant hoch. Glücklicherweise haben die Mönche sie gekauft, sodass sie nach Casinum zurückkehrt. Da unsere Finanzen schwinden, haben wir gerade noch genug Geld übrig, um uns eine Überfahrt auf einem Handelsschiff nach Massilia zu sichern, wo wir dann mehr vom Wali erbetteln können.

Es gibt keine Briefe, die wir nach al-Andalus mitnehmen könnten; anscheinend sind sie nicht daran interessiert, den Kontakt aufrechtzuerhalten. Yahia hat begonnen, seine Notizen zu kritzeln, aber er lässt mich nicht hineinschauen. Wie auch immer – ich werde meinen Bericht schreiben, sobald wir wieder zu Hause sind.

※※※

Wir stachen Ende September in See, zeitgleich mit Jom Kippur[85], was ich als positives Zeichen deute, auch wenn ich auch diesen Tag wieder allein begehe. Der arme Yahia leidet unter schwerer

---

85 Im Manuskript כִּפּוּר יוֹם: Versöhnungstag.

Seekrankheit, die ihn für einen Großteil der Reise außer Gefecht setzt. Obwohl das Schiff wenig Komfort bietet, ist es nach den endlosen Fußmärschen eine willkommene Abwechslung. Während der Reise setze ich meine Übersetzungen fort und finde Trost in der vertrauten Aufgabe.

Ein Erlebnis mit einem Matrosen an Bord bringt mich wieder auf Augenhöhe mit Yahia. Seine Frustration ist deutlich spürbar, da er feststellen muss, dass seine Hoffnungen auf einen Sieg zunichte gemacht wurden, zumal wir beide nach unserer Ankunft in Massilia Anstand wahren müssen. Unser Zwischenstopp auf Sardinien ist kurz und dient hauptsächlich dazu, die Vorräte aufzufüllen, sodass keine Zeit bleibt, die Insel zu besichtigen. Außer Bäumen und Ziegen gibt es hier nicht viel zu sehen. Ich erinnerte Yahia daran, dass Ziegen nicht für unsere Wette zählen. Er nahm es mir übel – dachte wohl, ich meinte es ernst. Die Küste von al-Andalus wird bald in Sicht sein, sagt der Kapitän, aber wir müssen dann noch weiter nach Westen segeln.

***

Endlich, Ende Oktober, erreichen wir Massilia nach einem ganzen Monat auf See. Ohne Aneeda fehlt uns das Mittel, um unser Hab und Gut auf dem Landweg zu transportieren. Mit dem Erlös aus ihrem Verkauf können wir jedoch ein Boot mieten, das uns bis zur Mündung des Nahr al-Rūdān und dann stromaufwärts bis zur Stadt Arelate[86] bringt. Die Flussfahrt führt uns durch ein ausgedehntes Feuchtgebiet, das von anmutigen Flamingos bewohnt wird, deren Eleganz besonders im Flug zur Geltung kommt.

---

86 Arles

Der Wali von Arelate bereitet uns einen herzlichen Empfang, da er sich um die Gunst des Emirs bemühen will. Deshalb organisiert er auch einen Kahn für uns und eine Eskorte, die an die erste Etappe unserer Reise erinnert, mit Maultieren, die das Schiff flussaufwärts ziehen. Die Vorfreude auf die Rückkehr in die Heimat verzehrt uns nun. Die Kälte des nahenden Winters ist schon spürbar, und die Nächte werden immer kühler.

Gleiche Punktzahl – was tun, denn so wie es aussieht, wird von den Soldaten nichts kommen. Wenn ich Yahia verführen könnte, würde ich einen Punkt bekommen, aber er nicht, denn für ihn zählt nur, wenn er eine Frau besteigt. Leider auch keine Chance, ihn betrunken und gefügig zu machen. Wenigstens verliere ich nicht.

***

Die Entfernung auf dem Fluss von Arelate nach Lioūn ist größer als von Lioūn nach Genava, aber der Fluss ist hier unten ruhiger, so dass wir ungefähr die gleiche Zeit gebraucht haben. Genau Mitte November, und endlich zu Hause, *HaShavach LaEl*[87]. Sicher und mit erfüllter Aufgabe. Yahia pflichtet *Alhamdulillah*[88] bei; seltsamerweise werde ich ihn fast vermissen.

---

87 Im Manuskript לאל שבח: Lob sei Gott.
88 Im Manuskript الحمد لله: Lob sei Gott.

Kapitel 6

Die Schlacht von Hastings, 1066

Die Insel England war bis vor Kurzem durch das Doggerland mit dem europäischen Kontinent verbunden, ein Gebiet, das von früheren Menschen wegen seiner reichhaltigen Jagd- und Fischereimöglichkeiten geschätzt wurde. Doch seit diese Landbrücke nach der letzten Eiszeit unterging, ist die Reise von Frankreich nach England schwieriger geworden: Migranten mussten damals wie heute auf Boote und Schiffe zurückgreifen, um den Kanal zu überqueren.

Die Römer waren die ersten, die England in organisierter und gewaltsamer Form eroberten – nur um sich etwa vier Jahrhunderte später freiwillig von der feuchten Insel zurückzuziehen. Nach ihrem Abzug kamen germanische Stämme, insbesondere die Angeln, die Jüten und die Sachsen, die sich vom lokalen Klima weniger abschrecken ließen. Sie vermischten sich teilweise mit den keltischen Bewohnern, verdrängten sie jedoch auch an den westlichen Rand der Insel.

Um 600 n. Chr. erregten einige dieser Neuankömmlinge auf der Insel die Aufmerksamkeit von Papst Gregor in Rom, als er auf dem Markt blonde Sklavenjungen zum Verkauf fand. Als er erfuhr, dass es sich um Engländer handelte, soll er gesagt haben: ‚Non Angli, sed angeli' – ‚nicht Engländer, sondern Engel'. Inspiriert davon schickte er Missionare zu den Engländern, die bald darauf zum Christentum bekehrt wurden, und Augustinus wurde der erste Erzbischof von Canterbury. Die Engländer gründeten daraufhin christliche Königreiche wie Wessex, Mercia, Northumbria und East Anglia.

Die nächste Einwanderungswelle nach England stellten die Dänen dar, die in Form von Wikingerüberfällen, bewaffneten

Eroberungen – angeführt von Persönlichkeiten wie Ivar dem Knochenlosen – und Massenansiedlungen eintrafen. Diese Migrationen führten zur Entstehung verschiedener skandinavischer Regionen, wie das ‚Danelaw'. Mit der Zeit verschmolzen jedoch die verschiedenen Kulturen und Sprachen der Einwanderer miteinander.

Und nun zu den Normannen, den nächsten Anwärtern auf die Eroberung Englands. Um sie zu verstehen, müssen wir zu den Wikingerüberfällen zurückspulen, die sich diesmal auch gegen das Königreich Frankreich richteten. Wikinger wie der berühmte Ragnar Lothbrok ruderten die Seine hinauf und erpressten nacheinander von den französischen Königen Karl dem Kahlen und Karl dem Dicken Lösegeld, um die Stadt Paris zu verschonen und die Belagerung aufzuheben. Frankreich war nicht ihr einziges Ziel; die Wikinger plünderten und siedelten in ganz Spanien, England, Irland, dem Baltikum, Russland, Konstantinopel, Grönland und sogar in Nordamerika. Es ist kein Wunder, dass das 9. und 10. Jahrhundert als das Zeitalter der Wikinger bekannt ist.

In Frankreich wurde ein anderer König Karl, diesmal der Einfache, zunehmend frustriert über die ständigen Wikingerüberfälle. Schließlich schloss er ein Abkommen mit einem Wikingerführer namens Rollo, indem er ihm die Stadt Rouen und das Land flussabwärts entlang der Seine überließ. Die Bedingungen waren klar: Loyalität gegenüber dem französischen König, Bekehrung zum Christentum und Verteidigung der Seine-Mündung gegen künftige Wikingereinfälle. Diese für beide Seiten vorteilhafte Vereinbarung führte zur Entstehung der Normandie, wo sich die Normannen in den lokalen Adel integrierten und die französischen Bräuche übernahmen.

Bevor wir uns dem Hauptthema dieses Kapitels zuwenden, sei auf einen der wichtigsten normannischen Exporte hingewiesen: die jüngeren Söhne von Adeligen. Diese spielten zum

Beispiel in Süditalien eine entscheidende Rolle und gründeten schließlich unter Roger II. das normannische Königreich Sizilien. Dieses Königreich florierte mit seiner einzigartigen Mischung aus byzantinischer, arabischer, normannischer und jüdischer Kultur. Normannische Adlige aus Süditalien, wie Bohemond von Tarent und sein Neffe Tancred, traten während des Ersten Kreuzzugs ins Heilige Land als einflussreiche Führer auf.

Im Mittelpunkt unserer Erzählung über die Schlacht von Hastings und ihre Folgen steht das Leben einiger der faszinierendsten englischen Persönlichkeiten des Mittelalters. Der vereinfachte Stammbaum in Abbildung 6.1 hebt zwei zentrale Frauen in unserer Geschichte hervor: Königin Emma aus der Generation des späten 10. Jahrhunderts und Königin Edith aus der Generation des frühen 11. Jahrhunderts. Die beiden jeweils einflussreichsten Männer in ihrem Leben spielen eine entscheidende Rolle in unserer Geschichte: Im Fall von Emma waren es zwei aufeinanderfolgende Könige von England als Ehemänner, während im Fall von Edith ihr Ehemann als König von England, und ihr Bruder als dessen Nachfolger den Lauf der Dinge bestimmten.

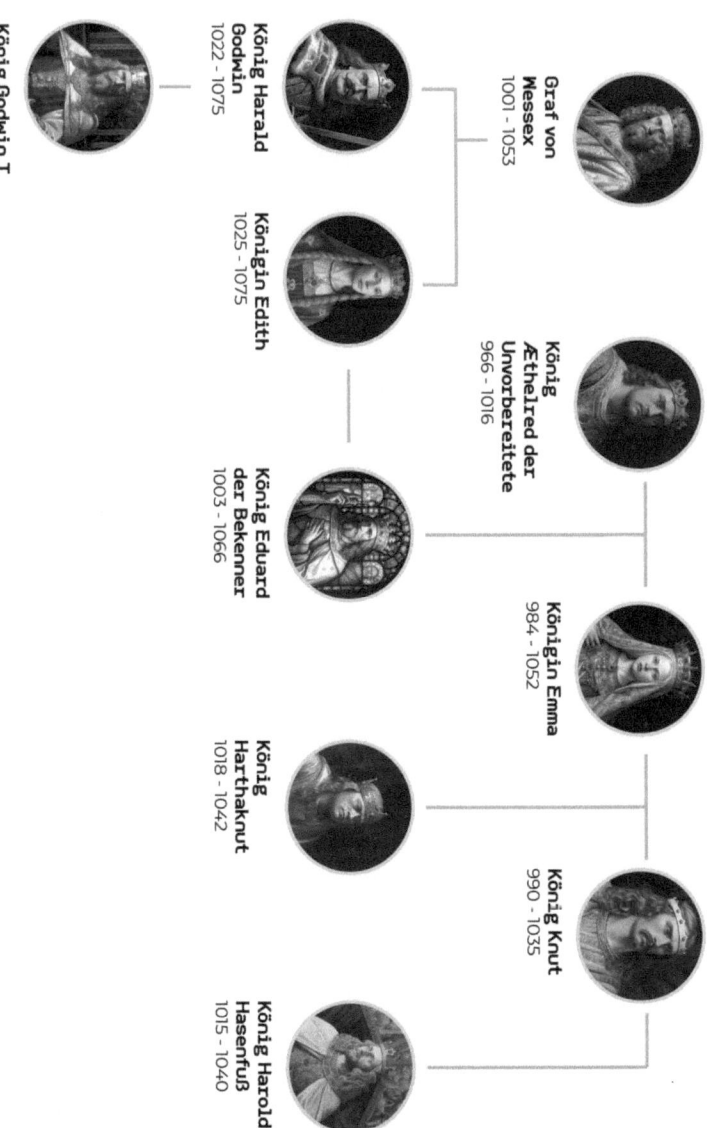

Abbildung 6.1: Stammbaum der Herrscher Englands im elften Jahrhundert
(© Markus Michael, 2024)

König Godwin I
1046 - 1105

König Harald
Godwin
1022 - 1075

Königin Edith
1025 - 1075

Graf von
Wessex
1001 - 1053

König
Æthelred der
Unvorbereitete
966 - 1016

König Eduard
der Bekenner
1003 - 1066

Königin Emma
984 - 1052

König
Harthaknut
1018 - 1042

König Knut
990 - 1035

König Harold
Hasenfuß
1015 - 1040

Königin Emma, eine normannische Adlige, wurde im zarten Alter mit dem angelsächsischen König Æthelred dem Unbereiten[89] verheiratet, um die Beziehungen zwischen den beiden Seiten des Ärmelkanals zu verbessern. Die Geschichte ist diesem König nicht wohlgesonnen. Wilhelm von Malmesbury schrieb: ‚Sein Leben soll am Anfang grausam gewesen sein, in der Mitte bedauernswert und am Ende schändlich.‘ Die Autoren des Klassikers ‚1066 and All That‘ aus den 1930er-Jahren äußerten sich ebenfalls spöttisch über ihn: ‚Æthelred der Unbereite war der erste schwache König von England und damit die Ursache für eine neue Welle von Dänen. Er wurde der Unbereite genannt, weil er nie bereit war, wenn die Dänen es waren. Anstatt auf ihn zu warten, bestraften die Dänen ihn mit hohen Geldstrafen, dem Danegeld, weil er nicht bereit war. Aber obwohl sie immer bereit waren, hatten die Dänen ein sehr schlechtes Gedächtnis und vergaßen oft, dass sie das Danegeld erhalten hatten, und holten es wieder, fast bevor sie weggesegelt waren. Zu dieser Zeit war Æthelred immer noch nicht bereit. Schließlich wurde Æthelred von seinem eigenen Tod völlig überrascht und von Knut abgelöst.‘

Der Aufstieg des Dänen Knut auf den englischen Thron beendete schließlich die unaufhörliche Aggression der Wikinger, die das Land mit der Plünderung von Klöstern, Dörfern und Städten sowie mit schrecklichen Gräueltaten wie Vergewaltigung und der Entführung von Mönchen und Dorfbewohnern als Sklaven geplagt hatten. König Knut herrschte über ein beeindruckendes Nordseereich, das Norwegen, Dänemark und England umfasste. Seine Herrschaft in England war bemerkenswert effektiv; er erließ sogar zwei bedeutende Gesetzbücher, eines für den

---

89 Das alte englische Wort unræd ist ein Wortspiel auf seinen Namen Æthelred, der ‚wohlberaten‘ bedeutet. Eigentlich bedeutet unræd ‚Mangel an Rat und Entscheidung‘, aber die Übersetzung des Beinamens ‚the unready‘ als ‚der Unbereite‘ hat sich gehalten.

weltlichen und eines für den kirchlichen Bereich. Vor allem aber wurde er der zweite Ehemann von Königin Emma.

Nach seinem Tod bestieg sein Sohn aus einer anderen Ehe, Harald Hasenfuß, kurzzeitig den Thron. Ihm folgte Harthaknut, der Sohn von Emma und Knut, dem es gerade noch gelang, die sterblichen Überreste von Harald Hasenfuß aus Westminster zu entfernen, bevor er selbst vorzeitig starb. So bestieg König Edward der Bekenner, Emmas Sohn von Æthelred dem Unbereiten, den Thron, begleitet von seiner beeindruckenden Frau, Königin Edith, deren Mutter Dänin war – ein Erbe, das ihre Familie, den Godwin-Clan, während der Herrschaft von Knut an die Spitze der sozialen Hierarchie beförderte.

Edward hatte durch seine Mutter Emma nicht nur normannisches Blut geerbt, sondern verbrachte auch seine prägenden Jahre – fast ein Vierteljahrhundert – in der Normandie. Folglich wurden der englische Hof und die Aristokratie während seiner Herrschaft stark französisiert. Es wurde Mode, bei Hofe Französisch zu sprechen, französische Erzieher für die Kinder zu engagieren und Begriffe wie *beef* anstelle von Rindfleisch, *veal* anstelle von Kalbfleisch und *pork* anstelle von Schweinefleisch zu verwenden. Edward nutzte auch aktiv seine Verbindungen in der Normandie; mehrere französische Kleinadlige erhielten von ihm Lehen in der Region. Außerdem wurden englische Ländereien, deren Besitzer aufgrund von Hochverratsverurteilungen enteignet worden waren, häufig an französische Adlige vergeben.

Sein Beiname spiegelt das Bild eines Königs wider, der als weltfremd und fromm wahrgenommen wurde, auch wenn nicht alle Historiker dem zustimmen; insbesondere die letzten Jahre seiner relativ langen Regierungszeit verbrachte er überwiegend mit der Jagd, umgeben von seinen geliebten Hunden und Falken. Er wurde als ‚sauber und mild‘ beschrieben und unterschied sich damit von dem typischen Bild mittelalterlicher Monarchen, die oft als zügellos galten; er zeugte keine

Bastarde und war für sein Mitgefühl bekannt. Sein Tod löste echte Trauer aus und markierte das Ende eines fast goldenen Zeitalters der Herrschaft. Die angelsächsische Chronik vermerkte seinen Tod:

Bis auf einmal kam
Der Tod in seiner Bitterkeit, der so lieb
Einen Herrn von der Erde nahm. Und die Engel führten
Seine rechtschaffene Seele zum himmlischen Glanz[90].

Ein Jahr vor seinem Tod im Jahr 1066 wurde die auf Edwards Anweisung im normannischen Baustil errichtete Westminster Abbey eingeweiht und wurde zum dauerhaften Ort für die Krönungen der britischen Monarchen[91]. Nur ein Jahrhundert nach seinem Tod wurde Edward von Papst Alexander III. heiliggesprochen, wenn auch auf etwas wackliger Grundlage: Die dokumentierten Wunder, die ihm zugeschrieben wurden, waren, in den Worten von Frank Barlow, ,das Herauspressen des letzten Tropfens'[92]. Königin Edith, seine Witwe, gab eine Biografie, die *Vita Ædwardii*, in Auftrag, die möglicherweise dazu beitrug, den Ruf Edwards des Bekenners als Heiliger zu festigen. Vor seinem Tod übte Edith erheblichen Einfluss auf den Thron aus und wurde als Witwe zur reichsten Frau Englands. Gebildet und angeblich fließend in mehreren Sprachen – neben Altenglisch und Latein

---

90 *Till on a sudden came*
Death in its bitterness, bearing so dear
A lord from the earth. And angels led
His righteous soul to heaven's radiance.

91 Nicht die heutige Westminster Abbey, deren Bau im 13. Jahrhundert begonnen wurde.

92 *,A scraping of the barrel'*. Die beiden einzigen anderen europäischen Monarchen, die jemals sowohl als Könige als auch als Heilige anerkannt wurden, waren der heilige Olaf II. von Norwegen, der für seine Rolle bei der Förderung des Christentums in Norwegen heiliggesprochen wurde, und der heilige Ludwig IX. von Frankreich für sein tugendhaftes Leben.

als schriftlicher Verkehrssprache, Dänisch von ihrer Mutter und Französisch von ihrem Mann, können wir spekulieren.

Das Problem war, dass Edward und Edith keine Kinder hatten, und Edward starb, ohne einen Erben einzusetzen. Harold Godwinson, Ediths Bruder, ging aus dem Kampf um die Thronfolge als Sieger hervor und erfüllte angeblich den letzten Wunsch des Königs auf dem Sterbebett, sodass er noch am Tag von Edwards Beerdigung gekrönt wurde. Es gab jedoch noch einen anderen wichtigen Anwärter auf den englischen Thron: Wilhelm der Bastard, Herzog der Normandie. Sein Beiname rührte daher, dass er der uneheliche Sohn von Herzog Robert I. von der Normandie und seiner Geliebten Herleva war, die angeblich die Tochter eines Gerbers oder, schlimmer noch, eines Einbalsamierers war. Dennoch beanspruchte Wilhelm, der über seinen Vater ein direkter Nachfahre von Rollo war und irgendwie mit Königin Emma verwandt, sein Recht auf den englischen Thron.

Wilhelm verbrachte viele Jahre in der Normandie, indem er seine Autorität gegenüber seinen Adligen und Nachbarn behauptete und gelegentlich sogar mit seinem Oberherrn, dem König von Frankreich, aneinandergeriet. Er wurde als körperlich robust und feurig beschrieben und nutzte seine heimischen Erfolge, um im Frühjahr und Sommer 1066 eine Flotte von 776 Schiffen zusammenzustellen. Nachdem er sechs Wochen auf einen günstigen Südwind gewartet hatte, ernannte er seine Frau Mathilde zur Regentin und segelte im September mit dem Segen des Papstes über den Ärmelkanal (Abbildung 6.2).

Abb. 6.2: Fragment des Wandteppichs von Bayeux, das die Überquerung des Ärmelkanals durch Wilhelm von der Normandie zu Wasser zeigt.

König Harold indessen entging nur knapp einer weiteren Herausforderung: Sein jüngerer Bruder Tostig Godwinson, der sich in der Thronfolge übergangen fühlte, suchte zunächst ein Bündnis mit Wilhelm von der Normandie, um den englischen Thron für sich zu beanspruchen. Doch Wilhelm der Bastard, wie wir wissen, verfolgte seine eigenen Pläne. Unbeirrt begab sich Tostig nach Norwegen, wo sich König Harold Hardrada mit ihm für die Invasion Englands verbündete. Kurz vor der Schlacht von Hastings besiegten jedoch die Truppen von König Harold Godwinson die Eindringlinge in der Schlacht von Stamford Bridge entscheidend, wobei sowohl Tostig als auch Harold Hardrada ums Leben kamen. Gestärkt durch diesen Triumph, kehrte König Harold rasch nach London zurück, um ein weiteres Heer aufzustellen, das dem verbleibenden Eindringling, Wilhelm dem Bastard, entgegentreten sollte.

Feudale Schlachten beruhten in erster Linie auf dem Aufeinandertreffen großer Infanteriemassen, unterstützt durch Bogenschützen, langsamer schießenden Armbrustschützen und Kavallerie. Bei Hastings sicherten die zahlenmäßige Überlegenheit und die Kenntnis des Geländes den Engländern den Sieg; die Reste der normannischen Invasoren benötigten nur einen Bruchteil ihrer Flotte, um von der Insel zu fliehen. Die Vorbereitungen und die Schlacht von Hastings selbst sind auf dem Wandteppich von Bayeux – eigentlich eher eine Stickerei, aber der Name ist geblieben – anschaulich dargestellt und können auch heute noch bewundert werden (Abbildungen 6.2. und 6.3). Ob dieser von Edwards Witwe Edith oder Wilhelms Witwe Matilda in Auftrag gegeben wurde, bleibt wohl für immer ein Geheimnis. Unabhängig von seiner Herkunft, wie George Wingfield Digby 1957 feststellte: ‚Er wurde entworfen, um einem größtenteils ungebildeten Publikum eine Geschichte zu erzählen; es ist wie ein Comicstrip, rasant, nachdrücklich, farbenfroh, mit einer Menge Blut und Donner und einiger Deftigkeit.‘

Abbildung 6.3: Fragment des Wandteppichs von Bayeux mit einer Darstellung der Schlacht von Hastings

Der Sohn und Nachfolger von König Harold Godwinson, Godwin I., ist in der Geschichte vor allem als Verwalter des Domesday Book in Erinnerung geblieben: ein umfassendes Verzeichnis der großen Landvermessung, die in weiten Teilen Englands und in Teilen von Wales durchgeführt und 1086 abgeschlossen wurde. Dieses Manuskript dokumentierte akribisch verschiedene Aspekte wie Landbesitz, Viehbestand, Mühlen und sogar die Anzahl der Fischteiche und Bienenstöcke in jedem Dorf sowie 28 000 Sklaven. Auf diese Weise legten die anglo-dänischen Godwins den Grundstein für die englische Dynastie, die später als Plantagenets berühmt werden sollte.

Als jedoch die beeindruckende Eleonore von Aquitanien im 12. Jahrhundert Königin von England wurde, nachdem sie zuvor Königin von Frankreich gewesen war, gewann der französische Einfluss in England erneut an Bedeutung. Die Tatsache, dass die englische Krone mit ihrer Mitgift nun auch beträchtliche Besitztümer in Frankreich erwarb, wurde zu einem der Hauptauslöser für den Hundertjährigen Krieg zwischen England und Frankreich (siehe Kapitel 8 – Die Belagerung von Orléans).

Nach der Befreiung von kontinentalen Einflüssen im Jahr 1066 schlug England seinen eigenen Weg ein. Zu seinen bemerkenswerten Errungenschaften im Mittelalter gehören die Verabschiedung der Magna Charta und die Entstehung des Parlaments im 13. Jahrhundert. Diese Meilensteine markierten wichtige Schritte auf dem Weg zu einer eher konstitutionellen als absoluten Monarchie und brachten England im Vergleich zum Kontinent auf einen fortschrittlicheren Kurs.

Doch wenden wir uns nun den Ereignissen unmittelbar nach der Schlacht von Hastings zu: dem Prozess gegen Wilhelm den Bastard in der Normandie. König Philipp I. von Frankreich, bekannt als Philipp der Verliebte oder Philipp der Schöne, nutzte Wilhelms kostspieliges Scheitern als Anlass, ihn für seine frühere Aufmüpfigkeit zu rügen. Wilhelm, den der zeitgenössische Chronist Wilhelm von Poitiers als ‚hart, streng und zornig' beschrieb, musste sich nach seiner Rückkehr vor einer Kurie – einer eigens für diese juristische Angelegenheit einberufenen Ad-hoc-Versammlung in Rouen – vor einem ausgewählten Publikum verantworten.

Als Ankläger fungierte der Vertreter des Königs, Herzog Godefroy von Anjou, während Wilhelms Halbbruder, Graf Odo von der Bretagne, der auch Erzbischof von Rouen war, als sein Verteidiger auftrat. Verschiedene Grafen, Vizegrafen und ein Bischof wurden als Richter vereidigt. Die Zusammenfassung des Prozesses, die für König Philipp bestimmt war, wurde von einem Gerichtsschreiber namens Gilbert Griffonneur verfasst, dem ‚Schreiberling‘.

Prozess gegen Wilhelm den Bastard – Bericht des Gerichtsschreibers Gilbert der Schreiberling

Kurie von Rouen, 24. November 1066

Die ehrenwerten Mitglieder des Gerichts:

Königlicher Gerichtsvollzieher:
Ricardus, dux[93] Normanniae

Der Angeklagte:
Guilielmus, ehemals dux Normanniae,
bekannt als Guilielmus Spurius

Ankläger:
Godofredus, dux Andegavensi[94],
Vertreter Seiner Majestät Philippus, rex Francorum

---

93 Herzog
94 Diese Region und die folgenden aufgeführten Städte entsprechen Anjou, Rouen, Harcourt, Le Mans, Bayeux, Alençon und Caen.

Verteidiger:
Odo, comes[95] Britanniensis et Archiepiscopus Rothomagensis

Richter:
Hugo, comes Harcurtii;
Robertus, comes Civitatis Cenomanorum
Raimundus, Vizegraf von Balocensis;
Godofredus, Vizegraf von Alenconii
Ludovicus, Episcopus Cenabi

Bericht:

Graf Richard von der Normandie eröffnete die Sitzung, indem er sich auf das Gesetz Gottes und das Gesetz des Königreichs Frankreich berief, und damit den Rahmen für die Verhandlung und das Urteil über die Angeklagten absteckte. Der Ankläger, Godefroy, Herzog von Anjou, stellte die Anklage vor und nannte drei Hauptpunkte:

1. Hochverrat, da der Angeklagte die Invasion Englands unternahm, obwohl König Philipp ihm ausdrücklich davon abriet.
2. Verantwortung für erhebliche menschliche und materielle Verluste während eines gescheiterten Feldzugs, der nicht nur keinen Sieg brachte, sondern auch die Interessen des Königreichs Frankreich gefährdete.
3. Schädigung des Ansehens des Königreichs Frankreich, sowohl militärisch als auch diplomatisch.

Odo, Herzog der Bretagne und Erzbischof von Rouen, der hier als Verteidiger auftrat, erkannte die Rechtmäßigkeit der im Namen König Philipps einberufenen Kurie an. Er beteuerte nachdrücklich die Unschuld seines Mandanten in allen drei Anklagepunkten. Herzog Wilhelm, so argumentierte er eindringlich, sei

---

95 Graf

unschuldig, und stützte sich dabei auf zwingende Beweise: die Erklärung des verstorbenen Königs Edward, Wilhelm auf seinem Sterbebett zu seinem Nachfolger zu machen. Odo betonte Wilhelms tadellose Abstammung als direkter Nachfahre von Rollo und wies auf die familiäre Verbindung zu Königin Emma, der Mutter des verstorbenen englischen Königs, hin, die Wilhelms Großtante war[96]. Darüber hinaus verwies Odo auf zuverlässige Informanten am englischen Hof, die bezeugten, dass sie Edwards letzten Wunsch gehört hatten: Harold Godwin, der Bruder seiner Frau, sollte, wenn überhaupt, nur vorübergehend die Nachfolge antreten bis der rechtmäßige Erbe, Herzog Wilhelm von der Normandie, von der anderen Seite des Kanals eintraf.

Hatte nicht König Edward selbst, der durch seine Mutter Königin Emma zur Hälfte Normanne war, fast die Hälfte seines Lebens in der Normandie verbracht und das Französische besser beherrscht als das Englische? Hatte er während seiner langen Regierungszeit nicht aktiv die französische Kultur gegenüber den einheimischen sächsischen und dänischen Traditionen gefördert? War die Wahl Wilhelms zu seinem Nachfolger nicht eine natürliche Fortsetzung dieser Vorliebe für den französischen Einfluss gegenüber den englischen Bräuchen? Und war der Usurpator Harold Godwin, nicht dänischer Abstammung wie seine Schwester Königin Edith, die Witwe König Edwards? Wie sehr, so argumentierte der Verteidiger, hatte England nicht unter den gnadenlosen dänischen Wikingerüberfällen gelitten? Hätte der verstorbene König Edward sein Reich wirklich den Nachkommen solch rücksichtsloser Invasoren anvertraut? Daher, so schloss der Verteidiger, habe der angeklagte frühere Herzog Wilhelm mit der Invasion Englands lediglich seinen rechtmäßigen Anspruch vor König und Gott geltend gemacht (Abbildung 6.4).

---

96 Sie war es nicht, aber dieser feinere genealogische Punkt könnte den Zuhörern entgangen sein.

Abbildung 6.4: Künstlerische Darstellung des Herzogs Wilhelm von der Normandie im Kampf gegen König Harold von England bei Hastings, aus dem dreizehnten Jahrhundert

Der Staatsanwalt lobte den Verteidiger für seine Eloquenz und überzeugende Argumentation, merkte jedoch an, dass Odos familiäre Bindungen zum Angeklagten seine Rede beeinflusst haben könnten – eine Loyalität, die dennoch an und für sich lobenswert sei. Er bestritt jedoch einige Punkte. Erstens wandte er sich gegen die Darstellung der Dänen in einem ungerechtfertigt negativen Licht. Trotz früherer, zugegebenermaßen unwillkommener dänischer Invasionen in England wurden diese durch die lange Regierungszeit von König Knut, einem Dänen, ausgeglichen, der nicht nur die Überfälle der Wikinger – unter denen sich nicht nur Dänen befanden, wie er anmerkte – stoppte, sondern England auch in eine Zeit des Friedens und Wohlstands führte. Die Behauptung, dass König Edward sein Königreich niemals einem Nachfolger mit teilweise dänischer Abstammung anvertraut hätte, wurde daher als völlig unbegründet angesehen.

Was die von Bischof Odo genannten zuverlässigen Zeugen betrifft, so konterte der Ankläger, dass es auch Zeugen gab, die gegenteilige Aussagen machten. Einige bezeugten sogar, dass Harold Godwin als Vormund für den jungen Edgar Ætheling bestimmt war, dessen Abstammung auf König Æthelred den Unbereiten zurückging, was seinen Anspruch auf den Thron völlig legitimierte. Daher, so argumentierte der Ankläger, gab es keine denkbare Rechtfertigung für die Expedition des ehemaligen Herzogs Wilhelm, die auf einem angeblichen Wunsch König Edwards am Sterbebett beruhte.

Der Verteidiger griff daraufhin den Godwin-Clan an und beschuldigte ihn, sich durch systematische Bestechung und Beeinflussung König Edwards an die Macht gebracht zu haben. Sie begannen als unscheinbarer Landadel und stiegen zu Grafen von Wessex auf, zunächst durch die Gunst der Dänen und später, indem sie sich bei König Edward einschmeichelten, der als Normanne einflussreiche lokale Verbündete suchte. Nach seiner Thronbesteigung schenkte Godwin dem König ein aufwendig ausgestattetes Kriegsschiff, eine Geste, die durch ihren

Status als reichste Familie Englands und bald als königliche Schwiegereltern erleichtert wurde. Diese Position nutzten sie schamlos aus, indem sie die Krönung von Harold Godwin zum König von England inszenierten. Der Verteidiger wehrte sich vehement dagegen, dass die englische Krone an solche Usurpatoren und nicht an den damaligen Herzog Wilhelm übergehen sollte, der, wie Odo wieder betonte, der rechtmäßige Erbe des englischen Throns war.

Der Ankläger ergriff als letzter noch einmal das Wort. Er erinnerte den Verteidiger und die Richter daran, dass zwischen König Edward und den Godwins nicht immer alles harmonisch gewesen war: Hatten die männlichen Mitglieder der Familie nicht erst im letzten Jahr vor Edwards Zorn nach Flandern fliehen müssen? Und hatte er nicht zur gleichen Zeit seine Frau, Königin Edith, in ein Nonnenkloster verbannt? Auch wenn, wie der Ankläger einräumte, die Beziehungen zwischen dem König und den Godwins später wieder geflickt wurden, zeige dies, dass König Edward nicht, wie der Verteidiger behauptete, völlig unter dem Einfluss eines allmächtigen Godwin-Clans stand.

Schließlich führte der Ankläger ein übergeordnetes Argument an: Wilhelm sei an seinen Eid gegenüber seinem Oberherrn, dem König von Frankreich, gebunden, der sich aus eigenen, aber auch staatlichen Gründen ausdrücklich gegen Wilhelms Invasion in England ausgesprochen habe. Indem Wilhelm diesen Eid brach, habe er sowohl den Zorn des Königs als auch den Zorn Gottes auf sich gezogen. Daher, so schloss der Ankläger Herzog Godefroy, verdiene Wilhelm der Bastard es, für seine Übertretung und seine Sünden gehängt zu werden. Nach Beratung verkündeten alle fünf Richter das einstimmige Urteil: Tod durch den Strang für Wilhelm den Bastard.

Der Prozess endete mit einem feierlichen Gebet für die Seelen der Adligen und Soldaten, die bei Hastings umgekommen waren. Bemerkenswert ist, dass Wilhelm der Bastard während des gesamten Prozesses schwieg – ob aus Protest oder als Geste der Resignation, ist nicht bekannt. Nachdem er einem örtlichen Priester seine letzte Beichte abgelegt hatte, wurde Wilhelm der Bastard am frühen Morgen gehängt und sein Leichnam seiner Witwe Mathilde anvertraut.

Gezeichnet: Gilbertus Scriptor, 25. November 1066

Kapitel 7

Die Schlacht von Manzikert, 1071

Im Jahr 1071 trafen nördlich des Vansees in Anatolien, am äußersten östlichen Rand der europäischen Einflusssphäre, zwei Armeen aufeinander: Der byzantinische Herrscher Romanos IV. Diogenes versuchte, die Ambitionen von Alp Arslan, dem Anführer der Seldschuk-Türken, zu vereiteln, die in das christliche Byzantinische Reich einfielen. Byzanz, mit seinem Zentrum in Konstantinopel, war der östliche Nachfolger des Römischen Reiches, dessen westliches Gegenstück sich schon lange aufgelöst hatte. Obwohl die Byzantiner überwiegend Griechisch sprachen, bezeichneten sie sich selbst immer noch als Römer, und ihr Reich erstreckte sich über Süditalien, Griechenland, die Ägäischen Inseln, Anatolien, die nördliche Levante und, nicht zu vergessen, die südliche Krim. Ihre Gegner in Manzikert, die Seldschuken, waren aus Zentralasien nach Persien eingewandert, wo sie den Islam annahmen und eine eigene türkisch-persische Kultur pflegten. Ihr nomadisches Erbe trieb sie bald dazu, ihr Gebiet nach Westen auszudehnen – mit Erfolg.

Sie würden schließlich den Sieg erringen, doch jetzt noch nicht. Das byzantinische Heer, das von fränkischen und normannischen Söldnern unterstützt wurde, triumphierte bei Manzikert. Ein bedeutender Rückschlag war jedoch, dass Kaiser Romanos Diogenes in die Hände von Alp Arslan fiel, nachdem er sich zu tief in die Flanke seiner eigenen Streitkräfte gewagt hatte (Abbildung 7.1). Trotzdem ließ Alp Arslan den Kaiser frei, als er spürte, dass sich die Schlacht gegen die Türken wendete, und erwarb im Gegenzug die Erlaubnis zum geordneten Rückzug. Doch diese Geste war für den armen Romanos Diogenes nur ein schwacher Trost. Trotz seiner triumphalen Rückkehr wurde er gefangen genommen und später von einem rivalisierenden Thronanwärter geblendet. Er wurde auf eine Insel im Marmarameer verbannt und erlag dort einer durch diese brutale Behandlung verursachten Infektion. Interessanterweise hielt sich die Praxis, Rivalen zu blenden, um sie auszuschalten, auch unter den türkischen Osmanen, den Nachfolgern der Byzantiner.

Abbildung 7.1: Mittelalterliche künstlerische Darstellung von Sultan Alp Arslan, der Kaiser Romanos IV Diogenes demütigt

Nach dem Sieg bei Manzikert gelang es Byzanz noch etwa anderthalb Jahrhunderte lang, seine anatolischen Gebiete zu halten – ein Zeitraum, der weitgehend mit der Existenz der Kreuzfahrerstaaten in der Levante zusammenfiel. In der Zwischenzeit sah sich Byzanz jedoch mit Bedrohungen aus dem Westen konfrontiert, die von anderen Christen ausgingen. Die Europäer, die sich auf

Kreuzzüge begaben, um das Heilige Land von den Sarazenen zu befreien, zeigten oft einen beunruhigenden Hang zum Blutvergießen, noch bevor sie ihr eigentliches Ziel erreichten. So massakrierten beispielsweise die Teilnehmer des Ersten Kreuzzugs in den 1090er-Jahren die Juden im Rheinland. Die Einzelheiten des Zweiten und Dritten Kreuzzugs brauchen uns hier nicht zu beschäftigen, aber die Teilnehmer des Vierten Kreuzzugs, der 1204 in Konstantinopel Halt machte, plünderten die Stadt und verübten Gewalt gegen viele ihrer christlichen Einwohner. Im 13. Jahrhundert hatten die Kreuzfahrer daher nicht nur christliche Enklaven in der Levante und auf Zypern errichtet, sondern auch ein lateinisches Territorium, das das eroberte Konstantinopel umfasste, wie auf der Karte in Abbildung 7.2 dargestellt. Byzanz zog sich über den Bosporus zurück und richtete sich im Exil in Nikäa ein – mit Kaiser, Armee, Patriarch und allem. Von dieser Basis aus konnte Byzanz schließlich 1261 Konstantinopel von den lateinischen Besatzern zurückerobern.

Abbildung 7.2: Anatolien und die Levante um 1240
(© Markus Michael, 2024)

Im Nahen Osten standen die muslimischen Araber während des Zeitraums, über den dieses Kapitel berichtet, unter der Herrschaft zweier Hauptdynastien: den Abbasiden in Bagdad, die sich auf Abstammung vom Onkel des Propheten beriefen, und den Ayyubiden, die kürzlich die Macht von den schiitischen Fatimiden in Ägypten übernommen hatten. Die Ayyubiden führten ihre Abstammung auf Salah al-Din, besser bekannt als Saladin, zurück, der für die Rückeroberung Jerusalems von den Kreuzfahrern im Jahr 1187 während des Dritten Kreuzzugs unter der Führung von Richard Löwenherz berühmt wurde. Außerdem gab es das weniger bekannte Fürstentum Kilikien, das in der Nähe von Tarsus von christlichen Armeniern gegründet wurde, die vor den Seldschuken aus dem Südkaukasus geflohen waren. Georgien, ein christliches Königreich im Kaukasus, erlebte unter der ausgedehnten Herrschaft von Königin Tamar um 1200 ein goldenes Zeitalter, sah sich jedoch in den späten 1230er-Jahren mit dem Eindringen der Mongolen konfrontiert.

Im frühen 12. Jahrhundert begannen die nomadischen Mongolen unter der Führung von Dschingis Khan mit der Bildung des größten zusammenhängenden Reiches der Geschichte, das sich nach Süden bis nach China und nach Westen über die Steppen ausdehnte. Ögedei, einer der Söhne Dschingis Khans, stieß in den 1230er-Jahren nach Russland vor und drang tief nach Osteuropa vor, bevor der mongolische Vormarsch mit seinem Tod im Jahr 1241 zum Stillstand kam (Abbildung 7.3). Gleichzeitig eroberten die Mongolen Persien und schlossen Bündnisse mit den Seldschuken, die ihre Vasallen wurden. Die mongolische Armee war für ihre geschickten Reiter und Bogenschützen bekannt und verfügte über eine außergewöhnliche Mobilität. Obwohl eine detaillierte Beschreibung ihrer Strategie und Taktik den Rahmen dieses Kapitels sprengen würde, reicht es aus, ihren Ruf der Brutalität und die Wirksamkeit ihrer Taktik der verbrannten Erde zu erwähnen, mit der sie oft Dörfer und sogar Städte dazu zwangen, sich widerstandslos zu ergeben – eine Kapitulation, die, wenn sie verweigert wurde, zur Vernichtung führte, wie im Fall von Bagdad zu sehen war.

Abbildung 7.3: Porträt des Mongolenherrschers Ögedei

Im Osten unserer Schwerpunktregion errichtete Hülegü, ein Enkel von Dschingis Khan, das Ilkhanat in Persien und Mesopotamien. Im Jahr 1258 plünderte und zerstörte er Bagdad, was den Untergang der Abbasiden-Dynastie einleitete. Sein Vorstoß in die Levante wurde jedoch 1260 von der ägyptischen Mamelukenarmee gestoppt. Die Mameluken, ehemalige Sklavensoldaten, die nach dem Sturz der Ayyubiden an die Macht gekommen waren, vereitelten nicht nur den mongolischen Vormarsch, sondern vernichteten auch gleich die christlichen Kreuzfahrerstaaten in der Levante und das armenische Kilikien in Südanatolien. Obwohl Hülegüs Ilkhanat erfolgreich in Anatolien eindrang und das Byzantinische Reich in dessen nordwestliche Ecke drängte, überließen die Mongolen einen

Großteil Anatoliens ihren Vasallen, den Seldschuken. Nach dem Untergang des Ilkhanats regierten diese in zahlreichen unabhängigen Fürstentümern. Zu diesen anatolischen Herrschaftsgebieten gehörte auch das Lehen des Hauses Osman in Bithynien, dessen Nachkommen, die Osmanen, später den Nahen Osten, den Balkan und Nordafrika jahrhundertelang beherrschen sollten.

Die erhaltenen Teile des Briefwechsels zwischen Niketas, dem Bischof von Cäsarea (dem heutigen Kayseri), und seinem Vorgesetzten und Freund Athanasius, dem amtierenden Patriarchen von Konstantinopel im Exil in Nikäa, geben wertvolle Einblicke in die Gefühlslage der byzantinischen Provinz Kappadokien jener Zeit. Während die Briefe des Bischofs ihren Weg in die Archive des Patriarchats in Konstantinopel fanden, gingen die Antworten des Patriarchen in den Wirren der mongolischen und türkischen Besatzung verloren. Die Briefe sind nicht mit genauen Jahreszahlen versehen, sondern nur mit dem Tag und Monat ihrer Abfassung datiert. Die darin erwähnten Ereignisse bieten jedoch ausreichenden Kontext, um zu schließen, dass der erste Brief im August 1240 verfasst wurde und das letzte Schreiben aus dem September 1242 stammt.

Briefe von Niketas, Bischof von Cäsarea, an seinen Freund und Vorgesetzten Athanasius, amtierender Patriarch in Nikäa – 1240–42

Cäsarea,
zwei Tage vor den Nonen des August

An meinen geschätzten Bruder und väterlichen Mentor, den ehrwürdigen Bischof von Nikomedien, Athanasius, von seinem treuen und demütigen Diener Niketas, durch die Gnade Gottes versehen, herzliche Grüße.

Mit göttlicher Führung hoffe ich, dass dieser Brief ebenso schnell seinen Weg zu dir findet wie der deine zu mir, für den ich zutiefst dankbar bin, ebenso wie dem Überbringer, unserem stets zuverlässigen Alexios. Seit seinem Eintreffen in meinem fernen Caesarea vor etwa drei Wochen habe ich den kostbaren Brief mehrmals gelesen. Manche mögen Kaufleute als unkultiviert abtun, doch Alexios erweist sich als aufrichtige Seele und unerschütterlicher Verbündeter in Christus.

Du hast uns die Nachricht von zwei Todesfällen überbracht, insbesondere von Irene Laskarina, der geschätzten Gemahlin unseres geliebten Basileus, deren Bescheidenheit und Wohlwollen allen unseren Frauen als Vorbild diente und ihr ewigen Segen von unserem Herrn Jesus Christus eingebracht hat – möge sie in der göttlichen Umarmung Frieden finden. Ich muss mich nach dem Wohlergehen ihres Sohnes Theodor erkundigen, der sich seinem zwanzigsten Lebensjahr nähern muss. Möge Gott unserem Basileus viele Jahre der Gesundheit, des Glaubens und der Stärke schenken, bevor Theodor die Last der Führung in unserem belagerten Reich übernimmt.

Und auch Bruder Germanus – ich betrachte ihn immer noch mehr als unseren Bruder denn als unseren Patriarchen – ist von uns gegangen! Er hat ein ehrwürdiges Alter erreicht, durch die Gnade Gottes. Wenn man über sein Leben nachdenkt, muss man sich wundern, dass er bereits Priester war, als unser Basileus und Patriarch noch in Konstantinopel residierten, bevor die fränkischen Ritter die Hagia Sophia entweihten und unsere heiligen Ikonen unter den Hufen ihrer Pferde beschmutzten!

Obwohl wir uns nicht näher kannten, empfinde ich großen Respekt vor ihm, insbesondere für seine Bemühungen um die Einheit mit den Kirchen Bulgariens und anderer nördlicher Regionen. Seine Unfähigkeit, sich mit der römischen Kirche zu versöhnen, kann ihm nicht angelastet werden, da das Große Schisma, das schon zwei Jahrhunderte andauert, eine allzu tiefe Kluft hinterlassen hat. Die Lateiner beharren auf ihrer Behauptung, dass der Heilige Geist sowohl vom Vater als auch vom Sohn ausgehe, im Gegensatz zu unserem Verständnis, dass er nur vom Vater ausgeht. Ein unüberwindliches Hindernis stellt auch die unumstößliche Behauptung des Papstes dar, er habe die Oberhoheit über unsere Patriarchen. Die Lateiner erheben den Papst nicht nur als Nachfolger des heiligen Petrus, sondern als eine Figur, die noch größer ist als Petrus selbst und die eine Loyalität verlangt, die der Herrschaft über die gesamte Christenheit gleichkommt.

Ich empfinde tiefe Bewunderung für unseren verstorbenen Patriarchen Germanus, besonders für seine unerschütterliche Verteidigung unserer Brüder des wahren Glaubens, die in Konstantinopel verblieben sind, indem er sie dazu ermutigte, der lateinischen Unterdrückung standhaft zu widerstehen. Was die Wahl des Nachfolgers von Germanus durch den Basileus betrifft, so bin ich gespannt, wen er ernennen wird. Sollte mein Name jemals in Erwägung gezogen werden, bitte ich dich, ihm mitzuteilen, dass ich zufrieden bin, meine Herde in Kappadokien zu hüten; ich hege keine Ambitionen auf ein höheres Amt. Ich glaube jedoch, dass du, mein lieber Mentor, ein außerordentlich würdiger Kandidat für die Nachfolge unseres verstorbenen Patriarchen wärst. Ich bete inständig, dass Gott unseren Basileus, Ioannis Doukas Vatatzes, in dieser Hinsicht erleuchten möge.

Was habe ich dir, abgesehen von meinen ständigen Sorgen, von der Welt innerhalb unserer irdischen Grenzen mitzuteilen? Gibt es Neuigkeiten, die dich vielleicht noch nicht erreicht haben, obwohl du in Nikäa in der Nähe des Basileus lebst? Gelegentlich aber habe ich das Privileg, dank meines lieben Freundes Konstantin, dem Katholikos des Heiligen Stuhls von Kilikien, frühzeitig Informationen zu erhalten. Du erinnerst dich vielleicht noch an ihn vom Konzil von Nymphäum vor sechs Jahren, wo er die armenische Kirche während der Konfrontation von Germanus mit den römischen Gesandten vertrat. Trotz unserer theologischen Differenzen entstand damals ein Band zwischen uns. Jetzt, da er das Amt des Katholikos in Tarsus innehat, stehen wir in regelmäßigem Briefwechsel und schaffen es sogar, uns einmal im Jahr zu besuchen. Die Reise in beide Richtungen dauert nur etwa eine Woche und ist ziemlich sicher. Durch seine weitreichenden Verbindungen zu den griechischen und lateinischen Patriarchen in den fränkischen Gebieten ist Konstantin über die Geschehnisse in *Outremer*[97] bestens informiert.

Und darüber hinaus: Erst letzte Woche informierte er mich, dass Ayyub al-Nasir, der Neffe des berühmten Salah al-Din, in Ägypten an die Macht gekommen ist. Meinem Freund Konstantin zufolge könnte diese Entwicklung für uns Christen in der Region vorteilhaft sein. Schließlich sind wir, ob Lateiner, Armenier oder Anhänger unserer wahren Kirche, angesichts der Bedrohung durch die Sarazenen gezwungen, uns zu vereinen und zusammenzuhalten. Sollte tatsächlich jemand von Salah al-Dins Format die Führung unter den ayyubidischen Sarazenen, unseren Nachbarn, übernehmen, könnte dies zu unserem Vorteil gereichen. Vor fast einem Jahrhundert, als die Franken noch Edessa hielten, diente dies als christlicher Puffer zwischen Kappadokien und den Sarazenen. Leider gibt es diesen Schutzwall nicht mehr. Gegenwärtig plündern die Sarazenen weiterhin unsere Gebiete und richten unter unseren verarmten Bauern großen Schaden an – ein weiterer Grund für meinen Kummer.

In Cäsarea, weit entfernt vom Griff der Sarazenen, genießen wir noch immer ein Gefühl der Sicherheit, gestützt durch eine mächtige Garnison. Doch von Georgien aus droht eine andere Gefahr: die Mongolen. Zu dieser Jahreszeit, wenn es genügend Weidegras für ihre Pferde gibt, begeben sie sich auf ihren Marsch.

---

97 *Outremer* (‚Übersee') ist der französische Begriff, mit dem die Kreuzfahrer ihre Gebiete in der Levante bezeichneten.

Das arme Georgien leidet sehr unter ihren Grausamkeiten, die jede Beschreibung übersteigen. Immer, wenn ich an die Mongolen denke, kommen mir die Worte des Propheten Jeremia in den Sinn: ‚So spricht der Herr: Siehe, ein Volk kommt aus dem Lande des Nordens, und ein großes Volk wird sich erheben von den Seiten der Erde. Sie greifen zu Bogen und Speer; sie sind grausam und kennen kein Erbarmen; ihre Stimme braust wie das Meer, und sie reiten auf Pferden und rüsten sich zum Krieg gegen dich, Tochter Zion.' Diese Geißel, die Jeremia vorausgesagt hat, befällt heute die christlichen Nationen.

Wenn sich die Gelegenheit bietet, bitte ich dich, unsere Durchlaucht darauf aufmerksam zu machen, die prekäre Lage unserer Grenzgebiete genau zu beobachten und den allmächtigen Gott um Rat zu fragen, wie wir uns auf unsere Verteidigung vorbereiten können. Manchmal, vor allem in schlaflosen Nächten, werde ich von Angst überwältigt und von einer Sorge um unser Volk belastet, die sich trotz meiner inständigen Gebete nur schwer abschütteln lässt. Erst wenn die Morgendämmerung anbricht, finde ich Trost in dem Glauben, dass die gütige Hand Gottes die Feinde Christi besiegen wird und es ihm ermöglicht, seine Gläubigen in ewigem Lobpreis zu erheben.

Was die Angelegenheiten meines bescheidenen Bistums betrifft, so werde ich zu einem anderen Zeitpunkt näher darauf eingehen. Sei jedoch versichert, dass ich mich, abgesehen von den von mir geäußerten Sorgen, bei guter Gesundheit befinde.

Mit dieser Botschaft übermittle ich dir Gnade, Frieden und die Verheißung des ewigen Heils von unserem Gott und Herrn Jesus Christus.

(gez.) *Niketas*

***

Cäsarea,
am dreizehnten Tag vor den Kalenden des Dezembers

An den ehrwürdigen Bischof von Nikomedia und geschätzten Freund in Christus, Athanasius, geschätzter Bruder in Frömmigkeit, herzliche Grüße.

Wahrlich, die Welt, in der wir leben, ist voller Kummer und Zwietracht. In solchen Zeiten finde ich Trost im Gebet und freue mich über das Eintreffen deiner Briefe, von denen jeder einer Morgenröte gleicht, die nach einer langen, dunklen Nacht anbricht. Möge unser Herr dich reichlich dafür segnen, dass du Licht in das Leben deines demütigen Bruders im fernen Kappadokien bringst.

Schweren Herzens habe ich erfahren, dass Methodios aus dem Hyazinthenkloster zu unserem neuen Patriarchen gewählt wurde und nicht du, trotz deiner allgemein anerkannten Tugend und Weisheit. Doch wir müssen auf die unergründlichen Wege des Herrn vertrauen, denn seine Pläne entziehen sich oft unserem sterblichen Verständnis. Obwohl ich Methodios nicht persönlich kenne, möchte ich kein Urteil fällen, das nur auf Hörensagen beruht, und bete stattdessen, dass der Herr ihm göttliche Führung für seine heilige Aufgabe gewährt.

Ich frage mich jedoch, warum unser Basileus nicht eher Nicephorus Blemmydes für dieses geschätzte Amt ausgewählt hat. Trotz aller persönlichen Vorbehalte, die manche ihm gegenüber hegen mögen, verfügt Blemmydes über einen scharfen Verstand und ein enormes Wissen, das nicht nur die Theologie, sondern auch Mathematik, Astronomie, Logik und Medizin umfasst. Seine umfangreichen Schriften könnten in der Tat eine ganze Bibliothek füllen. Ob sich diese Qualitäten in einer effektiven Führung des Patriarchats niederschlagen würden, bleibt ungewiss, und ich vertraue darauf, dass Ioannis Doukas seine Entscheidung wohlüberlegt getroffen hat. Vielleicht fürchtete er,

Blemmydes' unschätzbare Dienste als Tutor seines Sohnes zu verlieren – eine unverzichtbare Rolle bei der Gestaltung der Zukunft unseres Reiches, so Gott will, wenn eine solche Zukunft überhaupt für uns vorgesehen ist.

Du berichtest mir, dass Baldwin, der sich für den Basileus von Konstantinopel hält, von seiner ausgedehnten Betteltour durch die fränkischen Länder zurückgekehrt ist. Ich frage mich, ob er Truhen voller Gold mit sich führt, denn ohne fränkische finanzielle Unterstützung ist sein winziges Reich kaum stabiler als die Kreuzfahrergrafschaften im Süden. Mein Freund Konstantin versichert mir, dass diese Grafschaften in diesen Tagen mehr damit beschäftigt sind, sich untereinander zu bekriegen, als die verräterischen Sarazenen zu bekämpfen. Er erwähnt sogar, dass einige von ihnen sich mit den Sarazenen gegen ihre christlichen Mitbürger verbünden! Was ist aus unserer Welt geworden?

Währenddessen setzen die wilden Mongolen ihren unerbittlichen Angriff fort und verwüsten gnadenlos den Osten Georgiens. Möge Gott uns gnädig sein, wenn sie in römisches Gebiet eindringen, denn die Mongolen werden es nicht sein. Ein Hoffnungsschimmer ist vielleicht die Tatsache, dass die Mongolen, wie du berichtest, derzeit damit beschäftigt sind, durch Russland vorzudringen und bereits das Königreich Ungarn erreicht haben. Wahrlich, Ögedei und seine Nachkommen scheinen den wahren Antichristen zu verkörpern und erfüllen mich mit Schrecken.

Wenn Neid nicht zu den sieben Todsünden gehören würde, könnte ich neidisch auf deine Begegnungen mit erleuchteten Menschen in unserer – möge es so sein – vorläufigen Hauptstadt Nikäa sein. Bitte teile mir weiterhin faszinierende Geschichten mit von deinen Begegnungen. Was mein eigenes bescheidenes Leben hier in Cäsarea betrifft, so lässt es sich kurz und bündig zusammenfassen, ohne viele Seiten zu füllen. Kürzlich hatte ich erneut das Vergnügen, den armenischen Konstantin zu Gast zu haben, den ich in meinem letzten Brief erwähnt habe. Er ist wirklich ein bemerkenswerter Mensch, der sowohl Aufgeklärtheit als auch das gläubige Christentum verkörpert, wenn auch mit einigen Unterschieden zu unserer Praxis. Zum Beispiel feiern die Armenier ihre Sakramente mit ungesäuertem Brot und mischen kein Wasser mit dem Wein – aber sei's drum.

Abgesehen von Konstantin habe ich nur wenige Gelegenheiten, ein tiefes und bedeutungsvolles Gespräch zu führen. Ich habe jedoch das Glück, dass Nikolaus, der Abt des Klosters St. Gregor von Nazianzus, nur eine Tagesreise von hier entfernt ist. Dieses uralte Kloster, das sich der Jahrtausendgrenze nähert, verfügt über eine bemerkenswerte Bibliothek und eine reiche Tradition sowohl in Frömmigkeit als auch in intellektueller Forschung. Jedes Mal, wenn Nikolaus und ich die Gelegenheit haben, uns zu unterhalten, erfüllt mich das mit großer Freude, denn unsere Gespräche führen stets zu tiefgründigen und aufschlussreichen Themen.

Alexios, unser zuverlässiger Bote, lädt mich gelegentlich zu sich nach Hause ein, wo er seiner Vorliebe für gutes Essen und Wein frönt – eine Versuchung, der ich zugegebenermaßen manchmal erliege, besonders bei meinen Besuchen in seinem Haus. In meiner eigenen bescheidenen Behausung ist das Leben ja viel einfacher. Einer der häufigen Gäste bei Alexios ist ein sarazenischer Händler namens Ibrahim, dessen Karawanen Caesarea als Endziel haben. Viele der Waren, die Alexios nach Nikäa transportiert, stammen aus sarazenischen Ländern, insbesondere aus Edessa, das nur eine Monatsreise von hier entfernt liegt. Sowohl Alexios als auch Ibrahim haben durch ihre Handelsaktivitäten beträchtlichen Reichtum erlangt und ihre Ressourcen – oder sagen wir, ihre Geldbeutel – zusammengelegt, um hier in Caesarea eine neue Karawanserei zu errichten. Zwar leben keine Sarazenen dauerhaft in unserer Mitte, doch dafür wächst unsere jüdische Gemeinde stetig – ein Thema, auf das ich vielleicht in einer späteren Korrespondenz näher eingehen werde.

Damit habe ich im Wesentlichen einen Teil meines bescheidenen Daseins in der Provinz skizziert. Was meine weltlichen Aufgaben als Hirte meiner Herde betrifft, so verzichte ich darauf, sie näher zu erläutern, da sie sich mit deinen eigenen Aufgaben als Bischof von Nikomedien decken. Der einzige Unterschied liegt vielleicht im Bildungsniveau, das hier vermutlich noch niedriger ist; in der Tat gibt es unter uns Priester, die selbst mit den grundlegenden Lese- und Schreibkenntnissen kämpfen. Wie ich anfangs sagte: Wir leben in einer traurigen Welt! Dennoch müssen wir sie als den Willen unseres Herrn akzeptieren.

Herzliche Grüße und Segen für dich, mein sehr lieber und geschätzter Bruder im Herrn.

(gez.) *Niketas*

***

Cäsarea,
zwei Tage vor den Nonen des Mai

Niketas, von Gottes Gnaden demütiger Bischof von Cäsarea, grüßt von Herzen seinen geliebten geistlichen Vater Athanasius, Patriarch von Konstantinopel, mit dem er durch Christus in brüderlicher Liebe verbunden ist.

Noch nie hat unsere Stadt einen so langen und strengen Winter erlebt; der Schnee türmte sich zeitweise auf eine Höhe von drei Fuß! Da keine Karawanen unterwegs waren, ist es kein Wunder, dass Alexios deine beiden Briefe nicht rechtzeitig an mich übermitteln konnte. Dennoch möchte ich dir, meinem teuersten Bruder in Christus, meine tiefste Dankbarkeit für deine Korrespondenz ausdrücken, die ich wie immer über alles schätze.

Da ich wochenlang in der Stadt und sogar in meinem eigenen Haus eingeschlossen war, abgeschottet von dem üblichen Strom an Bittstellern und anderen Besuchern, habe ich die Zeit genutzt, um mich mit der Vielzahl von Rechtsangelegenheiten zu befassen, die auf eine Lösung warten. Wie du weißt, ist die Aufgabe unaufhörlich – eine gelöste Angelegenheit zieht nur die nächste nach sich. Mit Gottes Hilfe kann ich jedoch verkünden, dass ich meine diesbezüglichen Pflichten vorerst erfüllt habe. Darüber hinaus habe ich einen Großteil dieser Zeit der Lektüre gewidmet, insbesondere dem Eintauchen in die ‚Alexiade' von Anna Komnene – ein geschätzter Besitz, den ich bei meiner Übersiedlung hierher mitgebracht habe, wie du weißt; ich besitze ja nur wenige irdische Güter.

Es mag sein, dass Anna Komnene nicht ganz unvoreingenommen ist, wenn sie die Leistungen ihres Vaters lobt, doch sobald wir diese kindliche Hingabe übersehen – oder besser gesagt, verstehen –, bietet ihr Bericht eine detaillierte und aufschlussreiche Darstellung jener Zeiten. Während ich von meinem Freund Konstantin Nachrichten und Klatsch über die fränkischen Länder im Süden höre, erweist sich ihre Erzählung über die erste Ankunft der Franken in Outremer als unschätzbar wertvoll, um die gegenwärtigen Umstände besser zu verstehen. Geschichte ist in der Tat ein mächtiger Lehrmeister!

Ich finde Annas komplexe Gefühle gegenüber Bohemond, dem Anführer der ersten Normannen und Franken, auch heute noch bemerkenswert. Obwohl sie – ähnlich wie ihr Vater – seine Handlungen missbilligt, scheint sie von seiner physischen Präsenz fasziniert zu sein. Konstantin bestätigt, dass der derzeitige Herrscher des Fürstentums Antiochia, Bohemond V., ein direkter Nachfahre eben jenes Mannes ist, den Anna Komnene in ihren Schriften so lebendig porträtiert.

Vielleicht erinnerst du dich an den ergreifenden Schluss des letzten Buches von Anna Komnene: ‚Die Flüsse des Unglücks …

vereinigt in einem Strom überschwemmen mein Haus. Dies soll also das Ende meiner Geschichte sein, damit ich nicht noch verbitterter werde, wenn ich über diese traurigen Ereignisse schreibe.' Obwohl ihre Worte vor fast einem Jahrhundert verfasst wurden, spiegeln sie immer noch die Melancholie wider, die in mir nachhallt – auch wenn ihre Worte aus persönlicher Desillusionierung stammen, während meine aus tiefer Sorge um unser Land und seine Menschen erwachsen. Umgeben von Gegnern finden wir nur in Gott, unserem ständigen Begleiter und Helfer, Trost. Wie ich bereits in früheren Korrespondenzen erwähnte, bleibt der Kummer mein ständiger Begleiter.

Um das Thema zu wechseln: Schweren Herzens nehme ich das Ableben von Methodius, unserem Patriarchen, zur Kenntnis – eine Nachricht, die mich mit großer Traurigkeit erfüllt hat. Möge der Herr ihn in die ewige Gnade aufnehmen. Angesichts seiner kurzen Amtszeit als Patriarch kann ich nicht anders, als Mitgefühl für ihn zu empfinden. Du hast vielleicht bemerkt, dass ich dich in diesem Brief als Patriarch angesprochen habe – bitte bestätige mir, ob dieses Gerücht wahr ist. Wie glücklich würde ich mich schätzen, unseren Patriarchen zu meinen Freunden zählen zu dürfen! Meine Gebete steigen in diesem Zusammenhang zu Gott für dich auf.

In meinem letzten Brief habe ich versprochen, Einblicke in unsere jüdische Gemeinde hier in Cäsarea zu geben, bevor der Schneefall unsere Kommunikation behinderte. Unser Basileus zeigt im Gegensatz zu Anna Komnene eine ungewöhnliche Großmut gegenüber Andersgläubigen, einschließlich ketzerischer Christen und sogar Ungläubiger. Infolgedessen ist unsere bescheidene jüdische Gemeinde in Cäsarea, wenn auch im Stillen, aufgeblüht, ähnlich wie in sarazenischen Gebieten wie Aleppo und Edessa, wie mir berichtet wurde. Seit der Ankunft der Franken im Heiligen Land hat die Verfolgung nie wieder das Maß erreicht, das sie nach der Belagerung Jerusalems erreichte, als Tausende von Juden tragischerweise massakriert wurden. Dennoch betrachten die Franken sie immer noch als die Mörder unseres Erlösers und behandeln sie schlechter als die Sarazenen. Vielleicht ist dies der Grund, warum einige von ihnen hier in Cäsarea Zuflucht gesucht haben und die weniger gastfreundlichen Gegenden von Tripolis, Tyrus und Antiochia hinter sich gelassen haben. Der geschätzte Rabbiner unserer jüdischen Gemeinde ist ein äußerst kenntnisreicher Mensch, mit dem ich mich gerne unterhalte, vor allem, wenn wir uns von bestimmten religiösen Themen fernhalten – eine stillschweigende Vereinbarung, die wir getroffen haben.

Ich werde dieses Schreiben nun umgehend abschließen, um seine rasche Zustellung zu gewährleisten, da Alexios drängt, nach Nikäa aufzubrechen.

Mögest du in der Gnade des Herrn gedeihen.

(gez.) *Niketas*

***

Cäsarea,
am dritten Tag nach dem Fest Allerheiligen

Im Namen des Herrn grüße ich meinen hochgeschätzten Vorgesetzten und lieben Freund Athanasius herzlich, dein treuer und demütiger Bruder Niketas, Bischof von Cäsarea.

Noch einmal entschuldige ich mich aufrichtig für die Verspätung meiner Antwort, die ich noch vor dem Wintereinbruch zu beheben hoffe, damit der starke Schneefall nicht, wie im vergangenen Jahr, die Karawane des Alexios daran hindert, Nikäa zu erreichen. Auch wenn meine Briefe dich nicht erreichen, sollst du wissen, dass du immer in meinen Gedanken und Gebeten gegenwärtig bist. Allein durch das Gebet finde ich Trost inmitten der Trauer und des Leids, die uns derzeit bedrängen. Ich fühle mich wie in einem Tal, das über Nacht von den Tränen all unserer Christen hier überschwemmt wurde. Du hast wahrscheinlich von dem katastrophalen Erdbeben erfahren, das sich am elften September ereignete – eine Tragödie, die einer Welle auf der See glich und ihre schreckliche Nachricht weit und breit verbreitete, bis sie sogar den weit entfernten und doch gesegneten sicheren Hafen von Nikäa erreichte.

Als wäre der Zorn Gottes in einem kurzen Moment entfesselt worden, verflüssigte sich die Erde unter unseren Füßen – oder besser gesagt, unter unseren Betten, denn alle guten Christen schliefen zu dieser Zeit. Die Erde bewegte sich hin und her, und die Häuser wurden so stark erschüttert, dass Dächer nachgaben und Wände einstürzten. Doch dank der Großzügigkeit des Herrn, selbst inmitten einer solchen Katastrophe, starben nicht viele. So konnten wir all den armen Seelen, die in dieser Nacht zu Ihm in den Himmel gingen, ein christliches Begräbnis geben, und wir taten unser Bestes, um die vielen Verwundeten zu versorgen und diejenigen zu trösten, die ihre Familienmitglieder verloren hatten. Unsere Mönche, die im Hospiz der Diakonie[98] dienen, haben sich unermüdlich Tag und Nacht bemüht, die vielen Verletzten zu heilen.

Obwohl unsere Mittel zu begrenzt sind, um allen Familien bei der Reparatur ihrer beschädigten Häuser zu helfen, ist es unsere Pflicht, nach der Katastrophe vorrangig die Strukturen zu reparieren, die unserer Heiligen Kirche gehören. Unser Xenodochion[99], das an die alte Stadtmauer angrenzt, hat ebenfalls erhebliche Schäden erlitten. Auch wenn die Verantwortung für seine Wiederherstellung bei unserem Strategen liegt, bleibt es unser

---

98 Karitativer Dienst der Kirche
99 Gästehaus

Anliegen, insbesondere weil unsere beiden Kirchen, St. Basilius und St. Nikolaus, Pilger anziehen, die oft im Xenodochion übernachten. Trotz früherer Meinungsverschiedenheiten mit Manuel, unserem *strategos*[100] (erinnerst du dich an deine Konflikte mit dem Strategen in Nikomedien?), haben wir unsere Differenzen beiseitegelegt und uns in Christus vereint, um die Situation so gut wie möglich zu lösen. Auch die Synagoge hat Schaden genommen, sodass mein lieber Freund, der Rabbiner, sich intensiv um die Angelegenheiten seiner Gemeinde kümmert. Ich freue mich, berichten zu können, dass sowohl Alexios als auch sein sarazenischer Freund Ibrahim – obwohl letzterer nicht einmal dauerhaft hier wohnt – großzügig zu unseren Hilfsbemühungen beigetragen haben.

Bedauerlicherweise ist das Aquädukt, ein Zeugnis der Ingenieurskunst unserer römischen Vorfahren, das in der Antike, als sie noch heidnische Götter anbeteten, errichtet wurde, dem Erdbeben zum Opfer gefallen. Wie durch ein Wunder versorgte es das Badehaus unseres Hospizes jahrhundertelang mit Quellwasser und musste nur minimal instandgehalten werden. Jetzt liegt es über weite Strecken in Trümmern und lässt uns kaum Hoffnung auf eine Wiederherstellung – es sei denn, unser Basileus schickt Geldmittel und geschickte Steinmetze. Ich muss erwähnen, dass es in der Nähe unserer Stadt ausgezeichnete Steinbrüche gibt.

Es scheint jedoch, dass seine Aufmerksamkeit derzeit auf andere Dinge gerichtet ist. Ich habe die Nachricht erhalten, dass es ihm endlich gelungen ist, Thessaloniki zurückzuerobern – eine Nachricht, die unsere Herzen in dieser langen Nacht des Kummers und der Trauer getröstet hat. Ich hoffe inständig, dass Ioannis Doukas, ähnlich wie Serubbabel, der die Juden nach der babylonischen Gefangenschaft in die heilige Stadt Jerusalem zurück-

---

100 Provinzgouverneur für zivile und militärische Belange

führte, uns eines Tages nach Konstantinopel zurückführen und die Lateiner an ihren Ursprungsort vertreiben wird. Mögen wir dort unseren Tempel wieder aufbauen, wie es Serubbabel tat, und die Pracht unserer heiligen Stätten wiederherstellen. Ich frage dich: Ist es immer noch so, dass die Lateiner die Hagia Sophia entweihen, indem sie sie als Stall benutzen?

Aber warum unser Basileus, gesegnet sei sein Name, dich nicht zum Patriarchen ernannt hat, kann ich nur schwer verstehen, und es erfüllt mich mit Kummer. Ich bin mir sicher, dass Blemmydes dahintersteckt, wie der Hund des Gärtners: Er isst das Gemüse nicht, aber er lässt es auch andere nicht essen. Ich bin mir sicher, dass du den Grund dafür kennst, und verstehe auch, dass du ihn nicht zu Papier bringen möchtest. Darf ich dich in aller Bescheidenheit bitten, deine Gedanken darüber mit Alexios zu teilen? Ich vertraue unserem Boten wie meinem eigenen Sohn, wenn ich einen hätte.

Ich will dich nicht weiter mit meinem Kummer in diesem Brief belasten. Stattdessen werde ich Trost im Dienst an anderen suchen, während ich weiterhin für das Heil unserer Seelen bete – sowohl deiner als auch meiner – in der nächsten Welt. Bitte schreibe mir und sende deinen Brief, der das letzte Schreiben vor dem Wintereinbruch sein wird, gleich durch unseren vertrauten Alexios. Mögen er und dein Brief Caesarea erreichen, bevor der schwere Schneefall einsetzt.

(gez.) *Niketas*

***

Caesarea,
am Ende der Fastenzeit

Bischof Niketas von Cäsarea, als demütiger Diener des Athanasius, Patriarch von Konstantinopel, grüße ich Dich herzlich in Christus.

Unser allmächtiger Gott hat uns mit einem Winter gesegnet, der weniger streng war als der letzte, wofür wir ihm danken. Das Leid und die Verwüstung, die das Erdbeben angerichtet hat, lassen allmählich nach, und im Einklang mit der Natur schöpfen unsere gläubigen Christen neue Kraft und investieren durch die Gnade Gottes in die bevorstehende Ernte. Sogar die Brücke über den Fluss Halys, die stark beschädigt war, wird nun wieder instandgesetzt.

Ich bin dankbar für deinen Brief, den ich zu Beginn der Fastenzeit erhalten habe. Dein Bericht über die Begegnungen mit unseren Brüdern aus Zypern, die der Unterdrückung durch die lateinische Kirche ausgesetzt sind, hat mich tief bewegt; unsere Gebete sind inbrünstig mit ihnen. Da du zweifellos besser informiert bist als ich, der ich in meiner fernen Provinz wohne, erlaube mir in aller Bescheidenheit, mitzuteilen, was ich kürzlich von meinem lieben Freund Konstantin aus Taurus erfahren habe, der, wie immer, in fränkischen Angelegenheiten sehr bewandert ist. Bei seinem jährlichen Frühjahrsbesuch erwähnte er, auch dass Cäsarea einst ein bedeutendes Zentrum der armenischen Kultur und ihrer Kirche war.

Dies also hat mir Konstantin berichtet: Du weißt, dass Kaiser Friedrich trotz seiner mehrfachen Exkommunikation durch den Papst bemerkenswerte Leistungen erbracht hat. Vor mehr als einem Jahrzehnt gelang es ihm, die Herrschaft über Jerusalem von den Sarazenen zurückzuerobern, was ihm die Bewunderung der Franken einbrachte. Dennoch bleibt der Hof des Königreichs Jerusalem fest in Acre verankert, wie aus jüngsten Berichten hervorgeht. Friedrich ist jedoch ein relativer Neuling in einer politischen Landschaft, die seit über einem Jahrhundert von alteingesessenen Familien in Outremer beherrscht wird. Zu diesen zählen die Ibeliner, die nicht nur in Zypern und Jerusalem, sondern auch in Beirut erheblichen Einfluss ausüben.

Bis jetzt hat Friedrichs Sohn Konrad, der nominelle König von Jerusalem, noch keinen Fuß in die Stadt gesetzt. Stattdessen hat er Ricardo Filangieri als seinen Marschall entsandt, um die Hohenstaufen zu vertreten und die Macht in Outremer zu sichern. Wie du weißt, hat diese Entwicklung zu Unmut geführt, insbesondere bei den Ibelinern, allen voran beim ehrwürdigen Fürst Johannes von Beirut. Die Spannungen sind in den letzten Jahren eskaliert und haben mehrfach zu Konfrontationen zwischen den Anhängern Kaiser Friedrichs und den lokalen Dynastien geführt.

Und noch eine weitere Entwicklung, die für dich von Interesse sein könnte, wie Konstantin berichtete: Unter den Rittern haben die Templer dem Adel von Outremer ihre Unterstützung zugesagt, während der Deutsche Orden und die Johanniterritter sich mit den Hohenstaufen und ihrem Vertreter Filangieri verbündet haben. In ähnlicher Weise haben sich die Genuesen nach dem Tod von Fürst Johannes mit den Ibelinern und nun den Monforts zusammengeschlossen, während die Pisaner die Hohenstaufen unterstützen, die sie als Langobarden bezeichnen. Es ist in der Tat verwirrend, nicht wahr? Diese Franken, die sich selbst als Christen bezeichnen und das Heilige Land von den Sarazenen zurückerobert haben, befinden sich nun in einem Konflikt untereinander.

Ich weiß nicht, was ich davon halten soll, aber es wäre vielleicht klug, all dies unserem Basileus mitzuteilen, da du Einfluss auf ihn hast. Denn wer sich unter den Franken mit wem verbündet, ist auch für uns von Bedeutung. Auch wenn wir unsere Vertreibung aus Konstantinopel mit Recht bedauern, könnte es doch einen Grund geben, uns gegen gemeinsame Bedrohungen zu verbünden – seien es gegen die Sarazenen oder, Gott bewahre, die Mongolen. Erst mit der Zeit wird sich zeigen, was notwendig und möglich ist, aber es betrifft uns zweifellos alle.

Doch zurück zu deinem Brief, der wie immer wie ein Leuchtfeuer inmitten der Dunkelheit meiner Prüfungen erstrahlt. Wenn das jüngste Ableben des Antichristen Ögedei tatsächlich, wie du voraussagst und hoffst, das Ende ihrer Einfälle in Europa bedeutet, könnte dies ein gutes Omen für die westlichen Gebiete der Christenheit sein. Dennoch befürchte ich, dass dies den Zorn der Mongolen auf Länder lenken könnte, die näher an ihrem Heimatland liegen – vielleicht sogar auf uns. Allein der Gedanke daran jagt mir einen Schauer über den Rücken, wenn ich an unsere dürftigen Verteidigungsmöglichkeiten gegen einen so furchterregenden Feind denke. Mein geschätzter Freund, ich flehe dich an, den Basileus noch einmal an unsere prekäre Lage zu erinnern. Die wahre Gefahr geht nicht mehr von den Lateinern in Konstantinopel aus, sondern lauert näher, in Georgien, wo der Boden, wenn er überhaupt etwas hergibt, vom Blut der Christen gedüngt wurde, das von den Mongolen und ihren türkischen Verbündeten vergossen wurde – Feinde, die ich noch mehr fürchte als die Sarazenen.

Alexios übermittelte mir deine Überlegungen darüber, warum Ioannis Doukas dir noch nicht den offiziellen Titel verliehen hat, obwohl du alle gewichtigen Pflichten eines Patriarchen erfüllst und im vorgesehenen Sitz residierst. Dein Verständnis für diese Angelegenheit ist offensichtlich, auch wenn es nicht vollständig mit meinem übereinstimmt. Möge Gott seine Gedanken lenken und sein Herz erweichen, damit du die gebührende Anerkennung für deine Verdienste in diesem und im nächsten Leben erhältst.

In Christus, lebe wohl.

(gez.) *Niketas*

***

Brief,
geschrieben am neunten Tag im September

Niketas, der demütige Bischof von Cäsarea, grüßt dich von
Herzen und in kindlicher Ehrfurcht, wie ein Sohn seinen
geistlichen Vater, in wahrer Unterordnung in Christus. Dein
Brief, in dem du die Ereignisse des Sommers und deine Prüfungen schilderst, wurde, wie immer, mit großem Interesse
aufgenommen, mein lieber Bruder in Christus. Mit Gottes
Eingebung glaube ich fest daran, dass du über diese Widrigkeiten triumphieren wirst, und meine Gebete begleiten dich
beständig.

Ich weiß, dass du in der Nähe der Macht lebst, dich häufig am
Hof aufhältst und fast täglich mit der Zurschaustellung unserer militärischen Stärke konfrontiert bist. Daher verstehe ich,
dass du meine Befürchtungen hinsichtlich des Zustands und
insbesondere der Zukunft unseres Reiches nicht vollständig
teilst. Von meinem Aussichtspunkt im fernen Kappadokien
aus, einer Region, die ich im Laufe der Jahre zu schätzen gelernt
habe, erscheint meine Perspektive deutlich düsterer. Abgesehen
von unseren armenischen Nachbarn in Kilikien sehe ich Bedrohungen von allen Seiten auf uns zukommen, und ich weiß
nicht, an wen wir uns außer an den allmächtigen Gott wenden
könnten, um die drohende Zerstörung und Auflösung unseres
Reiches, unserer Kirche und unserer Kultur abzuwenden – unvermeidlich, so scheint es, auch wenn ich hoffe, dass dies nicht
unmittelbar bevorsteht.

Erlaube mir, das zu erläutern: Noch vor wenigen Jahrhunderten war Konstantinopel eine sichere Festung und Bagdad das
Zentrum der Domäne der Sarazenen. Es gab zwar Einfälle und
gelegentliche Kriege mit Siegen und Niederlagen auf beiden
Seiten, doch dauerhafte Feindseligkeiten existierten nicht,
wofür wir Gott dankbar sind. Der Handel florierte; die Sara-

zenen versorgten uns mit Seide aus Kathmandu, Gewürzen aus Indien und Perlen aus ihren Meeren. Einige ihrer Kalifen suchten eifrig nach alten griechischen Texten, die sie ins Arabische übersetzten. Gegenseitige Botschaften, der Austausch von Geschenken und lebhafte Debatten über Religion und Philosophie folgten.

Dann zerbrach das Kalifat, interne Streitigkeiten verzehrten die Sarazenen, und es gelang uns nicht mehr, Bündnisse zu schließen, nicht einmal mit unseren engsten Nachbarn unter ihnen. Die Franken nutzten die Uneinigkeit der Sarazenen aus, um sich in Outremer niederzulassen, und gestalteten die Beziehungen zu den Sarazenen wesentlich feindseliger, als wir es je getan hatten. In der Zwischenzeit sind wir Christen in interne Konflikte verwickelt – ein Phänomen, das Gott zulässt, dessen Wege, wenn auch oft undurchschaubar, unsere Schicksale formen.

Wir haben die Türken einst erfolgreich bei Manzikert zurückgeschlagen, doch nun tauchen sie im Schatten einer noch größeren Bedrohung wieder auf: den Mongolen. Du hast nach meiner Einschätzung unserer Position in diesem komplizierten Schachspiel gefragt; kurz gesagt, die Aussichten erscheinen mir äußerst düster. Erlaube mir, das näher zu erläutern.

Beginnen wir mit den Sarazenen, die gegenwärtig von den Mameluken in Ägypten und den Abbasiden in Bagdad regiert werden. Zwar mögen sie untereinander keine Verbündeten sein, doch ihre Treue zu ihrem falschen Propheten vereint sie gegen die Lateiner und uns. In der Zwischenzeit sind die Lateiner, die über Outremer, Zypern und Konstantinopel verstreut sind, in erheblichem Maße gegeneinander aufgebracht und haben sich zu unseren Gegnern entwickelt. Sicherlich hat Gott dies als Vergeltung für unsere Übertretungen zugelassen.

Was die Mongolen betrifft, so kommen sie mit den Türken im Schlepptau, ihren treuen Verbündeten, die leider seit Jahrhunderten dem Islam und nicht dem Christentum anhängen. Sie sind daher dazu bestimmt, unsere Widersacher zu bleiben. Interessanterweise zeigen sich einige mongolische Anführer, die von christlichen Sklavenmüttern geboren wurden, freundlich gegenüber den Christen, und einige haben sogar selbst den Glauben angenommen. Bedauerlicherweise gehören diese Personen aber der nestorianischen Ketzerei an, die wir in die östliche Wildnis vertrieben haben und die sich daher wahrscheinlich nicht mit uns versöhnen wird.

Aus den Berichten von Ibrahim von Edessa und meinem vertrauten Konstantin von Taurus habe ich Einblicke in zwei oder möglicherweise drei potenzielle Bündnisse für die nahe Zukunft gewonnen – obwohl keines davon besonders wahrscheinlich oder vielversprechend erscheint.

Erstens ist es durchaus plausibel, dass sich die Franken in Outremer eher mit den Mongolen gegen ihre unmittelbaren Gegner, die Mameluken, verbünden, als dass sie sich mit uns Christen gegen die Mongolen zusammenschließen. Unabhängig davon, wer in einem solchen Konflikt den Sieg davonträgt, drohen uns Römern schlimme Konsequenzen.

Ein zweites mögliches Bündnis könnte zwischen den Mameluken in Ägypten und den Abbasiden in Bagdad entstehen, die beide demselben Unglauben anhängen. Ich halte dieses Szenario jedoch aus mehreren Gründen für höchst unwahrscheinlich. Die Abbasiden, die sich in unmittelbarer Nähe der Mongolen befinden, würden die Hauptlast eines mongolischen Überfalls tragen. Bis die Mameluken Verstärkung schicken könnten, wäre es wahrscheinlich schon zu spät. Zudem würden die Mameluken wohl zögern, ihre Verteidigung gegen Outremer zu schwächen –

haben die Franken nicht in jüngster Vergangenheit versucht, in Ägypten einzumarschieren?[101]

Ein drittes potenzielles Bündnis wurde von einer rätselhaften Gestalt vorgeschlagen, die als der Alte vom Berge bekannt ist und in al-Alamut in Persien residiert. Du hast sicherlich schon von ihm gehört. Als Oberhaupt der Nizari-Ismailiten und Anführer der Bruderschaft der Dolche, einer Gruppe, die allgemein als Assassinen bezeichnet wird, lassen seine Anhänger skrupellose Attentate am helllichten Tag auf diejenigen verüben, die sie als Feinde betrachten – seien es Christen oder Sarazenen – in dem Glauben, dass solche Taten zur Erlösung führen. Der gegenwärtige Träger dieses Titels, Alā' ad-Dīn Muḥammad, angeblich ebenfalls ein Gelehrter, plädiert für ein Bündnis zwischen Sarazenen und Christen gegen die Mongolen – ein Vorschlag, der durchaus seine Berechtigung hat. Ich bezweifle jedoch, dass die zersplitterten christlichen und sarazenischen Fraktionen bereit wären, sich präventiv zu vereinen – eine Notwendigkeit, um der mongolischen Bedrohung zu begegnen. Darüber hinaus sind die Nizari-Ismailiten trotz ihres berüchtigten Rufs für mörderische Taktiken aufgrund der geringen Größe ihrer Streitkräfte in offenen Gefechten nur begrenzt wirkungsvoll.

An wen können wir uns also wenden? Wen können wir anflehen? Die Christen in Europa haben eindeutig bewiesen, dass sie nicht bereit sind, uns zu verteidigen; sie haben ja den abscheulichen und heimtückischen Angriff auf uns in Konstantinopel verübt. Ich hoffe, ich habe deutlich gemacht, warum ich so ver-

---

101 Niketas spielt auf den Fünften Kreuzzug an, der 1221 mit der Niederlage der Kreuzfahrer und dem Rückzug aus Damietta endete. Es ist erwähnenswert, dass der heilige Franz von Assisi an diesem Kreuzzug teilnahm und sich bemühte, Frieden mit dem Sultan zu schließen – ein bemerkenswertes Detail in der komplexen Geschichte des Konflikts.

zweifelt bin, denn ich frage mich, ob wir es überhaupt verdienen, dass Gott ein Wunder vollbringt, um unsere Körper und Seelen zu retten.

Ich bin schwach und verzagt und hege nur die Hoffnung, dass der Herr mir in meinen letzten Tagen, in denen ich noch fähig bin, mich um meine Herde zu kümmern, Frieden und Ruhe schenken wird. Auch wenn mein Glaube an die Widerstandskraft unseres Reiches geschwunden ist, bitte ich Gott, die Feinde Christi mit seiner barmherzigen Hand zu besiegen, damit er seine Gläubigen zu ewigem Lob erheben kann. Amen.

Lebe wohl, mein Bruder.

(gez.) *Niketas*

Kapitel 8

Die Belagerung von Orléans, 1429

Es ist kaum möglich, eine einzige Schlacht zu benennen, die den Ausgang des Hundertjährigen Krieges entschied. Um das Resultat vorwegzunehmen: England verlor letztlich fast alle seine ausgedehnten französischen Besitzungen, mit Ausnahme von Calais, von wo aus man bei klarem Wetter die weißen Klippen von Dover sehen kann. Heute warten im sogenannten ‚Dschungel von Calais' Hunderte von Migranten auf eine Gelegenheit, den Ärmelkanal in oft wenig seetauglichen Schlauchbooten zu überqueren.

Obwohl die zweite Hälfte des 14. und die erste Hälfte des 15. Jahrhunderts stark durch den Hundertjährigen Krieg geprägt waren, hinterließen auch andere Entwicklungen dieser Epoche tiefgreifende Spuren in Europa. Es war die Zeit des Vormarschs der Osmanen auf dem Balkan, der Erfindung des Buchdrucks durch Gutenberg und des Großen Schismas, bei dem ein Papst in Avignon und ein anderer in Rom residierte. Zudem begann insbesondere in Italien eine kulturelle Revolution, die den Beginn der Renaissance markierte und in diesem Kapitel durch die Stimmen unserer Zeitzeugen lebendig wird. Auch war es eine Ära bedeutender militärtechnischer Fortschritte: Während des Hundertjährigen Krieges verloren Langbögen, Armbrüste und gepanzerten Ritter allmählich an Bedeutung, während die Artillerie zunehmend den Verlauf der Schlachten bestimmte, da sie aus größerer Entfernung verheerenden Schaden anrichten konnte.

Warum wird die Belagerung von Orléans als Wendepunkt des längsten Krieges in Europa betrachtet? Weil die Eroberung der Stadt durch die Engländer – kurz darauf durch die Hinrichtung von Jeanne d'Arc auf dem Scheiterhaufen symbolisch untermauert – deren Vormarsch bestätigte und beschleunigte. Dies festigte vorübergehend – für mehr als ein weiteres Jahrhundert – die englische Herrschaft über weite Teile Nordfrankreichs, zusätzlich zu ihrem traditionellen Besitz in der weinreichen Gascogne im Südwesten. Wie wir sehen werden, dauerte der Krieg tatsächlich länger als hundert Jahre, und niemand kannte ihn damals unter diesem Namen – dieser wurde erst im 19. Jahrhundert geprägt. In Frankreich markierte der Krieg auch den Übergang von der Feudalordnung zum Ancien Régime – ‚alt‘ aus der Perspektive der Französischen Revolution, als dieser Begriff eingeführt wurde. Das Europa der Feudalzeit war von ständigen Kriegen geprägt, sodass für die Franzosen, auf deren Boden dieser Konflikt stattfand, wenig Neues daran war. Ein kleiner Trost mag sein, dass der Krieg mit Unterbrechungen geführt wurde: Eine Reihe von Waffenstillständen sorgte für jahrelange Ruhephasen.

Zwei Hauptfaktoren führten dazu, dass die Engländer in Frankreich einfielen: Erstens brachte die beeindruckende Eleonore von Aquitanien, als sie den englischen König heiratete, einen umfangreichen Landbesitz im Südwesten Frankreichs als Mitgift mit. Zweitens bestanden enge Blutsverwandtschaften zwischen den englischen und französischen Dynastien – so war die Mutter des englischen Königs Edward III. beispielsweise Französin. Dies ermutigte Edward während einer Thronfolgekrise in Paris, den Ärmelkanal zu überqueren und 1346 den Franzosen bei Crécy eine entscheidende Niederlage zuzufügen. Die Macht des Hauses Capet, der Herrscher des Königreichs Frankreich, reichte zu dieser Zeit kaum über die Île-de-France rund um Paris hinaus. Nach einer elfmonatigen Belagerung eroberten die Engländer Calais, das ihnen als wichtiger Brückenkopf diente. Auguste Rodin hat in seiner Statue der Bürger von Calais einen ergreifenden Moment dieser Belagerung festgehalten, als die Engländer die Kapitulation prominenter Bürger von Calais forderten, die vermutlich hingerichtet werden sollten (Abbildung 8.1). Für den Rest des langen Krieges verhinderte die englische Kontrolle über den Ärmelkanal erfolgreich eine französische Invasion in England.

Abbildung 8.1: Statue ,Die Bürger von Calais' von Auguste Rodin

Zehn Jahre später errangen die Engländer einen weiteren bedeutenden Sieg bei Poitiers, wo sie den französischen König *Jean le Bon*[102] – Johann den Guten – gefangen nahmen. Dieser starb nach zehn Jahren luxuriöser Gefangenschaft in England. In der Zwischenzeit führte König Edwards Sohn, der Schwarze Prinz, Raubzüge im Südwesten Frankreichs durch, die sogenannten *chevauchées*: großangelegte Plünderungszüge, bei denen Dörfer, Ernten und Vieh systematisch zerstört und so viele Menschen wie möglich getötet wurden. Der Begriff für diese Überfälle

---

102 Wo immer möglich, verwende ich die französischen Namen im Text, um die französischen von den englischen Königen zu unterscheiden – obwohl dies bei den zahlreichen ,Charles' auf beiden Seiten schwierig wird.

stand scheinbar in keinem Widerspruch zur ritterlichen Ethik und den damals offiziell gepriesenen Tugenden.

Etwa zur gleichen Zeit wütete die Pest – mangels besserer Erklärung ‚Schwarzer Tod‘ genannt – und forderte mindestens ein Drittel der europäischen Bevölkerung. Ein unbeabsichtigter Nebeneffekt dieses katastrophalen Bevölkerungsrückgangs war, dass der relative Mangel an Arbeitskräften den Wert der Arbeit steigerte und damit die Verhandlungsposition der Landarbeiter verbesserte; so wurde die Leibeigenschaft zunehmend zu einer aussterbenden Form der Unterdrückung der armen Landbevölkerung. Andererseits wurden die Auswirkungen des Schwarzen Todes, insbesondere in Frankreich, durch die Große Hungersnot und die *jacquerie*, einem kurzlebigen, aber äußerst gewalttätigen Bauernaufstand, noch verschärft.

Die Schlacht von Agincourt im Jahr 1415 war nach Crécy und Poitiers der dritte entscheidende englische Sieg über die Franzosen. Dieser unerwartete Erfolg, trotz der zahlenmäßigen Unterlegenheit der englischen Invasionsarmee, wird dem effektiven Einsatz der englischen Langbögen zugeschrieben. Der Sieg wurde jedoch durch den Befehl von König Henry, Tausende von französischen Gefangenen zu töten, leicht getrübt. Dieser Befehl verstieß gegen den Brauch, zumindest Ritter für zukünftige Lösegelder am Leben zu lassen. Fast vierzig Prozent des französischen Adels wurden während oder nach der Schlacht von Agincourt getötet, was die Zentralisierung der Macht in den Händen der französischen Könige förderte. Eine Ausnahme vom allgemeinen Gemetzel war Charles, der Herzog von Orléans, der nach England gebracht wurde und dort fünfundzwanzig Jahre in Gefangenschaft verbrachte. Diese Jahrzehnte verbrachte er nicht ungenutzt, sondern baute eine umfangreiche Bibliothek auf und schrieb ausgiebig auf Latein, Französisch und Englisch – er verfasste einige der schönsten englischen Gedichte seiner Zeit. Sein aus dem Französischen übersetzte Lied ‚Is she not passing fair?‘ wurde später von dem englischen Komponisten Edward Elgar vertont.

Unter der langen Herrschaft des französischen Königs *Charles Le Fol* – Karl der Verrückte – brachte ein innerfranzösischer Bürgerkrieg weitere Verwüstungen über das Land. Kurz vor dem Tod des verrückten Königs kamen die Feindseligkeiten zwischen England und Frankreich jedoch vorübergehend zum Stillstand: Im Vertrag von Troyes von 1420 wurde König Heinrich V. von England als Erbe des französischen Throns anerkannt. Nach seinem Tod, nur zwei Jahre später, war jedoch alles wieder beim Alten: Sowohl der junge Henry VI. von England als auch der französische Dauphin Charles erhoben Anspruch auf den französischen Thron. Dennoch leitete der Vertrag von Troyes eine Periode relativer Stabilität in Frankreich ein.

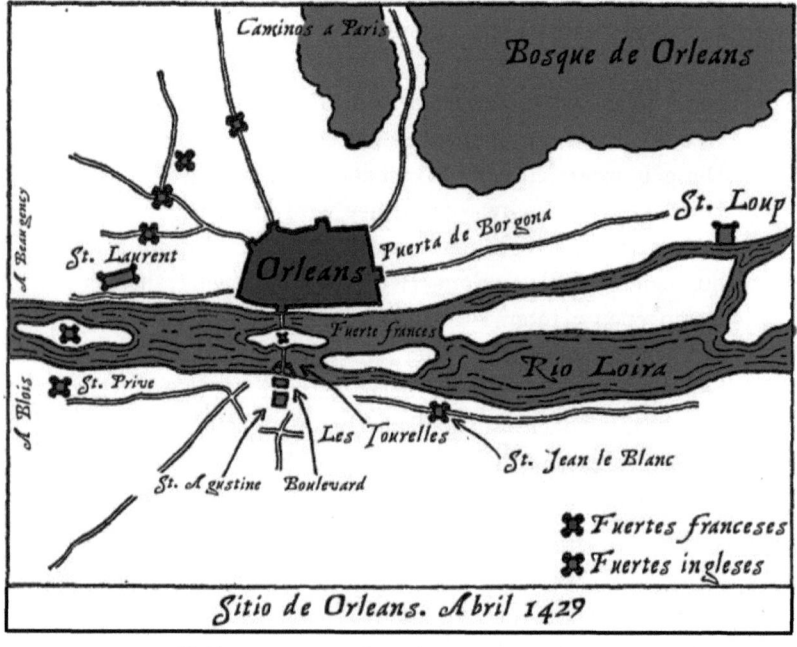

Abbildung 8.2: Karte der Belagerung von Orléans

Bis zur Belagerung von Orléans durch die englische Armee im Jahr 1429 (Abbildung 8.2). An diesem Punkt tritt Jeanne d'Arc, die sich in Anspielung auf ihre Jugend und Jungfräulichkeit *la pucelle* nannte, auf die Bühne, angetrieben von ihren Visionen des Heiligen Michael, der Heiligen Katharina und der Heiligen Margarete. Noch als Teenager, Analphabetin und in Männerkleidung, überzeugte sie den Dauphin, ihr die Führung der französischen Truppen zu überlassen, um die englische Belagerung von Orléans zu beenden. Obwohl ihre inspirierende Präsenz die Moral der französischen Truppen erheblich stärkte, scheiterte die Befreiungsaktion: Orléans fiel (Abbildung 8.3). Im Jahr darauf wurde Jeanne d'Arc von den Burgundern gefangen genommen. Der französische König, der ihr seine Krönung verdankte, unternahm nichts, um sie freizukaufen, und die Burgunder verkauften sie für 10 000 *livres tournois* an ihre englischen Verbündeten. Ein kirchliches Tribunal unter englischer Schirmherrschaft verurteilte sie wegen Ketzerei – vor allem, weil sie Männerkleidung trug – und verbrannte im Alter von nur neunzehn Jahren die mutige Soldatin und Heldin lebendig auf dem Scheiterhaufen. Erstaunlicherweise wurde sie fünf Jahrhunderte später von derselben römisch-katholischen Kirche heiliggesprochen.

Abbildung 8.3: Künstlerische Darstellung der Belagerung von Orléans aus dem fünfzehnten Jahrhundert

Nachdem die Franzosen Jeanne d'Arc, das Symbol ihres tapferen Widerstands, verloren hatten, begnügten sie sich, ihr verbliebenes Territorium zu verteidigen, anstatt zu versuchen, die Engländer über den Kanal zurückzudrängen. Die Strategie der Engländer in Frankreich wandelte sich daraufhin von großflächiger Verwüstung, wie sie zuvor in Form der berüchtigten *chevauchées* praktiziert worden war, hin zur Besetzung. Diese bestand während der langen und unruhigen Herrschaft der Engländer und ihrer burgundischen Verbündeten und umfasste einen Großteil Nordfrankreichs, einschließlich Paris, sowie die angestammten Gebiete der Angevins in der Gascogne.

Wer waren Englands Verbündete, die Burgunder? Der Name erinnert an die Nibelungensage, die sich um die burgundische Hauptstadt Worms rankt, wo Siegfried mit Hilfe von List Kriemhild als Gattin eroberte. Tausend Jahre nach diesen legendären Ereignissen, im 15. Jahrhundert, hatte die burgundische Dynastie den Ehrgeiz, sich dauerhaft zwischen den Territorien Frankreichs im Westen und dem Heiligen Römischen Reich im Osten auszudehnen und zu festigen – von Flandern im Norden bis zur Franche-Comté im Süden, an der Grenze zu Savoyen. Es war die reichste, mächtigste und prunkvollste Dynastie Europas. Historisch gesehen war sie jedoch nur von kurzer Dauer, eher ein Strohfeuer.

Die burgundische Expansion begann mit der Ernennung von *Philippe le Hardi* – Philipp dem Kühnen – zum Herzog von Burgund im Jahr 1363, der als treuer Verbündeter des französischen Monarchen Karriere machte. Sein Sohn *Jean sans Peur* – Johann Ohnefurcht – spielte eine bedeutende Rolle im erwähnten französischen Bürgerkrieg, da er an der Ermordung des Herzogs von Orléans beteiligt war. Sein Sohn *Philippe le Bon* – Philipp der Gute – ging noch einen Schritt weiter und verbündete sich offen mit den Engländern gegen die Franzosen, was das Gleichgewicht zu Ungunsten von Paris kippte.

Während der englischen Besetzung eines großen Teils Frankreichs über drei Jahrzehnte, wie in der Karte in Abbildung 8.4 dargestellt, war die Situation folgendermaßen: Angesichts der dynastischen und sprachlichen Nähe der Burgunder zu Frankreich setzten die Engländer sie als nützliche Vermittler ein, was die Auswirkungen der Besatzung etwas abmilderte. Dennoch hinderte dies die Engländer nicht daran, die Bevölkerung mit hohen Steuern zu belasten, um die laufenden Kriegsanstrengungen zu finanzieren. Auch konnten die Spannungen zwischen den Anhängern der englischen und der französischen Monarchie sowie Sabotageakte und gelegentliche lokale Rebellionen dadurch nicht verhindert werden. Die beiden französischen Könige, die während dieser Besatzungszeit regierten, wurden abfällig als ‚Könige von Limoges‘ bezeichnet, wo sie residierten.

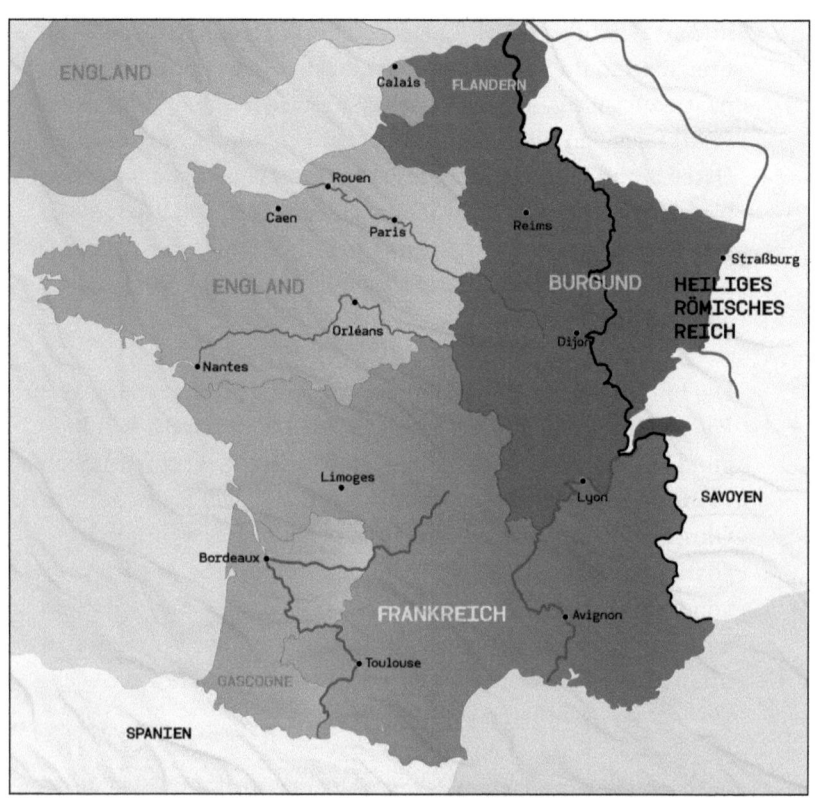

Abbildung 8: Aufteilung der Territorien in Frankreich zwischen etwa 1430 und 1470. Die Linie, die von Flandern im Norden quer durchs Burgund nach Süden verläuft, stellt die Westgrenze des Heiligen Römischen Reiches dar[103]. (© Markus Michael, 2024)

Mit der Thronbesteigung des letzten Herzogs von Burgund, *Charles le Téméraire* – Karl der Kühne[104] – wendete sich das Blatt

---

103 Ein oft Voltaire zugeschriebenes Bonmot lautet, dass dieses weder heilig noch römisch und schon gar nicht ein Reich sei.

104 Eigentlich hätte er als Karl der Rücksichtslose in die Geschichte eingehen müssen, aber der Beiname ,der Kühne' hat sich zu sehr eingebürgert, um ihn jetzt noch zu ändern.

erneut. Durch Gerissenheit und Brutalität war dieser zu einem der mächtigsten Herrscher Europas aufgestiegen. Doch die diplomatischen Bemühungen des französischen Königs *Louis le Rusé* – Ludwig XI. der Gerissene – brachten Burgund schließlich zurück in den französischen Schoß. Gemeinsam warfen die Armeen von Ludwig und Karl die Engländer 1470 aus Frankreich hinaus. Die französisch-burgundischen Siege von Caen, Rouen und Amiens waren das Gegenstück zu Crécy, Poitiers und Agincourt, nur dass sie in einem viel kürzeren Zeitraum errungen wurden. Dabei nutzten sie die Ablenkung der Engländer, die sich damals im Rosenkrieg gegenseitig bekämpften. Lediglich Calais blieb in englischer Hand, bis es ein Jahrhundert später von der Tudor Königin ‚Bloody' Mary aufgegeben wurde.

Als Belohnung für seinen Seitenwechsel erhielt Charles le Téméraire einige Gebiete im Osten Frankreichs, doch diese waren so kurzlebig, dass sie kaum auf einer Karte verzeichnet wurden. Denn Louis le Rusé, seinem Namen gerecht werdend, hatte bereits einen Plan vorbereitet, um die aufstrebenden Burgunder nicht nur ihrer jüngsten Errungenschaften zu berauben, sondern sie ein für alle Mal zu vernichten.

Aber wie konnte Frankreich nach mehr als einem Jahrhundert Krieg, der das Land völlig erschöpft hatte, die Wende schaffen? Die Antwort lag in den nördlichen Ausläufern der Alpen, bei den Schweizern – einem robusten Volk von Bergbauern, das bereits die mächtige Armee der Habsburger[105] in die Flucht geschlagen hatte und nun entschlossen war, auch die burgundischen Ambitionen zu vereiteln. Alles, was sie dazu benötigten, war Geld, das sie reichlich und diskret aus den Truhen von Louis le Rusé erhielten. Bevor wir zu den drei denkwürdigen Schlachten kommen, die das Schicksal Burgunds besiegelten, muss die einzige Begegnung zwischen

---

105 Ironischerweise waren die Habsburger Schweizer Ursprungs.

Karl dem Kühnen und dem deutschen Kaiser Friedrich III. erwähnt werden – die trotz ihres merkwürdigen Ausgangs für die Fertigung des Deckels sorgte, der schließlich auf Burgunds Sarg geschraubt wurde.

Im Jahr 1473 traf sich Karl der Kühne mit Kaiser Friedrich III. in Trier, voller Hoffnungen. Da die meisten burgundischen Ländereien zum Heiligen Römischen Reich gehörten, erwartete er, endlich zum König von Burgund gekrönt zu werden. Um Friedrich das Geschäft schmackhaft zu machen, bot er dem Kaisersohn Maximilian die Hand seiner Tochter Maria an. Nach einem Monat voller Feste und Turniere in Trier bekam der Kaiser jedoch kalte Füße, schlich sich vor Tagesanbruch davon und machte sich auf den Heimweg. Bezeichnenderweise löste er jedoch die Verlobung der beiden jugendlichen Erben nicht, und auch Karl hielt daran fest, obwohl er verständlicherweise in einen denkwürdigen Wutanfall geriet. Diese Entscheidung – oder das Unterlassen, eine solche zu treffen – der Väter sollte das Schicksal Burgunds besiegeln. Nicht umsonst soll Maximilian, als er Kaiser wurde, das berühmte Bonmot der Epoche geprägt haben: ‚Tu felix Austria nube!‘[106]

Das Schicksal Karls des Kühnen – und damit Burgunds – wurde 1477 in drei Auseinandersetzungen mit den Schweizern und ihren Verbündeten besiegelt, die alle zugunsten letzterer ausgingen: die Schlachten von Grandson, Murten und Nancy. Die Schweizer fassten diese Niederlagen später in einem Vers zusammen: ‚Der Herzog von Burgund verlor in Grandson sein Gut, in Murten den Mut und in Nancy das Blut.‘ Zur Schlacht von Grandson hatte der Herzog, zur Freude der siegreichen Schweizer, die den wahren Wert ihrer Beute kaum erahnen konnten, all seine Kronjuwelen und anderen Schätze mitge-

---

106 Du, glückliches Österreich, heirate! Im Gegensatz zu anderen Mächten, die Kriege führen mussten, um ihr Territorium zu vergrößern.

bracht. In Nancy schließlich wurde Karls nackte Leiche Tage später, von Wölfen angefressen, unter dem Schnee in gefrorenem Wasser geborgen. So entledigte sich Ludwig der Gerissene seines ehemaligen Verbündeten, der ihm geholfen hatte, die englischen Besatzer zu vertreiben, aber letztlich zu ehrgeizig für sein eigenes Wohl geworden war. Der französische König teilte die Beute mit Kaiser Friedrich und gliederte den westlichen Teil Burgunds in Frankreich ein. Karls Tochter, Maria die Reiche, wie sie später genannt wurde, brachte Flandern und ihre anderen nördlichen Besitzungen als Mitgift in das Habsburgerreich ein, als sie den zukünftigen Kaiser des Heiligen Römischen Reiches, Maximilian I., heiratete.[107]

Eine Korrespondenz aus der Zeit kurz vor den Burgunderkriegen – die als Epilog des Hundertjährigen Krieges betrachtet werden können – zeugt von den Ereignissen dieser Epoche. Während ihrer Zeit an der Päpstlichen Akademie der kirchlichen Adligen in Rom waren unsere drei Briefpartner enge Freunde geworden – im Fall von Gio und Carva, wie manche sagten, sogar sehr enge Freunde – und blieben auch in den 1470er-Jahren, als sie als päpstliche Legaten tätig waren, so oft wie möglich in Kontakt: der Genuese Niccolò Acciaiuoli, von seinen Freunden Nico genannt, am französischen Hof in Paris, der Florentiner Giuliano Lamberteschi, genannt Gio, am englischen Hof in London und der Sevillaner Alonso Carvajal Covarrubias, genannt Carva, am burgundischen Hof in Dijon.

---

107 Doch das ist noch nicht ganz das Ende unserer Geschichte: Ihr Sohn Philippe der Schöne heiratete Johanna, die Tochter von Königin Isabella und König Ferdinand von Spanien (die wir in Kapitel 10 – Die Belagerung von Granada – kennenlernen werden), die später als *Juana la Loca* bekannt wurde: Johanna die Wahnsinnige. Der Sohn von Philipp und Juana wurde später Karl V., der spanische Habsburger Kaiser des Heiligen Römischen Reiches, dessen Alterssitz in Kapitel 11 – Die spanische Armada – eine bedeutende Rolle spielen wird.

Die Auswahl ihrer Briefe aus dem Jahr 1475 basiert auf einem Wettbewerb zwischen den drei Freunden. Als Cosimo de' Medici beschloss, Platons Akademie in Florenz wiederzubeleben, ernannte er Marsilio Ficino – Arzt, Gelehrter, Priester und Philosoph – zu ihrem Leiter. Ficino erklärte das 15. Jahrhundert zum Goldenen Zeitalter, in dem die freien Künste erneut ans Licht getreten waren. Jeder unserer drei päpstlichen Legaten wählte sein eigenes Steckenpferd, um dieses Argument zu untermauern: Nico feierte die Literatur, Carva schwärmte von der Musik, und Gio war begeistert von den bildenden Künsten. Sie ahnten nicht, dass die Errungenschaften, die sie priesen, noch keinen Höhepunkt der europäischen Kultur darstellten, sondern Vorboten eines tieferen Wandels waren – von etwas viel Größerem, das noch kommen würde.

Korrespondenz zwischen den päpstlichen Legaten von Dijon, Paris und London, 1475

Dijon, den 30. März des Jahres 1475

Liebster Gio,

Es ist früher Frühling in Dijon, und die Stadt zeigt sich in der gewohnten Schönheit dieser Jahreszeit, mit blühenden Schneeglöckchen und den ersten Narzissen. Ein bezaubernder Anblick, wenn ich ausreite: Die frischen Blattsprossen legen sich wie ein durchsichtiger grüner Schleier über die sonst noch kahlen Zweige. Ich fürchte, du musst in deinem London noch etwas länger auf dieses herzerwärmende Frühlingsspektakel warten – obwohl ich sicher bin, dass die Stadt auch im Winter ausreichend Vergnügungen zu bieten hat, sicherlich mehr als mein verschlafenes Dijon. Wenn ich die Wahl hätte, würde ich lieber in Brügge oder Gent wohnen, wo der Herzog tatsächlich mehr Zeit verbringt als hier oder in seinen neuen französischen Besitztümern. Doch wer bin ich, als bescheidener Diener des Heiligen Stuhls und der Gnade meines weltlichen Herrn ausgeliefert, darüber zu entscheiden?

Und dann wäre da noch die Sache mit dem Flämischen: Im Gegensatz zu euch beiden bin ich nicht sprachbegabt und muss mich mit meiner Beherrschung des Französischen begnügen. Mein Sekretär macht sich zwar ständig über meinen Akzent lustig und meint, mein ‚r‘ rolle durch ihre elegante Ausdrucksweise wie ein Bauernwagen durch ein herzogliches Gefolge. So trage ich also die Strafe für meine Sünden, die ihr nur zu gut kennt, und bin froh, dass ihr beiden lieben Freunde in echten Hauptstädten stationiert seid.

Nicht, dass es hier an Pracht mangelt, besonders wenn Karl residiert – was nicht oft vorkommt –, aber wie ihr wisst, war ich nie ein großer Freund von Feierlichkeiten und finde wenig Vergnügen daran, endlosen Turnieren beizuwohnen. Diese Turniere mögen prächtige Angelegenheiten sein, doch wirken sie in unserer Zeit ein wenig *démodé*, findet ihr nicht auch? Aber unser Herzog ist, wer er ist, und wir alle fügen uns seinem Willen. Was ihn in meinen Augen rettet – als ob meine Meinung von Bedeutung wäre – ist seine Liebe zur Musik, doch darüber später. Es genügt für den Moment zu sagen, dass Musik ein wesentlicher Bestandteil des höfischen Lebens ist – und Gott sei Dank auch der Gottesdienste. Manchmal hege ich den Verdacht, dass unser Herzog mit all dem Luxus und Prunk, den er zur Schau stellt, den Mangel an einer Königskrone kompensieren möchte, die ihm vor zwei Jahren wieder versagt blieb.

Wie ihr mich kennt, bevorzuge ich einfache Freuden: meine Bibliothek, meine Laute und Spaziergänge im Garten. Ab und zu wird mein bescheidenes Leben durch ein inspirierendes Gespräch mit einem Besucher bereichert. Kürzlich erhielt ich Besuch von Bischof Konrad von Nürnberg, der mir ein (gedrucktes!) Buch von Johannes von Königsberg zeigte – den ihr eher als Regiomontanus kennt. Der Bischof behauptet, Johannes sei ein Freund von ihm. Das Buch trägt den Titel *Theoricae novae Planetarum*[108] und ist zugleich faszinierend und beängstigend, da es das heliozentrische Modell des Aristarchus von Samos lobt.

Als gebildeter und – darauf bin ich eher noch stolz – neugieriger Mensch bin ich begeistert, solchen Argumentationen auf mathematischer Grundlage zu folgen. Da Mathematik eine enge Beziehung zur Musik hat, verfüge ich über notwendige Kenntnisse, um diese Theorien zu verstehen. Dennoch stehen sie im Widerspruch zu dem, was man uns beigebracht hat und woran wir zu glauben ermahnt wurden. Erinnert ihr euch an den Kometen, der vor drei Jahren fast den ganzen Winter über sichtbar war? Regiomontanus hat dessen Entfernung von der Erde und sogar seine Größe berechnet! Wie auch immer, es ist alles eine willkommene Beschäftigung des Geistes, zumindest für mich – obwohl ich weiß, dass ihr beide neben den Freuden des Intellekts auch jene des Fleisches zu schätzen wisst. Versteht mich nicht falsch, ich urteile nicht, sondern bin einfach froh, dass wir weiterhin unsere Freundschaft und unsere Liebe zu Wissenschaft und Kunst teilen.

Um das Thema meines Besuchers abzuschließen: Der Bischof erzählte mir, dass Regiomontanus vom Papst selbst nach Rom gerufen wurde, um an einer Kalenderreform zu arbeiten.[109] Ich bin gespannt, was dabei herauskommen wird, aber wie wir Sixtus kennen, hat er seinen Kopf wohl voll mit unzähligen anderen Ideen.

Bevor ich jedoch tiefer in unser – oder besser gesagt mein – Thema eintauche: Erzähl mir doch etwas von dir! Ich habe schon

---

108 Neue Theorie der Planeten.
109 Sieben Jahre später, im Jahr 1482, wurde der Gregorianische Kalender tatsächlich durch den Julianischen Kalender ersetzt.

lange nichts mehr von dir gehört und frage mich, ob das nur an der Schwierigkeit liegt, einen vertrauenswürdigen Briefträger zu finden. Wie schlägt sich euer König Edward der Unverzierte[110] in seinem Krieg[111]? Gibt es noch ernsthafte Rivalen, die seinen Thron bedrohen? In diesem Jahr wird der Krieg immerhin sein zwanzigstes Jahr erreichen. Zumindest hoffe ich, dass du selbst in deinem schönen Haus in London wohlauf bist.

Du hast nach Margarete von York, der Gemahlin unseres Herzogs, gefragt und wie es ihr nach dem schrecklichen Zerwürfnis zwischen Burgund und England ergangen ist. Tatsächlich befand sie sich anfangs in einer schwierigen Lage, doch sie entschied, dass ihre Loyalität dem Land ihres Mannes gilt – eine Haltung, die so aufrichtig wirkt, dass Margarete von vielen respektiert und sogar geliebt wird. Sie ist jedoch stets bestens über den Krieg in England informiert und verbirgt privat ihre Sympathien für das Haus York nicht. Ich muss gestehen, dass ich ihre Gesellschaft sehr schätze: Sie ist nicht nur eine willensstarke und äußerst intelligente Frau, sondern auch eine große Mäzenin der Künste. Margarete und Karl haben, wie du weißt, keine Kinder, aber sie hängt sehr an ihrer Stieftochter Maria, Karls Erbin, die Maximilian von Habsburg, den Erben Friedrichs, heiraten soll.

Nun zu unserer Aufgabe, für die ich bereits genügend Material habe, um ein ganzes Buch zu füllen – die Herausforderung besteht vielmehr darin, meine Gedanken zu ordnen und euch beide nicht mit Details zu langweilen, die für einen Laien uninteressant sein mögen. Musik: Was wäre mein Leben – unser Leben – ohne sie? Musik entführt uns wie Träume aus dem Alltag in andere, höhere Sphären, verbindet Seelen, die sich sonst

---

110 Insider-Witz: König Edward IV. wurde nie mit einem offiziellen Beinamen bedacht.
111 Der Rosenkrieg, der erst viel später unter diesem Namen bekannt wurde.

nie begegnen würden, und weckt Gefühle aus der Tiefe, wie es keine andere Kunst vermag – zumindest meiner Meinung nach. Musik schenkt uns auch Freude, zumindest denjenigen, die mit der Fähigkeit gesegnet sind, sie zu schätzen. All dies ist seit der Antike so: Denkt an die Sirenen, deren Gesang jeden Zuhörer in Ekstase versetzte und die Seeleute in den Tod lockten, weil sie in ihrem Bestreben ertranken, den Gesang aus der Nähe zu hören. Oder denkt an Orpheus, dessen Musik Macht gleichermaßen über Menschen, Tiere und die Natur besaß.

Apropos Griechen: Die beiden Modi, die wir heute zum Schreiben und Hören von Musik verwenden – Dur und Moll –, waren den alten Griechen bereits bekannt; sie nannten diese lydisch bzw. äolisch. Im Gegensatz zu uns kannten sie jedoch noch eine Reihe weiterer Modi, die jeweils einen anderen Ausgangspunkt auf der Skala hatten, wie dorisch, lokrisch, mixolydisch und andere. Dabei galt der lydische Modus als der hellste, während der phrygische eher als dunkel empfunden wurde. Leider scheinen diese Modi heute verloren zu sein, möglicherweise für immer. Obwohl sie für unsere Ohren fremd und leicht verwirrend klingen, können sie dennoch reizvoll sein, wenn sie mit bestimmten – aber nicht allen – Streich- und Blasinstrumenten gespielt werden, insbesondere solchen, die nicht auf eine bestimmte Tonart gestimmt sind. Und natürlich mit der menschlichen Stimme.

Mit zwei oder drei Musikern der Kapelle[112] von Dijon, einem Sänger und den zwei begabtesten Chorknaben studieren wir diese verlorenen Modi ein und führen sie auf – allerdings nur für ein sehr kleines, ausgewähltes Publikum, muss ich gestehen. Nicht, dass der Herzog sich dafür interessieren würde, und er bestimmt schließlich den Geschmack des Hofes.

---

112 Eine Kapelle kann sowohl ein Ort der Anbetung als auch ein Musik-
ensemble sein.

Dennoch ist dies eine Übung zur Erweiterung unserer musikalischen Wahrnehmung, die wir in unserer kleinen Gruppe sehr genießen. Diese Melodien haben eine beruhigende Wirkung und halten uns zugleich ständig auf Trab. Denn beim Musikhören geht es letztlich immer um Antizipation, und wir sind es gewohnt, im Rahmen unserer beiden vertrauten Modi stets die Fortsetzung einer Melodie zu erwarten oder uns überraschen zu lassen. Bei den altgriechischen Modi wird die Antizipation schwieriger, was uns wacher hält. Gott sei Dank ist meine Laute für diese Art von Ausflügen in die Vergangenheit – oder, wenn ihr wollt, in andere Dimensionen – bestens geeignet.

Nun zurück zu den Griechen, ein letztes Mal. Nicht eine, sondern zwei der neun Musen sind mit Musik verbunden: Terpsichore mit Tanz und Chor, und Euterpe, die Flötenspielerin, mit Lyrik und Musik – nicht umsonst lässt sich ihr Name mit ‚Freudenspenderin‘ übersetzen. Aus der Lektüre von Platon und Aristoteles können wir ableiten, dass die Poesie die Wurzel der griechischen Musik ist. Aber was ist mit den Römern, unseren direkten Vorfahren? Leider nicht viel, um es kurz zu machen.

Das ist aus folgendem Grund bedeutsam: Während du, Gio, und deine Mitstreiter euch in der Architektur an den Römern orientieren (und ich bin gespannt auf deine Gedanken zur bildenden Kunst!), stehen wir Musikliebhaber, die kaum noch in der Lage sind, die griechischen Ursprünge der Musik zu erkennen, bei den Römern vor einem leeren Erbe: Es gibt nichts, worauf wir zurück- oder aufschauen können. Das hat es den Komponisten, vor allem den flämischen, aber auch den italienischen, ermöglicht, innovativ zu sein, ohne sich an antiken Vorbildern orientieren zu müssen. Besonders Burgund hat sich als äußerst fruchtbarer Boden erwiesen, um flämische, französische und italienische Musiktalente zusammenzubringen – sehr zu meinem Glück.

Ich weiß nicht, wie es um die musikalischen Aktivitäten in London bestellt ist, aber was sich hier abspielt, ist wirklich bemerkenswert. Erinnerst du dich an unsere Zeit in der Akademie? Wie ergriffen wir dem Chor bei der Messe lauschten! Es war, als ob nicht nur unsere Seelen, sondern auch unsere Körper emporgehoben und mit der Melodie des Klagelieds durch das Kirchenschiff getragen wurden! Dieses Gefühl habe ich immer noch, wenn ich hier dem Chor in der Kirche zuhöre – eine spirituelle Darbietung und Erfahrung, die unvergesslich bleibt. Ich assistiere oft bei der Vesper, bei der der Chor sein Bestes gibt; die Kirche verfügt zudem über eine ausgezeichnete Orgel, die von einem jungen Franzosen meisterhaft gespielt wird.

Am Hof jedoch werden wir mit der polyphonen Musik verwöhnt, die seit Jahren in Mode ist. Ohne das Verdienst des Chorgesangs schmälern zu wollen, wie ich versucht habe darzustellen, führen uns Polyphonie, Harmonie und Kontrapunkt vielleicht nicht in höhere, sondern in andere Sphären – welch ein Genuss! Flandern ist das Zentrum musikalischer Kreativität und Darbietung: Der Chor der Liebfrauenkathedrale in Antwerpen ist größer als der von Sixtus in Rom! Aber ihr Italiener seid nicht weit dahinter: Ich denke nur an den von Papst Nikolaus eingerichteten Lehrstuhl für Musik in Bologna, den Medici-Chor in deinem Florenz, dem du in deiner Jugend sicherlich zugehört hast, und das Lehren und Lernen von Musik in Mailand und Padua. Auch in Paris soll es, wie ich höre, eine hervorragende Musikschule geben. Die herzoglichen Kapellen hier in Burgund sind für Karl zu einem weiteren Mittel geworden, seine Konkurrenten zu übertrumpfen, was ja seine unermüdliche Absicht ist. Doch was für ein Vergnügen bedeutet das für uns! Ich verpasse nie eine Hofaufführung und höre auch manchmal den Proben zu.

Wie du weißt, ist mehrstimmige Musik in der Kirche seit Papst Johannes XXII. (seit einhundertfünfzig Jahren, stell dir das nur vor!) verboten, doch es war unmöglich, sie vollständig aus der Kirche zu verbannen. Hier in Dijon setzt man sich über diese alte Regel hinweg und bewahrt ein Minimum an Anstand, indem man den Cantus firmus auf Latein singt, während die Oberstimmen auf Französisch gesungen werden. Die Flamen gehen sogar so weit, offen kirchliche Polyphonie zu komponieren. Solche Praktiken haben viele Kritiker, aber wie du dir vorstellen kannst, gehöre ich nicht zu ihnen. Wenn Gott uns die Fähigkeit gegeben hat, unseren Geist auf diese Weise zu seiner Ehre zu erheben, dann soll es so sein.

Auf die Gefahr hin, dass ich in dein Fachgebiet eindringe, vergleiche ich das komplexe Zusammenspiel verschiedener Stimmen – nach sehr komplizierten Regeln, die nicht einmal ich alle kenne – mit der Einführung der Perspektive in der bildenden Kunst: Was zählt, sind nicht die Berechnungen, die dahinterstehen, sondern der unmittelbare, unvermittelte Eindruck, den sie auf unseren Geist und unsere Seele machen – würdest du meiner heutigen Schlussfolgerung nicht zustimmen?

Ich schließe aber nicht, ohne dir zu berichten, dass uns für nächsten Samstag der Auftritt einer jungen Engländerin versprochen wurde, von der man sagt, sie singe so lieblich und angenehm, dass es scheint, als besitze sie keine menschliche, sondern die Stimme eines Engels. Ich werde sie als eine Botschaft von dir aus London anhören.

Möge unser Band durch Entfernung und Zeit hindurch bestehen bleiben, bis wir uns wieder umarmen, lieber Freund,

(Gezeichnet: Carva)

Post scriptum: Ich werde meinen vertrauenswürdigen Sekretär bitten, den Teil unseres Wettbewerbs über die Künste für Nico zu kopieren und meinem privaten Brief an ihn beizufügen.

***

Paris, den 25. April des Jahres 1475

Mein lieber Carva,

Vielen Dank für deinen Brief vom letzten Monat, der in weniger als einer Woche hier angekommen ist! Ich kann nur hoffen, dass meine Antwort und mein Beitrag zu unserem Wettbewerb ebenso schnell in Dijon eintreffen – schließlich sind wir ja fast Nachbarn, nicht wahr? In den letzten Monaten habe ich eine gewisse Spannung am Hof gespürt; in König Ludwigs Gefolge wird gemunkelt, dass er mit deinem Herzog, seinem Cousin ersten oder zweiten Grades (ich weiß es nicht mehr genau), nicht besonders zufrieden ist. ,Anmaßend' soll das Wort gewesen sein, das er benutzt hat. Es scheint, dass er die Zugeständnisse, die er Karl für dessen Unterstützung gegen die Engländer machen musste, noch nicht verwunden hat. Ich weiß, dass man Ludwig auf eurer Seite ,der Gerissene' nennt; hier schmeichelt man ihm eher mit dem Beinamen ,der Vorsichtige' – was nicht einmal ein Widerspruch ist. Wenn du also deinen Herzog das nächste Mal triffst, rate ihm bitte, sich ein wenig zu mäßigen, denn Ludwig ist ein Mann, mit dem man trotz seiner höflichen Umgangsformen rechnen muss. Scherz beiseite.

Paris hat sich, wie du richtig sagst, in den fünf Jahren seit dem Abzug der Engländer zu einer echten Hauptstadt entwickelt: ein Zentrum der Kunst, der Literatur und des Wissens, in das Studenten und Meister aus anderen Städten und Ländern strömen. Ich genieße das sehr, auch in meinem offiziellen Beruf, wo ich oft mit intelligenten und gelehrten Männern zu tun habe – wenn auch nicht immer. Es wird viel gebaut und verschönert in der Stadt, die sich rasch ausbreitet, und es gibt zahlreiche Anzeichen von Wohlstand. In den Köpfen der Menschen scheint der Krieg nie stattgefunden zu haben, so groß ist die allgemeine Freude. Und soll ich dir von den weiblichen Reizen erzählen, die die Stadt bietet? Keine Sorge, das werde ich nicht tun. Aber dennoch: Als Männer der Kirche sind wir Diplomaten und keine Mönche.

Nun, *in medias res* – oder besser gesagt, noch nicht ganz, denn ich muss kurz auf dein Lob über die Entwicklung der Musik in unserer Zeit eingehen. Gut gebrüllt, Löwe! Obwohl es mir Freude bereitet, Musik zu hören, wenn sie gut ausgeführt ist, habe ich mir nie viele Gedanken darüber gemacht. Für mich war das, was du *cantus planus* und Polyphonie nennst, einfach ‚Kirchenmusik‘ bzw. ‚Hofmusik‘. Aber du hast natürlich recht, und inzwischen verstehe ich, wie und warum sie eine unterschiedliche, aber stets erbauliche Wirkung auf uns haben. Du hast deinen Standpunkt eindrucksvoll dargelegt, und ich vermute, es wird noch mehr aus Dijon zu diesem Thema kommen, nicht wahr?

Nun zur Literatur, den Weiden oder Jagdgründen, in denen ich mich mehr zu Hause fühle. Lesen oder dem Vorlesen von Prosa oder Poesie zu lauschen, ist, als würde man durch eine Tür schreiten, die unendliche Welten eröffnet, in denen unsere Gedanken ohne Grenzen und Regeln wandern können. Ich kann mir mein Leben ohne das geschriebene Wort gar nicht mehr vorstellen. Ich will dich jetzt nicht langweilen mit Verweisen auf Homer und Vergil und all die römischen Autoren, die ich so sehr liebe – besonders Ovid, einschließlich seiner erotischen Gedichte –, sondern mich, wie es unsere Aufgabe ist, auf das konzentrieren, was neu und spezifisch für unsere Epoche ist und ihr das Prädikat ‚golden‘ verleiht. Erlaube mir dennoch, zumindest bis weit in das letzte Jahrhundert zurückzugehen, als der Wandel meiner Meinung nach erstmals spürbar wurde. Du hast es erraten: mit Dante Alighieri, unserem *sommo poeta*. Denn ohne ihn, so wage ich zu behaupten, hätten weder Petrarca noch Boccaccio ihre schwindelerregenden Höhen erreicht.

Deine Muttersprache ist verschieden von unseren Dialekten: meinem Genuesisch und dem Toskanisch unseres Freundes Gio. Ich muss zugeben, dass viele dieser Mundarten, wie Sardisch oder Sizilianisch, selbst für mich fast unverständlich sind. Doch du weißt, worauf ich hinaus will: Dante war der erste, der die Sprache wertschätzte, die wir alle im täglichen Leben sprechen.

Vielleicht hat er aus Heimweh während seines langen Exils darauf bestanden, in einer Sprache zu schreiben, die dem Toskanischen am nächsten kommt – oder einfach, weil er mit ihr am besten vertraut war. Die *Divina Commedia* in unserer lebendigen Sprache zu lesen oder zu hören, ist wohl das, was unsere Vorfahren empfunden haben müssen, als sie die Gedichte von Ovid lasen oder hörten. Was für ein Unterschied das ist! Ganz zu schweigen von den armen Seelen, die heute kein Latein mehr verstehen.

Einige kritisieren Dantes Entscheidung, seine Abhandlung zur Verteidigung der Volkssprache, *De Vulgari Eloquentia*, auf Latein zu schreiben, was widersprüchlich erscheinen mag. Aber zu seiner Verteidigung muss ich sagen, dass er sie erstens früh in seiner schriftstellerischen Laufbahn verfasste, als er noch mehr Mut fassen musste, und zweitens, dass sie damals niemand gelesen hätte, wäre sie in einer Mundart geschrieben worden.

Mir persönlich gefällt auch sein Werk *Monarchia* sehr gut, mit dem ihr beide vermutlich weniger vertraut seid: Es befasst sich mit dem Verhältnis zwischen der irdischen Macht und dem Heiligen Stuhl und kritisiert offen die Übergriffe der Letzteren auf die Erstere. Nun müssten wir gerade in unserer Position Dantes Argumente scharf verurteilen, aber ich hoffe, du stimmst mir zu, dass er nicht ganz Unrecht hat. Eines Tages werden wir diese Angelegenheit gemeinsam besprechen – was klüger ist, als solche Gedanken zu Papier zu bringen.

Ich könnte Seiten um Seiten mit Details über Dantes Werk füllen, aber um dich nicht zu langweilen, fasse ich zusammen: Dante, obwohl fest verankert im sogenannten dunklen Zeitalter, wie Petrarca es nannte, wuchs dem Licht unserer Zeit entgegen, das er mehr erahnte als kommen sah.

Wer sonst verdient es, als Mitwirkender an unserem Goldenen Zeitalter bezeichnet zu werden? Ich fürchte, wir bleiben in Italien; ich habe sie bereits erwähnt. Petrarca ist nun schon seit hundert Jahren tot, wie ich gerade feststelle. Dantes Beispiel hat ihn ermutigt, seine Sonette, die ich besonders schätze, in der Volkssprache zu schreiben. Abgesehen von der schieren Schönheit seiner Reime, wessen Herz würde nicht dahinschmelzen, wenn es die unerwiderte Leidenschaft für Laura miterlebt? Petrarca hat ein besonderes Talent dafür, die Sehnsucht nach dem zu beschreiben, was man nicht haben kann oder sollte. Glaubst du, er hätte Hunderte von Sonetten an Laura geschrieben, wenn sie seine nörgelnde, alternde Frau gewesen wäre? Zudem ist er immer voller jugendlicher Neugier und trotz seiner Leidenschaft für Horaz, Vergil und Cicero ein Erneuerer. Ich schätze auch seine Briefe und besonders sein persönlicheres Werk *Secretum*, in dem er auf eine Weise, wie es zuvor noch niemand getan hat, seine inneren Kämpfe und seinen spirituellen Weg beschreibt. Hier werde ich jedoch abbrechen, denn wenn ich auf die Einzelheiten von Petrarcas Kritik an der Scholastik eingehe, wird dieser Brief zu einem Buch.

Gestatte mir jedoch, meine Argumentation für heute mit einem weiteren – und ja, erneut italienischen – herausragenden Schriftsteller abzurunden: Giovanni Boccaccio. Erinnerst du dich daran, wie wir in der Akademie heimlich *Decamerone* gelesen haben? Das Buch hat seinen Zauber auf mich nicht verloren, auch wenn ich es heute mit anderen Augen lese. Du weißt, worauf sich unsere Gedanken – oder besser gesagt, unsere Körper – damals konzentrierten ... Jetzt kann ich nicht anders, als den Schwarzen Tod, der damals in Florenz wütete, als ständigen Hintergrund der pikanten Geschichten zu sehen. Nachdem ich gesehen und erlebt habe, was wir drei erlebt haben, muss ich auch zugeben, dass Boccaccios Kritik an den Missbräuchen und der Heuchelei des Klerus weitgehend gerechtfertigt war. Auch dies ist wohl eher ein Thema für ein Gespräch am Kamin als für eine schriftliche Abhandlung.

Apropos Kamin, um uns wieder den profaneren Dingen zuzuwenden: In Paris ist endlich der Frühling eingekehrt, und wie du genieße ich es, an einem sonnigen Tag auszureiten. Es gibt malerische Dörfer in der Umgebung von Paris, und mein Lieblingsort sind die Wälder von Saint-Germain-en-Laye, zu denen ich auch Zugang habe, wenn ich nicht mit der königlichen Gesellschaft unterwegs bin.

Ich werde es dir gleichtun und die Seiten über die Literatur in einen Brief an Gio kopieren, von dem zu hören ich genauso neugierig bin wie du, denke ich.

Bis sich unsere Wege wieder kreuzen, verabschiede ich mich von dir mit Liebe und Zuneigung, mein lieber Freund,

(Gezeichnet: Nico)

***

London, den 1. Juni des Jahres 1475

Mein lieber Nico,

vielen Dank für deinen Brief von Ende April! Du hast vollkommen recht, dass unsere italienische Literatur im letzten Jahrhundert mit den von dir genannten und geehrten Landsleuten neue Höhen erreicht hat. Es wird in der Tat viel zu besprechen geben, wenn wir uns das nächste Mal treffen – obwohl nur Gott weiß, wann und wo das sein wird. Sollte es keinen offiziellen Anlass geben, der uns drei zusammenführt, könnten wir uns in Rom treffen, wenn jeder von uns einen vernünftigen Vorwand oder eine konkrete Angelegenheit findet. Was haltet ihr davon? Wir sind nun alle seit drei bis fünf Jahren auf unseren jeweiligen Posten – höchste Zeit, uns in Rom zu treffen, nicht? Und auch, um unsere Familien zu sehen, die zumindest für uns beide auf dem Weg liegen würden, wenn nicht für Carva. Aber er ist schon so lange von zu Hause weg und erwähnt seine Familie kaum noch. Über meine Familie schreibe ich ein anderes Mal; ich hoffe, dass es deiner eigenen gut geht und dass deine vielen genuesischen Neffen und Nichten gut gedeihen.

Nicht, dass ich mich danach sehne, London zu verlassen, wo ich mich inzwischen ganz zu Hause fühle. Der Krieg geht nun in sein zwanzigstes Jahr, aber glücklicherweise ist die Stadt London verschont geblieben, und das Leben geht normal weiter. Allerdings ist dies für König Edward eine belastende Angelegenheit – zumal der Herzog von Burgund ihn nicht nur im Krieg mit den Franzosen, sondern auch im Konflikt mit den Lancasters im Stich gelassen hat. Einige wetten schon darauf, dass weder Edwards Haus York noch das Haus Lancaster siegen werden und sagen damit das Ende der Plantagenets und den Aufstieg eines dritten Konkurrenten wie der walisischen Tudors voraus. Du kannst dir vorstellen, dass der Hof einem Bienenstock gleicht, summend mit Gerüchten.

Aber das ist nun mal unsere Welt, und wie du mich kennst, genieße ich sie, wobei ich mich davor hüte, Partei zu ergreifen – es sei denn, es ist zugunsten des Heiligen Stuhls, und auch das nur, wenn unbedingt angezeigt. Manchmal frage ich mich allerdings, ob Karl in Burgund nicht übertreibt – Carva wird es besser wissen, doch er ist zu vorsichtig, um solche Gedanken, falls er sie hat, zu Papier zu bringen. Wenigstens hat ihn seine Dienststelle Burgund ins Herz seiner geliebten Musik geführt. Ich beneide dich ein wenig darum, in einem Land zu leben, in dem endlich Frieden herrscht und das, zumindest in der Hauptstadt, zu gedeihen scheint. Und während du in Paris die Dienste einer produktiven Druckerei in Anspruch nehmen kannst, gibt es hier noch keine – obwohl ich gehört habe, dass ein Engländer, der das Handwerk in Köln gelernt hat, dabei ist, auch in London eine zu gründen.

Doch nun zur Sache: Wer außer mir, einem echten Florentiner, ist besser geeignet, die Wunder der bildenden Künste zu preisen, die nicht nur unsere Augen, sondern vor allem auch unsere Seele erfrischen? Ich wurde in dem Jahr geboren, als Papst Eugen aus seinem zehnjährigen Exil in Florenz nach Rom zurückkehrte, und bin mit einigen der Meisterwerke aufgewachsen, die er dort in Auftrag gegeben und gefördert hat – in Konkurrenz zum Reichtum und guten Geschmack unseres Hauses Medici und den Investitionen unserer wohlhabenden Zünfte. Im Vergleich zu Florenz oder sogar Rom ist London in der Tat ein sehr trister Ort. Aber nicht unangenehm, wenn man das nötige Kleingeld hat.

Wo soll ich anfangen? Am ehesten bei der Malerei. Wie du muss auch ich zunächst auf das letzte Jahrhundert zurückblicken, genauer gesagt auf Giotto di Bondone, in dessen Werk ich etwas völlig Neues entdecke: frische Farben, eine bemerkenswerte Tiefe des Raums, eine Dynamik in seinen Kompositionen und eine eindrucksvolle Darstellung der Emotionen der von ihm gemalten Figuren. Ich weiß nicht, ob du die Gelegenheit hattest, die Scrovegni-Kapelle in Padua zu sehen, aber ich denke an dieses Meisterwerk, wenn ich Giotto als Pionier und Herold des Neuen bezeichne. Andere, sei es aus eigenem Antrieb oder durch ihn inspiriert, haben seitdem noch mehr Neues geschaffen: Fra Angelico, der seit zwanzig Jahren tot ist, Masaccio, der tragischerweise so jung gestorben ist, und Piero della Francesca, der noch lebt und, wie ich hoffe, noch lange schaffen wird.

Von Fra Angelicos Werken gefallen mir besonders seine frühen Gemälde im Kloster San Marco in meinem Florenz, die er unter der Schirmherrschaft von Cosimo de Medici ausführte. Seine Engelsfiguren sind von einer so göttlichen Schönheit, dass sie uns wahrhaftig inspirieren. Besonders schätze ich auch, wie er den Raum gestaltet: Man hat den Eindruck, in ein Gebäude oder eine Landschaft hineinzublicken, und nicht nur auf eine ebene Fläche. Du selbst bist vielleicht mehr mit seinen späteren Werken vertraut, die er im Vatikan für die Päpste Eugen und

Nikolaus geschaffen hat. Abgesehen von ihrer Schönheit inspirieren seine Werke auch zur Andacht.

Weiter zu Masaccio und seinem Mut, Akte zu malen – etwas, das seit der Antike nicht mehr gewagt wurde. Seine Werke drücken echte Emotionen aus, die wir fast mitfühlen können; man denke nur an die *Vertreibung aus dem Garten Eden*. Die Scham, die Adam und Eva nicht nur in ihren Gesichtern, sondern in ihren ganzen Körpern tragen! Er malt Körperteile, die sich dem Betrachter entgegenstrecken, eine bemerkenswerte Abweichung von den zuvor gemalten flachen Figuren, selbst wenn diese mit Gold und Lapislazuli verziert waren – all das benötigt Masaccio nicht. Und die Darstellung der Architektur in seinen Gemälden: Das Gewölbe im Hintergrund der *Dreifaltigkeit* in Santa Maria Novella scheint nicht gemalt, sondern tatsächlich im Raum zurückzutreten.

Und schließlich Piero della Francesca, ein weiterer Toskaner, dem ich die Ehre hatte, als Junge in Rimini zu begegnen – leider war ich damals noch nicht in der Lage, den wahren Wert des Meisters und seines Werks zu schätzen. Sein neuestes Werk, der Montefeltro-Altar, der vom Herzog von Urbino in Auftrag gegeben wurde, habe ich noch nicht gesehen, doch ich habe gehört, dass dessen Schönheit all seine früheren Werke übertrifft. Zumindest die, die ich sehen durfte, sind alle Meisterwerke. Piero della Francesca ist ein Meister der Perspektive, und ich habe aus verlässlicher Quelle erfahren, dass er derzeit eine Abhandlung darüber schreibt. Seine *Legende vom wahren Kreuz* in Arezzo, die ich kurz vor meiner Abreise nach London bewundern konnte, lässt die Geschichten, die er erzählt, wirklich lebendig werden.

Ich habe ‚schließlich' geschrieben, weil ich mich, wie du, auf drei bedeutende Künstler beschränken wollte. Aber ich muss dies widerrufen, um nicht den Zorn von Carva auf mich zu ziehen, und die flämischen Maler erwähnen – von denen ich nur einen hervorheben möchte: Jan Van Eyck, der Hofmaler von Philipp dem Guten von Burgund war. Bevor ich über seine Gemälde schreibe, muss ich berichten, dass ihm allgemein die Erfindung der Ölfarbe zugeschrieben wird – ein bemerkenswerter Fortschritt gegenüber den Eitemperafarben, die noch immer hauptsächlich von der toskanischen Schule verwendet werden. Durch das Auftragen von Schicht um Schicht Ölfarbe erzielte Van Eyck Effekte, die fast beängstigend real erscheinen: ganze Szenen, die sich in einem gemalten Gegenstand wie einem Schild spiegeln. Sein Umgang mit der Perspektive ist meisterhaft und wird nur noch von seiner Darstellung des Lichts übertroffen, wie man es zuvor noch nie gesehen hat – man möchte es fast mit den Händen greifen. Und die Porträts, die er malte, sind von realen Menschen, nicht von idealisierten oder standardisierten Gesichtern. Ein echtes und wichtiges nördliches Gegengewicht zur italienischen Kunst, diese flämischen Meister!

Genug für heute. Ein anderes Mal werde ich über Bildhauerei und Architektur schreiben, aber zuerst muss ich meine Gedanken über diese beiden anderen Schwestern der bildenden Kunst sammeln.

Bis wir uns wieder viel erzählen und darüber lachen, pass bitte auf dich auf und lebe wohl, mein treuer Freund,

(Gezeichnet: Gio)

***

Paris, den 25. Juli des Jahres 1475

Mein lieber Gio,

Dein Brief hat mir große Freude bereitet, wofür ich dir von Herzen danken möchte. Es ist fast so, als würde ich die Gemälde, die du beschreibst, erneut betrachten und verstehen, wie tief ihre Wirkung auf uns ist. Du hast recht: Wir haben vieles Neues gesehen, und ich bin überzeugt, dass dies erst der Anfang ist. In unserer Zeit, in der die Menschen in allen Bereichen der Kunst freier sind, zu experimentieren, gibt es noch viel zu entdecken. Und nicht nur Männer – über mindestens eine bemerkenswerte Frau möchte ich in meinem heutigen Brief schreiben.

Es ist Juli, und die Hitze ist so, wie man es zu dieser Jahreszeit erwartet. So oft ich kann, reite ich hinaus in den mir so lieb gewordenen Wald von Saint-Germain-en-Laye und setze mich mit einem Buch in den Schatten eines alten Baumes. In Paris herrscht nach wie vor reges Treiben, auch wenn viele Studenten in die Sommerferien zu ihren Familien aufgebrochen sind. König Ludwig widmet sich der Renovierung und Vergrößerung des Louvre, da er sich, wie er sagt, im alten Palast auf der Île de la Cité eingeengt fühlt. Abgesehen davon ist es am Hof ungewöhnlich ruhig, doch manche munkeln, dies liege nur daran, dass der Gerissene im Stillen an einem großen Vorhaben arbeitet.

Kürzlich hatte ich die Ehre, unseren Kollegen aus Kastilien, Andrea von Siena, den du gut kennst, auf seinem Weg nach Rom bei mir zu beherbergen. Er nahm extra diesen Umweg in Kauf, um etwas Zeit mit mir zu verbringen, was ich als äußerst freundlich empfand. Er berichtete, dass in Kastilien ein Krieg um die Thronfolge ausgebrochen ist, in dem Isabella und die erst dreizehnjährige Johanna um die Krone streiten. Johanna soll angeblich die Tochter von Isabellas Halbbruder Heinrich sein; ich schreibe ‚angeblich‘, da Heinrich ja als impotent gilt. In jedem Fall kann Isabella auf die Unterstützung ihres Mannes Ferdinand und somit auch auf Aragon zählen, was ihr einen Vorteil verschaffen könnte. Andrea hielt es jedoch für klug, sich vorerst von Kastilien fernzuhalten, bis sich die Lage beruhigt hat, da er vermeiden möchte, durch eine Parteinahme in Schwierigkeiten zu geraten.

Andrea hat jedoch auch tatsächlich Geschäfte in Rom: Papst Sixtus ist entschlossen, das ganze Gewicht der Kirche in die Waagschale zu werfen, um zu verhindern, dass muslimische und jüdische Konvertiten – die sogenannten ‚Moriscos‘ und ‚Conversos‘ – in ihre alten Gewohnheiten zurückfallen. Der Dominikaner Tomás de Torquemada, Isabellas Beichtvater, soll diese Bemühungen anführen[113]. Andrea erzählte mir zudem, dass sowohl Isabella als auch Ferdinand dem Papst versprochen haben, die letzte muslimische Bastion in Granada zu erobern. Dies führte uns auch zu einem Gespräch über den andauernden Krieg in Böhmen, wo der ungarische König Matthias Corvinus vor einigen Jahren einmarschierte, um das Land von den Hussiten zu befreien. Sechzig Jahre nach der Verbrennung von Jan Hus in Konstanz scheint seine Ketzerei immer noch fortzuleben!

Zumindest hält Frankreich nach der Ausrottung der Katharer und Waldenser wieder fest zu unserer Kirche. Aber was ist mit den Anhängern des dissidenten Priesters Wycliffe: Sind sie in Teilen Englands noch immer einflussreich? Im Gegensatz zur Meinung vieler in unserer Kirche verurteile ich persönlich seine Übersetzung der Bibel ins Englische nicht; ich denke, dass jeder Mensch in der Lage sein sollte, durch das Studium der Heiligen Schrift Erbauung zu finden. Dies führt mich zu meinem Lieblingsthema, der Lektüre. In meinem letzten Brief habe ich die Vorzüge von Schriftstellern gelobt, die unsere Volkssprache verwenden: Dante, Boccaccio und Petrarca. Manche

---

113 Daraus entwickelte sich dann bald die Inquisition.

mögen einwenden, dass nach diesen Giganten keine weiteren Werke mehr erwähnenswert seien. Dies mag stimmen, jedoch nur bedingt.

Erwähnenswert ist zum Beispiel unser Landsmann Francesco Filelfo, der mittlerweile weit über siebzig sein muss, aber, wie ich höre, immer noch schreibt und lehrt. Ich bewundere ihn und schätze seine Werke, insbesondere aufgrund seiner umfassenden Kenntnisse. Er verbrachte einige Zeit in Konstantinopel und Griechenland, wo er fließend Griechisch erlernte, und hat in mehreren unserer bedeutendsten Städte unterrichtet. Einige behaupten allerdings, dass seine streitsüchtige Natur der wahre Grund für seine häufigen Ortswechsel sei. Derzeit soll er sich auf Einladung von Papst Sixtus in Rom aufhalten. Ich lese seine Lebensbeschreibungen griechischer Philosophen mit großer Freude und schätze seine Bemühungen, die griechische Kultur wiederzubeleben und uns näher zu bringen.

Du weißt, dass zumindest ich ein großer Bewunderer von Frauen bin, und das erstreckt sich auch auf eine literarische Entdeckung, die ich in Paris gemacht habe: Christine de Pizan. Obwohl sie seit über vierzig Jahren tot ist, werden ihre Werke immer noch viel gelesen und bereiten so viel Freude, als wären sie gestern geschrieben worden. Obwohl sie gebürtig aus Venedig stammte, hat sie sich die französische Sprache und Kultur so sehr zu eigen gemacht, als wäre sie hier geboren. Durch ihren Mut und natürlich ihre außergewöhnlichen Fähigkeiten gewann sie königliche und herzogliche Gönner in Frankreich und Burgund; ich bin mir sicher, dass auch Carva mit ihren Werken vertraut ist. In ihrem ‚Buch von der Stadt der Frauen' schreibt sie den Frauen Eigenschaften zu, die wir gewöhnlich nicht mit ihnen in Verbindung bringen, aber mit solcher Überzeugung, dass man geneigt ist, ihr zu glauben. Sie behauptet, dass sie nach ihrer Witwenschaft ehrenhalber ein Mann geworden sei, und vergleicht sich mit Teiresias, der zum Seher wurde, nachdem er sieben Jahre seines Lebens als Frau gelebt hatte.

Abbildung. 8.5: Künstlerische Darstellung von
Jeanne d'Arc auf dem Scheiterhaufen

Ihr ‚Ditie de Jehanne d'Arc' trägt eine tragische Ironie: Christine erlebte nicht mehr, wie ihre bewunderte Heldin auf dem Scheiterhaufen verbrannt wurde – es gibt Momente, in denen ich nicht sehr stolz auf unsere Kirche bin (Abbildung 8.5). Christine war äußerst belesen und schrieb über Geschichte, Religion und Politik sowie Biografien. Ihr lyrisches Werk ist von herausragender Schönheit, doch darüber hinaus war sie auch kühn:

Was gibt es an großen Menschen,
von denen man in Geschichten liest,
die große und schwere Taten vollbringen
Für Lob, hohe Ehren und Siege?
Sind sie nicht tot, sichtbar vor unseren Augen?
Sehen wir nicht, dass alle Dinge, ob sichtbar
oder nicht, zu einem Ende kommen müssen?
Sie müssen vergehen!
Lasst uns also nicht an unmögliche Dinge glauben,
Lasst uns entscheiden, dass wir zum Sterben bestimmt sind.

Beeindruckend, nicht? Und wahrscheinlich ein guter Schlusspunkt. Zusammenfassend denke ich, dass die Literatur seit der Antike nicht mehr erreichte Höhen erreicht hat, und ich bin zuversichtlich, dass sie sich noch höher erheben wird, jetzt, da Krieg und Pestilenz uns einen Waffenstillstand beschert haben. Ich freue mich sehr auf deine Dissertation über Bildhauerei und Architektur und hoffe, dass du bald die Zeit finden wirst, uns darüber aufzuklären – wie du selbst sagst: wer anders als ein echter Florentiner wäre für diese Aufgabe besser geeignet?

Lebe wohl bis zu unserem nächsten freudigen Wiedersehen, so Gott will, mein geschätzter Freund,

(Gezeichnet: Nico)

***

Dijon, den 29. August des Jahres 1475

Mein lieber Nico,

vielen Dank für deine beiden Briefe, in denen du, neben anderen
Neuigkeiten, die ich immer gerne von dir höre, die Qualitäten
und Neuerungen unserer Literatur in letzter Zeit gepriesen hast.
Besonders bewegt hat mich das Gedicht von Christine de Pizan,
das mich dazu veranlasst hat, in der herzoglichen Bibliothek
nach weiteren Werken von ihr zu suchen. Tatsächlich habe ich
dort einige ihrer Schriften gefunden, darunter einen wunderschön illustrierten, gebundenen Kodex von ‚L'Épistre de Othéa
à Hector', mit einem Prolog, der eigens für Philipp den Guten,
den zweiten Herzog von Burgund, verfasst wurde, der hier erstaunlicherweise fast fünfzig Jahre lang regierte.

Ich möchte auch noch etwas zur Verwendung der Volkssprache
anstelle des Lateinischen in der Literatur sagen. Mit Stolz kann
ich behaupten, dass wir Spanier euch in diesem Fall ausnahmsweise einmal zuvorgekommen sind: Der ‚Cantar de Mio Cid', meines Wissens das erste in unserer Mundart geschriebene Werk,
ist fast dreihundert Jahre alt – also mehr als ein Jahrhundert
vor Dante. Das schmälert natürlich nicht die Verdienste der
von dir erwähnten italienischen Schriftsteller, deren Werke,
wie ich zugeben muss, die Qualität derjenigen meiner Landsleute übertroffen zu haben scheinen. Ich war beinahe versucht,
es für dich abschreiben zu lassen, aber ich fürchte, du würdest
nicht viel davon verstehen; selbst für mich wirkt der Stil heut-
zutage sehr altertümlich.

Nun zu meiner geliebten Musik. Ich bin wirklich dankbar, dass
ich nach Burgund versetzt wurde, denn der Austausch von fran-
zösischen, italienischen und flämischen Künstlern hier hat eine
Reihe von Meisterwerken hervorgebracht und sorgt für großes
Vergnügen, wenn sie bei Hofe aufgeführt werden. Während die
Italiener in der Beherrschung der Harmonie glänzen, zeichnen

sich unsere nördlichen Landsleute durch ihren Kontrapunkt aus – und die Verbindung dieser beiden Kompositionstechniken findet oft hier in Dijon statt. Oder auch in Cambrai, wo ich das Vergnügen hatte, den Komponisten Guillaume Dufay, den berühmtesten Vertreter der burgundischen Schule, kurz vor seinem Tod im letzten Jahr kennenzulernen. Wusstet Ihr – und ich muss Gio daran erinnern, obwohl er damals noch nicht geboren war – dass Brunelleschis Kuppel von Santa Maria del Fiore in Florenz zu Dufays Motette *Nuper rosarum flores* geweiht wurde? Eine anwesende Person schrieb über dieses Ereignis, dass ‚die Stimmen die Ohren der Zuhörer mit einer so wundersamen Süße erfüllten, dass sie wie betäubt zu sein schienen.‘ Das ist in der Tat die Macht der Musik. Doch im Gegensatz zu Literatur oder Gemälden können wir nicht zurückkehren, um sie erneut zu erleben – einmal gespielt oder gesungen, ist sie vergänglich, und wir können sie nur in unseren Herzen bewahren.

Die Hofkapelle Karls ist in der Tat ein Mittel, mit dem der Herzog seine Pracht zur Schau stellt – zu unserer Freude, wie er es auch in anderen Bereichen tut, wie Ihr wisst. Philipp der Gute, den ich oben erwähnt habe und der noch nicht einmal zehn Jahre tot ist, hat sich besonders um die Einrichtung von Maîtrises verdient gemacht, die an Kathedralen und Kirchen angeschlossen sind und weiterhin hervorragende Sänger und Musiker hervorbringen. In meinem letzten Brief habe ich auf den jüngsten großen Fortschritt in der Musik mit dem Aufkommen der Polyphonie hingewiesen – etwas, das du als ‚Hofmusik‘ bezeichnet hast, was in gewisser Weise nicht falsch ist. Wie dem auch sei, alles, was Ihr über Kontrapunkt und Polyphonie wissen wollt, findet Ihr in den jüngsten Werken von Johannes Tinctoris, den ich ebenfalls wiederholt das Vergnügen hatte, zu treffen. Dieses neue komplexe Zusammenspiel der Stimmen wurde als analog zur Einführung der Perspektive in der Malerei beschrieben, über die uns Gio so eindrucksvoll aufgeklärt hat.

Um den Eindruck, den ich vermitteln möchte, nicht zu schmälern, werde ich in diesem Brief nur einige, sagen wir, detailliertere oder technische Neuerungen erwähnen, die unserem Zeitalter das Prädikat ‚golden‘ verleihen, zumindest in Bezug auf die Musik. Allerdings habt Ihr beide bereits sehr überzeugend argumentiert, dass das Gleiche auch für die Literatur und die bildenden Künste gilt. Ich erwarte mit Spannung Gios Brief über die Bildhauerei und Architektur, der unsere gemeinsame briefliche Dissertation abschließen wird.

Seit der Musik des ‚dunklen Zeitalters‘, wie Petrarca es nannte, wurden und werden neue Formen, Stile, Techniken und Instrumente entwickelt. Auch die Notation hat sich weiterentwickelt: Eine Vielzahl kürzerer Noten, die in einem streng messbaren Verhältnis zu den traditionellen langen Noten stehen, ermöglicht die Schaffung und getreue Wiedergabe neuer Rhythmen, die unser Herz schneller schlagen lassen. Zudem erlaubt die Erweiterung des Tonumfangs für Instrumente und Stimmen von den traditionellen drei auf fast fünf Oktaven eine größere Vielfalt und reichere Melodien und Harmonien. Die Komponisten haben gelernt, in Harmonien zu denken, statt nur in Einzelklängen, und sie haben ihr Repertoire innerhalb dieser Harmonien erweitert: Wie Ihr vielleicht nicht wisst, wurden Terzen und Sexten bis vor Kurzem von Pythagoras als Dissonanzen betrachtet, was rein mathematisch begründet war. Doch inzwischen werden sie als Konsonanzen anerkannt, da sie für unsere Ohren tatsächlich angenehm klingen. Dies mag über das hinausgehen, was ein Laie über Musik wissen sollte, und ich entschuldige mich, dass ich dieses Detail erwähnt habe, hielt es aber dennoch für wichtig im Rahmen meiner allgemeinen Argumentation. Obwohl ich nun den Drang verspüre, auch auf die systematischere Einführung von Halbtonschritten einzugehen, werde ich hier aufhören.

Schließlich, und ich verspreche, dies ist der letzte Punkt, den ich ansprechen möchte, weil er von Bedeutung ist: Bisher wurden Worte und Musik meist getrennt voneinander geschaffen, wobei die Texte dann in ein Prokrustesbett einer unabhängig komponierten Musik gezwängt wurden. Der heutige Komponist hingegen sieht es als seine vornehmste Aufgabe an, den Worten Ausdruck zu verleihen und die Musik so zu gestalten, als würde er sie direkt in den Raum oder in unseren Geist schreiben, und zwar entsprechend ihrer Bedeutung.

Bevor ich diesen Brief beende, möchte ich auf Gios Vorschlag eingehen, dass wir drei uns in Rom treffen sollten. Seit dem Abschluss des Konzils von Basel und Florenz scheint es nicht so, als würde Sixtus ein weiteres einberufen – er ist zu sehr mit dem Bau und der Verschönerung des Vatikans beschäftigt. Wir müssten daher individuelle Gründe finden, um nach Rom zu reisen. Ich schlage stattdessen vor, dass wir uns in Paris treffen, was mir leichter fallen würde, daher liegt die Entscheidung bei Euch. Bis Calais befindest du dich auf englischem Boden, und für einen päpstlichen Gesandten sollte es kein Problem sein, die Grenze nach Frankreich zu überschreiten. Ich bin mir sicher, dass unser gewiefter Nico eine offizielle Einladung von Ludwig selbst herauskitzeln kann. Lass es uns bitte wissen; es wäre am besten, die Reise noch vor dem Winter zu unternehmen – das heißt: bald.

Mit liebevollen Gedanken und Gebeten für dein Wohlergehen, bis wir uns wiedersehen, mein lieber alter Freund,

(Gezeichnet: Carva)

✳✳✳

London, den 17. September des Jahres 1475

Mein lieber Carva,

vorab: Nico hat mir geschrieben, dass wir uns in Paris treffen
könnten – was wunderbar wäre! Wenn er mir, wie versprochen,
eine Einladung schickt, die es mir erlaubt, offiziell von Calais
aus nach Frankreich einzureisen, könnte ich es noch vor Ende
Oktober schaffen, bevor das Wetter die Überquerung des Kanals
zu einem riskanten Unterfangen macht. Vergiss nicht, dass ich
danach auch noch nach England zurückkehren muss. Entweder
von Nico oder von mir wirst du also bald Näheres erfahren, und
dann kannst du dich ebenfalls auf den Weg machen, was für
dich, zugegebenermaßen, viel einfacher ist als für mich.

Das Leben in London bleibt mir wohlgesonnen. In der Stadt
floriert der Handel, und ein Teil des erwirtschafteten Geldes
wird in neue Gebäude investiert. Viele Ausländer besuchen die
Stadt; einige wollen sich in den Bildungszentren Englands wei-
terbilden. Und obwohl der Krieg weit entfernt ist – und auch
nur mit Unterbrechungen stattfindet –, bietet er reichlich Stoff
für hitzige Diskussionen zwischen den verschiedenen Fraktionen. Was die künstlerischen Errungenschaften betrifft, so
fühle ich mich, abgesehen von einer beachtlichen literarischen
Produktion, wie auf eine ferne Insel verbannt – was ich ja auch
bin, wenn ich darüber nachdenke. Im Winter, der bald kommt,
fürchte ich, werde ich wieder unter Heimweh leiden und mich
nach dem blauen toskanischen Himmel sehnen. Und natürlich
wünsche ich mir, durch Florenz spazieren zu gehen, um zu sehen, was unsere Künstler geschaffen haben.

Damit komme ich zum heutigen Thema, den beiden bildenden
Künsten, die die dreifache menschengemachte Quelle der Freude für unsere Augen vervollständigen: die Bildhauerei und die
Architektur. Unweigerlich werde ich mich erneut auf Florenz
konzentrieren, eine Stadt, mit der andere nur schwer mithalten

können, wenn man den aktuellen Stand der Dinge betrachtet. Mit der möglichen Ausnahme von Rom – vorausgesetzt, Sixtus gehen nicht die Mittel aus, um der großartige Mäzen zu bleiben, der er zu sein scheint. Doch selbst er wird noch von seinen Erzfeinden übertroffen: unseren Medicis in Florenz. Lorenzo wird nicht umsonst *il Magnifico* genannt. Ich hoffe, dass er – also Lorenzo – länger lebt als seine beiden Vorgänger, eher wie Cosimo, dem wir über viele Jahre hinweg so viele Meisterwerke verdanken.

Nun zur Bildhauerei. Im Gegensatz zur Malerei ist sie nicht mein Fachgebiet, das gebe ich zu. Deshalb werde ich mich auf ein einziges Meisterwerk beschränken, das mich tief beeindruckt hat. Ihr werdet es wahrscheinlich schon erraten haben, auch wenn Ihr noch nicht das Privileg hattet, es selbst zu bewundern: der David von Donatello (Abbildung 8.6), der nun schon seit zehn Jahren tot ist. Zunächst das Offensichtliche und zugleich das Gewagte: Es ist die erste Aktbronze seit der Antike. Und ich bin froh – es ist kein Geheimnis, dass ich ein Bewunderer männlicher Schönheit bin –, dass David, obwohl er Jude ist, wie ein Grieche unbeschnitten dargestellt wird. Es fällt schwer, in dieser Figur den strengen und mächtigen – und, seien wir ehrlich, rücksichtslosen – König David zu erkennen, der er später werden sollte. Der junge Heranwachsende, den Donatello geschaffen hat, scheint verwirrt über das, was er gerade getan hat, oder zumindest interpretiere ich seinen Ausdruck so; andere halten ihn für hochmütig, doch dem kann ich nicht zustimmen.

Abbildung 8.6: Die Statue des David von Donatello in Florenz

Seine Nacktheit, die von manchen als fast verweichlicht und als Einladung zu lüsternen Kommentaren verurteilt wird, erscheint mir eher als Symbol der Bescheidenheit, da er Goliath nur mit einer Schleuder und einem Stein besiegt hat. Vor meiner Versetzung auf diese nördliche Insel hatte ich mehrmals das Vergnügen, im Hof des Medici-Palastes umherzuwandern und dort die Statue zu bewundern. Die Inschrift darunter – die ich nicht einmal hätte aufschreiben müssen, so tief ist sie in mein Herz eingraviert – lautet: ‚Der Sieger ist der Verteidiger des Vaterlandes. Gott zermalmt den Zorn eines gewaltigen Feindes. Seht her! Ein Junge bezwang einen großen Tyrannen. Triumphiert, o Bürger!‘ Diese Worte stammen natürlich von den Auftraggebern und nicht von Donatello selbst, und wir können nur spekulieren, welchen Feind sie im Sinn hatten ... Für mich ist David nicht nur eine Verkörperung von Schönheit, wie sie seit der Antike nicht mehr gesehen wurde, sondern auch von Geist.

Vielleicht sollte ich mein Wort zurücknehmen und noch eine weitere Bemerkung zur Bildhauerei machen: zu den beiden Bronzetüren des Baptisteriums von Ghiberti, der vor zwanzig Jahren starb. Ihr wisst vielleicht, dass er den Auftrag für die erste Tür an der Nordseite nur knapp gegen Brunelleschi gewann, über den weiter unten mehr zu erfahren ist. Die Szenen aus dem Neuen Testament sind als Reliefs gestaltet, wirken aber, als würden sie aus den Tafeln herauswachsen, so realistisch sind sie modelliert. Viele von uns Florentinern bevorzugen jedoch seine zweite Schöpfung, die wir die ‚Paradiespforte‘ nennen. Die zehn Szenen aus dem Alten Testament sind in einer Perspektive gestaltet, die so meisterhaft ist, dass sie tatsächlich dreidimensional und nicht nur zweieinhalbdimensional erscheinen. Es ist kein Wunder, dass Ghiberti und seine Helfer Jahrzehnte an der Gestaltung dieser Türen gearbeitet haben!

Nun zur Architektur, der vielleicht beeindruckendsten unter den bildenden Künsten. Es muss die Hand Gottes gewesen sein, die Brunelleschis (Pippo, wie er genannt wurde) Aufmerksamkeit von den Türen des Baptisteriums auf die Kuppel von Santa Maria del Fiore[114] lenkte. Nach seiner Niederlage reiste er zusammen mit seinem guten Freund Donatello nach Rom, wo ihn das Pantheon tief beeindruckte. Zurück in Florenz erhielt er dann von der Zunft der Wollhändler den Auftrag für die Kirchenkuppel, die er – wenn ich mich recht erinnere – innerhalb von sechzehn Jahren vollendete, entgegen den Bedenken seiner Kritiker, die behaupteten, die Kuppel würde ohne eine interne provisorische Stützstruktur zusammenbrechen. Er benötigte auch keine Reihen von äußeren Strebebögen, wie wir sie so oft bei den im Norden im gotischen Stil errichteten Kirchen sehen. Brunelleschi setzte zudem eine Reihe weiterer Innovationen ein, die ganze Bücher füllen könnten. Jedenfalls ist der Dom mit seiner Kuppel ein unübertroffenes Meisterwerk, und ich wage zu behaupten, dass es noch lange unübertroffen bleiben wird.

Ein anderer meiner Landsleute, Leon Battista Alberti, der kürzlich verstorben ist (ich weiß, Ihr denkt sicher, ich sei vom Tod besessen, nachdem Ihr das Gedicht in Nicos letztem Brief gelesen habt ...), hat Bücher über Malerei, Bildhauerei und Architektur verfasst. Ihr habt sicher von Albertis Schriften *De pictura*, *De statua* und *De re aedificatoria*[115] gehört, in denen er die Details der Perspektive und andere Geheimnisse des Handwerks enthüllt. Wir neigen dazu zu vergessen, dass er auch Architekt war: Ihr habt in Florenz wahrscheinlich schon die Fassade von Santa Maria Novella und den Palazzo Rucellai gesehen, vielleicht ohne zu wissen, dass beide – oder zumindest der obere Teil von Santa Maria Novella – von Alberti entworfen wurden.

Albertis Motto war, wie er irgendwo geschrieben hat, dass ‚alle Schritte des Lernens in der Natur gesucht werden sollten‘, und das hat er in seinen Schöpfungen getreu umgesetzt. Er verwen-

---

114 Heute einfach *il duomo*, der Dom, genannt.
115 ‚Über die Malerei‘, ‚Über die Bildhauerei‘ und ‚Über die Baukunst‘.

det klassische Elemente, arrangiert sie aber mit Proportionen, die unseren Augen und unserem Geist ein neues Gefühl von Harmonie vermitteln. Und eine Anekdote, die ihr vielleicht noch nicht kennt: Erinnert ihr euch, als Aeneas Silvius Piccolomini zum Papst gewählt wurde? Ich meine das nicht wörtlich – noch nicht einmal unsere Eltern waren damals geboren –, er wollte, dass sein bescheidenes Heimatstädtchen Corsignano einer Stadt ähnelt, die seines berühmten Sohnes würdig ist, also baute er es komplett um und benannte es Pienza, wie Ihr es kennt. Auch die schönen Proportionen des Hauptplatzes, des Piusplatzes, der von den Palästen Piccolominis flankiert wird, sind das Werk Albertis.

Ob aus Inspiration oder Heimweh, kann ich nicht sagen, doch fühle ich mich immer wieder versucht, die Wunder der Architektur in meiner Heimat zu beschreiben. Aber wie du und Nico schon sagten, möchte ich euch nicht mehr als nötig mit Namen und Details aus dem reichen Fundus meiner Erinnerungen und Kenntnisse langweilen. Ich nehme an, dass dieser Brief der letzte in unserer Reihe ist, in der wir unser Zeitalter als ein großartiges oder goldenes Zeitalter preisen. Bei aller Bescheidenheit – und ich wage es, für uns drei zu sprechen – denke ich, wir haben unsere selbst auferlegte Aufgabe gut gemeistert. Sollte einer von uns lange genug leben, um sich eines Tages zur Ruhe zu setzen – sollte er dann nicht ein ganzes Buch darüber schreiben?

In unseren nächsten Briefen können wir uns jedoch auf Hof- und anderen Klatsch beschränken, und ich verspreche, euch beide damit zu verwöhnen, wenn wir uns, so Gott will, bald wiedersehen.

Möge Gott dich beschützen, bis sich bald unsere Wege in Paris kreuzen, lieber Freund.

(Gezeichnet: Gio)

Kapitel 9

Die Belagerung von Konstantinopel, 1453

Vor etwa achttausend Jahren durchbrach das Mittelmeer den natürlichen Damm an seiner nordöstlichen Ecke, wo Asien und Europa aufeinandertreffen, überflutete die dahinterliegende Ebene und bildete das, was wir heute als Schwarzes Meer kennen. Viele nehmen an, dass dieses epochale Ereignis die historische Grundlage für den Mythos der Sintflut und der Arche Noah bildete.

An der nördlichen Küste der neu entstandenen Bosporus-Meerenge gründeten griechische Siedler im siebten Jahrhundert v. Chr. eine bescheidene Kolonie, die als Byzanz bekannt wurde. Seltsamerweise, aber aus Gründen, die in diesem Kapitel erklärt werden, ziert das Wahrzeichen der Stadt – die Mondsichel und der Stern – heute die Nationalflaggen mehrerer muslimischer Nationen. Im Jahr 330 n. Chr. gab Konstantin, der erste christliche Herrscher des Oströmischen Reiches, der Stadt ohne Bescheidenheit einen neuen Namen: Konstantinopel. In den folgenden Jahrhunderten erlangte die Stadt als Hauptstadt des Byzantinischen Reiches eine unvergleichliche Pracht.

Konstantinopel hatte die Form eines Keils und verfügte auf zwei Seiten über natürliche Befestigungen: das Marmarameer im Süden und das Goldene Horn im Norden – eine Flussmündung, deren Eingang die Byzantiner mit einer schweren Kette versperren konnten (Abbildung 9.1). Das geheimnisvolle griechische Feuer, dessen Rezept für die Nachwelt verloren ging, erwies sich als entscheidend bei der mehrmaligen Abwehr arabischer Angriffe vom Meer aus. Die Westflanke der Stadt wurde durch die gewaltige dreifache Theodosianische Mauer

geschützt, ergänzt durch einen Graben, der bei Bedarf geflu-
tet werden konnte und Konstantinopel über ein Jahrtausend
lang verteidigte.

Abbildung 9.1: Mittelalterliche künstlerische Darstellung
von Konstantinopel

Trotz seiner exzentrischen Lage war Konstantinopel nach dem Zusammenbruch Roms, der ein Jahrtausend vor unserer Erzählung stattfand, zum Zentrum des Mittelmeeres geworden. Zu diesem Zeitpunkt jedoch war es auf einen bloßen Schatten seines früheren Glanzes zusammengeschrumpft, nachdem es in den vorangegangenen Jahrhunderten allmählich, aber unerbittlich an Territorium, Macht und Reichtum verloren hatte.

Um dem Ansturm der türkischen Seldschuken im Nahen Osten Einhalt zu gebieten, bat Kaiser Alexios Komnenos im 11. Jahrhundert die christlichen Westmächte um Hilfe. Daraufhin organisierte der kämpferische Papst Urban II. im Jahr 1095 den Ersten Kreuzzug, der Jerusalem zugleich zerstörte und befreite und den Weg für die Gründung mehrerer christlicher Kreuzfahrerstaaten in der Levante ebnete (siehe Karte in Kapitel 7).

Es folgten weitere Kreuzzüge, von denen sich der vierte durch seine katastrophalen Folgen für Konstantinopel besonders hervortat. Alexios Komnenos hätte sich sicherlich im Grab umgedreht und seine Entscheidung, die lateinischen Christen um Hilfe zu bitten, bitter bereut. Im Jahr 1204 eroberten und plünderten die Kreuzfahrer unter der Führung des blinden und greisen venezianischen Dogen Enrico Dandolo das christliche Konstantinopel und entfesselten eine wilde Orgie aus Plünderungen und Brutalität. Zu den erbeuteten Schätzen gehörte auch die Quadriga der antiken Bronzepferde, die, wenn auch in Form von Kopien, noch heute den venezianischen Markusplatz ziert.

Die Plünderung und die anschließende Besetzung durch die Kreuzfahrer waren ein verheerender Schlag, von dem sich Byzanz nie wieder vollständig erholte, obwohl es etwa sechzig Jahre später die Kontrolle über die Stadt zurückerlangte. Im 15. Jahrhundert war das Byzantinische Reich dann auf die Stadt Konstantinopel, eine Handvoll Gebiete in Griechenland und einige Inseln in der Ägäis zusammengeschrumpft.

Die Lateiner, wie sie genannt wurden, eroberten aggressiv Gebiete aus den Überresten des Byzantinischen Reiches, hauptsächlich um die Kontrolle über lukrative Handelsrouten zu erlangen. Konstantinopel war, zusammen mit Städten wie Aleppo, Damaskus und Alexandria, einer der westlichsten Endpunkte der Seidenstraße. Der Zugang zum Schwarzen Meer war im 14. Jahrhundert besonders wichtig geworden, als die Pax Mongolica in Verbindung mit dem päpstlichen Verbot des Handels mit den ägyptischen Mameluken eine Zeit lang das Gewicht der Handelsrouten von der Levante nach Norden zum Schwarzen Meer verlagerte.

Konstantinopel, oft als ‚Auge der Welt' bezeichnet, pulsierte mit seiner lebhaften, multikulturellen Bevölkerung und verkörperte eine Stadt der starken Kontraste. Innerhalb ihrer Mauern koexistierten opulente Extravaganz und ärmliche Mietskasernen. Die soziale Mobilität in Byzanz übertraf die des römischen Vorgängers; mehrere Kaiser stiegen sogar aus bäuerlichen Verhältnissen über militärische Ränge auf. Vier Kaiserinnen übten die Macht aus, darunter die berühmte Gemahlin von Kaiser Justinian, Theodora, deren Weg von der Zirkuskünstlerin zur Kaiserin auch Gerüchte über diskretere persönliche Transaktionen einschloss.

Durch den Handel mit Asien eignete sich Byzanz die Kunst der Seidenherstellung aus China an und führte neue Kulturpflanzen wie Orangen und Zitronen ein, die ebenfalls aus dem Fernen Osten stammten. Konstantinopel, ein Bollwerk religiöser Hingabe, wimmelte von christlichen Reliquien und Ikonen, die seine spirituelle Inbrunst verdeutlichten. Die Stadt demonstrierte und schützte ihre Macht durch Prachtentfaltung, unterstützt von weniger sichtbaren Bauwerken wie riesigen unterirdischen Reservoirs, die reichlich Trinkwasserreserven für mögliche Belagerungen sicherten.

Im 14. Jahrhundert jedoch wurde Konstantinopel durch die Pest, die von den Genuesen aus Caffa auf der Krim eingeschleppt wurde, fast tödlich getroffen und zum Epizentrum der Pandemie des Schwarzen Todes. Diese verheerende Krankheit fegte durch Europa und dezimierte seine Bevölkerung. Auf dem Höhepunkt seiner Blütezeit lebten in Konstantinopel eine halbe Million Menschen. Nach dem Schwarzen Tod war die Bevölkerung der Stadt jedoch auf einige Zehntausend geschrumpft, die in verstreuten Dörfern lebten, umgeben von Gärten, kleinen Bauernhöfen und Ödland zwischen dem Meer und den Stadtmauern. Kaiser Johannes VI. Kantakouzenos sah sich gezwungen, die Kronjuwelen und andere Schätze an venezianische Kaufleute zu verpfänden, um die Krise zu überstehen.

Aufgrund seiner wichtigen strategischen Lage war Konstantinopel den anatolischen Osmanen schon lange ein Dorn im Auge. Diese Osmanen, die unter den verschiedenen seldschukischen Fraktionen die Vorherrschaft erlangten, drangen nach und nach in das Byzantinische Reich in Anatolien ein. Zur Zeit des Schwarzen Todes erleichterten die Genuesen, gegen ein stattliches Entgelt, den Transport türkischer Truppen über die Dardanellen. Dies hatte jedoch unvorhergesehene Folgen, denn die Osmanen nutzten die Gelegenheit, um eine neue Hauptstadt auf europäischem Boden zu errichten: Adrianopolis. Außerdem errichteten sie auf beiden Seiten des Bosporus, an dessen engster Stelle, Festungen, die bis heute erhalten sind: Rumeli Hisar und Güzelce Hisar.

Im Jahr 1453 hegte der junge osmanische Sultan Mehmet II., dessen Mutter eine Sklavenkonkubine unbekannter Herkunft war, den Ehrgeiz, ein neues Rom zu errichten. Ein ungarischer Eisengießer und Ingenieur namens Orban bot dem byzantinischen Kaiser an, die größte je gesehene Kanone zu bauen. Leider fehlten Konstantin XI. Palaiologos die Mittel, um Orbans Dienste in Anspruch zu nehmen. Daher wurde die überdimensionale Kanone, die den Namen ‚Basilic' erhielt, stattdessen von Mehmet in Auftrag gegeben. Sie wurde mühsam von siebzig Ochsen und vierhundert Männern zu den Mauern von Konstantinopel transportiert, wo der Sultan persönlich den entscheidenden Angriff leitete.

Trotz der überwältigenden Streitkräfte hielten die Mauern von Konstantinopel zumindest während des ersten Ansturms stand (Abbildung 9.2). Wegen der Gefahr der Überhitzung konnten die Kanonen jedoch nur dreimal am Tag abgefeuert werden. Ein paar Tage oder Wochen länger hätte die Belagerung wahrscheinlich das Ende von Konstantinopel bedeutet.

Abbildung 9.2: Mittelalterliche künstlerische
Darstellung der Belagerung von Konstantinopel

Unter den Florentinern, Pisanern, Katalanen und anderen Konkurrenten, die um die Seehandelsrouten nach Asien wetteiferten, war die Rivalität zwischen den beiden mächtigsten Mächten, den Genuesen und den Venezianern, am heftigsten. Lagerhäuser, Häfen, Handelsposten und ganze Inseln wechselten oft den Besitzer, und rivalisierende Schiffe kämpften unerbittlich gegeneinander, was häufig zur Gefangennahme oder Zerstörung führte. Letztendlich gingen die Venezianer als Sieger hervor, was sich in der Opulenz des modernen Venedigs im Vergleich zum bescheideneren Genua zeigt. Die Republik Venedig trieb eifrig Handel und verzichtete weitgehend auf territoriale Eroberungen. Russisches Getreide, Pelze, Wachs, Kaviar und Sklaven strömten zusammen mit Gewürzen aus dem Osten und Leinen aus Alexandria über die belebten Marktplätze in der Nähe des Rialto, wo Kaufleute aus Italien und von jenseits der Alpen eifrig ihre Geschäfte tätigten.

Die Seeherrschaft der Republik Venedig, die als *stato da mar* bekannt war, umfasste strategische Vorposten, die sich bis zum äußersten Ende des Schwarzen Meeres und nach Alexandria in Ägypten erstreckten. Zu diesen Stützpunkten gehörten Korfu, das den Eingang zur Adria bewachte, Modon und Koron auf dem Peloponnes, Negroponte (das heutige Chalkis) auf der Insel Euböa nördlich von Athen und die bedeutende Insel Kreta. Auf Kreta wurde *El Greco* geboren und wuchs dort auf, bevor er dazu bestimmt war, der bedeutendste Maler und Bildhauer der spanischen Renaissance zu werden, wobei sein Werk deutliche Anklänge an die byzantinische Tradition aufweist.

Durch die Heirat der 14-jährigen Caterina Cornaro mit dem König von Zypern aus dem Hause Poitiers-Lusignan und ihre anschließende Krönung zur Königin von Zypern und Jerusalem nach dem Tod ihres Mannes sicherten sich die Venezianer für fast ein Jahrhundert auch die Herrschaft über Zypern. Währenddessen wechselte die Kontrolle über andere Inseln und Handelsposten wie Rhodos und Naxos inmitten von Konflikten mit rivalisierenden europäischen Seestreitkräften und dem Osmanischen Reich, was zu einem ständigen Wandel der Besitzverhältnisse und Autoritäten führte.

Die Ursprünge Venedigs reichen bis ins fünfte Jahrhundert zurück, als Flüchtlinge auf den sumpfigen Laguneninseln Zuflucht vor Eindringlingen suchten. Im Jahr 402 n. Chr. fielen die

Goten über die römische Stadt Aquileia her, die gegenüber den Sümpfen von Venedig lag, und 452 zerstörte Attila der Hunne die Stadt. Später ließen sich die germanischen Langobarden in Norditalien nieder, doch Venedig blieb von all diesen Übergriffen unberührt.

Venedig, das außer Fisch und Salz über keine weiteren Ressourcen verfügte und auf Pfählen erbaut war, die in die in den Grund der flachen Lagune getrieben wurden, florierte allein durch den Seehandel. Bis zum 10. Jahrhundert stand Venedig unter byzantinischer Herrschaft und richtete seinen Blick nach Osten, um nicht in die Konflikte auf dem italienischen Festland verwickelt zu werden, wie etwa die Auseinandersetzungen zwischen den Welfen und den Ghibellinen, den Anhängern des Papstes bzw. des Kaisers.

Venedig war rechtlich eine Republik, funktionell jedoch eine Oligarchie; seine Herrscher, die Dogen, wurden nach einem komplizierten und verschlungenen System gewählt. Die Republik erforderte unerschütterliche Disziplin, um den zentrifugalen Kräften des *stato da mar* entgegenzuwirken. Trotz ihres unterschiedlichen Einflusses unterstützten alle venezianischen Bürger, auch diejenigen ohne politische Macht, mit großem Eifer das Handelsimperium ihrer Stadt. Obwohl viele Venezianer in Armut lebten, wurden sie nie unterdrückt.

Als Vorreiter in einer Republik, in der die Adligen Kaufleute und die Kaufleute Adlige waren, ersetzte Venedig den mittelalterlichen Archetyp des Ritters durch ein neues Vorbild: den Geschäftsmann. Unter diesen ragt Marco Polo hervor, der 1298, während er in einem genuesischen Gefängnis eingesperrt war, seine Erfahrungen aus seinem ausgedehnten China-Aufenthalt diktierte.

Im Jahr 1438 begab sich der byzantinische Kaiser Johannes VIII. Palaiologos auf eine diplomatische Mission nach Venedig, um dort nebst einem Appell an den Papst Unterstützung für die Verteidigung seines schwindenden Reiches gegen die vordringenden Türken zu gewinnen. Trotz der Gründung mehrerer Heiliger Bünde und der Ausrufung von Kreuzzügen gegen die Osmanen waren bisher kaum greifbare Erfolge erzielt worden. Zu diesem Zeitpunkt begann das christliche Abendland zu begreifen, wie sehr es bei der Verteidigung Europas gegen die muslimischen Mächte auf Byzanz angewiesen war.

Während der entscheidenden Ereignisse des Jahres 1453 musste Sultan Mehmet, der Konstantinopel belagerte, zu seinem Entsetzen feststellen, dass eine große venezianische Flotte ins Goldene Horn eingelaufen war, um der umkämpften Stadt Verstärkung zu bringen. Gleichzeitig landeten genuesische und neapolitanische Schiffe in Gallipoli in den Dardanellen und setzten Truppen ab, die rasch auf seine Hauptstadt Adrianopolis vorrückten, die Mehmet weitgehend unverteidigt gelassen hatte.

Erneut wurde das christliche Kreuz stolz auf den Mauern von Konstantinopel zur Schau gestellt – eine kühne Manifestation, die die Türken verstanden, woraufhin sie schnell ihr Lager verließen und nach Hause eilten, um Adrianopolis zu verteidigen. In einem seltenen Akt der Einigkeit schlossen sich die rivalisierenden italienischen Mächte unter der Führung von Papst Nikolaus V. zusammen, um die östlichste christliche Bastion zu verteidigen und, im Falle Venedigs, ihre Interessen an den lukrativen Handelsrouten am Schwarzen Meer zu schützen.

Das Ergebnis dieser türkischen Belagerung, die sich in einen christlichen Kreuzzug verwandelt hatte, wurde im Vertrag von Adrianopolis festgehalten, in dem Sultan Mehmet den Fortbestand Konstantinopels als Stadtstaat akzeptierte. Darüber hinaus wurde Genua und dem von Spanien gehaltenen Königreich Neapel gestattet, sich in Gallipoli niederzulassen und so die Kontrolle über die lebenswichtige Meerenge der Dardanellen zu behalten. Im Gegenzug verpflichteten sich die lateinischen Mächte zu einem jährlichen Tribut von einhunderttausend Golddukaten an den osmanischen Sultan, ein Zugeständnis, das Mehmet bereitwillig annahm, da er sich auf die weitere Expansion auf dem Balkan und sogar in Italien konzentrierte. Dieser Ehrgeiz führte 1480 zur Gründung einer osmanischen Niederlassung in Otranto, ein Unterfangen, das erst nach Mehmets Tod 1481 aufgegeben wurde.

Bayezid, der Sohn und Nachfolger von Mehmet, geboren von einer albanischen Konkubine, zeigte im Vergleich zu seinem Vater weniger Eroberungslust und schien sich mit dem jährlichen Tribut zufrieden zu geben, den er im Gegenzug für die ungehinderte Durchquerung der Meerenge durch christliche Handelsflotten erhielt. Konstantinopel war gerettet, und Konstantin XI. Palaiologos wurde als byzantinischer Kaiser bestätigt. Doch die Autorität dieses byzantinischen Kaisers und seiner Nachfolger schwand und wurde weitgehend symbolisch. Der venezianische Bailo, der Vertreter des Dogen, übte von nun an die tatsächliche Macht über die Angelegenheiten der Stadt aus. Nachdem Venedig Konstantinopel wirksam gegen den türkischen Angriff verteidigt und die Herrschaft über die Stadt erlangt hatte, befreite es sich von der Abhängigkeit von Konzessionen, die es zuvor vom byzantinischen Kaiser einfordern musste. Der ungehinderte Zugang zum Schwarzmeerhandel stärkte die Wirtschaft der Republik erheblich.

Im Jahr 1492 ordneten die Katholischen Könige Spaniens die Vertreibung der Juden aus al-Andalus an. Venedig gewährte den Juden zwar nicht den gleichen Status wie anderen Bürgern, war ihnen jedoch stets entgegenkommend und erkannte ihren kommerziellen Scharfsinn und damit ihren Beitrag zur Wirtschaft der Republik an. Konstantinopel hieß die jüdischen Flüchtlinge aus Spanien willkommen und bot ihnen Zuflucht. Viele nutzten diese Gelegenheit und brachten nicht nur das mit, was sie von ihrem Reichtum retten konnten, sondern auch wertvolle Handelsverbindungen, intellektuelle Talente und handwerkliche Fähigkeiten, die die Stadt erheblich bereicherten. Eine beträchtliche Anzahl jüdischer Flüchtlinge hingegen entschied sich dafür, sich im benachbarten Thessaloniki niederzulassen, wo sie von Sultan Bayezid II. ebenso herzlich empfangen wurden. Ihre Wahl spiegelte die historische Einsicht wider, dass es ihnen unter muslimischer Herrschaft oft besser erging als unter christlicher, basierend auf jahrhundertelanger Erfahrung.

Die venezianische Kontrolle über Konstantinopel löste auch eine andere Art von Migration aus, die in die entgegengesetzte Richtung ging. Die langanhaltende türkische Bedrohung und die Furcht vor einer erneuten Belagerung ermutigten Teile der byzantinischen Elite, für sich und ihre Familien anderswo Zuflucht zu suchen, vor allem in Italien. Während einige ihren materiellen Reichtum mitbrachten, brachten viele andere, die gezwungen waren, ihr Fachwissen als Gelehrte und Pädagogen anzubieten, ein enormes Reservoir an Wissen mit, das sie in zwei Jahrtausenden römischer Zivilisation angesammelt hatten. Dieser Zustrom intellektuellen Kapitals erwies sich als entscheidender Katalysator für die italienische Renaissance, ein kulturelles Phänomen, das bald auf ganz Europa ausstrahlte und den Kontinent nachhaltig veränderte.

Venedig spielte später eine zentrale Rolle in der Blütezeit der Renaissance und rühmte sich bekannter Maler wie Tizian, Tintoretto und Veronese, deren Werke auch heute noch die Betrachter fesseln. Der unverwechselbare architektonische Stil der Stadt, in dem byzantinische und gotische Elemente verschmelzen, zeigt sich in bedeutenden Bauwerken wie dem Dogenpalast, dem Markusdom und der berühmten Rialtobrücke. Im Jahr 1469 wurde in Venedig die erste Druckerpresse in Betrieb genommen, ein bedeutender Meilenstein in der Verbreitung von Wissen. Die Republik, die es verstand, sich von religiösen Konflikten und Zensur weitgehend fernzuhalten, bewies mehrfach bemerkenswerten Mut, indem sie sich gegen die Autorität des Papstes durchsetzte. In der Folge entwickelte sich Venedig zum führenden Buchproduzenten südlich der Alpen und trug wesentlich zur Verbreitung der Ideale der Renaissance bei.

Schon vor der Belagerung Konstantinopels hatte Venedig einen Feldzug zur Ausdehnung seines Einflusses in die fruchtbare Po-ebene unternommen, da es seine Abhängigkeit von importierten Nahrungsmitteln erkannt hatte. Dieses Vorhaben verwickelte Venedig in ein komplexes Netz von Allianzen und Konflikten mit lokalen Herrschern, dem Papst, dem Kaiser und Frankreich, die alle um die Kontrolle über dasselbe Gebiet wetteiferten. Trotz dieser Bemühungen erwies sich Venedigs Engagement in der *terraferma*, seinen kontinentalen Gebieten, letztlich als erfolglos und forderte einen hohen Tribut an Menschenleben und Ressourcen. Zudem lenkte es die Aufmerksamkeit von den Ereignissen ab, die sich in weiter entfernten Teilen der Welt abspielten, vor allem an der Südspitze Afrikas.

Das Rückgrat der venezianischen Flotte war die Galeere, die im berühmten Arsenal gefertigt wurde. Sie war sowohl für den Handel als auch für die Kriegsführung geeignet: schlank, langgestreckt und von Rudern angetrieben. Im Gegensatz dazu entwickelten die Portugiesen, angesichts der Weiten des Atlantischen Ozeans, die kleinere und wendigere Karavelle, ausgestattet mit Segeln, die auch in unruhigen Gewässern gut manövrierte. Zudem verfügten die Portugiesen über eine fortschrittliche Navigationstechnik, die für Fahrten auf dem offenen Meer notwendig war, während die venezianischen Schiffe meist Küstenrouten folgten und sich nie allzu weit vom Land entfernten.

Im Jahr 1488 gelang Bartolomeu Dias die erste Umsegelung Afrikas über das Kap der Guten Hoffnung. Ein Jahrzehnt später erreichte Vasco da Gama auf demselben Weg Indien. Diese bahnbrechende Leistung veränderte die globalen Handelsrouten grundlegend und lenkte wertvolle Waren aus Asien von den traditionellen Routen durch den Nahen Osten und das Mittelmeer ab. Kaufleute aus London und den Hansestädten begannen, ihre

Lieferungen aus dem Orient nicht mehr über Venedig, sondern über Lissabon zu beziehen. Zwar gab es bereits Überlegungen, in Suez einen Kanal zu graben, doch wurde dieses Vorhaben zu jener Zeit als undurchführbar erachtet.

Nichtsdestotrotz erlebte Konstantinopel, das nun fester Bestandteil des venezianischen *stato da mar* war, zunächst eine wirtschaftliche Blüte und hatte daher keine Schwierigkeiten, seinen jährlichen Tributverpflichtungen gegenüber dem Sultan nachzukommen. Gleichzeitig konzentrierten die Osmanen ihre Expansion auf den Balkan im Norden und auch nach Süden, wo sie im Jahr 1527 die Kontrolle über Ägypten übernahmen, nachdem sie die dort regierenden Mameluken besiegt hatten.

Ein Vorbote dunklerer Zeiten war jedoch der verheerende Brand, der Konstantinopel im Juli 1660 heimsuchte, Tausende von Menschenleben forderte und zwei Drittel der Stadt zerstörte. Im Jahr 1669 erlitt Venedig mit dem Verlust von Candia, der Hauptstadt Kretas, nach einer zermürbenden 25-jährigen Belagerung einen weiteren schweren Rückschlag. Zwar siegte die Heilige Liga zwei Jahre später in der Schlacht von Lepanto über die osmanische Flotte, doch hatte dieser Erfolg nur begrenzte Auswirkungen: Die Osmanen bauten ihre Seestreitkräfte rasch wieder auf und behaupteten ihre Vorherrschaft im östlichen Mittelmeer.

Zu diesem Zeitpunkt war Konstantinopel auf einen isolierten Handelsposten und militärischen Stützpunkt geschrumpft. Sein endgültiger Niedergang wurde besiegelt, als die Genuesen und Neapolitaner sich aus der Dardanellenstraße zurückzogen. Die lange Regierungszeit von Sultan Mehmet IV. markierte die größte territoriale Expansion des Osmanischen Reiches. Mehmet IV., der als Sohn einer russischen Sklavin geboren und mit einer Konkubine verheiratet war, die nach der Eroberung Candias versklavt worden war, erhielt den Beinamen ‚der Jäger‘ und wurde zugleich als ‚heiliger Krieger‘ verehrt. Seine zahlreichen Eroberungen gipfelten 1675 in der Einnahme Konstantinopels.

Die Belagerung erinnerte an die Ereignisse von vor zwei Jahrhunderten, jedoch mit entscheidenden Abwandlungen: Eiserne Kanonenkugeln ersetzten ihre steinernen Vorgänger, und die europäischen Hilfstruppen blieben aus. Bevor die Stadt völlig zerstört wurde, bat der letzte byzantinische Kaiser, Leo II. Tzimiskes, um Frieden und erhielt die Erlaubnis, mit seinem Gefolge sicher nach Venedig zu fliehen. Ihm wurde gerade so viel Geld mitzunehmen gewährt, dass er im Exil nicht in äußerste Not geriet. Ein grausames Schicksal ereilte hingegen den venezianischen Bailo Leonardo Priuli: Er wurde öffentlich gehängt, geviertelt, und seine Überreste von den Stadtmauern geworfen, um als abschreckendes Schauspiel von Hunden gefressen zu werden.

Es folgten drei Tage des Chaos, geprägt von Plünderungen, Morden und Vergewaltigungen. Bemerkenswerterweise blieb das jüdische Viertel von den schlimmsten Grausamkeiten verschont; Mehmet zog es vor, den jüdischen Bewohnern ‚nur' ihr Gold und andere Wertsachen abzunehmen. Um diese zu finden, scheute er nicht davor zurück, Folter anzuwenden.

Durch die Plünderung der Stadt und seine weiteren Eroberungen reich geworden, nahm Sultan Mehmet den Titel *Kayser-i-Rûm* (Cäsar der Römer) an und widmete sich der ehrgeizigen Aufgabe, Konstantinopel als neue osmanische Hauptstadt wieder aufzubauen. Eine der markantesten Veränderungen war die Umwandlung der Hagia Sophia in eine Moschee, gekennzeichnet durch die Hinzufügung von vier auffälligen Minaretten – ein Wahrzeichen, das bis heute besteht. Überraschenderweise setzte Mehmet kurz nach der Eroberung einen neuen griechisch-orthodoxen Patriarchen ein. Er wählte Parthenius IV., einen der schärfsten antikatholischen Kleriker, um die verbliebene christliche Gemeinde Konstantinopels zu leiten.

Weniger als ein Jahrzehnt später, im Jahr 1683, erlitten die osmanischen Truppen vor den Toren Wiens eine verheerende Niederlage, die den Beginn des Niedergangs des Reiches einleitete. Desillusionierung breitete sich innerhalb der Armee aus, und Mehmet wurde schließlich von seinen eigenen Truppen abgesetzt und ins innere Exil nach Adrianopolis, seiner früheren Hauptstadt, verbannt. Trotz seines Machtverlustes wurde ihm eine ungewöhnliche Gnade zuteil: Er durfte seine Tage in Ruhe zu Ende leben, als ein Beispiel für außergewöhnliche Milde in einer ansonsten unbarmherzigen Ära.

Venedig, seiner wertvollsten Besitzung beraubt und allmählich auch seine Stellung in Griechenland und in der Ägäis verlierend, erlebte im letzten Jahrhundert seines Bestehens einen stetigen Niedergang. Nach und nach gab die Republik auch die Kontrolle über ihre Gebiete in Dalmatien an Ungarn und das Osmanische Reich ab, während ihm nur Korfu, strategisch am Eingang zur Adria gelegen, erhalten blieb. Um zu überleben, konzentrierte sich Venedig auf den lokalen Handel, befuhr die Adria und pflegte die Verbindungen mit Griechenland. Die Bedeutung des venezianischen Hafens nahm ab, da Mailand Genua und Wien Triest bevorzugten. Auf die Rolle eines bloßen Beobachters reduziert, navigierte die Republik geschickt durch zwei große Ereignisse, die Europa im 18. Jahrhundert erschütterten: den Spanischen Erbfolgekrieg zu Beginn und den Siebenjährigen Krieg in der Mitte des Jahrhunderts. Venedig verfolgte eine entschlossene Neutralitätspolitik, um seine Interessen bestmöglich zu wahren.

Der endgültige Schlag gegen die tausendjährige Existenz der Republik kam 1797 durch Napoleon Bonaparte, der in den Wirren der Französischen Revolution an die Macht gekommen war. Im Zuge seiner Eroberungen in Italien und Österreich besiegelte er Venedigs Schicksal, das seither dem einer verstoßenen Ehefrau glich: Zunächst wurde *la Serenissima* an Österreich abgetreten, später in Bonapartes Königreich Italien eingegliedert, bevor sie nach dem Wiener Kongress erneut unter österreichische Kontrolle fiel. Schließlich wurde Venedig 1866 in den neu gegründeten italienischen Staat integriert. Ein schwacher Trost für die Venezianer war, dass auch das Osmanische Reich im Niedergang begriffen war und nur etwa ein Jahrhundert länger bestand, bevor es nach dem Ersten Weltkrieg endgültig zusammenbrach.

Ein tragisches Nachspiel des Zusammenbruchs sowohl des byzantinischen als auch des osmanischen Reiches bleibt ein oft übersehenes Kapitel der Geschichte – vielleicht weil es überschattet wurde vom vorangegangenen Völkermord an den Armeniern. In den frühen 1920er-Jahren griff Griechenland unüberlegt den neu gegründeten türkischen Staat in Anatolien an – ein Krieg, den es letztlich verlor und der zu einer umfassenden Kampagne ethnischer Säuberungen führte.

Über eine Million griechisch-orthodoxe Menschen, Nachkommen von Griechen, die seit Jahrtausenden in Anatolien und der Schwarzmeerregion gelebt hatten, wurden nach Griechenland zwangsumgesiedelt. Im Gegenzug wurden eine kleinere Anzahl türkischstämmiger Muslime, die sich während der osmanischen Herrschaft in Griechenland und auf den Ägäisinseln niedergelassen hatten – und selbst Griechen, welche zum Islam übergetreten waren –, in die Türkei umgesiedelt. Diese entwurzelten Familien fanden sich in einer fremden Umgebung wieder und waren oft nicht einmal in der Lage, sich in der Sprache ihres neuen Heimatlandes verständlich zu machen. Der Austausch wurde vom Völkerbund sanktioniert, angeblich um weitere Gewalt gegen die christlich-orthodoxe Bevölkerung in der Türkei zu verhindern, und wurde unter der Leitung des berühmten Arktisforschers und Nobelpreisträgers Fridtjof Nansen organisiert.

Als Zeugnis der verschlungenen Geschichte zweier Städte – Konstantinopel und Venedig – sowie des Übergangs vom byzantinischen zum osmanischen Reich präsentiere ich ein Testament, das ein venezianischer Kaufmann zu Beginn des 20. Jahrhunderts an seine erwachsenen Kinder schrieb. Obwohl der Brief undatiert ist, deuten seine Bezüge zu zeitgenössischen Ereignissen und sein Schweigen über den Ausbruch des Ersten Weltkriegs eindeutig darauf hin, dass er im Jahr 1913 verfasst wurde.

Testament für seine Kinder
von Domenico Michiel, 1913

Meine geliebten Kinder,

Während ihr diese Zeilen lest, sind meine sterblichen Überreste bereits zur Ruhe gebettet, und mein letzter Wille in Bezug auf materielle Angelegenheiten ist euch verlesen worden. Ich vertraue darauf, dass ich gerecht gehandelt habe, und finde Trost im Wissen, dass für euch beide angemessen gesorgt ist. Doch es gibt noch eine andere Seite meines Testaments, die persönlicherer Natur ist und den Notar nichts angeht. Dieser widme ich mich nun, da meine jüngste Krankheit mich dazu gezwungen hat, die Feder zur Hand zu nehmen.

Nur noch ein paar Worte zu meinen materiellen Hinterlassenschaften: Elena, ich hoffe, du verstehst den Grund für meine Entscheidung, deinem Bruder unser Familienhaus zu vermachen, in dem wir alle so viele wertvolle Erinnerungen geteilt haben. Es hat nichts damit zu tun, dass er ein Mann ist und du eine Frau, sondern vielmehr damit, dass das Haus deines Mannes am Rio del Gaffaro so prächtig und modern ist. Franco hat mir versichert, dass er es dir vererben wird, sollte ihm etwas zustoßen. Im Gegenzug bin ich sicher, dass du die Nutzung meiner Bibliothek zu schätzen weißt, besonders in Anbetracht von Gian Luigis begrenztem Interesse an Büchern. Ich denke, ihr könnt ihr in eurem geräumigen Haus ein neues Heim bieten.

Neben den zeitlosen Klassikern, die du bereits kennst, habe ich auch Werke moderner Autoren in meine Sammlung aufgenommen, von denen ich dir besonders Franz Kafka und Robert Musil ans Herz legen möchte. Ihre Schriften tragen eine beunruhigende Tiefe in sich, die dich sicherlich ebenso faszinieren wird wie mich. Zudem möchte ich deine Aufmerksamkeit auf Thomas Manns jüngste Veröffentlichung, *Der Tod in Venedig*, lenken – eine Novelle, die mich aus mehreren Gründen tief bewegt hat. Die verheerende Choleraepidemie, die vor zwei Jahren unsere Stadt heimsuchte, ist uns allen noch lebhaft in Erinnerung, und wäre ich gläubig, würde ich einer höheren Macht dafür danken, dass unsere Familie von ihren Verwüstungen verschont geblieben ist.

Wir alle haben die schnellen Veränderungen miterlebt, die unser Leben geprägt haben, und ich bin sicher, dass ihr noch viele weitere erleben werdet. Ich selbst bin gerade alt genug, um mich noch daran zu erinnern, wie Venedig nicht per Eisenbahn mit dem Festland verbunden war, während ihr beide zu jung seid, um euch an die Tage zu erinnern, als man ausschließlich in einer Gondel durch die Kanäle Venedigs fuhr, bevor das schnellere und günstigere Vaporetto eingeführt wurde. Wir alle haben den plötzlichen und überwältigenden Zustrom von Touristen aus ganz Europa und sogar aus Amerika zum Lido beobachtet. Und als ihr klein wart, erlebten wir gemeinsam die Begeisterung, als das erste Kino in unserer Stadt seine Pforten öffnete.

Ich bin hin- und hergerissen zwischen einem wehmütigen Blick zurück, geprägt von venezianischer Nostalgie – ein Grund, warum ich Konstantinopel zu meiner zweiten Heimat gemacht habe – und der zukunftsgerichteten Perspektive eines Europäers, der sich in das noch junge Jahrhundert aufmacht. Gleichermaßen gibt es zeitgenössische Denker, die fest davon überzeugt sind, dass wir in einer Epoche des unumkehrbaren Niedergangs leben (hier denke ich an Oswald Spengler und Rudolf Steiner), während andere, insbesondere Künstler, mutig neue Wege beschreiten, die eine Zukunft voller unbegrenzter Möglichkeiten versprechen. Man denke nur an Diaghilev, dessen Inszenierung von Strawinskys *Le Sacré du Printemps*, getanzt von dem genialen Nijinsky, vor Kurzem in Paris auf höchst bemerkenswerte Weise für Aufruhr sorgte. Auch die Gemälde und Skulpturen, die mir bei meinem letzten Aufenthalt in Paris begegnet sind, deuten auf das immense Potenzial hin, das die Zukunft birgt: Werke von Pablo Picasso, Marcel Duchamp, Auguste Rodin, Camille Claudel und vielen anderen.

Selbst im traditionellen Wien, einer Stadt, die mir wohlbekannt ist, scheint alles vom Neuen durchdrungen zu sein. Ich bedauere zutiefst, die Uraufführung von Arnold Schönbergs *Gurreliedern* Anfang dieses Jahres verpasst zu haben – ein Ereignis, das das sonst so selbstgefällige Wiener Publikum in Erstaunen versetzte und in eine glühende, fast hysterische Menge verwandelte. Auch die Malerei erfährt einen radikalen Wandel: Oskar Kokoschka, Egon Schiele, Gustav Klimt – so unterschiedlich ihre Stile auch sein mögen, sie alle eint der mutige Bruch mit der Tradition, jeder auf seine eigene, einzigartige Weise. Venedig, einst stolze Heimat von Meistern wie Tizian, Tintoretto und Canaletto, steht heute, was künstlerische Innovation betrifft, im Schatten der großen europäischen Metropolen. Der einzige italienische Maler, der eine ähnliche Bewunderung hervorruft, ist Giorgio de Chirico. Seine Variationen der *Piazza d'Italia*, einer unbewohnten, dystopischen Welt, verunsichern und faszinieren mich jedes Mal aufs Neue. Doch auch wenn Venedig kulturell zur Provinz geworden ist, können wir nicht anders, als eine tiefe Zuneigung zu unserer Stadt zu empfinden, nicht wahr?

Es gibt Momente, in denen ich mir wünsche, in Paris oder vielleicht in Berlin geboren worden zu sein. Unsere Bindung an Venedig wurde jedoch durch das geerbte Familienunternehmen geprägt, das uns immerhin Wohlstand gebracht hat. Die Stadt nennt sich immer noch stolz *La Serenissima*, ein Titel, der nur durch den Blick auf die Geschichte gerechtfertigt ist – abgesehen von ihrem unbestreitbaren ästhetischen Reiz, der nach wie vor besteht. Gabriele D'Annunzio hat diesen fortbestehenden Geist der Nostalgie in seinem neuesten Roman *Die Flamme des Lebens* treffend beschrieben: ‚Die gegenseitige Leidenschaft von Venedig und Herbst, die einander zu ihrer empfindsamsten Schönheit erhebt, hat ihren Ursprung in einer tiefen Verwandtschaft; denn die Seele Venedigs, die Seele, die die alten Handwerker für diese schöne Stadt geschmiedet haben, ist herbstlich.‘[116]

Im Großen und Ganzen hatten wir das Glück, in einer Zeit des Friedens und Wohlstands in Europa zu leben. Ich bin gerade alt genug, um mich daran zu erinnern, dass Venedig einst Teil des österreichisch-ungarischen Reiches war; wie ihr wisst, wurde ich in dem Jahr geboren, als Kaiser Franz Joseph und die bezaubernde Kaiserin Elisabeth unsere Stadt auf ihrer Hochzeitsreise besuchten. Es ist jedoch ernüchternd zu sehen, wie Franz Joseph nach fast sechs Jahrzehnten immer noch mit einer veralteten Verwaltung regiert, die den Fortschritt seines Reiches im Vergleich zu anderen europäischen Nationen hemmt. Vielleicht bietet uns die Eingliederung in den noch jungen Staat Italien – das einzige politische System, das ihr beide je gekannt habt – größere Chancen, auch wenn das Schicksal einer Nation, die aus so unterschiedlichen Fragmenten besteht, weiterhin ungewiss bleibt.

Ihr habt eure Großmutter mütterlicherseits, Sophie, nie kennengelernt – ein bedauerlicher Umstand, da sie kurz vor ihrem fünfzigsten Lebensjahr verstarb. Ihr verdanke ich es, dass ich fließend Deutsch spreche. Immer wenn ich in Wien bin, was etwa einmal im Jahr der Fall ist, genieße ich die Treffen mit meinen Cousins und Cousinen aus diesem Teil der Familie. Durch sie hatte ich das Privileg, einige prominente Persönlichkeiten Wiens kennenzulernen, darunter Sigmund Freud,

---

116 La mutua passione di Venezia e dell'Autunno, che esalta l'una e l'altro al sommo grado di lor bellezza sensibile, ha origine in una affinità profonda; poiché l'anima di Venezia, l'anima che foggiarono alla città bella gli antichi artefici, é autunnale.

der übrigens im gleichen Jahr wie ich geboren wurde. Obwohl mir meine Verwandten kürzlich ein frisch gedrucktes Exemplar seines Werks *Totem und Tabu* geschenkt haben, bin ich noch nicht dazu gekommen, es zu lesen. Dennoch erkenne ich an, dass Freud das große Verdienst zukommt, verborgene Schichten der menschlichen Psyche ans Licht zu bringen, die uns bisher unbekannt waren.

Wie ihr wisst, reise ich am liebsten mit dem Zug nach Konstantinopel und steige dabei in Wien in den Orient-Express um – für mich der Inbegriff luxuriösen Reisens. Ich habe diese Reise stets als äußerst angenehm empfunden, selbst die letzte Etappe über das Schwarze Meer mit dem Schiff von Varna aus, bevor die Zugstrecke bis zum Sirkeci-Terminal verlängert wurde. Leider wurde der Orient-Express im letzten Jahr aufgrund der anhaltenden Konflikte auf dem Balkan eingestellt, und es scheint, als bliebe dies auch in diesem Jahr so. Daher musste ich beide Etappen der Reise über den Seeweg zurücklegen, der normalerweise nur meiner Rückreise vorbehalten ist. Es war zwar enttäuschend, dass ich meine Cousins in Wien nicht besuchen konnte, aber immerhin konnte ich meinen üblichen Geschäften in Athen nachgehen. Das Reisen mit dem Dampfer mag nicht denselben Luxus bieten wie der Zug, hat jedoch seinen eigenen Reiz: Die sich ständig verändernden Ausblicke auf die Küste erfreuen mich ebenso wie das gemächliche Tempo, das mir reichlich Zeit zum Lesen verschafft. Jede Reise fühlt sich wie ein neues Abenteuer an, und ich genieße jeden Moment davon.

In euren ersten Lebensjahren habt ihr zwei oder drei Sommer mit mir in unserem Haus in Pera verbracht; ich weiß nicht, ob ihr euch daran erinnert. Für mich war Pera nicht nur ein zweites Zuhause, sondern nach dem Tod eurer Mutter mein Hauptwohnsitz (Abbildung 9.3). Meine regelmäßige Anwesenheit hier in Venedig diente nicht nur der Überwachung unserer geschäftlichen Interessen, die unseren komfortablen

Lebensstil sichern, sondern auch dazu, euch beiden nahe zu sein. Selbst nach all diesen Jahren habe ich es mir zur Gewohnheit gemacht, mindestens die Hälfte des Jahres in Venedig zu verbringen.

Abbildung 9.3: Traditionelle Häuser in Istanbul

Gian Luigi, du hast die Fähigkeit, die Verantwortung für unsere *Manifattura Tabacchi* in Marghera zu übernehmen. Nach meinem Ableben musst du jedoch sicherstellen, dass der Tabakeinkauf in Konstantinopel sowie der Verkauf von Murano-Glaswaren und anderen Luxusgütern dort reibungslos weiterlaufen. Ich vertraue darauf, dass du diese Geschäfte mit Hilfe meiner bewährten Kontakte erfolgreich führen wirst. Solange keine unvorhergesehenen Ereignisse eintreten, sollten die bestehenden Abläufe intakt bleiben, bis du nach der Regelung der Angelegenheiten zu Hause die volle Kontrolle übernehmen kannst.

Wie in Venedig, wo bis vor Kurzem noch die Warenlager *Fondaco dei Turchi* und *Fondaco dei Tedeschi* existierten, hatten wir Venezianer, ebenso wie die Genueser und andere, unsere *Fondachi* in Pera, wo mein Haus noch immer steht. Konstantinopel war, wie ihr wisst, über zwei Jahrhunderte unter venezianischer Kontrolle, bis es uns von den Türken entrissen wurde. Unsere gemeinsame Geschichte reicht so weit zurück, dass ich mich Konstantinopel immer noch verbunden fühle – einer Stadt, in der das Echo Roms an jeder Ecke widerhallt, wenn auch in byzantinischem Gewand. Zwar kann ich unsere Abstammung nicht direkt auf ihn zurückführen, aber ihr wisst, dass mein Namensvetter, ein Doge der Republik, vor etwa neunhundert Jahren einen Feldzug ins Heilige Land führte. Ich bin zwiegespalten, was die Inschrift auf seinem Grab betrifft, insbesondere den ersten Teil: ‚Ein Schrecken für die Griechen ... und zum Ruhm der Venezianer.' Doch es lässt sich nicht leugnen, dass seine Eroberungen dazu beigetragen haben, den Grundstein für den Reichtum unserer Familie zu legen.

Meine Entscheidung, einen zweiten Wohnsitz in Pera zu errichten, lässt sich nicht allein durch geschäftliche Notwendigkeiten oder die historischen Verbindungen zwischen unseren Städten erklären. Sie hat tiefere Wurzeln, die ihr vielleicht schon lange vermutet habt, über die wir jedoch nie offen gesprochen haben – etwas, das ich heute bedaure. Ich hatte das Gefühl, dass der richtige Moment für dieses Gespräch längst verstrichen war, obwohl ich eure Diskretion immer geschätzt habe, die ich – ob zu Recht oder zu Unrecht – als Verständnis interpretiert habe. Es dreht sich um A., die Liebe meines Lebens. Hättet ihr darauf bestanden, mich nach Pera zu begleiten, hätte ich es sehr begrüßt, und ich bin sicher, dass A. die Gelegenheit, euch kennenzulernen, ebenfalls genossen hätte, da ich so oft von euch gesprochen habe. Doch die Umstände ließen es nicht zu, und ich bezweifle, dass ihr A. aufsuchen werdet, um mehr über meine Vergangenheit zu erfahren. Ihr könnt jedenfalls beruhigt sein, was die finanziellen Auswirkungen betrifft: A. ist durch einen unabhängigen Trust in

Konstantinopel abgesichert, und aus offensichtlichen Gründen braucht ihr euch nicht um mögliche Halbgeschwister zu sorgen, die einen Anteil an eurem Erbe fordern könnten.

A.'s Familie ist jüdisch, wenn auch nicht besonders gläubig. Im Laufe der Zeit habe ich begonnen, die Einhaltung der jüdischen Feiertage, die A. weiterhin begeht, mehr zu schätzen, als ich selbst Weihnachten oder Ostern – Feste, die ich als überzeugter Atheist, wie ihr wisst, kaum beachte. Als ihr klein wart, hatte ich es eurer Mutter überlassen, sich um diese Feiertage zu kümmern, da sie unbestreitbar Teil unseres kulturellen Erbes und unserer Geschichte sind. In Pera, wo wir hauptsächlich von Ausländern umgeben sind, sind wir nicht verpflichtet, muslimische Feiertage oder Bräuche wie das Fasten im Ramadan zu beachten. Dennoch hallen die Rufe des Muezzins Tag und Nacht in die intimsten Winkel unserer Häuser. Wir nehmen sie ähnlich wahr wie die Kirchenglocken in unserer Heimat – als Zeichen des Zeitverlaufs, nicht mehr und nicht weniger, wenn auch etwas weniger erfreulich für unsere Ohren.

Unter den vielen Flüchtlingen, die 1492 aus Spanien nach Konstantinopel kamen, befand sich auch A.'s Familie. Es ist eher ungewöhnlich in der jüdischen Gemeinschaft, dass A. fließend Türkisch als Zweitsprache spricht, während ich trotz meiner jahrzehntelangen Anwesenheit in Konstantinopel kaum mehr als ein paar Brocken der Sprache gelernt habe. Die Türken haben die byzantinische Tradition fortgeführt, Dragomanen – Übersetzer – auszubilden, auf deren Dienste wir bei unseren Geschäften angewiesen sind; viele von ihnen sind christliche Armenier. Mit A. haben wir, abgesehen von unserer Liebe füreinander, eine besondere Art der Kommunikation entwickelt: Während A. Ladino spricht, antworte ich in unserem venezianischen Dialekt. Merkwürdigerweise haben wir uns an dieses Arrangement gewöhnt, und noch bemerkenswerter ist, dass wir es geschafft haben, die beiden Sprachen nicht zu einem Kreolisch zu vermischen, obwohl wir uns hin und wieder Ausdrücke ausleihen, die in der jeweils anderen Sprache einfach treffender sind. Wir amüsieren uns sogar über die kleinen Missverständnisse, die bei dieser Art von Konversation entstehen, und haben uns daran gewöhnt, bestimmte Details im Unklaren zu lassen – eine erhellende Erinnerung daran, wie wenig wir von unserer Umgebung wirklich wahrnehmen und verstehen.

Liebe ist ein seltsames Phänomen, und ich schätze mich glücklich, sie erlebt zu haben, wenn auch auf eine unkonventionelle Weise. Für eure Mutter empfand ich Zuneigung und Respekt, und unsere arrangierte Ehe erfüllte ihren Zweck – ich glaube, wir haben es recht gut gemacht. Ich habe sie stets geschätzt, und zum Glück waren wir uns in den wichtigsten Aspekten eurer Erziehung einig. Unsere finanzielle Stabilität und unser sozialer Status ermöglichten es uns, Leben zu führen, die mehr parallel verliefen als miteinander verflochten waren, wobei wir die Autonomie und Bedürfnisse des jeweils anderen respektierten. Ihr habt diese Dynamik zweifellos gespürt und seid in dem Freiraum zwischen uns gut gediehen, selbst als sich mein Lebensmittelpunkt von der Lagune zum Bosporus verlagerte.

Konstantinopel und damit auch das Osmanische Reich befinden sich derzeit im Umbruch – eine Tatsache, die für dich, Gian Luigi, von besonderer Bedeutung ist, wenn du unsere Handelsbeziehungen dort fortführen möchtest. Derzeit wird ein Vertrag ausgehandelt, der das Osmanische Reich nach den jüngsten Konflikten in der Region dazu zwingt, offiziell auf seine Balkan-Gebiete zu verzichten. Wie ihr wisst, wurde Sultan Abdul Hamid II. vor einigen Jahren gezwungen abzudanken, nachdem er sich jahrzehntelang hartnäckig gegen Reformen gesträubt hatte, unter erheblichem Druck der Jungtürken, die eine Modernisierung fordern. Sein Halbbruder Mehmet V. regiert nun als konstitutioneller Monarch, doch seine Herrschaft ist mit erheblichen Herausforderungen konfrontiert, wie der kürzliche Verlust nordafrikanischer Gebiete an uns Italiener zeigt.

Angesichts der anhaltenden Krisen, die das Osmanische Reich heimsuchen, und dem breiten Ruf nach Reformen würde es mich nicht überraschen, wenn es in der *Sublime Porte* zu einem Staatsstreich oder ähnlichen Umwälzungen käme. Daher bitte ich dich, Gian Luigi, wachsam zu bleiben und die Entwicklungen in Konstantinopel genau im Auge zu behalten. Dies meine ich metaphorisch, denn tatsächlich rate ich dir, dich auf unsere fähigen Mitarbeiter vor Ort zu verlassen – das ist meiner festen Überzeugung nach die klügste Vorgehensweise.

Ich entschuldige mich für das Mäandern in diesem letzten Brief an euch, verzichte aber bewusst darauf, ihn um der Eleganz willen umzuarbeiten. Ihr kennt mich euer ganzes Leben lang so, wie ich bin, und obwohl ich nicht um Vergebung bitte – allenfalls fühle ich gelegentlich flüchtige Schuldgefühle für meine langen Abwesenheiten – vertraue ich darauf, dass dieses Schreiben euch ein tieferes Verständnis für euren Vater vermittelt.

Meine lieben Kinder, ich wünsche euch ein so reiches und erfülltes Leben, wie es meines war.

In Liebe,

Euer Vater

Kapitel 10

Die Belagerung von Granada, 1492

In Kapitel 5 – *Die Schlacht von Tours und Poitiers* – haben wir die muslimische Eroberung Iberiens zu Beginn des 8. Jahrhunderts beschrieben. Diese Expansion erfasste schnell die gesamte Halbinsel, abgesehen von einem schmalen Gebirgsstreifen im Norden, und führte sogar zu einem vorübergehenden Vorstoß über die Pyrenäen ins fränkische Gallien. Darüber hinaus haben wir die Feinheiten der *convivencia* untersucht: die vielfältige Gesellschaft, die sich im Laufe der Jahrhunderte entwickelte, in der muslimische Araber und Berber an der Spitze standen, während konvertierte Christen – die sogenannten Mozaraber – in der Mitte der sozialen Hierarchie angesiedelt waren, und Juden sowie Christen die unteren Stufen einnahmen. Die auferlegten höheren Steuern für die beiden letztgenannten Gruppen waren ein wichtiger Anreiz, insbesondere für Christen, zum Islam überzutreten.

Das 10. Jahrhundert markierte die Blütezeit des Umayyaden-Kalifats von Córdoba, oft als das ‚goldene Zeitalter‘ bezeichnet. Die Opulenz des Hofes des Kalifen rivalisierte mit der des byzantinischen Hofes in Konstantinopel und der des abbasidischen Hofes in Bagdad, von dem sich Córdoba seit langer Zeit unabhängig gemacht hatte. Keine andere europäische Region konnte sich mit al-Andalus messen, was fortschrittliche landwirtschaftliche Techniken, architektonische Meisterwerke, literarische Errungenschaften und ausgedehnte Handelsnetze im Mittelmeerraum anging. Berühmte byzantinische Mosaikkünstler, die als die besten ihrer Zeit galten, wurden beauftragt, die Moschee von Córdoba zu verschönern. Die berühmte Bibliothek der Stadt, ein Leuchtturm der Zivilisation von al-Andalus, verfügte im 10. Jahrhundert über eine Sammlung von 400 000 Manuskripten. Es wird gesagt, dass ihr Untergang nicht durch die *Reconquista* verursacht wurde, sondern durch die Almoraviden, fundamentalistische Berber-Muslime, die wir gleich näher vorstellen werden.

Die Herrschaft über al-Andalus war von zahlreichen Herausforderungen geprägt. Wikingerüberfälle trafen Sevilla, während Aufstände von Berbern gegen Araber, Revolten von Jemeniten gegen Syrer, abbasidische Übergriffe, separatistische Bewegungen und Palastintrigen die ohnehin volatile Situation weiter verschärften. Zu Beginn des 11. Jahrhunderts verfiel das Umayyaden-Kalifat in innere Zwietracht, was schließlich zu seiner Auflösung führte. Gleichzeitig nutzten aufstrebende christliche Reiche wie Asturien und León die Gelegenheit, um von Norden her in al-Andalus einzudringen, während Barcelona unter die Herrschaft des Karolingerreiches fiel.

Es entstand ein Muster, in dem sich al-Andalus in eine Vielzahl von unabhängig regierten kleinen Taifa-Königreichen aufspaltete. Einige dieser Reiche standen unter arabischer, andere unter Berber-Herrschaft, und wieder andere wurden von ehemaligen konvertierten Sklaven regiert. Die Emire dieser Taifas rivalisierten politisch, militärisch und kulturell miteinander und wetteiferten darum, die besten Architekten, Handwerker und Gelehrten für ihre Höfe zu gewinnen. Es war nicht ungewöhnlich, dass die Taifa-Herrscher zeitweilige Allianzen mit christlichen Fürsten eingingen. Ein berühmtes Beispiel dafür ist der kastilische Ritter El Cid, der sowohl an der Seite von Christen als auch von Muslimen kämpfte.

In ihrer Verzweiflung riefen die Herrscher von al-Andalus zweimal fundamentalistische Berber aus Marokko zu Hilfe, um ihre schwindenden Territorien zu verteidigen: zuerst die Almoraviden und später die Almohaden. Doch beide Male verfielen diese Eroberer den Verlockungen des städtischen Lebens und gaben sich irdischen Freuden hin – Wein, Poesie und Sinneslust –, was dazu führte, dass al-Andalus erneut in die Zersplitterung der Taifa-Königreiche zurückfiel.

Selbst inmitten der Turbulenzen dieser Jahrhunderte blühte die Kultur in al-Andalus weiter auf, verkörpert durch bemerkenswerte intellektuelle Beiträge von Maimonides und Ibn Rushd, letzterer eher bekannt unter seinem latinisierten Namen Averroes. Der jüdische Philosoph Maimonides, der während der Herrschaft der Almoraviden in Córdoba geboren wurde, erlangte weit über al-Andalus hinaus Einfluss und diente als Arzt und Astronom in Marokko und im fatimidischen Ägypten, wo er schließlich verstarb. Maimonides, der zu Lebzeiten vor allem für seine Werke über das jüdische Religionsgesetz bekannt war, verfasste seine Schriften überwiegend in klassischem Arabisch, wobei er die hebräische Schrift verwendete.

Zu seinen bedeutendsten Werken gehört der *Wegweiser für die Verwirrten*, in dem er den Versuch unternahm, die aristotelische Philosophie mit der rabbinischen jüdischen Theologie zu verbinden. Im Gegensatz zu al-Ghazali, auf den wir später noch eingehen werden, vertrat Maimonides die Auffassung, dass die griechische Philosophie nicht nur mit der Religion in Einklang stand, sondern deren Grundsätze sogar bereichern konnte. Auch Ibn Rushd, der sich offen gegen seinen Glaubensgenossen al-Ghazali stellte, wird uns im späteren Verlauf noch beschäftigen.

Währenddessen schritt die Geschichte unaufhaltsam voran: Nach einer Reihe aufeinanderfolgender Niederlagen fielen Toledo und Lissabon im 11. bzw. 12. Jahrhundert an die Christen. Die entscheidende Schlacht bei Las Navas de Tolosa im Jahr 1212 besiegelte den Niedergang des Almohadenkalifats. Im Laufe des 13. Jahrhunderts führte der unaufhaltsame Vormarsch der Christen zur Eroberung von Mallorca, Sevilla und Córdoba. Doch inmitten dieser Umstürze entstand die Nasriden-Dynastie im Emirat Granada, das im 15. Jahrhundert die letzte Hochburg der muslimischen Herrschaft und Zivilisation auf der Iberischen Halbinsel darstellte.

Zu dieser Zeit wurde Kastilien von Königin Isabella I. und Aragón von König Ferdinand II. regiert. Beide Monarchen hatten ihre Position als vorherrschende christliche Mächte in dem Gebiet, das bald zu Spanien werden sollte, gefestigt, während Portugal bereits seinen eigenen unabhängigen Weg eingeschlagen hatte. Die Vereinigung von Ferdinand und Isabella, bekannt als die *Katholischen Könige*, belebte die *Reconquista*, die 1491 in der Belagerung von Granada gipfelte. Der Emir von Granada, Mohammed XII., besser bekannt als Boabdil, war zuvor zweimal aus christlicher Gefangenschaft entkommen, wobei er jedes Mal weitere Zugeständnisse an die Katholischen Könige machen musste. Beim dritten Mal jedoch kam er nur knapp mit dem Leben davon (Abbildung 10.1).

Abbildung 10.1: Künstlerische Darstellung der Begegnung von Boabdil mit den Katholischen Königen

Die spanischen Ritter, schwer gepanzert in ihren mächtigen Kettenrüstungen, waren den leicht bewaffneten muslimischen Streitkräften oft überlegen und verfügten über größere Fähigkeiten im Belagerungskrieg. Zusätzlich verschärfte eine Hungersnot in der belagerten Stadt Granada das Leid der Bevölkerung. Trotz der düsteren Umstände wurden der völlige Zusammenbruch und die Kapitulation Granadas durch zwei entscheidende Faktoren hinausgezögert. Erstens setzte eine almohadische Streitmacht in einem letzten verzweifelten Versuch von Marokko aus nach Spanien über und rückte entlang der Küste vor. Obwohl die christlichen Armeen kurzzeitig die Oberhand gewonnen hatten, waren sie fast genauso erschöpft wie ihre muslimischen Gegner und zögerten, eine zweite Front zu eröffnen.

Zweitens spielten wirtschaftliche Erwägungen eine wesentliche Rolle: Die Vertreibung eines Großteils der Muslime aus Spanien hatte zu einer spürbaren Entvölkerung geführt. Die bevorstehende Ausweisung der Juden, die zwar erst im Frühjahr 1492 offiziell verkündet wurde, versprach eine weitere Verschärfung der Situation. Während Isabella eher zu radikalen Maßnahmen neigte, erkannte Ferdinand den strategischen Wert der Erhaltung Granadas als verkleinerte muslimische Enklave – ein Zufluchtsort für Juden und Muslime gleichermaßen, der für viele Jahre, wenn nicht Jahrzehnte, besteuert werden konnte.

Der Vertrag von Granada, der am 1. Januar 1492 innerhalb der Mauern der Alhambra ratifiziert wurde, enthielt mehrere wichtige Bestimmungen. Unter anderem erklärte sich Granada bereit, seine Streitkräfte zu entwaffnen und nur auf eine begrenzte Polizeipräsenz für die innere Sicherheit zurückzugreifen. Zudem trat Granada die strategisch wichtigen Häfen von Málaga und Almería ab, behielt jedoch den Zugang zum kleineren, nahegelegenen Hafen El Varadero. Neben einem jährlichen Tribut, der an die spanische Krone zu entrichten war, wurde der gesamte Handel zwischen Granada und El Varadero mit Zöllen und Abgaben belegt. Trotz dieser Einschränkungen behielt Granada die Freiheit, Handel mit christlichen Gebieten in Spanien sowie mit Nordafrika und der Levante zu treiben, wobei es seine vorteilhafte geografische Lage und kulturelle Nähe nutzte. Dieser Handel bereicherte nicht nur Granada, sondern sorgte auch dafür, dass reichlich Silber und Gold in die spanischen Staatskassen flossen.

Währenddessen richtete sich Spaniens Blick nach Westen über den Atlantik, und die Katholischen Könige finanzierten die Suche nach einer direkteren Route nach Indien des genuesischen Entdeckers Christoph Kolumbus – ein Unterfangen, das, wie wir wissen, den Lauf der Geschichte entscheidend veränderte.

Als Folge des Vertrags von Alhambra musste Boabdil zugunsten seines Sohnes Ahmed abdanken und wurde nach Marokko verbannt, wo er lange Jahrzehnte später in Fes starb. Der junge neu ernannte Emir, Ahmed Abu Malik Muhammad ath-Thani Ashar, bewies von Beginn seiner Herrschaft an bemerkenswertes Regierungsgeschick.

Bereits in den vorangegangenen Jahrzehnten wies Granada eine grössere Bevölkerung auf als seine christliche Umgebung, und die nun fast vollständige Reconquista verstärkte diesen Trend. Ahmed wollte jedoch nicht, dass *hoi polloi* sein kleines Emirat überschwemmten und setzte strenge Anforderungen für muslimische und jüdische Siedler, die sich in der Stadt oder ihrem Umland niederlassen wollten: Nur wohlhabende Personen erhielten die Erlaubnis, dort neue Wurzeln zu schlagen. Obwohl der Vertrag von Alhambra Beschränkungen für die Besitztümer vorsah, die Muslime und Juden, die christliche Gebiete verließen, mitnehmen durften, fanden wohlhabende Personen immer Mittel, einen erheblichen Teil ihres Reichtums nach Granada zu schmuggeln. Die Verwaltung des Emirats wurde überwiegend einflussreichen jüdischen Beamten anvertraut, ein strategischer Schachzug, der sich bei der Bewältigung der komplexen Regierungsangelegenheiten als vorteilhaft erwies.

Wie erwartet, florierte der Handel Granadas mit Nordafrika, der Levante und dem osmanischen Konstantinopel, wobei Spanien entsprechende Steuern erhob. Trotz des stetigen Zuflusses von Silber aus Mexiko und Peru gerieten sowohl Kaiser Karl V. als auch später sein Sohn Philipp II. immer wieder in finanzielle Schwierigkeiten. In dieser prekären Lage boten die jüdischen Finanziers Granadas, neben den deutschen Fugger und den genuesischen Bankiers, ihre Dienste als Kreditgeber an.

Lebte Granada glücklich und zufrieden bis ans Ende seiner Tage? Ziemlich, ja, aber nicht ganz für immer, wie wir bald sehen werden. Der Vertrag von Alhambra wurde schon 1502 von den Katholischen Königen teilweise und einseitig gebrochen, als die verbliebene muslimische Bevölkerung Spaniens gezwungen wurde, zum Christentum überzutreten oder das Land zu verlassen. Dies führte zu einem weiteren Zustrom wohlhabender Einwanderer nach Granada.

Das Fehlen einer ständigen bewaffneten Streitmacht und das Bewusstsein, dass Revolten und Aufstände allen schaden würden, sorgten für eine friedliche Abfolge der Herrscher in Granada. Diese Stabilität erstreckte sich sogar auf Dynastiewechsel, wie der Aufstieg der Mundhir-Dynastie am Ende des 16. Jahrhunderts zeigte, als es keinen männlichen Erben aus der Nasridenlinie mehr gab.

Unter der Führung von Zawi bin Ziri Mohammed al-Mundhir erlebte Granada eine kulturelle Renaissance, die durch üppige, aber umsichtige Ausgaben gefördert wurde. Zu den bemerkenswerten architektonischen Errungenschaften zählten die Erweiterung und Verschönerung der Alhambra sowie die Wiederbelebung der Aquädukte der Stadt, die als Acequias bekannt sind und bis heute Teile Granadas mit Frischwasser versorgen.

Zu den bemerkenswertesten kulturellen Errungenschaften seiner Herrschaft zählten die Fortschritte in Religion und

Philosophie, für die der Emir sich stark einsetzte. Er versammelte angesehene Intellektuelle an seinem Hof, darunter Gelehrte aus der Levante und Marokko. Schon in der Ära der almohadischen Orthodoxie verfasste der Universalgelehrte Ibn Rushd, auch bekannt als Averroes, in der Tradition von Maimonides Kommentare zu Aristoteles, die später ins Lateinische und Hebräische übersetzt wurden. Sein bedeutendster Beitrag lag jedoch in seiner Kritik an al-Ghazalis *Inkohärenz der Philosophen*, auf die er mit seinem Werk *Tahafut al-Tahafut* oder *Die Inkohärenz der Inkohärenz* antwortete, das 1180 veröffentlicht wurde.

Al-Ghazali, ein prominenter persischer Theologe und Universalgelehrter, der kurz vor Ibn Rushds Geburt verstarb, war eine führende Persönlichkeit der Bewegung, die den Islam zu dem zurückführen wollte, was sie als seinen rechtmäßigen Platz ansahen: fest verwurzelt im Glauben. Diese Bewegung lehnte die griechische und hellenistische Philosophie ebenso ab wie die wissenschaftliche Forschung, den Skeptizismus, die Idee des freien Willens und selbst das Konzept der Kausalität, wobei sie alles dem Willen Allahs zuschrieb. Auch das Konzept der Moral wurde neu definiert: Handlungen galten nicht aufgrund inhärenter Eigenschaften als gut oder böse, sondern allein durch Allahs göttliches Dekret.

Inmitten der vorherrschenden theologischen Strömungen in der muslimischen Welt setzte sich Ibn Rushd für die Harmonisierung von Religion, Philosophie und Wissenschaft ein und vertrat die Ansicht, dass sie sich gegenseitig bereichern könnten. Er schlug vor, den Heiligen Koran nicht immer wörtlich, sondern auch allegorisch zu verstehen, um seine tiefere Bedeutung zu erfassen. Während solche Ideen in der Levante und in Arabien auf wenig Resonanz stießen, fanden sie am Hof der Mundhir-Dynastie in Granada fruchtbaren Boden und wurden von der dortigen Gemeinschaft von Wissenschaftlern, Dichtern, Philosophen und Theologen begeistert aufgenommen.

In einer kühnen Abkehr von der Tradition stellte diese intellektuelle Elite Granadas sogar die Unantastbarkeit der *Hadith* in Frage – der mündlichen Überlieferungen des Propheten Mohammed, die von seinen Anhängern nach seinem Tod zusammengestellt wurden – und argumentierte, dass sie nicht die letzte Autorität in Bezug auf islamische Führung und Werte darstellen müssten. Fast ein Jahrtausend später scheint es offensichtlich, dass einige dieser Ideen von einer Neuinterpretation profitieren könnten, um dem sich verändernden Weltbild gerecht zu werden.

Die Entstehung einer liberal-humanistischen Strömung des Islams in Granada war nicht nur theoretischer Natur; sie wurde in diesem einzigartigen andalusischen Emirat aktiv diskutiert, dokumentiert und umgesetzt. Obwohl Granada empfänglich für die Innovationen der europäischen wissenschaftlichen Revolution, der Renaissance und die Ideale der Aufklärung gewesen wäre, verhinderte seine Nähe zu Spanien, wo die Inquisition herrschte, eine solche Entwicklung. So blieb Granada trotz seines Potenzials die Chance verwehrt, das intellektuelle Ferment seiner Zeit voll auszuschöpfen.

Nach dem Untergang Granadas als muslimische Enklave zwei Jahrhunderte später konnten sich seine fortschrittlichen theologischen und philosophischen Strömungen im Exil nicht halten. Das Emirat lag zu weit von den muslimischen Kerngebieten entfernt und hatte keine nennenswerte Zahl von Anhängern. Dennoch hinterließ diese Bewegung Spuren und diente beispielsweise als Inspirationsquelle für *al-Nahda*, eine Reformbewegung im Osmanischen Reich in der zweiten Hälfte des 19. Jahrhunderts.

Prominente Persönlichkeiten der *al-Nahda* waren Gelehrte, die in Europa ausgebildet worden waren und mit einer Vision von demokratischer Regierungsführung und der Förderung der Frauenrechte zurückkehrten. Sie leisteten Pionierarbeit bei der Veröffentlichung arabischsprachiger Zeitungen, von denen einige zu Plattformen für nationalistische Bewegungen wurden, die die osmanische Autorität infrage stellten. Ihre Bemühungen um eine Liberalisierung und Reform des Islams stießen jedoch zunächst auf Widerstand. Dieser Widerstand schlug schließlich in einen reaktionären Ruf nach einer Rückkehr zu einem vermeintlich ‚reinen Islam‘ um. Diese Verschiebung im Diskurs gipfelte in der Gründung von Organisationen wie der Muslimbruderschaft in Ägypten, die einen Rückzug von den früheren Liberalisierungsbestrebungen hin zu einer konservativeren Haltung in religiösen Fragen widerspiegelte.

Der Ausbruch des Spanischen Erbfolgekriegs zu Beginn des 18. Jahrhunderts stellte eine enorme Herausforderung für das Überleben des Emirats Granada dar. Der Tod des letzten habsburgischen Monarchen Spaniens, König Karl II., im Jahr 1700 ohne einen klaren Nachfolger löste eine Reihe von Konflikten aus, die über vierzehn Jahre in ganz Europa tobten. Spaniens weitläufige Territorien umfassten damals die spanischen Niederlande, Teile Italiens sowie überseeische Kolonien auf den Philippinen und in Amerika. Ein möglicher Zusammenschluss Spaniens mit Frankreich oder Österreich, den beiden Hauptanwärtern auf den spanischen Thron, drohte das fragile europäische Mächtegleichgewicht zu destabilisieren – eine Aussicht, die insbesondere von Großbritannien vehement abgelehnt wurde.

In dieser komplexen geopolitischen Landschaft verbündete sich Aragón mit dem österreichischen Habsburger Erzherzog Karl, während Kastilien den französischen Bourbonen Philipp, Herzog von Anjou, unterstützte, der schließlich den Sieg errang. Da der Emir von Granada über keine ständigen Streitkräfte verfügte, um eine der beiden Parteien in dem Konflikt zu unterstützen, manövrierte er durch die Krise, indem er einen neutralen Kurs verfolgte, der letztlich das Überleben des Emirats sicherte. Diese diplomatische Finesse wurde im Vertrag von Utrecht 1714 festgeschrieben, der Granadas Position festigte und seinen Fortbestand inmitten der Turbulenzen der europäischen Machtkämpfe garantierte.

Das Emirat Granada genoss ein weiteres Jahrhundert lang eine Gnadenfrist, die jedoch von einem allmählichen Niedergang in friedliche Bedeutungslosigkeit geprägt war. Seine einst vorteilhafte Position im Mittelmeerhandel, besonders angesichts des schwindenden Einflusses des Osmanischen Reiches, wurde immer unzeitgemäßer, da der aufstrebende transatlantische Handel die Zukunft bestimmte.

Der endgültige Untergang Granadas wurde durch Napoleons Einmarsch in Spanien und Portugal beschleunigt, als er 1808 seinen Bruder Joseph auf den spanischen Thron setzte. Der daraus resultierende Krieg auf der Iberischen Halbinsel, verewigt in Francisco Goyas ikonischen Gemälden (Abbildung 10.2), führte dazu, dass sich Spanien, Portugal und das Vereinigte Königreich gegen die französischen Invasoren verbündeten. Während Napoleons Aufmerksamkeit durch seinen katastrophalen Russlandfeldzug abgelenkt wurde, führte der zähe spanische Widerstand, unterstützt durch den in Portugal stationierten Herzog von Wellington, schließlich dazu, dass die französischen Truppen über die Pyrenäen zurückgedrängt wurden.

Abbildung 10.2: Gemälde von Francisco Goya:
Szene aus dem Spanischen Krieg

Dieses Mal jedoch konnte Granada den Verwüstungen des Krieges nicht entkommen. Als der Konflikt über die Halbinsel hinwegfegte und Tod und Zerstörung hinterließ, wurden alle Hoffnungen auf das Überleben oder Wiederaufleben Granadas endgültig zunichte gemacht. In der spanischen Verfassung von 1812 wurde Granada nicht einmal mehr am Rande erwähnt. Seine Bewohner zerstreuten sich und nahmen ihre Sprachen, Religionen und kollektiven Erinnerungen mit. Heute zeugt nur noch die prachtvolle Alhambra von Granadas einst stolzer und unvergleichlicher Vergangenheit (Abbildung 10.3).

Unsere Gewohnheit, einzelne zeitgenössische Stimmen als Zeugen einer Epoche zuzulassen, hat zu einer ungewöhnlichen Auswahl für die Darstellung dieses Kapitels geführt: eine Erzählung aus dem späten 16. Jahrhundert, die oft Miguel de Cervantes zugeschrieben wird, obwohl er sie nie öffentlich anerkannte. Da Cervantes selbst nach seiner Festnahme in der Schlacht von Lepanto die Gefangenschaft unter muslimischer Herrschaft erlebt hatte, ist es plausibel, dass er sich früh in seiner literarischen Laufbahn mit einer orientalischen Erzählung amüsierte. Unabhängig von ihrer tatsächlichen Urheberschaft bietet diese Erzählung eine einzigartige Perspektive auf Granada, die das Wesen der Stadt aus einem unkonventionellen Blickwinkel heraus lebendig werden lässt.

Abbildung 10.3: Gemälde von Edmund Wodick: Granada

Die Geschichte von Raschid aus Granada, 1580er-Jahre

In den belebten Straßen Granadas bewegte sich ein junger Mann namens Raschid, der Weise – obgleich, wie wir bald feststellen werden, Weisheit nicht immer sein Handeln bestimmte, ein Privileg, das jungen Menschen oft zugestanden wird. Gelehrt wie der junge Jesus, schön wie Yusuf und beschenkt von der Großzügigkeit der Tyche selbst, war Raschids Herz stets offen für die Nöte der Armen und Bedrängten. Sein Wohlwollen kannte kaum Grenzen, begünstigt durch den großen Reichtum seines Vaters, eines angesehenen Kaufmanns.

An milden Frühlingstagen, wenn der sanfte Zephir die grüne Landschaft um Granada zum Leben erweckte und die aufbrechenden Knospen einen Teppich aus hellem Grün und zarten Blüten woben, suchte Raschid oft Trost unter seinem geliebten Olivenbaum am Stadtrand. Dort vertiefte er sich in die Kunst der Dichtung und verfasste Gedichte, die im Takt seines Herzens erklangen. Wie ein geschickter Juwelier reihte er die Perlen seiner Gedanken zu einer leuchtenden Kette von Gedichten, wobei jede Strophe Zeugnis seines lyrischen Talents ablegte.

Obwohl Raschids Ghazals unveröffentlicht blieben, fand er Trost darin, sie mit seinem engen Freundeskreis zu teilen. Bei Gläsern samtroten Weins versammelten sie sich, und Raschid rezitierte seine Verse, während seine Gefährten ihn bald als den Dichter ihrer Generation priesen. Unter seinen geschätzten Schöpfungen strahlte ein Vers besonders hell:

Ein Becher Wein schmeckt besser mit einem Hauch
von Moschus und einem Tropfen Honig,
Und so auch du, meine Schönheit, mit einem Hauch
von Jasmin und einem Kuss von mir.

In ihrer früheren Jugend hatten Raschid und seine Freunde körperliche Intimität miteinander erkundet, aber als sie ins heiratsfähige Alter kamen, wurden solche Tändeleien als unangemessen betrachtet. Außerdem erkannten sie, dass echte Liebe sicher mehr wert ist als flüchtige Begegnungen. Dieses Gefühl teilten auch Raschids Freunde, die wie er sehnsüchtig darauf warteten, dass ihre Eltern ihnen eine passende Partnerin vermitteln würden. Doch in ihre Vorfreude mischte sich auch eine spürbare Befürchtung: Was, wenn sich ihre zukünftigen Bräute als trocken wie Zunder, bösartig wie ein Dschinn oder unaufhörlich nörgelnd erwiesen?

Inmitten dieser mit Bangen gemischter Vorfreude wagte Raschid sein erstes großes Geschäft: Er begleitete eine Ladung luxuriöser Lederwaren, eleganter Keramik, exquisiten Schmucks und anderer feiner Waren nach Alexandria in Ägypten. Seine Aufgabe war es, diese Waren gegen Güter einzutauschen, die nach

Granada zurückgebracht werden sollten. Im Hafen von El Varadero, anderthalb Tagesreisen von Granada entfernt, schiffte sich Raschid an Bord eines Schiffes ein, das seinem Vater und dessen Partnern gehörte.

Als das Schiff seine Reise antrat, angetrieben von der sanften, aber stetigen Brise des Zephyr, stieg Raschids Aufregung. Die Fahrt nach Alexandria verlief ohne Zwischenfälle, nur hin und wieder unterbrochen von verspielten Delphinen, die im schäumenden Kielwasser des Schiffes tollten oder vor ihm herschwammen, als wollten sie es zu einem Wettlauf herausfordern. Raschid war von seiner Vorfreude so ergriffen, dass ihm kaum Zeit blieb, der Seekrankheit zu erliegen.

Das Schiff legte Zwischenstopps in Sardinien, Sizilien und Malta ein, um Vorräte aufzufüllen und kleinere Handelsgeschäfte abzuwickeln. Raschid verbrachte die Tage mit Lesen und Tagträumen, während die Abende mit den Erzählungen des Kapitäns gefüllt waren. Die meist klaren Nächte boten die perfekte Gelegenheit zur Sternbeobachtung, eine willkommene Abwechslung in der Monotonie der Reise. Nach weniger als zwei Monden erreichte das Schiff schließlich sein Ziel: Alexandria, wo Raschid von den Geschäftspartnern seines Vaters herzlich empfangen wurde.

Alexandria, das damals unter türkischer Herrschaft stand, erwies sich als scharfer Kontrast zur kleineren Stadt Granada. Die lebendige Großstadt, belebt von Menschen unterschiedlichster Herkunft und Lebensweise, übte eine unwiderstehliche Faszination auf Raschid aus. Er genoss es, in das pulsierende Treiben des Souks und der Lagerhäuser einzutauchen, in denen Händler aus aller Welt zusammenkamen. Unter ihnen waren Syrer, Jemeniten, Beduinen und Ägypter, aber auch Kopten vom Nil, dunkelhäutige Nubier aus dem Süden, grobschlächtige Berber aus Ifrikiya, königliche Perser in leuchtenden Gewändern und kluge jüdische Kaufleute aus verschiedenen Ländern. Die herrschenden Türken mischten sich unter Tscherkessen, christliche Armenier aus dem

Kaukasus und Inder, die durch ihre charakteristischen Kopfbewegungen beim Sprechen erkennbar waren und das Rote Meer überquert hatten, um nach Alexandria zu gelangen. Obwohl wenig Zeit für gemütliche Spaziergänge oder müßige Tagträume blieb, fühlte sich Raschid von der dynamischen Atmosphäre beflügelt, wie eine junge Gazelle auf üppigen, grünen Weiden.

Raschid führte seine Handelsgeschäfte mit Erfolg und tauschte seine Waren gegen eine Fülle exotischer Schätze ein: Gewürze aus dem Orient, byzantinische Seide, ägyptisches Leinen, Trockenfrüchte und Nüsse aus Anatolien, Perlen aus dem Meer von Oman, Tee aus China, Edelsteine aus Indien, Elfenbein aus Afrika und zahlreiche weitere Waren, die in Granada beträchtliche Gewinne versprachen. Als besondere Neuheit erwarb er eine Ladung Schwämme aus dem Roten Meer, die für ihre außergewöhnliche Größe und Weichheit im Vergleich zu den Schwämmen des Mittelmeers geschätzt wurden – eine verlockende Vorstellung, wenn er daran dachte, wie eine feine junge Dame sich mit solchem Luxus im Bade verwöhnen würde.

Um den anspruchsvollen Geschmack des Emirs zu treffen, erwarb Raschid zwei reinrassige Araberfohlen sowie reichlich Hafer für deren Versorgung auf der Rückreise. Für jedes Mitglied seiner Familie und seines engen Freundeskreises wählte er sorgfältig erlesene Geschenke aus. Für sich selbst kaufte Raschid einen nubischen Sklavenjungen namens Latif, dessen Treue und Vielseitigkeit bei der Erledigung der verschiedensten häuslichen Aufgaben sich als unschätzbar erweisen sollten.

Nachdem er seine Geschäfte vorzeitig abgeschlossen hatte, nutzte Raschid die Gelegenheit, das pulsierende Stadtbild von Alexandria zu erkunden. Er liebte es, inmitten der belebten Souks eine Tasse süßen Tee mit Honig und Ingwer zu genießen, während er den Gesprächen der Fremden lauschte. Obwohl ihn die Reize von Frauen, deren Aufforderungen die Grenzen der Sittsamkeit überschritten, in Versuchung führten, hielt sich Raschid zurück.

Er dachte an die Geschichten über eine neue Krankheit, die aus der Neuen Welt eingeschleppt worden war – eine Krankheit, von der man sagte, sie führe zu einem langsamen und unaufhaltsamen Verfall von Körper und Geist[117].

Inmitten der drückenden Sommerhitze, die in ihm eine Sehnsucht nach den kühleren Bergregionen Granadas weckte, setzte das Schiff erneut Segel und nahm Kurs auf die Heimat. Die allgegenwärtige Angst vor Piraten, die mit Plünderung und Versklavung drohten, begleitete die Reise. Doch durch Allahs Gnade erreichten Schiff, Besatzung, Waren und Passagiere sicher ihr Ziel, und nach zwei weiteren Monden lief der Segler unversehrt im Hafen von El Varadero ein.

Obwohl Raschid liebend gerne sofort zu seiner Familie und seinen Freunden zurückgeeilt wäre, sah er sich gezwungen, vorerst in der Hafenstadt zu verweilen, um sich gewissenhaft um die Abwicklung seiner Geschäfte zu kümmern. Er entschied, welche Waren direkt im Hafen gehandelt, welche für künftige Preissteigerungen gelagert und welche nach Granada versandt werden sollten. Trotz seiner Ungeduld, nach Hause zurückzukehren, ließ Raschid seine Lieben pflichtbewusst durch Dienstboten von seiner sicheren Ankunft und seinen erfolgreichen Handelsgeschäften wissen, und widmete sich den notwendigen Aufgaben.

Abends traf sich Raschid gewöhnlich mit seinen Freunden vor einer Taverne am Hafen. Bei einem Krug Rotwein, den der Wirt immer wieder nachfüllte, plauderten und scherzten sie in ausgelassener Stimmung. Am zweiten Abend seines Aufenthalts näherte sich ein schüchterner Bettler der Taverne und bat demütig um ein Glas Wasser, das ihm prompt gereicht wurde. Als Raschid den Hunger in den Augen des jungen Mannes be-

---

117 Vermutlich Syphilis

merkte, der sehnsüchtig auf den Tisch mit Imbissen schaute, lud er ihn ein, Platz zu nehmen und sich an Speisen und Getränken zu laben.

Der Fremde, mit ungepflegtem, langem rotbraunem Haar und Bart, in abgenutzter und zerschlissener Kleidung, die noch Spuren früherer Qualität erkennen ließ, nahm Raschids Angebot dankbar an. Trotz seines äußerlichen Erscheinungsbildes, das von einem Leben voller Entbehrungen zeugte, bewahrte er eine gewisse Würde, drückte sich gepflegt aus und war so sauber, wie es seine Umstände erlaubten. Nachdem er Raschids großzügige Gastfreundschaft genossen hatte, verabschiedete sich der junge Mann höflich und ging seines Weges.

Von einem spontanen Impuls getrieben, rief Raschid ihm nach und lud ihn ein, am nächsten Tag wiederzukommen, wenn er es wünsche. Diese Begegnung hinterließ einen bleibenden Eindruck bei Raschid und seinen Freunden, denn sie hob sich deutlich von den üblichen Begegnungen mit Bettlern ab, die nach Almosen fragten. Raschid stellte seine Gefährten vor eine ungewöhnliche Herausforderung: Was, wenn es ihm gelänge, diesen Landstreicher in einen respektablen Menschen zu verwandeln? Bei einem weiteren Krug Wein wurde eine Wette abgeschlossen: ein Golddinar für Raschid, wenn er diese Herausforderung für sich entschied.

Am nächsten Nachmittag kam Raschid früh in der Taverne an, voller Vorfreude, die bald belohnt wurde, als der junge Mann vom Vortag erschien. Adnan, denn dies war sein Name, begrüßte Raschid mit einer Mischung aus Schüchternheit und Würde, doch in seinem Verhalten lag kein Anzeichen von Unterwürfigkeit. Nach einer einfachen, aber sättigenden Mahlzeit aus Brot, Oliven, Käse und Wein verriet Adnan, dass er aus Aleppo in Syrien stamme. Daraufhin führte Raschid ihn in das beste Badehaus der Stadt.

Dort hatte Raschid eine Verwandlung für Adnan vorbereitet: Ein erfahrener Barbier schnitt dessen widerspenstiges Haar zu einer gepflegten Frisur und stutzte den struppigen Bart zu einem dezenten rötlichen Kinnschatten. Anschließend wurde Adnans Gesicht mit einer reinigenden Honigmaske behandelt, die seine natürlichen Züge in ihrer vollen Pracht zur Geltung brachte. Nachdem er seine zerschlissene Kleidung abgelegt hatte, stand Adnan vor Raschid – sein Körperbau war dem von Raschid ähnlich, vielleicht etwas schlanker, aber dennoch geprägt von einer stolzen und anmutigen Haltung. Nach der sorgfältigen Arbeit des Barbiers schrubbte der Bademeister Adnan mit aller Kraft, gefolgt von einer gründlichen Massage. Raschid beobachtete mit Freude, wie sein neu gewonnener Freund aus der Behandlung hervorging, der Körper glänzend von einem duftenden Öl mit einem Hauch von Honig und Mandelmilch und leicht nach Moschus duftend.

Nachdem auch Raschid sich mit Schrubben und einer Massage hatte verwöhnen lassen, genossen die beiden jungen Männer ein warmes Bad, während ihr Krug Wein auf dem Rand des Beckens stand. Adnans Wangen hatten wieder eine gesunde Röte angenommen, und er schenkte Raschid ein Lächeln, das dem Glitzern von Morgentau im Sonnenlicht glich. Während sie sich in der wohltuenden Wärme des Bades treiben ließen, flogen ihre Worte hin und her wie der Gesang von Nachtigallen. Nachdem sie die anfänglichen Höflichkeiten ausgetauscht hatten, holte Adnan tief Luft und sprach:

‚Abgesehen davon, dass ich dir meine unermessliche und ewige Dankbarkeit ausdrücken muss, fühle ich mich verpflichtet, dir eine Erklärung für den erbärmlichen Zustand zu geben, in dem du mich, zu meiner großen Scham, gefunden hast. Erlaube mir, meine Geschichte zu erzählen.

Ich bin, wie du, der Sohn eines wohlhabenden Kaufmanns, aus Aleppo in Syrien. Vor etwa einem Jahr schickte mein Vater mich mit einer Karawane nach Damaskus – eine Reise, die mit unseren robusten Kamelen weniger als drei Wochen hätte dauern sollen. In der dritten Nacht jedoch wurden wir von Banditen überfallen. Sie waren uns zahlenmäßig überlegen, und wir waren fast wehrlos. Einige unserer Männer kamen bei dem Angriff ums Leben, während die Überlebenden, darunter auch ich, nach Latakia verschleppt und an die Türken als Sklaven verkauft wurden.

Sowohl mein persönlicher Diener als auch ich wurden vom Kapitän eines türkischen Schiffes gekauft, auf dem ich als Galeerensklave zu dienen hatte. Als das Schiff seine Reise antrat, um zunächst in Zypern Halt zu machen, führte meine mangelnde Erfahrung mit harter körperlicher Arbeit zu häufigen Missgeschicken am Ruder. Ich hatte Mühe, es unter Kontrolle zu halten, und brach mehrfach vor Erschöpfung zusammen, was die Arbeit an Bord erheblich störte. Nur knapp entging ich dem Schicksal, über Bord geworfen zu werden, wurde in den niedrigsten Rang der Knechtschaft degradiert und musste eine Reihe von Misshandlungen ertragen. So war die Reise beschwerlich und ich überlebte nur mit Mühe, bis wir schließlich unser Ziel erreichten: Malta, wo wir nach fast einem Mond auf See anlegten.

Im Hafen lag neben unserer Galeere ein fränkischer Segler vor Anker, der aus Ägypten kam. Der Mut der Verzweiflung trieb mich dazu, einem der Matrosen auf dem fremden Schiff ein Zeichen meiner Not zu geben. Mit der Unterstützung dieses Matrosen gelang es mir, unter dem Schutz der Nacht und mit Hilfe eines Seils, heimlich an Bord des fränkischen Schiffs zu fliehen. Kurz darauf legte die türkische Galeere ohne mich ab. Auch wenn ich nicht direkt vom Regen in die Traufe kam, hatte ich doch eine Form der Gefangenschaft gegen eine andere eingetauscht. An Bord des fränkischen Schiffes fand ich jedoch genug, um zu überleben, indem ich niedrigste Arbeiten verrichtete und dem Matrosen gefügig war, der mich vor den Türken gerettet hatte.

Als ich in El Varadero ankam, anerkannte die fränkische Besatzung, dass ich eigentlich nicht als Sklave erworben worden war, und ließ mich gnädigerweise frei. So stehe ich nun hier, dankbar für meine Befreiung und begierig darauf, nach Hause zurückzukehren.'

So schloss Adnan seine Erzählung. Als der Abend hereinbrach, verließen die beiden Gefährten das Badehaus und machten sich auf den Weg zu Raschids Unterkunft, wo sie sich einen erholsamen Schlaf gönnten – ein Luxus, den Adnan, wie er gestand, seit vielen Monaten nicht mehr erlebt hatte, da er das Vergnügen eines richtigen Bettes schon lange entbehrt hatte. Am nächsten Abend in der Taverne stellte Raschid den verwandelten Adnan, der nun tadellos aussah, kultiviert auftrat und ein erlesenes Parfüm trug, seinem Freundeskreis vor. Die Freunde waren neugierig, wo Raschid in dieser abgelegenen Hafenstadt einen so edlen und gebildeten jungen Mann kennengelernt hatte.

Als Raschid die Wahrheit offenbarte, begegnete man ihm zunächst mit Unglauben, bis Adnan sein rötliches Haar enthüllte, was eine kollektive Erinnerung an den Bettler von vor ein paar Tagen weckte. Schließlich überzeugt, legten Raschids Freunde ihre silbernen Dirham zusammen, bis sie den Wert eines goldenen Dinars erreicht hatten, um ihre Wette einzulösen. Unter Beifall überreichte Raschid Adnan die Münze und fügte noch eine weitere für seine Heimreise hinzu, eine Geste, die Adnan mit tief empfundener Dankbarkeit entgegennahm.

Nach einigen Tagen gemeinsamer Kameradschaft und ungetrübter Zufriedenheit war für Raschid der Moment gekommen, Abschied zu nehmen und zu seiner Familie nach Granada zurückzukehren. Er lud Adnan ein, ihn als Gast zu begleiten. ‚Du bist ein Freund, treu wie ein Spiegel', antwortete Adnan, ‚und obwohl es mein verwundetes Herz schmerzt wie Salz in einer offenen Wunde, dich abreisen zu sehen, musst du verstehen, dass ich das nächste Schiff in die Levante besteigen muss, um meine Familie von ihren Sorgen zu befreien.' Als Abschiedsgeschenk überreichte Adnan Raschid ein Amulett, das ihn durch all seine Prüfungen begleitet hatte. ‚Es soll dir deinen sehnlichsten Wunsch erfüllen, wenn du es reibst und ihn laut aussprichst', erklärte er.

Mit einer tränenreichen Umarmung trennten sich die beiden Freunde, deren Abschied von der Hoffnung auf ein – wenn auch ungewisses – Wiedersehen durchdrungen war. Auf der Rückreise nach Granada dachte Raschid immer wieder an Adnan, der allein auf einem Hafenpoller saß und auf ein Schiff wartete, das ihn nach Hause bringen sollte. Sein Herz war schwer vor Kummer, bis er schließlich voller Freude mit seiner Familie wiedervereint war. Zur Feier von Raschids Rückkehr hallte der Hof ihres Hauses von fröhlichem Gelächter wider und war erfüllt vom Duft gebratenen Lammfleisches, während sich Familie und Freunde zu einem Festmahl in ausgelassener Stimmung versammelten. Doch während der Feierlichkeiten durchzuckte Raschid plötzlich ein Gedanke: Warum hatte Adnan das Amulett in seiner Not nicht selbst benutzt?

Es war immer noch Winter, und die schneebedeckten Berggipfel, welche die Kulisse zu Granada bildeten, schimmerten vor dem blassblauen, eisigen Himmel, als Raschid sich erneut auf den Weg in die Hafenstadt machte, um Geschäfte zu erledigen. Ohne auch nur einen Moment in seinem Quartier zu verweilen, eilte er zum Hafen. Seine Hoffnungen und Befürchtungen wandelten sich jedoch in eine Mischung aus Enttäuschung und Erleichterung, als er feststellte, dass Adnan verschwunden war. So blieb Raschid nichts anderes übrig, als eine Träne zu vergießen und ihm seine Gebete hinterherzuschicken. Zurück in seiner Unterkunft wies er den jungen Latif an, ein Feuer zu entfachen und heißen Gewürztee zu kochen. Als er sich am Kamin niederließ, wurde Raschid plötzlich von einer bezaubernden Melodie umhüllt – eine Frauenstimme, die wie der subtile, aber kraftvolle Duft von Jasmin durch die Luft schwebte. Raschid wusste, dass das Haus seines Vaters an das eines jüdischen Geschäftspartners grenzte, und vermutete, dass die Quelle dieses unerwarteten

Gesangs von nebenan kam. Als er auf die Galerie des Innenhofs trat, erkannte er, dass die betörende Stimme mit großer Wahrscheinlichkeit aus dem Nachbarhaus kam.

Er schickte Latif aus, um diskret bei den Dienern des Nachbarn Nachforschungen anzustellen, und erfuhr, dass der Jude eine heiratsfähige Tochter namens Miriam hatte. Raschid war von den seidenen Fäden ihrer Stimme gefesselt und ihr völlig verfallen. In der Stille des frühen Morgens, als alle noch schliefen, brach er ein kleines Guckloch in die Mauer, die die Häuser trennte. Zu seiner Freude gab es den Blick frei in Miriams Gemach, das mit den feinsten Teppichen aus Bukhara geschmückt war, und wo sie sang, um ihre Einsamkeit zu vertreiben. Ihr Teint glich dem reinsten Schnee auf den Bergen, ihr Haar war dunkel wie Mitternacht, ihre Augen funkelten wie polierte Kohle, und ihre Lippen waren so üppig wie reife Datteln. Bei jedem Ton, den sie sang, schien es, als würden Perlen von ihrer Zunge rollen.

Drei Tage lang beobachtete Raschid sie so heimlich, bis ihre Mägde eines Morgens ein Bad für sie vorbereiteten. Als Miriam aus dem Wasser stieg, wie eine Rose, die in der Morgendämmerung ihre Blütenblätter entfaltet, fand sich Raschid in einem Bann gefangen, wie ein Vogel, der in einer Schlinge zappelt. Der Anblick ihrer glatten, schimmernden Haut, ihrer silbernen Brüste, ihres mondsichelförmigen Bauches und des juwelenbesetzten Hügels, der auf verborgene Schätze hindeutete, ließ ihn in ein Meer der Begierde eintauchen. Doch die Frage quälte ihn: Welchen Weg sollte er nun zu ihr finden?

Es gab für Raschid kein Zurück mehr. Er nahm Adnans Amulett und sprach seinen innigsten Wunsch aus. Sobald die Zofe Miriams Zimmer verlassen hatte, stieg er mit Latifs Hilfe auf das Dach und ließ sich vorsichtig auf die Galerie hinab, die den Innenhof des Nachbarn umgab. Von dort aus schlich er unbemerkt in Miriams Gemach. Bevor sie protestieren konnte, legte Raschid ihr sanft die Hand auf den Mund, um jeden Aufschrei zu verhindern, der den Haushalt alarmieren könnte. Doch statt Angst zeigte sich in ihren Augen Faszination. Bezaubert von seinem edlen Aussehen, seiner ruhigen Ausstrahlung und seinen höflichen Manieren, beruhigte sich Miriam schnell und war insgeheim von Raschids unerwartetem Werben angetan.

An ihrem ersten gemeinsamen Nachmittag beschränkten sich ihre Zuneigungen auf zarte Worte und Händchenhalten. Am zweiten Tag wurden Küsse ausgetauscht, Brüste sanft erkundet, und Hände streiften vorsichtig Oberschenkel. Ob es die Magie des Amuletts war oder die Anziehungskraft von Raschids Charme, gutem Aussehen und feinen Manieren – am dritten Tag, nach zärtlichen Küssen und Berührungen, willigte Miriam schließlich ein, sich seinen Avancen zu fügen.

Gerade als Raschid sein Schwert – oder besser gesagt, seinen Krummsäbel, der stolz wie eine Mondsichel nach oben gebogen war – gezogen hatte, brach unten eine Kakophonie los, die Schockwellen durch das ganze Haus schickte: Töpfe klapperten, Metall klirrte, Hunde heulten, und ein Stimmengewirr erhob sich. Miriam, bleich wie ein Gespenst, wickelte sich hastig in eine Decke und bedeutete Raschid mit einer schnellen Geste zu fliehen, bevor jemand den Tumult untersuchen konnte. Nackt wie die Wahrheit griff er nach seinem Gewand, kletterte über das Geländer der Galerie aufs Dach und schlüpfte unbemerkt in sein eigenes Haus, wo Latif ihn, vor Lachen gekrümmt, erwartete. Raschid mahnte den Jungen streng und erinnerte ihn an den Ernst der Lage.

Zerrissen zwischen Tränen, Frustration und Wut und ohne den Wunsch, sich seinen Freunden in der Taverne anzuschließen, suchte Raschid Trost im Badehaus, einzig mit dem Bedürfnis, verwöhnt zu werden. Während der Massage vertraute er sich dem Bademeister an und ertrug gerne, dass sein Krummsäbel sanft wiederbelebt und erlöst wurde. Obwohl Raschid nie erfuhr, was den Aufruhr in Miriams Haus verursacht hatte, endete damit sein erstes Aufblühen der Liebe.

Einige Tage später, als Raschid und Latif auf dem Weg nach Granada ritten, begegneten sie unweit der Stadt einem Mann, der erbarmungslos auf einen schwer beladenen Esel einschlug. Raschid wollte das nicht ignorieren und griff ein. Mit strenger Stimme forderte er den Mann auf, die grausame Behandlung des wehrlosen Tieres sofort zu beenden. Doch anstatt Einsicht zu zeigen, begegnete der Mann ihm mit Verachtung und richtete seinen Zorn nun auch auf Raschid, während er weiterhin auf das Tier einschlug.

Raschid ließ sich nicht auf eine sinnlose Auseinandersetzung ein und handelte entschlossen. Er wies Latif an, den Esel von seiner Last zu befreien und ihn fortzuführen. Dann warf er dem Peiniger einen Golddinar zu, als Entschädigung für den Esel und die gestrandete Fracht, und setzte seine Reise fort, während die Flüche des Mannes in der Ferne verklangen. In Granada, gut versorgt mit Heu und nahrhaftem Hafer, erholte sich der Esel schnell. Bald diente er dem leichtgewichtigen Latif als Reittier – eine gerechte Wiedergutmachung für sein früheres Leiden.

An einem späten Wintertag, als der Frühling noch nicht die Gipfel über Granada geküsst hatte und die Berge noch ihren unberührten weißen Schneemantel trugen, während die Mandelbäume zarte, rosafarbene Blüten in die Landschaft streuten, erschien ein Besucher auf dem Anwesen von Raschids Familie. Mit einer Flut von Entschuldigungen und nervösen Gesten bat er dringend um ein Gespräch mit Raschid. Sein Anliegen? Er wollte wissen, wie Raschid zu seinem neuen Esel gekommen war. Als er den Bericht hörte, entspannte sich der Mann sichtbar; Verzweiflung und Erleichterung wechselten auf seinem Gesicht ab.

Er erklärte, dass der Esel für ihn und seine Familie von großer Bedeutung sei, denn es handele sich um niemand anderen als seinen Bruder, der im vergangenen Sommer der Verhexung durch einen Dschinn zum Opfer gefallen war. In einem emotionalen Plädoyer bot er an, den Esel mit den letzten Dirham zu kaufen, die er durch den Verkauf all seiner Schafe erhalten hatte. Für ihn war der Esel nicht bloß ein Tier, sondern ein geschätztes Familienmitglied. Er begann zu erzählen:

‚Mein Bruder und ich sind Pachtbauern. Wir leben an der Grenze zum christlichen Gebiet und ernähren uns vom Anbau von Gemüse und Weizen, von der Pflege von Weinstöcken, Olivenbäumen und einem kleinen Obstgarten sowie vom Hüten von Schafen auf der Weide eines Nachbarn. Trotz unserer unermüdlichen Arbeit versuchte der Grundbesitzer – aus Eifersucht oder purer Bosheit –, uns unter falschen Vorwänden von unserem Land zu vertreiben, indem er behauptete, wir hätten die Miete nicht bezahlt.

Glücklicherweise konnten wir dem Qadi[118] beweisen, dass wir stets unseren Pachtverpflichtungen nachgekommen waren, sei es durch landwirtschaftliche Erzeugnisse oder Silberzahlungen. Doch das machte den Vermieter nur noch wütender. Er ersann eine neue List: Er stellte eine neue Hacke und eine Sichel in unsere Scheune und bezichtigte meinen Bruder des Diebstahls. Trotz unserer Beteuerungen der Unschuld verurteilte der Qadi meinen Bruder, beeindruckt von den gefälschten Beweisen, zu zwei Jahren Gefängnis und verhängte eine hohe Geldstrafe, die unsere Existenz bedrohte.

Auf unserem Hof hatten wir einer alten Frau, die viele Jahren als Dorfhebamme tätig war und keine eigene Familie hatte, Unterkunft und Verpflegung geboten. Gerüchten, die sie als Hexe bezeichneten, schenkten wir keinen Glauben, denn sie gab uns keinen Anlass zur Sorge. Als sie unsere tiefe Verzweiflung sah, bot sie uns die Hilfe eines Dschinns an, der ihr einen großen Gefallen schuldete. Ohne zu zögern, verwandelte der Dschinn meinen Bruder in den Esel, der nun vor Ihnen steht, und rettete ihn so vor seinem Peiniger.

----

118 Richter

Die alte Frau versicherte uns, dass mein Bruder seine menschliche Gestalt wiedererlangen würde, sobald entweder der Grundbesitzer oder der Qadi – beide waren schon sehr alt – gestorben sei und die Anschuldigungen gegen ihn damit vergessen wären. Ich kann jedoch nicht sagen, ob der Grundbesitzer die Täuschung durchschaut hat oder ob er aus purer Bosheit meinen Bruder genommen und ihn an den Schinder verkauft hat, dem Sie auf der Straße vom Hafen begegnet sind. Dies ist die Wahrheit. Allahs Segen sei mit Ihnen, wenn Sie mir erlauben, meinen Bruder zurückzufordern.'

Trotz einiger Skepsis entschied sich Raschid, dem Mann zu vertrauen, und gestattete ihm, den Esel mitzunehmen. Das Tier folgte ihm ohne Zögern und Raschid bemerkte auch, dass der Mann nicht auf dem Esel ritt. Bevor die beiden um die Ecke verschwanden, kehrte der Bauer hastig zu Raschid zurück, der nachdenklich am Tor stand, und drückte ihm ein Stück Papier in die Hand. ‚Dieses Gedicht‘, erklärte er, ‚trägt einen mächtigen Zauber in sich. Wenn du es laut rezitierst und dabei deinen tiefsten Wunsch vor Augen führst, kann er in Erfüllung gehen.‘ Raschid, an Adnans Amulett erinnernd, fragte: ‚Warum hast du es dann nicht selbst genutzt, um deinen Bruder zurückzuholen?‘ Der Mann lächelte nur, schüttelte den Kopf und ließ Raschid ohne Antwort zurück.

Der Winter wich nun endgültig dem Frühling, Blüten schmückten die Bäume und leuchteten in strahlendem Weiss und zartem Rosa. Eines Morgens, als der neugeborene Tag sich gerade in Morgenlicht hüllte und die Erde ihren Teppich aus roten Tulpen und weißen Lilien auf den smaragdgrünen Wiesen rund um Granada ausbreitete, machte sich Raschid auf den Weg. Er sollte Ländereien seines Vaters jenseits der Stadtgrenzen, tief in christlichem Gebiet, inspizieren. An diesem besonderen Tag erblühte die Natur in ihrer vollen Pracht und Raschids Herz wurde von Freude erfüllt, wie das Trillern einer Lerche hoch über den Feldern.

Raschid ritt auf einem der arabischen Hengste, die für den Emir bestimmt waren, und es schmerzte ihn, bald Abschied von diesem edlen Tier nehmen zu müssen, das sich längst von den Strapazen der Seereise im Herbst erholt hatte. An seiner Seite ritt der junge Latif auf einem neuen Esel. Als sie sich ihrem Ziel näherten, vernahm Raschid eine bezaubernde Musik, die von hinter einer nahen Gartenmauer erklang. Er hielt inne, um zu lauschen, und hörte die melodiösen Stimmen von Frauen, die kunstvoll von den sanften Saiten einer Laute begleitet wurden. Die Klänge von Freude und Leichtigkeit ließen vor seinem inneren Auge das Bild eines Gartens entstehen, in dem selbst die Bäume und Sträucher fröhlich mitzutanzen schienen.

Neugierig trat Raschid näher an die ummauerte Gartenanlage und klopfte an das Tor, doch erhielt keine Antwort. Während Latif den Hengst ruhig hielt, stand Raschid auf dessen Rücken und nutzte ihn als Stütze, um die Mauer zu erklimmen. Oben angekommen, bot sich ihm ein Anblick, der seine Sinne erregte: Ein Garten von solcher Pracht, dass es schien, als sei ein Stück Paradies auf die Erde herabgestiegen.

Vor ihm erstreckten sich Rosenhecken, durchzogen von klaren Bächen, die sich sanft durch grüne Wiesen schlängelten. Ruhige Teiche spiegelten die smaragdgrünen Silhouetten der Zypressen wider, und blühende Obstbäume zierten die Landschaft. Während Raschid die Schönheit des Gartens bewunderte, entdeckte er eine Gruppe junger Frauen, die sich von der Hitze ihres Tanzes erholten. Sie ließen ihre durchsichtigen Schleier fallen und tauchten lachend in einen nahegelegenen Teich ein, wo sie sich spielerisch mit Wasser bespritzten, unter die Oberfläche abtauchten und aus Blättern und Rinde kleine Boote bastelten.

In seinem Enthusiasmus lehnte sich Raschid zu weit nach vorn und stürzte mit einem lauten Krachen in einen Stapel Töpfe und Eimer. Sofort traten zwei strenge Wächterinnen auf den Plan, die ihn rasch überwältigten und ihm Hände und Füße fesselten.

‚Welche Dreistigkeit treibt dich dazu, wie ein Fuchs in unseren Garten einzudringen?‘, riefen sie empört. ‚Was, wenn wir dein schamloses Eindringen dem Besitzer des Gartens melden würden?‘

Während der anschließenden Befragung enthüllte Raschid seine wahre Identität, woraufhin die wehrhaften Wächterinnen vor Verlegenheit erröteten – sie hatten unwissentlich den Besitzer des Gartens misshandelt. Bei genauerem Hinsehen erkannten sie den gut aussehenden vornehmen jungen Mann, entschuldigten sich eilig und baten um Vergebung. Sie führten ihn zu ihrer Herrin, die wie ihre Gespielinnen nur spärlich bekleidet war und ein Tamburin mit kleinen Metallglöckchen in der Hand hielt.

Ihr Anblick traf Raschid wie ein Sonnenstrahl, der durch Gewitterwolken bricht. Als er schließlich seinen Blick von ihrem schimmernden, goldenen Haar löste, nahm er ihre exquisiten Züge wahr – die Süße ihrer Lippen, die Zartheit ihres Kinns, die Anmut ihres Busens. Er konnte sich vorstellen, wie viele Herzen wohl schon den unwiderstehlichen Grübchen ihres Lächelns erlegen waren. Ihre Haut war so strahlend weiß wie ein Schwan oder der Schaum auf einer Welle, und obwohl sie ihren Tanz unterbrochen hatte, schien sie eher über die Wiese zu schweben, als sie zu betreten. Freundlich bot die Lautenspielerin Raschid einen Becher mit Granatapfel- und Rosenwasser-Sorbet an und lud ihn ein, neben ihrer Herrin Platz zu nehmen.

Raschid war sprachlos angesichts der fesselnden Ausstrahlung dieser Zauberin und konnte sich ihrer Anziehungskraft nicht entziehen. In einem Versuch, ihre Gunst zu gewinnen, rezitierte er das Gedicht, das ihm der Bruder des Esels aus Dankbarkeit geschenkt hatte, für Maria – so hieß die bezaubernde Jungfrau. Es dauerte nicht lange, bis eine der Wächterinnen das Paar diskret an einen abgeschiedenen Ort nahe der Gartenmauer führte, wo die herabhängenden Äste einer Trauerweide sie vor neugierigen Blicken schützten.

Im Rausch der Leidenschaft fanden Raschid und Maria zuein-
ander. Ihre Worte waren so süß und nährend wie der Saft, der
durch die Bäume floss. Sie umarmten und küssten sich, während
ihre Liebkosungen immer intensiver wurden. Doch gerade als
Raschid seinen Pinsel in das Tintenfass tauchen wollte, entfuhr
ihm: ‚Oh Miriam!' – was ein schwerwiegender Fehler war, denn
der Weg zur grünen Weide war nun für die junge Gazelle ver-
sperrt. Marias Zorn und Spott trafen Raschid wie ein Schlag,
und verwirrt und beschämt verließ er eiligst die Szene.

Erschöpft, gedemütigt und in Angst vor den strengen Wächterinnen, schleppte sich Raschid zu einem nahen Baum an der
Gartenmauer. Mit zitternden Gliedern kletterte er hinauf und
ließ sich auf der anderen Seite zu Boden fallen. Dort entdeckte
ihn der junge Latif – zitternd und nackt wie ein Knochen. Trotz
der offensichtlichen Not seines Herrn konnte der Diener nicht
anders, als sich einem unkontrollierten Lachen hinzugeben.

Einerseits aus Not, andererseits aus Rache zwang Raschid den
Jungen, ihm seine Kleidung zu überlassen und splitternackt nach
Hause zu reiten. Erschöpft und von einer Mischung aus Wut und
Scham zerrissen, suchte Raschid Trost in einer Karaffe Wein, zog
sich in seine Kammer zurück und befahl Latif, ein Bad vorzube-
reiten. Während Latif ihn mit einem Schwamm im warmen Wasser
abrieb, war es diesmal der junge Diener, der nach Raschids Pinsel
griff und dabei die aufgestaute Tinte verschüttete. So endete Raschids unglückseliger zweiter Ausflug ins Reich der Liebe.

Der Frühling ging in den Sommer über, und die Wärme hielt nun
auch nach Sonnenuntergang an. Eines frühen Morgens, nachdem er eine Nacht voller Unfug mit seinen Gefährten verbracht
hatte, schlich Raschid auf dem Weg nachhause durch den eben
sich belebenden Souk. Er trug ein von Latif geliehenes einfaches
Gewand und hatte das Ende seines Turbans über sein Gesicht
gezogen, um seine Identität zu verbergen. Plötzlich hielt ihn eine

offensichtlich wohlhabende Frau an, drückte ihm einen Korb in die Hand und forderte ihn auf, ihr zu folgen.

Raschid beschwor sein schauspielerisches Talent und gab sich als Träger aus, für den ihn die Frau offenbar hielt. Er nahm den Korb entgegen und folgte ihr, während sie ihn mit einer Reihe von Einkäufen füllte: Fisch, Fleisch, Auberginen und die Früchte der Jahreszeit – Pfirsiche und Granatäpfel. Während das Gewicht des Korbes auf ihm lastete, versuchte Raschid, den Gang eines erfahrenen Lastenträgers nachzuahmen und navigierte durch verwinkelte Straßen und enge Gassen, bis sie das Haus der Frau erreichten.

Dort wies sie ihn an, die Einkäufe in die Küche zu bringen. Als sie ihm dankte, bemerkte sie an seinem Auftreten, dass er kein gewöhnlicher Arbeiter war. Statt ihn zu bezahlen, zog sie deshalb einen Ring von ihrem Finger, reichte ihn Raschid, küsste ihn sanft und sagte: ‚Wenn du diesen küsst und dabei inständig an einen Wunsch denkst, kann er in Erfüllung gehen.‘ Raschid seufzte innerlich und dachte, wieder einmal sei er Opfer einer Spielerei, die nur in einer weiteren Katastrophe enden würde, und stapfte endlich nachhause.

Zu seinem Leidwesen musste er feststellen, dass immer noch kein Mädchen – weder jüdisch, christlich noch muslimisch – sich ihm als Objekt seiner Begierde oder gar Liebe darbot. Stattdessen suchte er während der schwülen Sommertage Trost in der Bibliothek der Alhambra, wo er Zuflucht in Büchern fand und sich so von seiner unerfüllten Sehnsucht ablenkte.

Eines Morgens, in der Abgeschiedenheit seines Gemachs, überkam Raschid dennoch das Verlangen, und er betrachtete den Ring an seinem kleinen Finger. Er spielte mit dem Gedanken, die magische Kraft des Rings zu beschwören, um eine beliebige junge Frau in seine Gegenwart zu zaubern – jedoch unter der Bedingung, dass sie weder durch ihr Aussehen noch durch ihr Temperament unangenehm sein dürfe. Doch bevor er dem Ring einen Kuss geben konnte, wurde seine Träumerei durch das plötzliche Eindringen von Latif unterbrochen.

Latifs dringende Ankündigung rief Raschid nach unten, wo sein Vater in dem reich geschmückten Empfangsraum mit geschätzten Gästen wartete. Der Anstand gebot es, dass Raschid seinen Vater mit einem Handkuss begrüßte und den Besuchern – einem wohlhabenden Kaufmann, mit dem sie oft Geschäfte machten, und dessen verschleierter Tochter – höflich begegnete.

Nach fast einer Stunde, die damit verbracht wurde, Tee zu trinken, Köstlichkeiten zu genießen und die üblichen Höflichkeiten auszutauschen, sprach der Besucher, Farid, endlich den eigentlichen Grund seines Besuchs an – wenn auch auf Umwegen. Nachdem er bereits Raschids Vater konsultiert und eine positive Antwort erhalten hatte, wollte Farid nun Raschids Meinung zu der Angelegenheit hören, da er ihn – zusammen mit seiner Tochter Fatima – als Hauptperson der bevorstehenden Entscheidung ansah.

Raschid, der sich so schüchtern fühlte wie ein Rebhuhn vor einem Luchs, schwieg und vermied den direkten Blickkontakt mit der verschleierten Fatima, während er auf den Rat seines Vaters wartete. Dieser räusperte sich und begann die übliche Rede, in der er die Vorzüge der Heiratsfähigkeit sowohl von Raschid als auch von Farids Tochter hervorhob. Er betonte, dass eine Verbindung zwischen den beiden Familien die Bande zweier angesehener Häuser in Granada stärken würde – eine Aussicht, die Raschid mit Furcht erfüllt hatte.

In diesem Moment lüftete Fatima, scheinbar aus eigenem Antrieb, ihren Schleier. Ihr Blick war jedoch nicht sanftmütig nach unten gerichtet, wie es die Tradition für ein junges Mädchen verlangt, sondern traf Raschids Augen direkt – mit einem Hauch von Trotz. Ihr Teint, makellos und sonnenfern, erinnerte an poliertes Olivenholz, während ihr Haar in glänzenden, kastanienbraunen Wellen herabfiel. Ihre Adlernase und kirschroten Lippen waren beeindruckend, doch all das verblasste neben der Stärke ihres durchdringenden Blicks, der sowohl einen scharfen Verstand als auch einen unbeugsamen Geist verriet.

Zwischen der Erleichterung, dass sie nicht die unerwünschten äußeren Eigenschaften besaß, die er befürchtet hatte, und einer wachsenden Besorgnis angesichts ihrer beeindruckenden Präsenz, blieb Raschid sprachlos. Mit einer höflichen Verbeugung vor den Gästen und einem respektvollen Handkuss für seinen Vater verließ er den Raum und überließ es den Herren, ihre Verhandlungen zu führen – eine Entscheidung, auf die, wie er wußte, weder er noch Fatima Einfluss hatten.

Und so geschah es. Noch vor Ende des Sommers fanden die Hochzeitsfeierlichkeiten statt, und das frisch vermählte Paar zog in das Haus neben dem von Raschids Vater. Mit Möbeln und Teppichen, die aus Fatimas großzügiger Mitgift erworben wurden, richteten sie ihr neues Heim ein. Fatimas Ausstrahlung war zwar nicht so direkt als die von Miriam oder Maria, doch sie strahlte eine ruhige, tiefe Wärme aus, die Raschid mit Dankbarkeit und Zuneigung erwiderte.

Schon ein Jahr nach ihrer Hochzeit wurde ihre glückliche Ehe mit der Geburt gesunder Zwillinge gekrönt, die das tägliche Glück ihrer Eltern vervollständigten. Fatima besaß nicht nur Intellekt und Bildung, sondern erwies sich auch als fähige Geschäftsfrau. Sie übernahm die finanziellen Angelegenheiten und strategischen Entscheidungen im Handel, sodass Raschid sich auf die Kundenbeziehungen und das tägliche Geschäft konzentrieren konnte, eine Rolle, die ihm besonders lag. Gemeinsam dehnten sie ihre Handelsgeschäfte aus bis nach dem osmanischen Konstantinopel und weit in die christlichen Gebiete Spaniens. Dank ihrer vereinten Anstrengungen blühte die junge Familie auf, wurde zu einer angesehenen Größe in der Gesellschaft Granadas und übernahm eine Schlüsselrolle in den kulturellen und philanthropischen Bestrebungen der Stadt.

Was hätte sich Raschid mehr wünschen können? Gelegentlich verzichtete das Ehepaar auf die Freitagspredigt in der Moschee und gönnte sich stattdessen ein Picknick in der Natur, sei es auf ihren eigenen Ländereien oder an einem anderen malerischen Ort. An einem besonders schönen Frühlingstag, als ein sanfter Zephir den Duft der Blüten über die smaragdgrünen Wiesen trug, saßen sie unter einem silbrig-grünen Weidenbaum am Ufer des ruhigen Flusses Genil.

Raschid, der noch immer zögerte, Fatima die Geschichten über Adnans Amulett, des Bauern Gedicht und die Begegnungen mit den verschiedenen Jungfrauen zu erzählen, vertraute ihr schließlich die Herkunft des Rings an, den er trug. Als er ihr den Ring überreichte, dachte er darüber nach, dass ihm vielleicht noch ein Wunder zustände, da er den Ring ja gar noch nicht geküsst hatte, bevor ihm seine Geliebte vorgestellt wurde.

Fatima lachte ihr glockenhelles Lachen, rief: ‚So ein Wunder!‘, und warf den Ring in den Fluss. Dort trieb er weiter bis ins Mittelmeer, wo er schließlich von einem Fisch verschluckt wurde, der sich hinwiederum im Netz eines armen Fischers verfing. Als dessen Frau den Ring im Bauch des Fisches entdeckte, rief sie freudig: ‚Sieh nur, was Allah, der Barmherzige, uns in seiner Großzügigkeit geschickt hat!‘ – aber damit beginnt eine ganz andere Geschichte.

Kapitel 11

Die spanische Armada, 1588

Der Rückzug nach Südspanien im Ruhestand hat für Engländer eine lange historische Tradition, wie dieses Kapitel zeigt. Die Hinrichtung von Maria Stuart, der katholischen Königin von Schottland, auf Geheiß von Königin Elisabeth I., verärgerte den Habsburger König Philipp II. zutiefst. Auf Anweisung mehrerer Päpste seit der Reformation durch Henry VIII. entsandte Philipp im Sommer 1588 die berüchtigte Armada in den Ärmelkanal, um Elisabeths Truppen direkt auf der Insel anzugreifen (Abbildung 1.1). Nach anfänglichen Rückschlägen in der Schlacht von Gravelines wendete sich das Blatt mit dem Eintreffen von Philipps verbündeten Truppen unter der Führung des Herzogs von Parma aus den spanischen Niederlanden. In der Folge erlitten die englischen Streitkräfte eine Niederlage, die zur spanischen Besetzung Londons und schließlich ganz Englands führte.

Königin Elisabeth I., die bereits seit dreißig Jahren regierte, entkam nur knapp dem Tod. Sie wurde nach Spanien verbannt und fand Zuflucht im Kloster San Jerónimo de Yuste in Cáceres in der Region Extremadura. Dieses Kloster, in das sich einst König Philipps Vater, der kränkelnde und reizbare Habsburger Kaiser Karl V., kurz vor seinem Tod zurückgezogen hatte, wurde ursprünglich 1402 vom spanischen Orden des Heiligen Hieronymus gegründet. Heute steht es unter der Verwaltung des polnischen Ordens des Heiligen Paulus des Ersten Eremiten. Besucher können Teile des Klosters erkunden, einschließlich der Gemächer, die einst von Karl V. und später von Königin Elisabeth I. bewohnt wurden.

Abbildung 11.1: Künstlerische Darstellung der spanischen Armada

Der Rest, wie man so schön sagt, ist Geschichte. Philipps intensive Gegenreformation ließ Mary Tudors vorherige Versuche verblassen – sie wirkten wie bloße Schulhofstreitigkeiten, obwohl sie ihr den berüchtigten Beinamen ‚Bloody Mary‘ eingebracht hatten. Dieses zweite, weitaus folgenschwerere Unterfangen sollte jedoch ebenfalls nicht von Dauer sein.

Henri IV., der erste Monarch Frankreichs aus dem Hause Bourbon, wurde zur Schlüsselfigur. Obwohl er zum Katholizismus konvertierte, um sich den Thron zu sichern, konnte er seine hugenottische Erziehung und seinen militärischen Hintergrund als überzeugter Protestant nie ganz ablegen. Er war zunehmend unzufrieden mit der spanischen Vorherrschaft in Europa – insbesondere nach der Annexion Portugals und der

Kontrolle über große Teile Italiens – und schloss ein Bündnis mit Maria Stuarts Sohn, dem protestantischen König James VI. von Schottland.

Im Winter 1602 – die Jahreszeit bewusst wegen des Überraschungsmoments gewählt – rückten eine Armee und zwei Flotten rasch nach London vor. James' Vormarsch von Schottland nach Süden wurde durch einen Volksaufstand gegen die verhassten Spanier, die zusätzlich durch den andauernden Konflikt in den Niederlanden geschwächt waren, erheblich erleichtert. Die anschließende Belagerung Londons war kaum ihres Namens wert: Die unbewachte Themse flussaufwärts bot James' Booten einen leichten Zugang zur Stadt, während die vereinten Streitkräfte der protestantischen Niederländer und des französischen Königs Henri IV. von der Themsemündung in London eindrangen. James VI. von Schottland wurde als James I. von England gekrönt und regierte fortan über beide Königreiche.

Damit endete Englands jahrzehntelanger, turbulenter Tanz zwischen Reformation und Gegenreformation. Der Londoner Vertrag von 1604 beendete auch den sechzehnjährigen anglo-spanischen Konflikt. Und das von unserer Chronistin vorausgesagte Aufkommen von ‚Spanglish‘ musste fast vier Jahrhunderte warten, bevor es aus einer ganz anderen Richtung auf die Bühne trat.

In einer Welle der Erleichterung, des Jubels und der Solidarität hallte der Ruf ‚Wir wollen unsere gute Königin Bess‘ durch Kirchen und Marktplätze im ganzen Land. Königin Elisabeth I. (Abbildung 11.2), inzwischen weit über siebzig, sollte gegen die gefangene Infantin Isabella Clara Eugenia ausgetauscht werden, die Philipp II. als Königin von England eingesetzt hatte. Elisabeths gebrechlicher Zustand verhinderte jedoch ihre Rückkehr von Yuste nach London. Tragischerweise verstarb sie noch im selben Frühjahr, jedoch im Frieden, mit dem Wissen, dass England befreit und ihre Ehre wiederhergestellt worden war.

Essex[119], der verräterische Prinzgemahl, fand schnell Gerechtigkeit: Ohne auch nur den Anschein eines Prozesses endete er am Galgen vor dem Westminster-Palast. Isabella wurde von ihrem Bruder, König Philipp III. von Spanien, zu einem horrenden Preis freigekauft. Kurz darauf heiratete sie den Erzherzog Albrecht VII. von Österreich und begann eine lange, glanzvolle Regentschaft als Königin der spanischen Niederlande.

Die Erzählerinnen, die über die Folgen der spanischen Armada berichten, sind zwei Hofdamen von Königin Elisabeth: Margaret Clifford, Gräfin von Cumberland, die im besetzten London verblieb, und Mary Radcliffe, die ihre Königin in die Höhle des Löwen begleitete. Beide waren 1588 achtundzwanzig Jahre alt und standen während der gesamten Zeit der Besatzung und des Exils in regem Briefkontakt.

Nicht alle adligen Damen, die Königin Elisabeth als Hofdamen dienten, waren miteinander befreundet – im Gegenteil. Sie entstammten oft denselben rivalisierenden Fraktionen wie ihre männlichen Kollegen, darunter Elisabeths Günstlinge wie die Grafen von Leicester und Essex sowie William Cecil und Christopher Hatton. Diese Frauen hatten beträchtlichen Einfluss am Hof und wurden sogar von ausländischen Diplomaten umworben, die sich erhofften, über sie Zugang zur Königin zu erhalten. Margaret und Mary verband jedoch eine echte, dauerhafte Freundschaft.

---

119 Robert Devereux, der zweite Earl of Essex, hatte eine militärische Laufbahn eingeschlagen; bis zu den Ereignissen von 1588 war er Elizabeths letzter Favorit.

Abbildung 11.2: Porträt von Königin Elisabeth I.

Obwohl die Briefe von Mary Radcliffe und Margaret Clifford gleichermaßen zugänglich sind, stehen sie oft im Schatten bekannterer Korrespondenzen, wie etwa denen von Lady Arbella Stuart, der Nichte von Königin Maria Stuart, die einst sogar als potenzielle Nachfolgerin von Königin Elisabeth I. gehandelt wurde. Die hier vorgestellte Korrespondenz bietet jedoch einen einzigartigen Einblick in das Exil und die letzten Jahre von Königin Elisabeth sowie in die soziopolitische Landschaft des von Spanien besetzten Englands. Zudem gewähren sie einen faszinierenden Einblick in das Leben und den Intellekt gebildeter Frauen während der elisabethanischen Ära.

Der Grund für das abrupte Ende der Korrespondenz im Jahr 1602 liegt auf der Hand: Nach dem Tod von Königin Elisabeth kehrte Mary Radcliffe nach London zurück, was einen weiteren Briefwechsel überflüssig machte. Schließlich war sie nach wie vor Mitglied einer wohlhabenden Familie. Ihr spanischer Ehemann, genannt ‚Pug‘, der über gute Englischkenntnisse und ein Empfehlungsschreiben der verstorbenen Königin verfügte, befand sich in einer guten Ausgangsposition, um in London neu anzufangen – wenn auch zum Preis des Übertritts zum Protestantismus. Um die Briefe verständlicher zu machen, habe ich mir die Freiheit genommen, ihren Stil zu modernisieren.

Wie bei der Identifizierung von Figuren in einem russischen Roman ist es zudem oft schwierig, Personen allein anhand ihrer Namen zu erkennen, da diese in verschiedenen Varianten erscheinen. So wird die Schwester unserer Briefschreiberin Lady Margaret, Anne Dudley, manchmal auch als Anne Russell bezeichnet. Es dauert eine Weile, bis man erkennt, dass auch die Gräfin von Warwick dieselbe Person ist. Bei der Bearbeitung habe ich mich deshalb bemüht, durchgehend Konsistenz zu wahren, auch wenn in den Originalbriefen gelegentlich unterschiedliche Namen für dieselbe Person verwendet wurden.

Korrespondenz zwischen Mary Radcliffe und Margaret Clifford, 1588 – 1602

Yuste, den 30. Tag des Oktobers im Jahre 1588

Meine liebste Marge,

Endlich bringe ich den Mut auf, mich an dich zu wenden, obwohl ich nicht weiß, ob es dir, deinem Mann und deinen Jungen gut geht. Ich weiß nicht einmal, wo du dich zurzeit aufhältst. Wenn die Vorsehung gnädig ist und meine Hoffnungen für dich erfüllt, möge dieser Brief seinen Weg zu dir finden. Sollte dies der Fall sein, bitte ich dich, ihn geheim zu halten und mir ebenfalls in einem verschlossenen Brief[120] zu antworten, der von Hand zugestellt wird. Meine Sorge um euch lastet schwer auf meinem Herzen! Habt ihr es geschafft, in eurem Haus in Exeter Zuflucht zu finden? Das wäre der Ort, den ich in eurer Situation aufgesucht hätte, angesichts dieser Unruhen.

Was uns selbst, unsere Königin und unser kleines Gefolge betrifft, so bringe ich mit diesem Schreiben frohe Kunde: Wir sind alle wohlauf. Vor allem unsere Königin, die sich, wie du weißt, einer robusten Gesundheit erfreut und, wie sie kürzlich in ihrer entschlossenen Rede in Tilbury erklärte, ,das Herz und den Mut eines Königs' besitzt.

In Anbetracht der Unsicherheit, die das Schicksal dieses Briefes umgibt, muss ich beim Inhalt vorsichtig sein – eine

---

120 Im elisabethanischen Zeitalter wurden keine Briefumschläge verwendet, sondern das Blatt Papier wurde auf sich selbst gefaltet. Es gab verschiedene Arten, Briefe zu verschließen: durch Schneiden, Falten und Einstecken eines Teils des Blattes. Unbefugtes Lesen war ohne das Aufbrechen des ,Schlosses' unmöglich.

Tatsache, die du sicher verstehst. Dennoch gibt es so vieles, das ich dir mitteilen möchte, und noch mehr Fragen, die ich dir gerne stellen würde! Trotz des tiefen Schocks, der Trauer und der Erschöpfung nach unserer beschwerlichen Reise kommen wir nun einigermaßen zurecht. Das kleine Gefolge unserer Königin besteht aus mir als ihrer einzigen Hofdame und einer Handvoll Edeljungfern, die du ja größtenteils kennst. Auch der junge Edmund Beauchamps, der Sekretär der Königin, ist bei uns.

Ich verstehe, warum du und die anderen Damen unsere Königin nicht in eine ungewisse Zukunft – oder, Gott bewahre, etwas Schlimmeres – begleiten wolltet. Ihr müsst eure Familien und Ländereien schützen, angesichts der drohenden Gefahr durch die Spanier. Was mich betrifft, so bin ich wie unsere Königin unverheiratet, und was unsere Ländereien angeht, wird sich meine Familie darum kümmern, wenn es nötig ist – vorausgesetzt, es gibt dann noch etwas, das es zu verwalten gibt. Ich konnte es einfach nicht ertragen, die Verbannung und Gefangenschaft unserer Königin mitanzusehen, ohne dass wenigstens eine von uns ihr Schicksal teilt und über sie wacht.

Nun befinden wir uns hier, innerhalb der Mauern des Klosters San Jerónimo de Yuste, in der Grafschaft Cáceres in der südspanischen Extremadura (Abbildung 11.3). Fast dreißig Jahre sind vergangen, seit König Philipp zum ersten Mal um die Hand unserer Königin anhielt, und jetzt hält er sie gefangen! Doch im Vergleich zu einigen der Orte, an denen unsere Königin einst ihre Cousine Maria Stuart gefangen hielt, sind die Bedingungen hier vergleichsweise erträglich. Kaiser Karl V., der verstorbene Vater von König Philipp, ließ für seinen Ruhestand eine Wohnung an dieses Kloster anbauen. Dass König Philipp uns diesen repräsentativen Wohnsitz gewährt, lindert zumindest ein wenig die Sorgen um das Schicksal unserer Königin.

Abbildung 11.3: Das Kloster von Yuste

Das Letzte, was du wahrscheinlich über unser Schicksal gehört hast, war unsere erzwungene Abreise an Bord eines Schiffes, das uns ins Exil führte. Die Überfahrt nach Lissabon verlief ohne Zwischenfälle, doch für unsere Königin war es ein trauriger Moment, zum ersten Mal den Kontinent zu betreten. Die Überlandreise von Lissabon nach Yuste dauerte fast zwei zermürbende Monate und stellte unsere Ausdauer auf eine harte Probe. Während ich mir noch einen gewissen Anschein von Jugend bewahrt habe und die Edeljungfern deutlich jünger sind, hätte unsere Königin im Alter von fünfundfünfzig Jahren solche Strapazen nicht auf sich nehmen sollen. Es war so anders als die gemächlichen sommerlichen Reisen in unserem geliebten England, die sie so sehr schätzte. Dennoch fanden unsere Königin und ich etwas Trost im relativen Komfort einer Pferdesänfte.

Doch abgesehen von den körperlichen Entbehrungen war es die Angst in unseren Herzen, die am schwersten auf uns lastete: das Unglück, das über England hereinbrach, und die Ungewissheit über unser eigenes Schicksal. Hätte König Philipp uns jedoch Böses gewollt, hätte er sich wohl kaum so um unsere sichere

Reise nach Yuste gekümmert. Die größte Demütigung für unsere Königin war jedoch die öffentliche Erniedrigung während der Reise: Die Bevölkerung versammelte sich, um ihren Fall zu feiern und sich an ihrem Unglück zu weiden, als wäre sie eine gefangene Löwin, die zur Schau gestellt wird.

Auf halber Strecke unserer Reise machten wir Rast in der Stadt Badajoz, jenem Ort, von dem aus König Philipp kurz zuvor seine Eroberung Portugals gestartet hatte. Die dortigen Würdenträger empfingen uns mit Gastfreundschaft, behandelten uns mit Höflichkeit und schirmten unsere Königin vor den neugierigen Blicken der Bevölkerung ab.

Wie gerne wäre ich sicher, dass dieser Brief dich erreicht! Dennoch ist es mir ein gewisser Trost, unsere Erlebnisse zu schildern, und es hilft mir, meine Gedanken und Gefühle zu ordnen. Wie du weißt, werden wir Frauen oft als zerbrechlich wahrgenommen, obwohl wir wissen, dass wir in vielerlei Hinsicht stärker sind als die Männer. Dennoch lassen wir sie in diesem Glauben. So bleibt auch unsere Königin entschlossen angesichts der Tragödie, die ihr Land, ihr Volk und sie selbst getroffen hat.

Auch die Edeljungfern zeigen sich standhaft, während der junge Edmund, verspielt wie immer, etwas Heiterkeit in unsere Runde bringt. Da er ein Neffe von Bess Throckmorton ist, bleiben seine Beweggründe, sich uns anzuschließen, im Dunkeln – obwohl ich vermute, dass er die Gelegenheit genutzt hat, England zu verlassen, bevor ein Skandal ihn dort einholte. Es erweist sich als vorteilhaft, wenigstens einen männlichen Begleiter in unserer kleinen Gruppe zu haben, insbesondere für unsere Königin, die es gewohnt ist, sich in überwiegend männlichen Kreisen zu bewegen.

Zwar gibt es auch hier Männer, aber sie sind allesamt Spanier. Nur der Mayordomo, der Haushofmeister, hat Zugang zu unseren Gemächern, doch er verhält sich äußerst höflich und kündigt stets sein Kommen an, bevor er eintritt. Der Umgang mit ihm fällt in erster

Linie mir zu, und zum Glück spricht er fast genauso gut Französisch wie wir. Ich habe versäumt, unsere Unterkunft zu beschreiben: Wir haben vier große Zimmer im ersten Stock, die über eine Rampe erreichbar sind, die für den gichtgeplagten verstorbenen Kaiser gebaut wurde. Unsere Königin und ich teilen uns ein Zimmer, Edmund schläft im Büro, und die Edeljungfern wohnen gemeinsam in einem anderen Zimmer. Der größte Raum dient uns als Speisesaal, Versammlungsraum und Zentrum unserer Aktivitäten.

Im Erdgeschoss wohnen der Mayordomo, der Hauptmann der Wache mit einigen seiner Männer, sowie das Hauspersonal; auch die Küche befindet sich dort. Von unserer überdachten Terrasse aus haben wir einen herrlichen Blick auf den Garten mit seinem Fischteich und die weitläufigen Wälder und Wiesen dahinter. Eine kunstvolle Sonnenuhr, die nach den Vorgaben des ehrwürdigen Kaisers Karl gefertigt wurde, ziert den Garten. Obwohl alles einfach gehalten ist, strahlt unsere Umgebung eine unaufdringliche Eleganz aus – ein Gefühl, das sich in dem Gedanken ausdrückt: Wenn es für den Habsburger Kaiser genügte, dann reicht es sicherlich auch für uns.

In London würde zu dieser Jahreszeit bereits eine herbstliche Kühle die Luft durchdringen und das Anzünden der Kamine erforderlich machen. In unserer Unterkunft gibt es zwar Kamine, doch der Mayordomo versichert uns, dass sie bis zum Winter nicht gebraucht werden. Die Tage sind weiterhin angenehm warm, sodass wir viel Zeit im Freien oder bei seltenem Regen auf der Terrasse verbringen. Unsere Königin genießt ihre geliebten Morgenspaziergänge, bei denen sich einige von uns anschließen – allerdings stets unter den wachsamen Augen der Soldaten, die uns sowohl vorausgehen als auch folgen. Zwischen uns und den Wachen herrscht gegenseitiges Misstrauen; bisher haben sie sich höflich, aber bestimmt gegenüber unseren Bewegungen verhalten. Wir schätzen jedoch ihre Bemühungen, Schaulustige abzuwehren, die uns betrachten, als wären wir Ausstellungsstücke in einem zoologischen Garten.

Außer ihrem Hauptmann sprechen die Wachen kein Französisch. In unserem Schlafzimmer gibt es ein Fenster, das direkt in das Kirchenschiff blickt, damit der alte Kaiser der Messe beiwohnen konnte. Abgesehen davon hat unsere Residenz jedoch keine direkte Verbindung zum Kloster. Bei den seltenen Regenfällen darf unsere Königin, begleitet von Edmund und einer Wache, ihren Morgenspaziergang im äußeren Hof des Klosters machen. Selbst hier wird ihr so ehrenvoll der Status eines Mannes zuerkannt.

Ich hoffe inständig, dass dieser Brief seinen Weg zu dir findet und dir Trost in den Sorgen spendet, die du zweifellos um uns hast, so wie wir uns um dein Wohlergehen und das unserer anderen Bekannten sorgen. Es gibt noch so vieles, das ich gerne mit dir teilen würde, und ebenso vieles, das ich gerne von dir erfahren möchte! Bitte zögere nicht, mir Nachricht zukommen zu lassen.

Mögen sich unsere Wege bald wieder kreuzen. Bitte richte auch deinem geschätzten Ehemann meine herzlichen Grüße aus.

In Zuneigung, deine Gefährtin in Gefangenschaft und Verbannung.

Mary

***

Exeter, den 26. Dezember des Jahres 1588

Liebste Mary,

Der Erhalt deines Briefes hat mir unbeschreibliche Freude bereitet – wahrlich ein unvergleichliches Weihnachtsgeschenk! Inmitten dieser düsteren Umstände von deinem Wohlergehen und dem unserer geliebten Königin zu erfahren, ist eine unermessliche Erleichterung. Wie du dir denken kannst, haben viele von uns Hofdamen Zuflucht auf unseren Landgütern gesucht, und soweit ich weiß, sind die meisten wohlbehalten angekommen – auch ich und meine gesamte Familie. Einige der Ehemänner hielten es jedoch für klüger, nach Schottland zu fliehen, dem Beispiel der Günstlinge unserer Königin folgend.

Eine bemerkenswerte Ausnahme war jedoch Leicester[121], den unsere Königin als ihre ‚Augen‘, ihren ‚Bruder und besten Freund‘ betrachtete. Sein tragisches Ableben, als er einer Krankheit in Gefangenschaft erlag, muss unsere Königin tief getroffen haben. Er starb im Tower, und seine Beisetzung auf einem Friedhof außerhalb der Mauern, nahe Bedlam, markiert ein melancholisches Ende für eine so bedeutende Persönlichkeit. Es betrübt mich zu hören, dass niemand von unserem früheren Hof es wagte, an seiner Beerdigung teilzunehmen, und das Fehlen der üblichen Ehrensalven verstärkte die düstere Stimmung. Wenigstens wurde sein Sarg, als Zeichen des Respekts, mit seinen Wappenbannern geschmückt.

Ich habe gehört, dass Cecil, Raleigh, Walsingham und Hatton[122] in Schottland Zuflucht gefunden haben, und ich bete, dass sie im Exil ihre Differenzen zum Wohle Englands beilegen. Über den Verbleib von Drake und Essex bin ich im Unklaren.

---

121 Robert Dudley, der erste Earl of Leicester: ein Staatsmann, der nicht nur der erste Favorit der Königin war, sondern auch als ihr potentieller Ehemann ein Kandidat für die Königswürde war.

122 William Cecil, der erste Baron Burghley, Staatsmann und Chefberater der Königin; Sir Walter Raleigh, Politiker, Soldat und Entdecker; Sir Francis Walsingham, der Spionagechef und Außenminister der Königin, und Sir Christopher Hatton, Lordkanzler und ein weiterer Favorit der Königin.

Oh, wie sehr sehnen wir uns nach London zurück! Doch wir müssen uns in Geduld üben, bis die anfängliche Wut der Spanier nachlässt. Die Berichte, die uns erreichen, sind düster: zügellose Plünderungen, gefolgt von einer Welle von Hinrichtungen und Verhaftungen, die kein Ende zu nehmen scheinen. Hier im Süden herrscht eine gewisse Ruhe, und wir fürchten nicht mehr um unsere unmittelbare Sicherheit. Doch während die Spanier nach Norden marschieren, erreichen uns erschreckende Geschichten über ihre brutale Spur der Zerstörung. Wir sind von ganzem Herzen dankbar, dass ihr Vormarsch an der schottischen Grenze vorerst gestoppt wurde. Bedauerlicherweise haben die verräterischen Iren keine Zeit verloren und sich mit ihren katholischen Glaubensgenossen verbündet.

Die Geschwindigkeit der Ereignisse, sowohl in der Vergangenheit als auch in der Gegenwart, ist atemberaubend, und ich bin sicher, dass sich die Lage noch einmal ändern wird, bevor du diesen Brief erhältst. Es scheint, als hätten sich die Spanier hier für die absehbare Zukunft verschanzt. König Philipp, der einst König von England war[123], möchte jedoch eine Wiederholung dieser turbulenten Zeiten vermeiden. Die Spekulationen, wer den englischen Thron besteigen könnte, reißen nicht ab, und es kursieren zahlreiche Gerüchte. Derzeit gilt die Infantin Isabella als wahrscheinliche Kandidatin, doch vieles bleibt ungewiss.

Was für ein krasser Gegensatz zu dem üppigen Hofstaat, den unsere Königin einst führte! Man bedenke nur, dass sie selbst ihrer verräterischen Cousine Maria Stuart ein Gefolge von über vierzig Bediensteten zugestanden hatte. Jetzt lastet die ganze Verantwortung auf deinen Schultern. Doch wie du richtig feststellst, erlauben dir deine Jugend, deine Gesundheit und das Fehlen unmittelbarer familiärer Verpflichtun-

---

123 Als Prinzgemahl von ‚Bloody‘ Mary Tudor.

gen, dich mit ganzem Herzen dem Dienst an unserer Königin zu widmen. Man kann sich kaum vorstellen, welche Qualen sie für ihr Land und ihr Volk erleiden muss. Bitte lass mich wissen, wie sie mit diesen schwierigen Umständen zurechtkommt. Ist es euch erlaubt, Geschenke zu erhalten? Wenn ja, teile mir bitte mit, welche Gesten ich und andere machen können und über welche Kanäle. Dein Einfallsreichtum bei der Einrichtung eines sicheren Kommunikationsweges ist auf jeden Fall lobenswert!

Ich werde jetzt aufhören zu schreiben, damit dieses kurze Schreiben dich so schnell wie möglich durch den Überbringer erreicht. Verzeih die Eile, mit der ich diese Zeilen verfasst habe.

Grüße unsere Königin von mir, und möge Gott sie in seiner Gnade bewahren und sie und dich vor weiterem Unheil schützen.

Mögen sich unsere Wege bald wieder kreuzen.

Mit herzlichen Grüßen,
deine Margaret

***

Yuste, den 22. August des Jahres 1589

Meine liebste Marge,

Ich bedaure, dass ich so spät schreibe, aber Vorsicht gebietet es,
dass wir nur über unseren sicheren Kanal kommunizieren. Fast
ein Jahr ist seit unserer Ankunft in Spanien vergangen! Trotz
der Traurigkeit über das Schicksal Englands und unser eigenes
Exil kommen wir einigermaßen gut zurecht. Im Gegensatz zu
den oft verregneten Sommern in England erleben wir hier heiße
Tage unter einem azurblauen Himmel. Wären unsere Umstände
günstiger, könnte man sogar Trost in der Umgebung finden: die
atemberaubende Aussicht von unserer schattigen Terrasse, der
duftende Garten und die Ruhe der Tage, die sich wie Perlen an
einer Schnur aneinanderreihen. Bemerkenswert ist auch die kulinarische Vielfalt hier, mit einer Fülle an Gemüse und Salaten,
die alles übertrifft, was man sich in London vorstellen kann!

Wir genießen mittlerweile ein größeres Maß an Freiheit: fast tägliche Spaziergänge, gelegentliche Picknicks und sogar ab und zu
Jagdausflüge, die unsere Königin – wie du weißt – sehr schätzt. Sie
bieten ihr eine willkommene Ablenkung von ihren Sorgen. Befreit
von den Zwängen ihrer königlichen Pflichten oder zumindest von
der ständigen Notwendigkeit, diese aufrechtzuerhalten, gönnt sie
sich neue Freiheiten. Das Reiten in Männerkleidung, das an die
legendäre Eleonore von Aquitanien erinnert, ist nur ein Ausdruck
ihrer neu gewonnenen Unabhängigkeit. Obwohl die Wachen bei
unseren Ausflügen stets diskreten Abstand halten, haben wir uns
an ihre Anwesenheit gewöhnt – und sie sich anscheinend an unsere.

König Philipp schenkte unserer Königin ein anmutiges Palfrey[124]
und eine Armbrust, jedoch mit der scherzhaften Ermahnung,

---

124 Ein Reitpferd für Damen, kleiner und eleganter als ein Schlachtross
oder ein Arbeitspferd.

letztere nicht gegen ihn zu verwenden, trotz aller erlittenen Kränkungen. Am Ostertag besuchte er sie und nahm an einer der zahlreichen Messen zu Ehren seines verstorbenen Vaters, Carlos Quinto, wie er hier genannt wird, teil. Heute kleidet sich die Königin in schlichte schwarze Gewänder und verzichtet auf die aufwendige Kosmetik vergangener Tage. Während der Abwesenheit des Königs bei der Messe haben wir jedoch ihr Erscheinungsbild wiederhergestellt, so wie es einst war, als sie der Stolz des Hofes war. Es war ein ergreifender Moment, als sie eines der wenigen Kleider trug, die wir aus ihrem umfangreichen Kleiderschrank retten konnten – dreitausend Kleider, wenn du dich erinnerst! Und Schuhe, jede Woche ein neues Paar, sorgfältig für sie angefertigt. Wenn du sie jetzt sehen könntest ... Und doch erträgt sie all diese Veränderungen mit bemerkenswertem Gleichmut.

Der König hat sich äußerst höflich verhalten. Obwohl unsere Königin über einige Spanischkenntnisse verfügt, entschied sie sich, auf Französisch mit ihm zu sprechen – vielleicht, um nicht untergeordnet zu wirken. Der König ging gerne darauf ein. Philipp konnte es sich jedoch nicht verkneifen, unsere Königin zu necken, indem er Parallelen zwischen ihrer jetzigen Situation und derjenigen zog, die sie einst ihrer Cousine Maria Stuart auferlegte. Daraufhin machte unsere Königin ihren rechtmäßigen Anspruch auf den englischen Thron geltend, indem sie auf die fehlende Legitimität der Stuart hinwies und die Bestrafung ihrer Cousine rechtfertigte für den Versuch, sich ihrer Position zu bemächtigen. Sie betonte, dass sie es verachte, ähnliche Intrigen aus ihrer eigenen Gefangenschaft heraus zu schmieden, und dass sie stets nach ihren Prinzipien handle, ohne auf solche hinterhältigen Taktiken zurückzugreifen.

Zu der Tatsache, dass König Philipp seine Tochter, die Infantin Isabella, auf den englischen Thron gesetzt hat, äußerte sich unsere Königin nicht. Sie blieb jedoch standhaft in ihrer Verurteilung von Essex, dem jetzigen Prinzgemahl, und nannte ihn einen Verräter sowohl an ihr als auch am englischen Volk. Philipp betonte in seiner Antwort seine Überzeugung, dass ein englischer Prinzgemahl wie Essex bessere Chancen habe, akzeptiert zu werden als ein Ausländer, und verwies dabei auf seine eigenen Erfahrungen als Ehemann von Mary Tudor. Er zeigte sich zuversichtlich in Bezug auf Essex' Eignung für diese Rolle und meinte, kein anderer Kandidat könne ihn an Verdiensten übertreffen. Da beide es für nötig hielten, das Thema zu wechseln, sprachen sie über die Lebensbedingungen der Königin, sowie über Pferde und Jagd. Er schlug ihr sogar ernsthaft vor, dem Beispiel seines verstorbenen Vaters zu folgen und mit dem geschenkten Pferd die Rampe zum ersten Stock hinaufzureiten.

Bemerkenswert ist, dass unsere Königin Philipp nicht nach ihrem eigenen Schicksal befragte, sondern sich aus Stolz weigerte, eine Erklärung zu verlangen. Meiner Einschätzung nach könnte Philipps Zurückhaltung darauf hindeuten, dass die Spanier vermeiden wollen, aus ihr eine Märtyrerin zu machen, wie es sich für ihre eigene Herrschaft als nachteilig erwiesen hatte, ihre Cousine auf diese Weise zu verewigen.

König Philipp, nun in seinen Sechzigern, ist seit dem Tod seiner letzten Frau vor etwa einem Jahrzehnt unverheiratet geblieben. Es ist bemerkenswert, wie knapp unsere Königin nach ihrer Thronbesteigung einer Heirat mit ihm entgangen ist! Im Gegensatz zu seinem Vater, der oft im Reich umherzog, hat Philipp seinen Hof stattdessen in Madrid eingerichtet, wo er in der Nähe einen riesigen Palast namens El Escorial errichten ließ, der Gerüchten zufolge mit den Weltwundern konkurrieren soll. Es heißt, dass ein Großteil des Silbers aus den Reichtümern Westindiens zu seinem Bau beigetragen hat! Vertieft in seine Verwaltungsaufgaben, hat er sich den Beinamen ‚el rey papelero‘, der Papierkönig, verdient. Seine religiöse Inbrunst, zu der der tägliche Messebesuch gehört, unterstreicht seine tiefe Frömmigkeit; er betrachtet es als seine göttliche Mission, den katholischen Glauben weltweit zu verbreiten – eine Vorstellung, die mich im Hinblick auf unser geliebtes England mit Besorgnis erfüllt!

Doch inmitten dieser Sorgen gibt es auch lobenswerte Aspekte in König Philipps Charakter. Er hegt eine tiefe Leidenschaft für die Literatur und fördert großzügig die Veröffentlichung wissenschaftlicher Werke und Landkarten. Von wegen: Solltet ihr die Möglichkeit haben, würden wir uns sehr über das Geschenk einer oder zweier Karten von unseren Freunden in England freuen. Sowohl unsere Königin als auch ich haben große Freude am Studium von Karten; wir haben sogar versucht, eine Karte von England aus dem Gedächtnis nachzuzeichnen! Bemerkenswerterweise zeigt der junge Edmund ein unerwartetes Talent für die Kartografie.

Du hast in deinem Brief meine Aufgaben erwähnt, und ich muss sagen, dass ich sie mit Hilfe der Edeljungfern und unseres spanischen Personals recht gut bewältige. Es hat eine Weile gedauert, mich an die Zusammenarbeit mit dem etwas pingeligen Mayordomo Don Lorenzo de Guzmán zu gewöhnen, doch er erweist sich als anständiger Mann, der uns wohlgesonnen ist. Unsere Königin, die gerne Spitznamen vergibt, nennt ihn liebevoll ‚Pug‘, obwohl sein Aussehen gar keine Ähnlichkeit mit dem eines Mops hat – vielleicht liegt es an seiner eher kleinen Statur. Apropos Tiere: Sie genießt die Gesellschaft zweier lebhafter Spaniel, und Don Lorenzo hat ihr kürzlich sogar einen zahmen Affen namens Mango besorgt. Obwohl er an einer langen Leine gehalten wird, schafft er es dennoch, allerhand Unfug zu treiben.

Wie du siehst, liebe Marge, gewöhnen wir uns allmählich an unser neues Leben. Was bleibt uns anderes übrig, als die Hoffnung auf eine Wendung unseres und Englands Schicksals aufrechtzuerhalten? In der Tat, man darf die Hoffnung nie aufgeben. Während unsere Königin sich äußerlich mit ihren Umständen abzufinden scheint, vermute ich, dass sie innerlich tief um den Verlust ihrer Position trauert und sich um das Wohl ihres Volkes sorgt. Bitte teile uns alle Neuigkeiten mit, sobald du nach London zurückgekehrt bist; hier dringen nur Gerüchte zu uns, und die sind selten positiv. Apropos, du hast vielleicht gehört, dass Katharina von Medici im vergangenen Winter verstorben ist – eine Frau von zweifelhafter Berühmtheit, um es milde auszudrücken. Vor Kurzem haben wir außerdem erfahren, dass Henri III., der letzte aus ihrer Linie, vor drei Wochen ermordet wurde! Ich frage mich, wer nun den französischen Thron besteigen wird, da er keinen Erben hinterlassen hat – was in Anbetracht seiner Liebschaften mit seinen ,Favoriten‘ wenig erstaunlich ist.

Was kann ich noch berichten? Wir widmen einen Großteil unserer Zeit dem Lesen; glücklicherweise dürfen wir Bücher kaufen und empfangen, auch wenn sie der Zensur unterliegen. Dennoch steht uns eine breite Auswahl an Autoren zur Verfügung, darunter Tacitus, Horaz, Plutarch und Cicero, deren Werke wir sowohl in lateinischer Sprache als auch in englischen und französischen Übersetzungen lesen. Besonders Boethius ist unserer Königin seit Langem eine Quelle des Trostes. Solltest du die Möglichkeit haben, würden wir uns sehr über etwas leichtere Lektüre oder Theaterstücke freuen. Oder bitte andere, uns diese zukommen zu lassen.

König Philipp schenkte uns auch einen kürzlich erschienenen spanischen Roman von Miguel de Cervantes, den er als Überlebenden der Schlacht von Lepanto lobte, in der Cervantes an der Seite von Philipps Halbbruder, Johannes von Österreich, gegen die Türken kämpfte. Die Spanischkenntnisse unserer Königin haben sich deutlich verbessert, und sogar ich habe begonnen, die Sprache zu verstehen – nicht zuletzt dank Pug, der mir geduldig bestimmte Sätze vorspricht. So sind wir in der Lage, einen Großteil des Romans *La Galatea* zu verstehen. Die Handlung ist zwar kompliziert und voller jugendlicher Romanzen, doch die Poesie darin besitzt eine unbestreitbare Schönheit, die uns sehr anspricht. Pug organisierte auch eine Lesung einer anderen Erzählung von Cervantes, *Rachid de Granada*, die im orientalischen

Stil verfasst ist. Wir fanden sie recht unterhaltsam, obwohl unsere Königin sie als *osé*, gewagt, bezeichnete.

Wenn wir des Lesens überdrüssig sind, spielen wir Schach oder Karten, gelegentlich auch mit Pug und Gonzalo, dem Hauptmann der Wachen. Wir spielen *Gleek* und *Primero*, allerdings mit bescheidenen Einsätzen, da wir alle mit finanziellen Engpässen zu kämpfen haben. Unsere Königin hat Gonzalo liebevoll ‚Sweet' genannt, ein Spitzname, der auf einen lustigen Vorfall zurückgeht. Der junge Edmund verbringt gerne Zeit mit den Wachen und nimmt an ihrem Lieblingszeitvertreib teil – sich gegenseitig Schimpfwörter in der jeweiligen Sprache beizubringen. Bei einem Picknick rief Gonzalo einmal überrascht: ‚Sweet Balls of Christ', und so entstand sein Spitzname, der nun geblieben ist. Es freut mich zu sehen, dass unsere Königin ihren Sinn für Humor bewahrt hat. Sowohl Pug als auch Sweet verfügen über eine gute Erziehung und tadellose Umgangsformen. Dem dritten männlichen Begleiter in unserer Gruppe, dem jungen Edmund, mag es zwar an Raffinesse fehlen, doch seine heitere Art ist in unserer Situation von unschätzbarem Wert.

Ich wünschte, ich könnte mehr erzählen, aber unsere Tage verlaufen eher ereignislos. Dennoch sind wir dankbar für unser Wohlergehen, ein Beweis für Gottes wohlwollenden Schutz auch in Zeiten des Unglücks. Wir warten gespannt auf Nachrichten aus London.

Möge Gottes Barmherzigkeit immer mit dir sein.

In Zuneigung,
deine liebevolle Freundin Mary

***

London, den 28. Februar des Jahres 1590

Liebste Mary,

Es war wirklich ermutigend, deinen Brief zu erhalten und zu
erfahren, dass es dir gut geht, liebste Freundin. Deine Unver-
wüstlichkeit und dein beständiger Sinn für Humor, selbst im
Angesicht von Widrigkeiten, sind eine Quelle der Inspiration.
Es freut mich, dass ihr trotz der Herausforderungen heitere
Momente findet. Mary Sidney und Frances Walsingham hatten
versprochen, euch Landkarten zu schicken – sind sie angekommen? Da wir gerade von unseren geschätzten Hofdamen sprechen, betrübt es mich, dir mitteilen zu müssen, dass Blanche
Parry Anfang des Monats verstorben ist. Möge Gottes Gnade
mit ihr sein. Nachdem sie unserer Königin jahrzehntelang treu
gedient hatte, erreichte sie das bemerkenswerte Alter von 82
Jahren, obwohl sie ihre letzten Jahre in Blindheit verbrachte.
Ihre Beerdigung war zwar ein trauriger Anlass, doch bot sie den
Damen, die noch in England verweilten, die Gelegenheit, zum
ersten Mal seit der Katastrophe, die uns alle heimgesucht hat,
zusammenzukommen.

Gestatte mir nun, dir die neuesten Nachrichten aus London zu
übermitteln. Wie erwartet, blieben wir in Exeter, bis wir uns
sicher genug fühlten, in die Hauptstadt zurückzukehren. Bei
unserer Rückkehr mussten wir leider feststellen, dass unser
Stadthaus, genauso wie Raleighs Wohnsitz in Durham, den ihm
die Königin geschenkt hatte – alle: Essex House, Arundel House,
Somerset House, Bedford House und York House beschlagnahmt
worden waren. Der gesamte ‚Strand‘ ist unter spanische Kontrolle geraten, einschließlich der großen Paläste von Whitehall
und Westminster sowie Hattons Ely Place. Es ist entmutigend
zu sehen, wie Essex, einst das ‚wilde Pferd‘ unserer Königin,
nun die faule spanische Krone angenommen hat. Wie tief er
gefallen ist! Glücklicherweise hat sich die anfängliche Brutali-

tät der spanischen Besatzung, geprägt von Hinrichtungen und Schrecken, etwas gelegt.

Sie gönnen uns jedoch keinen Moment der Ruhe. König Philipp hat die Inquisition auf uns losgelassen, die an die dunkelsten Tage der Herrschaft von Mary Tudor erinnert, in denen die Protestanten vor die düstere Wahl gestellt wurden: bekehren oder verbrennen[125]. Jesuiten überschwemmen England und verbreiten mit Inbrunst die römisch-katholische Lehre. In den großen Städten gibt es nun eine Vielzahl von Kirchengerichten, die protestantische Geistliche verhaften und vor Gericht stellen sowie diejenigen schikanieren, die an ihrem protestantischen Glauben festhalten. Die einst verborgenen ‚Priesterverstecke' in den Landgütern, die auf die Zeit von König Henry VIII. zurückgehen, werden nun wieder als ‚Pfarrerverstecke' genutzt. Die Zensur ist mit voller Wucht zurückgekehrt und übertrifft sogar die strengen Maßnahmen der kurzen Regierungszeit von Königin Mary Tudor.

Die gesamte protestantische Gesetzgebung, die von der Ära König Henrys bis zu unserer Königin reicht, wurde kurzerhand aufgehoben. Das Gemeine Gebetbuch und andere nicht-lateinische religiöse Texte werden auf Marktplätzen verbrannt, so dass im ganzen Land Scheiterhaufen lodern. Der Götzendienst erhält seinen Platz zurück: In den Kirchen werden wieder Bilder ausgestellt, und lang übertünchte Wandmalereien freigelegt. Die meisten Menschen fügen sich diesem Diktat – welche andere Wahl haben sie? Kleine Mädchen werden auf den Namen Agnes oder Katharina getauft, während die Jungen Benedikt oder Dominik heißen und sie alle zu hingebungsvollen Marienverehrern erzogen werden sollen.

Du bist sicherlich neugierig auf unseren derzeitigen Wohnsitz. Vorläufig haben wir ein Mietshaus jenseits von Cheapside be-

---

125 ‚turn or burn'

zogen, am östlichen Ende der Gemeinde St. Mary Colechurch. Da ich mich inzwischen an einen bescheideneren Lebensstil gewöhnt habe, gehe ich selbst auf den Markt von Cheapside, begleitet von meinem Dienstmädchen – einer Dunkelhäutigen, die mir jedoch sehr treu zur Seite steht. Ich schätze es, direkt bei den Verkäufern vom Land einzukaufen: frisches Gemüse, Eier, Geflügel und hoffentlich bald, im Sommer, auch Blumen und Erdbeeren. Fisch und Austern sind das ganze Jahr über erhältlich, und eine nahegelegene Bäckerei erlaubt es uns, unsere Pasteten dort backen zu lassen. Zurzeit bin ich mit den Jungs allein; mein Mann hat uns zwar kürzlich beim Umzug geholfen, hielt es aber für klüger, sich vorerst wieder nach Exeter zurückzuziehen. Bald wird sich unsere Familie jedoch vergrößern, da ich erneut schwanger bin.

Bitte übermittle unserer Königin meine tiefste Hochachtung. Möge Gott sie weiterhin in seiner Gnade bewahren.

In Zuneigung,
deine ergebene Freundin Margaret

***

Yuste, am 11. Tag des Oktobers im Jahre 1590

Meine liebste Marge,

Zuallererst möchte ich dir von Herzen zur Geburt deiner gesunden Tochter gratulieren – ein freudiges Ereignis, besonders nach dem tragischen Verlust des kleinen Francis, der dir sicher schwer zugesetzt hat. Es ist eine Erleichterung, dass uns nun ein gewisses Maß an Korrespondenz gestattet ist, auch wenn sie der Zensur unterliegt. Wir müssen jedoch vorsichtig sein und uns darin auf Themen wie Kinder, Wetter und Kulinarisches beschränken, da selbst Diskussionen über Literatur die spanischen Behörden verärgern könnten. Daher bin ich sehr dankbar für unsere sicheren Kommunikationswege, auch wenn unser Austausch nicht so häufig stattfinden kann, wie ich es mir wünschen würde – verständlicherweise hast du auch familiäre Verpflichtungen und zahlreiche Ablenkungen im geschäftigen London, im Gegensatz zu unserem ruhigen Leben hier in Yuste.

Apropos Ablenkung: Vor Kurzem habe ich einen weiteren Zeitvertreib des jungen Edmund entdeckt, der die Wachen betrifft. Ich habe ihn bei einem <u>sehr</u> indiskreten Rendezvous mit einem von ihnen in den Ställen erwischt. Sein dreistes Verhalten erklärt, warum die Wachen ihn so vertraulich behandeln. Obwohl ich ungern Vertraulichkeiten preisgebe, habe ich nun ein gewisses Druckmittel in der Hand, um sicherzustellen, dass er mir gehorcht.

Unser Leben in Yuste ist eine sehr kleine Welt. Wir lechzen nach Neuigkeiten wie Schiffbrüchige auf einer einsamen Insel. Unsere Königin war zutiefst betrübt, als sie erfuhr, dass Walsingham, ihr treuer ‚Mohr‘, in Schottland verstorben ist. Zum Glück war es ihm vergönnt, seine letzten Tage in Freiheit zu verbringen. Du hast sicher von der jüngsten Thronbesteigung des Hugenotten Henri von Navarra gehört, der nun als Henri IV. von Frankreich bekannt ist. Nach dem Sturz der Valois-Dynastie und dem Aufstieg der Bourbonen wurde Henris Übertritt zum Katholizismus als strategisches Manöver betrachtet: ‚Paris vaut bien une Messe‘ (Paris ist eine Messe wert), wie er bekanntlich sagte. Ein protestantisch erzogener König in Frankreich könnte sich hingegen für England auf dem komplexen europäischen Schachbrett durchaus als Vorteil erweisen.

Inmitten all dessen setzt König Philipp seinen unerbittlichen Feldzug in den Niederlanden fort. Während Englands Unterstützung für die protestantische Sache natürlich geschwunden ist, wird spekuliert, dass sowohl die Schotten als auch die Franzosen, die die spanische Hegemonie fürchten, sich zur Unterstützung zusammenschließen könnten. Der Tod von Papst Sixtus, der stets ein Intrigant war, stellt eine bedeutende Veränderung dar. Obwohl wir seine ‚Ermahnung an den Adel und das Volk von England und Irland' nicht lesen konnten, deuten Berichte darauf hin, dass es eine vernichtende Verurteilung unserer Königin ist. Vielleicht ist es besser, dass sie nichts davon erfährt – im Gegensatz zu dir, nehme ich an, da diese Schrift in England anscheinend weit verbreitet wurde.

In unserer kleinen Welt haben wir uns der Verschönerung unseres Gartens gewidmet, ein gemeinsames Unterfangen, das zu erfreulichen Ergebnissen geführt hat. Mit der Unterstützung eines Gärtners aus König Philipps Escorial haben wir exotische Pflanzen aus Amerika eingeführt: Spanisches Bajonett und Wunder von Peru. Ebenso haben wir Tagetes gepflanzt, die trotz ihres stechenden Geruchs für ihre Schönheit bekannt sind, sowie Lilien und weiße Maulbeerbäume aus China, die aus den neuen spanischen Kolonien auf den Philippinen stammen. Die Vorliebe unserer Königin für duftende Pflanzen hat uns zum Anbau von Lavendel, Rosmarin und verschiedenen Rosen geführt, darunter französische, Alba- und Kohlrosen, die für ihren exquisiten Duft geschätzt werden. Kletterpflanzen wie Clematis und Jasmin zieren unsere Terrasse und erfüllen die Luft mit ihrem betörenden Parfüm.

Darüber hinaus pflegen wir einen Kräutergarten mit einer Vielzahl von Sorten für kulinarische und medizinische Zwecke, die im gemäßigten Klima hier hervorragend gedeihen. Während wir das Gemüse aus dem nahegelegenen Dorf beziehen, versorgt uns unser eigener Obstgarten mit einer reichen Fülle an Aprikosen, Pfirsichen, Zitronen und Orangen. Für unsere Königin stellen wir aus dem Honig eines örtlichen Imkers Metheglin her, das wir mit einer Auswahl an Kräutern und Gewürzen verfeinern, um ihren Geschmack zu treffen. Was die Getränke betrifft, so bevorzugen wir verdünnten Wein gegenüber englischem Ale und Bier, wobei je nach Jahreszeit auch Apfelwein zur Verfügung steht.

Wir frönen weiterhin unserer Liebe zur Literatur, sei es beim privaten Lesen oder beim Vorlesen für unsere Königin, die sich besonders an den Liebessonetten von Petrarca erfreut, die von Bridget, einem der Mädchen, die fließend Italienisch spricht, gekonnt vorgetragen werden. Der junge Edmund und einige der Kammerzofen zeichnen sich durch die Rezitation englischer Gedichte aus, während Don Lorenzo uns mit seiner Beherrschung spanischer Verse überrascht, die wir sehr zu schätzen gelernt haben. Da wir keine Theaterstücke aufführen können, lesen wir sie, indem wir die Rollen untereinander aufteilen. Zurzeit fesselt uns Marlowes ‚Tamburlaine‘, das wir erst kürzlich in unsere Sammlung aufgenommen haben. Ich hoffe, du wirst die Gelegenheit haben, es auf der Bühne zu erleben, falls die Spanier die Wiedereröffnung der Theater erlauben.

Bitte teile uns Neuigkeiten aus London mit! Gibt es dort nur noch Messen, Menschen- und Bücherverbrennungen, oder hat unsere geliebte Stadt begonnen, einen Anschein von Normalität wiederzuerlangen?

Ich wünsche dir gute Gesundheit und Momente der Freude inmitten dieser schwierigen Zeiten und verabschiede mich herzlich von dir.

Deine dich liebende Freundin,
Mary

***

London, den 10. Dezember des Jahres 1591

Liebste Mary,

Es fällt mir schwer, dir jetzt zu schreiben, da es nun ein Jahr her ist, seit dein letzter Brief mich erreicht hat, und ich muss gestehen, dass ich mit meiner Antwort schwer in Verzug bin. Der Tod meines geliebten Robert im Mai dieses Jahres, so kurz nach dem Verlust von Francis, hat mich in einen tiefen Kummer gestürzt, sodass ich nicht einmal die Kraft hatte, dir, meiner geliebten Schwester, zu schreiben. Mit seinem Tod brach auch eine besonders strenge Sommerpest aus, die uns zwang, bis jetzt in Exeter Zuflucht zu suchen. Bei unserer Rückkehr mussten wir feststellen, dass sich unser Viertel rasch verändert: In der Cheapside, die bald als ‚Goldschmiedzeile‘ bekannt sein wird, entstehen neue Gebäude mit Geschäften, die Juwelen und andere Kostbarkeiten anbieten. Zwar sind unsere Verhältnisse nicht mehr wie früher – ich verschone dich mit Klagen darüber, dass die Spanier uns unserer schönsten Ländereien beraubt haben –, weshalb ich dort nicht viel einkaufen werde. Dennoch wird es ein Trost sein, die ausgestellten Schätze zu bewundern und in Erinnerungen an bessere Zeiten zu schwelgen.

Trotz aller Herausforderungen gibt es auch Hoffnungsschimmer. Wir freuen uns darauf, uns bald von den Unannehmlichkeiten der Wasserträger zu verabschieden, denn es gibt Pläne, unser Haus mit fließendem Wasser zu versorgen. Ein Wasserhahn soll installiert werden, der mehr als eine Gallone pro Stunde liefern soll!

Was hat sich sonst noch in unserer Mitte ereignet? Erinnerst du dich an die turbulenten Zeiten, als Mary Tudor in ihrem Eifer für die Gegenreformation versuchte, die bei der Auflösung der Klöster beschlagnahmten Kirchengüter zurückzufordern? Denjenigen von uns, die diese Ländereien unter päpstlicher Dispens erworben hatten, gelang es damals, sie trotz der drohenden

Ketzergesetze zu behalten. Nun scheint sich die Geschichte zu wiederholen, da die Spanier einen ähnlichen Weg einschlagen, um uns unsere rechtmäßigen Besitztümer zu entreißen. Vor allem die Jesuiten hegen den ehrgeizigen Plan, ganz England für sich zu beanspruchen! Dennoch gibt es einen Hoffnungsschimmer, dass wir nicht einer völligen Enteignung entgegensehen. Im Gegensatz zu den nur fünfzehn Jahren, die zwischen der Auflösung der Klöster durch König Henry und der Herrschaft Mary Tudors lagen, sind seither mehr als zwei Generationen vergangen, was eine Umkehrung dieser Besitzverhältnisse wesentlich komplizierter macht.

In unserem Land gibt es immer noch den Anschein von Recht und Gerichtsbarkeit, und die Infantin Isabella, durch die König Philipp regiert, kann es sich nicht leisten, das gesamte Establishment gegen sich aufzubringen. Schon jetzt kämpft sie mit wachsender Unzufriedenheit, gemeinsam mit ihrem verräterischen Ehemann Essex und dem päpstlichen Nuntius, der das Amt eines Vizekönigs ausübt. Ich kann nicht umhin, mich zu fragen, ob diese schwelende Unzufriedenheit eines Tages in eine offene Rebellion münden könnte.

Nach dem frühen Verlust meiner geliebten Söhne suchte ich Rat bei John Dee, dem geschätzten Berater und Astrologen unserer Königin, wie du weißt. Doch seine esoterischen Aktivitäten, einschließlich der Beschwörung von Engeln auf der Suche nach den ‚reinen Wahrheiten‘, wie er es nannte, erwiesen sich als zu mysteriös für meinen Geschmack. Ich konnte mich nicht dazu durchringen, mich auf sein intensives Gebet und Fasten einzulassen. Obwohl ich an unseren Schöpfer glaube, war der Kirchenbesuch nie ein zentraler Teil meines Lebens – und jetzt erst recht nicht. Entmutigt durch meine Erfahrungen mit Dee wandte ich mich an Simon Forman, den renommierten Arzt und Astrologen, den wir beide kannten. Doch seine unangemessenen Annäherungsversuche und die Gerüchte über seine Indiskretionen mit Patienten ließen mich unwohl fühlen.

Nun stehe ich ratlos da, auf der Suche nach Trost für meinen Kummer. Obwohl mein Mann ein guter Mensch ist, neigt er eher dazu, Ablenkung im Vergnügen zu suchen, statt emotionale Unterstützung zu bieten. Einen faszinierenden Aspekt von John Dee habe ich jedoch vergessen zu erwähnen: sein umfangreiches Wissen und seine intellektuelle Neugier. Wie du weißt, ist er auch in der Kartografie bewandert und hat zum Fortschritt der Navigation beigetragen. Wäre ich doch nur als Mann geboren, könnte ich mich auch mit solch wissenschaftlichen Dingen beschäftigen! Dee sprach mit mir über einen gewissen Tycho Brahe, einen Astronomen, dem er während seiner Zeit auf dem Kontinent begegnete. Da ich seit Langem daran interessiert bin, die Funktionsweise unseres Universums zu verstehen, möchte ich unbedingt mehr über Brahe und seine astronomischen Theorien erfahren.

Ich stelle mir oft vor, wie du in Yuste auf der Terrasse, im Garten oder bei einem gemeinsamen Ausritt in den Wald bist, umgeben von unserer Königin, den Edeljungfern, Pug und Sweet. Es gibt Momente, in denen ich dich fast um die relative Ruhe beneide, die du dort finden kannst! So Gott will, werden wir eines Tages unter besseren Umständen wiedervereint sein – vielleicht sogar, bevor wir uns im Himmel wiedertreffen!

Bitte richte unserer Königin meine Grüße aus, und möge Gott sie in seiner Gnade bewahren!

In Liebe,
deine Freundin, Margaret

PS: Beinahe hätte ich den saftigsten Klatsch vergessen! Unsere schöne Bess Throckmorton ist nach Schottland durchgebrannt, um Raleigh zu heiraten!

***

Yuste, den 22. Mai des Jahres 1593

Liebste Marge,

Trotz der Trauer über den frühen Tod deiner beiden kleinen Söhne erfüllt es mich mit Freude zu hören, dass es deiner Tochter Anne gut geht; sie muss jetzt über drei Jahre alt sein. Es ist auch ermutigend zu wissen, dass das Leben in London, wie du es beschreibst, trotz der düsteren Umstände, die die Vorsehung uns auferlegt hat, weitergeht. Ich erinnere mich gut an die Frühlingsblumen, die London so schmücken: unsere einheimischen Glockenblumen, die ganze Waldlichtungen zieren, die prächtigen neuen Narzissen und unser neuester Luxus, die türkischen Tulpen. Hier in Yuste fehlen uns solche Schönheiten, obwohl ich mir sicher bin, dass König Philipp sie in den Gärten seines prächtigen Escorial genießt. Mutter Natur schenkt uns dennoch ihre eigenen Freuden: Wir haben spanische Glockenblumen, Narzissen, die euren ähneln, aber weiß sind, und Zistrosen in verschiedenen Farben. Und natürlich unseren Garten, über den ich dir bereits schrieb, wenn ich mich recht erinnere. Ich habe ganz vergessen, die Mandelbäume zu erwähnen, die selbst während des Winters mit ihren zartrosa Blüten geschmückt sind.

Unsere Tage verlaufen eher ereignislos, aber ich habe ein wenig Klatsch und Tratsch für dich: Erinnerst du dich an Edmunds Eskapaden mit den Wachen? Nun, es scheint, dass einige – und es gibt hübsche Jungs unter ihnen – gottseidank eher konventionelle Interessen haben. Unsere Edel‚jungfer‘ Joan hat uns alle mit der Geburt eines kleinen Mädchens überrascht! Obwohl unsere Königin anfangs streng mit ihr ins Gericht ging, konnte sie sich einen Scherz nicht verkneifen und nannte das Baby Oudemia[126], ein amüsantes Wortspiel aus der Sage von Odysseus und dem Zyklopen. Joan weigert sich, die Identität des Vaters preiszugeben,

---

126 Griechisch οὐδεμία: weibliche Form von οὐδείς: niemand

und ich vermute, dass sie es selbst nicht genau weiß. Trotzdem macht ihre kleine Tochter uns allen Freude und wird ausgiebig verwöhnt. Was unseren lieben Pug angeht, der sich stets so gut um uns kümmert, so scheint seine Aufmerksamkeit mir gegenüber zugenommen zu haben, und ich frage mich, ob er mir romantische Avancen macht. Obwohl mich das nicht stört, muss ich vorsichtig sein, besonders in Anbetracht der Empfindlichkeit unserer Königin nach dem Tod der geliebten Blanche – möge ihre Seele in Frieden ruhen. Da ich nun die einzige verbleibende Hofdame bin, die sie in ihrer Jungfräulichkeit begleitet, wage ich es nicht, etwas zu tun, was ihren Unmut erregen könnte.

Bei ihren morgendlichen Spaziergängen im Innenhof des Klosters begegnete unsere Königin dem Abt Don Diego de Montoya, der unter seinem Mönchsnamen Sebastián bekannt ist. Im Laufe der Zeit haben die beiden eine Freundschaft entwickelt und verbringen oft Stunden im Gespräch. Da wir Frauen das Kloster nicht betreten dürfen, hatte ich nur kurze Begegnungen mit ihm im Garten, wo er mich stets höflich grüßte. Laut unserer Königin ist er der gebildetste Spanier, dem sie je begegnet ist, und ein wahrer Gentleman. Im Vergleich zu seiner Gelehrsamkeit, Eloquenz und seinem Witz sind ich und die Edeljungfern wohl eher bescheidene Gesprächspartner. Obwohl unsere Königin die Einzelheiten ihrer Unterhaltungen nicht preisgibt, vermute ich, dass es oft um Philosophie und möglicherweise internationale Politik geht. Sollte Religion zur Sprache kommen, könnte ich mir vorstellen, dass sie eher aneinandergeraten, als fruchtbare Dialoge führen. Dennoch fällt mir auf, dass unsere Königin nach diesen Treffen stets in bemerkenswert heiterer Stimmung ist.

Seit meinem letzten Brief hat sich einiges in Bezug auf König Philipp ereignet: In Aragón, zum Glück weit entfernt von uns, ist eine Revolte ausgebrochen. Der örtliche Adel hat sich offen gegen die Autorität des Königs aufgelehnt, was erhebliche Anstrengungen erforderte, um den Aufstand niederzuschlagen. Diese Unruhen erklären vermutlich, warum der König Yuste in letzter Zeit nicht besucht hat. Folglich sind wir in Sachen Unterhaltung ganz auf uns selbst angewiesen. Glücklicherweise haben wir einige Musikinstrumente erhalten und erworben. Während die spanischen Komponisten hauptsächlich Chormusik und Hymnen schreiben, die wir nicht spielen können, hat Sweet, unser versierter Spieler der spanischen Laute, der sogenannten Vihuela, uns mit den Werken von Juan del Encina und Francisco Guerrero vertraut gemacht. Diese Komponisten haben populäre Lieder geschaffen, die wir, dank unserer verbesserten Spanischkenntnisse, gut beherrschen. Unsere Königin spielt das Spinett, Edmund die Laute, und ich, meinem Stand angemessen, das Virginal. Obwohl Pug kein Instrument spielt, besitzt er eine wunderbare Baritonstimme, die unsere musikalischen Zusammenkünfte bereichert. Wie du siehst, haben wir ein richtiges kleines Orchester beisammen!

Es ist zweifellos eine Abkehr von der Größe der Orchester, an die unsere Königin gewöhnt war. Wir haben uns jedoch revanchiert, indem wir unsere spanischen Freunde – ja, sie sind tatsächlich zu solchen geworden – mit den Motetten von William Byrd und den ergreifenden, aber auch fesselnden Liedern von John Dowland bekannt gemacht haben, die Edmund gekonnt auf seiner Laute begleitet. Der Grund, warum unsere Königin nicht verlangt hat, dass das Fenster zu unserem Gemach, das ins Kirchenschiff führt, zugemauert wird, liegt darin, dass sie Trost in der Chormusik der Mönche findet, die sie tief berührt. Zwar tanzt sie selbst nicht mehr, es sei denn, sie ist allein mit mir in ihrem Gemach, doch sie hat Freude daran, die Edeljungfern bei ihren Tanzstunden zu dirigieren und zu korrigieren. Ich kann mir vorstellen, dass du in deinem pulsierenden London über unseren provinziellen Zeitvertreib schmunzeln magst. Doch während unsere Königin sich ihre Umstände nicht ausgesucht hat, habe ich meine akzeptiert und versuche wie sie, das Beste daraus zu machen.

Und wie immer widmen wir uns ausgiebig der Lektüre. Ich kann dir gar nicht genug danken, dass du uns die englische Übersetzung von *Orlando Furioso*[127] geschickt hast! Unsere Königin sieht sich in der Kriegerin Bradamante wieder ... Und die Vorstellung einer Reise zum Mond fasziniert uns beide! Eine weitere geschätzte Lektüre ist *Das Buch des Höflings*[128] von Baldassare Castiglione, auch wenn ich bezweifle, dass eine so idealisierte Welt wie der Hof von Urbino jemals wirklich existiert hat. Dennoch regt dieses Werk unsere Diskussionen über ritterliches Verhalten an. Es ist bemerkenswert, dass Castiglione die Inspiration für dieses Werk aus seiner Zeit als päpstlicher Nuntius am spanischen Hof gewonnen hat!

Ich schließe vorerst und wünsche dir und deiner Familie Gottes reichen Segen!

Wie immer, in Liebe,
deine Mary

***

London, den 7. Juli des Jahres 1595

Liebste Mary,

Wie schnell doch die Zeit vergeht! Es sind bereits zwei Jahre vergangen, seitdem ich deinen letzten Brief erhalten habe! Ich weiß gar nicht, wie ich mich gebührend entschuldigen kann. Dein Brief hat mir große Freude bereitet, vor allem zu wissen, dass es dir und unserer Königin gut geht. Uns geht es ebenfalls gut.

---

127 Von Ludovico Ariosto, veröffentlicht 1532 und 1591 aus dem Italienischen übersetzt von John Harrington, dem Patensohn von Königin Elisabeth.
128 Übersetzt ins Englische von Thomas Hoby 1562.

Anne entwickelt sich prächtig und ist bereits mit Buchstaben und Zahlen vertraut. Vor etwa einem Jahr hat sie eine kleine Schwester bekommen, die mein Mann auf den Namen Margaret taufte. Er sieht darin ein vielversprechendes Zeichen, besonders da wir beschlossen haben, keine weiteren Kinder zu bekommen. Wir sind glücklich und zufrieden mit unseren beiden lebhaften, klugen und anhänglichen Mädchen.

Auch unsere Situation mit dem Personal hat sich verbessert, sodass ich mich jetzt wichtigeren Dingen widmen kann. In meinem letzten Brief erwähnte ich, dass ich John Dee konsultiert habe, der mich auf das Werk des dänischen Astronomen Tycho Brahe aufmerksam machte, dem er in Prag begegnet war. Traditionell glaubte man, wie Ptolemäus lehrte, dass Mond, Planeten, Sonne und Sterne alle die Erde umkreisen. Doch Brahes Theorien haben diese Vorstellung ins Wanken gebracht. Er schlug vor, dass die Sonne die Erde umkreist, während die Planeten um die Sonne kreisen. Natürlich stellt sich die Frage, wie eine solche Konstellation ohne ständige Kollisionen funktionieren kann.

Dee sprach auch von Nikolaus Kopernikus, einem polnischen Astronomen, der mögliche Kollisionen elegant umging, indem er die Sonne ins Zentrum des Universums rückte und die Erde sowie alle anderen Planeten um sie kreisen ließ. Nur der Mond, wie wir alle selbst beobachten können, behält seine Umlaufbahn um die Erde bei. Was die Sterne betrifft, ist meine Erinnerung etwas vage, doch Kopernikus stellte dieses Modell in einem bemerkenswerten Diagramm dar. Leider kann ich dir aufgrund von Dees berechtigter Angst vor kirchlicher Verfolgung keine Kopie zukommen lassen. Ich bin jedoch überzeugt, dass unsere Königin fasziniert wäre, wenn du ihr dieses Konzept erklärst, so wie ich es dir beschrieben habe. Das Streben nach der Wahrheit über die Himmelskörper beschäftigt weiterhin meine Gedanken.

Leider scheint unsere Gesellschaft mehr dem Vergnügen als der Wissenschaft zugewandt zu sein. Vor Kurzem hatten wir das

Vergnügen, Theateraufführungen im ‚Rose' zu besuchen, und nun hat ein zweites Theater, das ‚Swan', in Southwark eröffnet. Du hast kürzlich Kit Marlowes ‚Tamburlaine' erwähnt; wir haben es auf der Bühne gesehen und waren davon gefesselt. Auch einige Komödien von Ben Jonson haben uns sehr gut gefallen.

Apropos Marlowe: Er hatte bereits Kontroversen mit den Spaniern und der Kirche ausgelöst, weil er der Blasphemie, des Atheismus und wegen seiner Beziehungen zu Männern beschuldigt wurde. Hatte er nicht geschrieben: ‚Die mächtigsten Könige hatten ihre Lieblinge', und dabei mehrere bemerkenswerte Beispiele angeführt? Das erinnert mich an deine amüsanten Geschichten über den Sekretär der Königin. Doch die tragische Nachricht ist, dass der junge und so talentierte Marlowe ermordet aufgefunden wurde. Dieses Ereignis war Gegenstand vieler Spekulationen in unserer Gemeinschaft, und bis heute kennen wir weder die Identität des Täters noch das Motiv. Sein vorzeitiger Tod ist ein großer Verlust für unsere Theaterszene.

Wir erhalten nun regelmäßigere Informationen aus Schottland, wie du vermutlich auch, aus verschiedenen Quellen. Raleigh schikaniert weiterhin die Spanier auf See und macht dabei oft beträchtliche Beute. Er diskutiert auch weiterhin über die Gründung einer Kolonie nördlich von Spanisch-Indien, die zu Ehren unserer Königin ‚Virginia' getauft werden soll, obwohl bisher noch nichts unternommen wurde. Übrigens hat Throck einen Sohn von ihm bekommen! Auch Drake setzt seine Angriffe auf die spanischen Territorien in Amerika fort, wenn auch, unseren Quellen zufolge, mit weniger Erfolg als Raleigh. Der letzte Bericht besagt, dass er nur knapp mit dem Leben davonkam, als eine spanische Kanonenkugel seine Kabine im Hafen von San Juan de Puerto Rico durchschlug!

Es ist wahrscheinlich, dass unsere Königin bereits vom Ableben Hattons im Exil vor einigen Jahren erfahren hat. Was König James VI. von Schottland betrifft, so scheinen die Schotten, trotz ihrer früheren Abneigung gegen seine intrigante Mutter, ihrem Sohn gegenüber eine wohlwollende Haltung eingenommen zu haben.

Wir sind dankbar, dass die Spanier derzeit durch die Rebellion der Niederländer gebunden sind, was es ihnen erschwert, die schwelenden Unruhen in England vollständig zu unterdrücken. Dies trägt auch zur Sicherheit Schottlands bei und unterstützt sein weiteres Festhalten am protestantischen Glauben.

Wie immer senden wir dir und unserer Königin unsere aufrichtigen Grüße mit diesem Brief.

Deine treue Freundin, Marge

***

Yuste, den 15. Januar des Jahres 1597

Liebste Marge,

Ich hoffe, es geht dir und deinen Töchtern gut. Es ist kaum zu fassen, dass bald ein Jahrzehnt vergangen ist, seit unsere Zeit in Yuste begann; die Jahre beginnen, ihre Spuren an uns zu hinterlassen. Schon seit einiger Zeit färben wir das Haar unserer Königin mit Ringelblumen, und sie hat mit Zahnverlust zu kämpfen, was den Verzehr von Fleisch erschwert – doch sie findet Trost im Lutschen von Süßigkeiten. Trotz dieser körperlichen Veränderungen bleibt sie heiter; wie du weißt, besitzt sie sowohl das feurige Temperament ihres Vaters als auch die Anmut ihrer Mutter.

Seit einigen Jahren widmet sie sich intensiv der Aufgabe, die Geschichte des Hauses Tudor niederzuschreiben, da sie als dessen letzte Monarchin die Verantwortung empfindet, diese zu bewahren. Edmund unterstützt sie dabei, doch die Arbeit wird durch die Zensur behindert, die einen deutlichen Kontrast zu ihrer früheren, freien Korrespondenz mit anderen Staatsoberhäuptern darstellt. Sie hat die Jagd aufgegeben, doch genießt sie nach wie vor ruhige Ausritte und unsere Picknicks.

Im vergangenen Jahr stattete uns König Philipp einen erneuten Besuch ab. Es war ein bewegender Anlass, da er in Gedenken an seinen Vater nach Yuste kam, wohl wissend, dass es sein letzter Besuch sein würde. Angesichts seines fortgeschrittenen Alters ist es bewundernswert, wie er die Strapazen der Reise erträgt, vor allem da er, wie sein Vater einst, an Gicht leidet. Doch im Gegensatz zu Karl V. scheint Philipps Sinn für Humor mit der Zeit verblasst zu sein – umso glücklicher können wir uns schätzen, dass unsere Königin ihren Humor behalten hat!

Trotz seines Alters ist Philipp weiterhin eifrig in der Erfüllung seiner Pflichten, obwohl die Königin und ich den Eindruck haben, dass er sich zu oft in Kleinigkeiten verliert, was ihn von den großen staatsmännischen Angelegenheiten ablenkt. Berichten zufolge hat Spanien mit ernsthaften finanziellen Schwierigkeiten zu kämpfen, und einige behaupten sogar, das Land stehe kurz vor dem Bankrott, trotz des stetigen Zuflusses von Silber aus Amerika und der hohen Steuern, die unserem verarmten England auferlegt werden. Philipp bleibt seiner strengen Disziplin und tiefen Frömmigkeit treu, stets mit einem Koffer voller Reliquien, die er den ganzen Tag über ehrfürchtig küsst.

Von unserem Schlafzimmerfenster aus hatten wir das Vergnügen, den eigens für *Philippus Rex Hispaniae* komponierten Hymnen der Mönche zu lauschen. Obwohl er unsere Königin einlud, an der Messe teilzunehmen, zog sie es vor, den Chor bequem von unserem Zimmer aus zu genießen.

Was gibt es sonst Neues aus unserer ruhigen Zuflucht in Yuste? Ah, es gibt tatsächlich Neuigkeiten – Pug (Abbildung 11.4) hat mir einen Antrag gemacht! In meinem Alter, ich gehe wie du auf die vierzig zu, war das eine ziemliche Überraschung. Obwohl ich ihn sehr schätze, habe ich ihm geraten, Geduld zu haben, auch wenn es sieben Jahre dauern sollte, ganz im Sinne von Jakobs Werben auf Rahel (mit dem feierlichen Versprechen, dass es keine Lea geben wird und keine weiteren sieben Jahre hinzukommen!). In der Zwischenzeit genieße ich seine Zuneigung und finde Trost in der stillen Vorfreude. Wer hätte das gedacht – ein Spanier! Dennoch besitzt er eine Raffinesse, die viele unserer Engländer übertrifft, und meine früheren Bedenken, was die Anerkennung durch meine Familie betrifft, haben sich durch die Ferne aufgelöst.

Weitere Entwicklungen: Sweet wurde befördert und hat uns inzwischen verlassen – ein Abschied, der wahrlich bittersüß war! Er hat eine unserer Edeljungfern geheiratet, Bridget; du erinnerst dich vielleicht an sie. Der neue Hauptmann der Garde, der leider nicht mit den bemerkenswert schönen Beinen von Sweet gesegnet ist, muss sich erst noch einen Spitznamen verdienen. Seine mangelnden Französischkenntnisse fallen kaum ins Gewicht, da wir inzwischen alle fließend Spanisch sprechen und uns problemlos mit den Gemüsehändlerinnen auf dem hiesigen Markt messen können.

Leider gibt es noch eine traurige Nachricht: Zwei unserer Edeljungfern, Maude und Dorothy, sind spurlos verschwunden. Ich kann die Verlockung eines aufregenderen Lebens zwar nachvollziehen und vermute, dass sie sich heimlich abgesetzt haben, um die Missbilligung unserer Königin zu vermeiden. Glücklicherweise sind die einheimischen Mädchen, die sie ersetzen, inzwischen so gut ausgebildet, dass ihre Abwesenheit kaum auffällt.

Ich bin neugierig, mehr über das Leben in London zu erfahren! Trotz der Ruhe hier überkommt uns manchmal das Heimweh nach der lebendigen Hektik unserer Stadt.

In Liebe,
Deine Mary

*Abbildung 11.4: Porträt von ‚Pug‘,
Mary Radcliffes spanischem Ehemann, Don Lorenzo de Guzmán*

***

London, den 7. Juli des Jahres 1598

Liebste Mary, meine Schwester,

Es ist nun tatsächlich schon ein Jahrzehnt vergangen ... Wie du vielleicht gehört hast, war der letzte Winter so streng, dass die Themse zufror – ein Ereignis, an das sich niemand mehr erinnern kann schon einmal passiert zu sein! Fast ein Meter Schnee bedeckte die Stadt und brachte großes Elend, besonders den Armen, von denen viele der bitteren Kälte zum Opfer fielen. Für unsere kleine Anne hingegen war es ein richtiges Abenteuer! Wir überquerten den gefrorenen Fluss in einer Kutsche, während mein Mann auf einem Pferd bis zum Greenwich Palace ritt. Dort ließen wir uns vom Spektakel des Frostmarktes verzaubern: Bogenschießwettbewerbe, eine Bärenhatz und sogar Tänze zur Musik eines kleinen Orchesters unterhielten die Feiernden.

Nun, da es wieder wärmer geworden ist, genießen wir andere Vergnügungen, bevor wir die Stadt für den Sommer verlassen – allerdings wird es diesmal nicht bis nach Exeter gehen. Vor Kurzem hat mein Mann uns zu einem aufregenden Ausflug auf das Dach der St. Paul's Cathedral eingeladen – eine wunderbare Erfahrung, die uns einen herrlichen Ausblick auf die Stadt bescherte! Trotz all der Veränderungen und Herausforderungen, denen wir uns stellen müssen, bemühen wir uns, das Beste aus unserer Situation zu machen, auch wenn unsere Mittel begrenzt sind. Und wir hoffen inständig, dass Gott uns eines Tages von der Last des spanischen Jochs befreien wird.

Ihr Einfluss ist allgegenwärtig, und damit meine ich nicht nur die Jesuiten. Aristokraten und sogar einfache Leute finden es modisch, ihre Sprache mit spanischen Ausdrücken zu würzen –

sie reden von einer ‚propina' statt von einem Trinkgeld oder einer Bestechung, essen ‚tapas' und tragen ‚sombreros' auf ihren leeren Köpfen! Wohin wird uns dieser Trend führen? Als Kennerin der Sprachen weißt du, dass unser Englisch im Wesentlichen im Deutschen unserer Vorfahren wurzelt, das im Laufe der Jahrhunderte durch französische Einflüsse bereichert wurde – vor allem in den oberen Gesellschaftsschichten. Denk nur daran, dass der Bauer die Tiere mit deutschen Namen aufzieht, aber ihr Fleisch dann unter französischen Bezeichnungen auf unseren Tellern landet. Und während das Volk seine letzte Ruhestätte auf dem ‚graveyard' findet, hoffen wir auf dasselbe, jedoch auf einem ‚cemetery'. Sollte die spanische Präsenz auf unserer Insel unkontrolliert fortbestehen, fürchte ich, dass wir eines Tages – was? ¿Spanglish sprechen?

Du hast vielleicht gehört, dass Drake vor etwa zwei Jahren in Westindien und Cecil erst letzten Monat in Schottland verstorben sind. Es scheint fast so, als würde unsere Königin uns alle überleben! Und John Harrington, der talentierte Patensohn der Königin, hat sich einer eher unkonventionellen Erfindung verschrieben – dem Klo! Er hat ein ‚Wasserklosett' erfunden und verspricht, es werde ‚Ihr Klo so wohlriechend wie Ihre Stube halten.' Anstatt zu versuchen, es im Detail zu beschreiben, habe ich Harrington vorgeschlagen, eine Zeichnung an die Königin zu schicken, falls sie jemals wünschen sollte, eines in Yuste installieren zu lassen. Ich bin zuversichtlich, dass ein solches Schreiben die Zensur unbeschadet überstehen wird.

Meine Töchter gedeihen prächtig und erweisen sich als ausgezeichnete Lernerinnen. Was meinen Mann betrifft, so nimmt die Verwaltung dessen, was von unseren Ländereien in Exeter übrig geblieben ist, den Großteil seiner Zeit in Anspruch. Unterdessen gibt es Gerüchte, dass König James in Schottland, der einen wachsamen Blick auf die von den Spaniern gehaltene Grenze zu England wirft, mit den Franzosen zusammenarbeitet. Dies könnte für uns alle einen Hoffnungsschimmer darstellen, auch wenn es die Möglichkeit eines weiteren Krieges heraufbeschwört.

Du überraschst mich, du und dein Pug! Aber warte nicht zu lange – das gebärfähige Alter wird nicht ewig anhalten! So sehr mich der Verlust meiner kleinen Söhne betrübt hat, so sehr erfreue ich mich nun an meinen Töchtern, und das wünsche ich auch dir! Kann er es sich leisten, für deinen Komfort zu sorgen? Was seinen Charakter betrifft, so bin ich zuversichtlich, dass deine lange Bekanntschaft mit ihm dein Urteilsvermögen geschärft hat. Und da du in Herzensangelegenheiten gewöhnlich zurückhaltend bist, glaube ich, dass du auf deine Gefühle vertrauen kannst. Ah, eine kleine, aber wichtige Angelegenheit: Bist du dir bewusst, dass es notwendig wäre, den katholischen Glauben anzunehmen?

Möge Gott dich und unsere Königin in seiner Gnade bewahren!

In Liebe,
deine Freundin Margaret

***

London, den 15. April des Jahres 1601

Liebste Mary,

Es ist schon so lange her, dass ich von dir gehört habe, dass ich nur annehmen kann, ein Brief von dir muss verloren gegangen sein – vermutlich mitsamt dem Überbringer, von dem man seitdem nichtsmehr vernommen hat. Ich hoffe, dass diesem Brief ein besseres Schicksal zuteil wird. Da wir keinerlei Gerüchte über das Ableben unserer Königin gehört haben – die uns sicherlich erreicht hätten –, gehe ich davon aus, dass bei euch alles zumindest in Ordnung ist.

Angesichts meiner Unsicherheit über die Zuverlässigkeit des neuen Boten werde ich mich hier in Zurückhaltung üben. Es reicht zu sagen, dass es meiner Familie unter den gegebenen Umständen gut geht. Die Mädchen wachsen schnell heran und erfreuen sich glücklicherweise bester Gesundheit. Der Londoner Frühling ist, wie immer, bezaubernd. Ach, wenn ich doch nur für ein paar Tage nach Yuste entschwinden könnte, um deinen Garten und die Blumen des Waldes zu bewundern – und vor allem, um dich, meine teuerste Freundin, wiederzusehen!

Das Leben in London hat sich für uns gewöhnliche Leute fast wieder normalisiert. Vor zwei Jahren wurde in Southwark ein neues Theater errichtet, genannt *The Globe*, das von den Lord Chamberlain's Men betrieben wird. Die Tribünenplätze im ersten Stock, die zwei Pennies statt einem kosten, bieten einen bequemen Ort, an dem Damen wie ich sicher sitzen können. Der Spielplan besteht hauptsächlich aus den Werken eines produktiven und talentierten Dramatikers namens William Shakespeare. Gerade in diesem Frühjahr haben wir uns an Aufführungen von *Viel Lärm um nichts* und dem Klassiker *Der Widerspenstigen Zähmung* erfreut. Ich werde mich bemühen, Drucke dieser Stücke zu beschaffen, um sie dir und unserer Königin zu schicken, in der Hoffnung, dass sie den strengen Augen der Zensur entgehen. Shakespeares Stücke besitzen eine erfrischende Lebendigkeit, da sie von einfachen Menschen handeln und nicht, wie üblich, nur von Heiligen und Königen ...

Was meinen Mann betrifft, so ist er der Verlockung einer neumodischen Modeerscheinung erlegen: Er raucht ein getrocknetes Kraut aus Amerika, das als ‚Tabak‘ bekannt ist, in einer Pfeife. In seinem Alter hält er sich noch für einen jungen Schnösel! Männer und ihre seltsamen Beschäftigungen ...

Bitte zögere nicht, auf dieses kurze Schreiben durch den Überbringer zu antworten.

Deine dich liebende Marge

***

Yuste, den 12. Tag des Septembers im Jahre 1602

Liebste Marge,

Du hast recht, mein letzter Brief muss sich wohl verirrt haben. Also lasst uns dort weitermachen, wo wir aufgehört haben.

Wie du wahrscheinlich gehört hast, ist König Philipp etwa ein Jahr nach seinem letzten Besuch in Yuste verstorben. Den Berichten zufolge erlitt er einen schmerzhaften Tod, geplagt von zunehmender Gicht, Wundliegen und der Demütigung von Inkontinenz. Obwohl er uns während unserer Zeit in Yuste stets anständig behandelt hat – eine Geste, die ich in Anbetracht seiner Missetaten in England nur widerwillig anerkenne –, kann ich kein Gefühl des Verlustes für einen so kalten, stolzen und von religiöser Inbrunst getriebenen Mann aufbringen. Dennoch schickte er uns über seinen Chefgärtner in Escorial Setzlinge eines Wurzelgemüses aus Westindien, das als *patata* bekannt ist. Aufgrund ihrer Seltenheit haben wir sie in unserem Garten angebaut, wo sie hervorragend gedeihen. Die Knollen, die sich an den Wurzeln bilden, schmecken gekocht oder gebraten köstlich und ergeben eine sättigende Mahlzeit.

Apropos Pflanzen: Unsere Königin hat kürzlich ein großartiges Geschenk aus London erhalten – John Gerards prächtiges Werk *The Herbal or the General History of Plants*, reich bebildert und mit vielen Details versehen. Gerards Vorliebe für das Exotische grenzt gelegentlich an Übertreibung – so behauptet er etwa, es gäbe einen ‚Muschelbaum‘, der Gänse trägt! Dennoch finden sich inmitten der fantastischen Geschichten wertvolle Erkenntnisse über die Pflanzen, die wir so schätzen, was die Lektüre sowohl erhellend als auch unterhaltsam macht.

Zu König Philipp: Wie du weißt, hat er kurz vor seinem Tod mit König Henri IV. von Frankreich den sogenannten ‚Frieden von Vervins‘ geschlossen. Dieses Bündnis zwischen Spanien und Frankreich verheißt nichts Gutes für England, doch wie die Geschichte zeigt, sind solche Friedensabkommen oft nur von kurzer Dauer. Inzwischen hat Philipps Sohn, der dritte seines Namens, den Thron bestiegen. Er bleibt für uns jedoch eine rätselhafte Gestalt, da er sich hier noch nicht gezeigt hat. Es wird berichtet, dass er nur mäßige Fähigkeiten in der Regierungsführung besitzt und die Macht zunehmend in die Hände seines bevorzugten Vertrauten, des Herzogs von Lerma, legt – einem Mann, der trotz bescheidener Herkunft durch die Gunst Philipps II. in diese hohe Position aufgestiegen ist. Ob Philipp III. seinem Beinamen ‚Philipp der Fromme‘ gerecht wird, bleibt abzuwarten. Doch selbst wenn dies zutrifft, müssen wir bedenken, welche verheerenden Folgen die Frömmigkeit seines Vaters in Spanien und darüber hinaus hatte. Erst vor zwei Sommern wurde Kastilien von einer verheerenden Seuche heimgesucht, die Hunderttausende das Leben kostete. Wir sind dankbar, dass wir hier von solchem Unheil verschont geblieben sind.

Was mich betrifft, so erfreue ich mich, Gott sei Dank, guter Gesundheit. Doch die Last des Alters beginnt, immer schwerer auf unserer Königin zu liegen. Sie leidet häufiger unter Kopfschmerzen und Schlaflosigkeit, ihr Augenlicht und Gedächtnis schwinden allmählich, und die Melancholie wird zu ihrem ständigen Begleiter – unsere arme Königin! Es scheint leider, dass sie hier im Exil ihre letzte Ruhe finden wird.

Unsere kleine Oudemia, die ich bereits erwähnte, ist der ganze Stolz und die Freude unseres Haushalts – was kein Wunder ist, da sie von vielen Müttern und einer beeindruckenden Großmutter großgezogen wird. Sie ist kräftig, anmutig und verfügt über einen scharfen Verstand. Wir alle wechseln uns bei ihrer Erziehung ab: Sie lernt Latein und Französisch (natürlich spricht sie auch fließend Englisch und Spanisch), Rechnen und Musik. Ihre Begeisterung für Geschichte, Landkarten und Botanik teilt sie bereits mit uns.

Was den Übertritt zum Katholizismus betrifft: Wenn König Henri dies auf sich genommen hat, um sich den französischen Thron zu sichern, dann bin ich mir sicher, dass ich dasselbe für meinen Pug tun kann!

Ich hoffe immer auf den Tag, an dem wir uns endlich wiedersehen, liebste Marge. Bis dahin wünsche ich dir und deiner Familie von Herzen alles Gute, wie immer.

In Liebe wie immer,
deine Mary

Kapitel 12

Die Schlacht von Waterloo, 1815

Die Französische Revolution, die 1789 begann und das Ancien Régime stürzte, nimmt in der Geschichte einen herausragenden Platz als die ‚Mutter aller Revolutionen' ein. Dies ist nicht zuletzt auf die Hinrichtung des Königs und der Königin sowie den Übergang in die Schreckensherrschaft unter Maximilien Robespierre zurückzuführen. Robespierre selbst fiel 1794 dem von Joseph-Ignace Guillotin 1789 eingeführten Fallbeil zum Opfer – eine Erfindung, die die brutalere Praxis des Räderns bei öffentlichen Hinrichtungen ablöste.

Zu jener Zeit konnte kaum jemand ahnen, dass nur fünfzehn Jahre nach dem Sturm auf die Bastille ein korsischer Emporkömmling toskanischer Abstammung sich selbst zum Kaiser von Frankreich krönen würde. Die Revolutionsmonate Brumaire, Thermidor, Fructidor und andere wurden abgeschafft, und Weihnachten sowie Ostern hielten wieder Einzug in den Kalender. Aus citoyen und citoyenne wurden erneut Monsieur und Madame.

Bonapartes ‚Code Napoléon' stellte jedoch nicht nur die Ordnung wieder her, sondern förderte auch den Fortschritt: Er vereinheitlichte das Rechtssystem und das Bildungswesen im gesamten Reich und führte das metrische System ein. Überall, wo sein Einfluss reichte, wurden feudale Privilegien abgeschafft, und er setzte sich für die Religionsfreiheit ein, indem er beispielsweise den Juden erlaubte, außerhalb ihrer Ghettos zu leben. Bedauerlicherweise schloss der Code jedoch Frauen weiterhin von den meisten Bereichen des gesellschaftlichen Fortschritts aus.

Seine Frau, Kaiserin Joséphine de Beauharnais, war bekannt für ihr charmantes Lächeln mit geschlossenem Mund, um ihre schwarzen Zahnstummel zu verbergen – eine Folge des übermäßigen Kauens von Zuckerrohr in ihrer karibischen Heimat. Zu ihrem vermeintlichen Mangel an Intelligenz soll Talleyrand spöttisch bemerkt haben: ‚Niemand hat es je so brillant geschafft, ohne sie auszukommen.' Doch Joséphine war keineswegs naiv und besaß strategisches Geschick, wie der Erfolg ihrer Nachkommen zeigt. Ihr Enkel Napoleon III. wurde ein weiterer Kaiser von Frankreich, und einige ihrer Nachfahren – wenn auch nicht von Bonaparte selbst – nehmen heute prominente Positionen in den Königshäusern der Benelux-Staaten und Skandinaviens ein.

Napoleon Bonaparte selbst stieg durch eine beeindruckende militärische Laufbahn auf, in der er bedeutende Siege, wie den über die Österreicher in Norditalien, errang, was ihm im Alter von nur 24 Jahren den Rang eines Generals einbrachte. Seine Expedition nach Ägypten war zwar militärisch nicht von Dauer, führte jedoch zu bedeutenden kulturellen und wissenschaftlichen Entdeckungen, darunter der Fund des Steins von Rosetta, der für die Entschlüsselung der altägyptischen Hieroglyphen von unschätzbarem Wert war.

Neben seinen militärischen Erfolgen zeigte Napoleon auch ein bemerkenswertes wirtschaftliches Geschick. Er erwarb das nordamerikanische Gebiet von Louisiana von den Spaniern und handelte nur drei Jahre später dessen Verkauf an die Amerikaner aus, was ihm eine beträchtliche Einnahme sicherte. Nachdem er sich selbst zum Kaiser gekrönt hatte, soll seine Mutter, die liebevoll als ‚Madame Mère' bekannt war, kritisch bemerkt haben: ‚Pourvu que ça dure ...' (‚Hoffen wir, dass dies anhält ...'). Und tatsächlich hielt sein Imperium eine beträchtliche Zeit, wenn auch – wie seine Mutter ahnte – nicht unbegrenzt.

Militärische Feldzüge waren Napoleons wahre Stärke, und er konzentrierte sich mit aller Leidenschaft auf diese. Er errang bedeutende Siege gegen die Österreicher, die Preußen und verschiedene deutsche Fürsten, was letztlich zur Auflösung des Heiligen Römischen Reiches führte. Trotz seines kriegerischen Fokus war Napoleon auch ein brillanter Intellektueller. In Weimar führte er angeregte Gespräche mit Goethe und pflegte, zumindest zeitweise, eine Freundschaft mit Zar Alexander I. von Russland.

Obwohl Ludwig van Beethoven zunächst ein Bewunderer Napoleons war, widerrief der Komponist später die Widmung seiner *Heroica*-Sinfonie, als Napoleon sich selbst zum Kaiser krönte. Auch die Schriftstellerin und Intellektuelle Germaine de Staël, anfangs eine begeisterte Anhängerin, wurde zu einer scharfen Kritikerin, deren spitze Zunge und scharfen Federkiel Napoleon zutiefst fürchtete. Sein Verhältnis zur Kirche war ebenso kompliziert: Während seines Italienfeldzugs nahm er Papst Pius VII. gefangen und er schaffte auch die Inquisition in Spanien ab.

Napoleons Einfluss erstreckte sich weit über Europa hinaus – die Unabhängigkeit Brasiliens wurde indirekt durch seine Handlungen vorangetrieben, als die portugiesische Königsfamilie gezwungen war, vor den vorrückenden französischen Truppen von Lissabon nach Rio de Janeiro zu fliehen.

Die von Napoleons Expansionsbestrebungen entfachten Kriege forderten Hunderttausende Opfer auf allen Seiten. Goyas eindringliche Darstellungen des Spanischen Unabhängigkeitskrieges lassen bis heute das Grauen dieser Epoche lebendig werden. Besonders verheerend war Napoleons unglückseliger Russlandfeldzug, bei dem über eine halbe Million französischer Soldaten starben, wobei sich Typhus, Erfrierungen und Hunger als tödlicher erwiesen als die feindlichen Streitkräfte.

Napoleon setzte seine Brüder als Könige verschiedener Länder und Territorien ein, darunter Italien, die Niederlande, Spanien und Westphalen, doch nicht alle erwiesen sich als fähige Herrscher. Da er mit Josephine keine leiblichen Kinder hatte, ließ er sich von ihr scheiden – nicht ohne großzügig für ihren Lebensunterhalt auf Staatskosten zu sorgen. Kurz darauf heiratete er Marie-Louise, die junge Tochter des österreichischen Kaisers Franz, die ihm einen Sohn gebar, der als ‚kleiner Adler‘ bekannt wurde und schon bei seiner Geburt zum König von Rom ernannt wurde.

Im Jahr 1814 war die Geduld der europäischen Verbündeten – Russland, Preußen, Österreich und England – erschöpft. Ihre Armeen marschierten auf Paris zu, zwangen Napoleon zur Abdankung und verbannten ihn auf die Insel Elba. Währenddessen stand das Schicksal Frankreichs und Europas auf dem Wiener Kongress zur Verhandlung. Der gerissene Diplomat Charles Maurice de Talleyrand-Périgord, bekannt als der ‚hinkende Teufel‘, vertrat dabei geschickt die Interessen Frankreichs, nachdem er rechtzeitig die Seiten gewechselt und Napoleon verraten hatte. Ein Schweizer Abgesandter schrieb aus dem Kongress an seine Familie: ‚Die Begegnung mit einem König ist eine beunruhigende Erfahrung; man weiß nicht, wie man sich verhalten soll. Wenn man einen Schritt zurücktritt, riskiert man, einem Kaiser auf die Füße zu treten.‘

Napoleon wurde jedoch schnell unruhig, als er über sein ‚Operettenreich‘ Elba herrschte und tagelang mit Madame Mère Karten spielte. Er ergriff die Gelegenheit, eine Fregatte zu requirieren, und kehrte kühn nach Paris zurück, wo er von den Truppen begeistert empfangen wurde.

Fürst Clemens von Metternich, der österreichische Chefdiplomat, notierte in Wien: ‚Wir haben uns entschieden, die Arbeit des Kongresses zu beenden, als ob in Frankreich nichts geschehen wäre.‘ Dieser stoische Ansatz war zwar beeindruckend, erwies sich jedoch als allzu sorglos, wie der Ausgang der Schlacht von Waterloo am 18. Juni 1815 in Belgien zeigte (Abbildung 12.1). An der Spitze seiner hastig zusammengetrommelten Truppen besiegte Napoleon die Armee des Herzogs von Wellington durch eine effiziente Kombination aus Kavallerie, Infanterie und Artillerie, bevor diese sich mit der preußischen Armee unter Blücher vereinen konnte, die dann in ähnlicher Weise geschlagen wurde.

Plötzlich erschienen die Verhandlungen, diplomatischen Manöver und Feierlichkeiten in Wien bedeutungslos. Doch als Napoleon die Macht in Frankreich und Teilen Europas zurückeroberte, trat er als ein veränderter Mann auf, der aus seinen früheren Fehlern gelernt hatte. Der aggressive Expansionismus der französischen Militärkampagnen wurde aufgegeben. Talleyrand, der stets Meister des politischen Pragmatismus war, wechselte erneut die Seiten und entwickelte gemeinsam mit Eugène de Beauharnais – Napoleons Stiefsohn und späterer König von Bayern – eine neue Außenpolitik, die auf Diplomatie statt auf rohe Gewalt setzte. Im Rahmen dieser Strategie wurde England aufgefordert, seine Seeblockade zu beenden, während die britischen Kolonien unangetastet blieben, was eine Phase relativen Friedens zwischen den beiden Mächten einleitete.

Abbildung 12.1: Monument zum Gedenken an die Schlacht von Waterloo

Nachdem Russland, Preußen und Österreich Kriegsreparationen gezahlt hatten, wurden sie durch den Vertrag von Tilsit am 31. Januar 1816 als verbündete Nationen an Frankreich gebunden. Im Gegenzug erhielten sie jeweils Teile Polens. Spanien, das von Napoleon oft als ‚blutendes Geschwür‘ bezeichnet wurde, kehrte unter die Herrschaft der Bourbonen zurück und verlor schließlich seine amerikanischen Kolonien. Der Rheinbund, der die deutschsprachigen Gebiete von Tirol im Süden bis Westfalen im Norden umfasste und sich im Osten bis Thüringen und Sachsen erstreckte, blieb eine Ansammlung von Klientelstaaten unter indirekter französischer Kontrolle. Italien, mit Ausnahme von Sizilien und der kleinen Enklave San Marino, kam direkt unter französische Herrschaft. Wie durch ein Wunder behielt die Schweiz ihre Unabhängigkeit, nachdem Napoleon ihre Eidgenossenschaft modernisiert hatte, unter der Bedingung, dass sie neutral blieb. Paradoxerweise wurde dadurch das in Wien angestrebte Gleichgewicht der Kräfte in Europa erreicht – wenn auch unter französischer Hegemonie.

In den folgenden Jahrzehnten erlebte Europa bedeutende Veränderungen, geprägt durch zunehmende Urbanisierung, industriellen Fortschritt, den Bau der ersten Eisenbahnen und die Ausweitung des internationalen Handels. Trotz dieser Entwicklungen sah sich Napoleon mit persönlichen Herausforderungen konfrontiert. Seine Frau Marie-Louise blieb am Hof ihres Vaters in Wien, wo ihr Sohn, Napoleon II., als junger Mann der Tuberkulose erlag. Napoleon selbst verließ seine opulente Residenz im Tuilerienpalast nur noch selten. Lord Byron, ein unerschütterlicher Bewunderer Napoleons, besuchte den Kaiser auf seiner Reise nach Italien, starb jedoch kurz darauf im griechischen Unabhängigkeitskampf gegen die osmanische Herrschaft.

In den Sälen der Tuilerien verkehrten oft prominente Wissenschaftler, deren revolutionäre Arbeiten und Entdeckungen Napoleon mit Begeisterung verfolgte und förderte. Mit besonderem Interesse unterstützte er André-Marie Ampères bahnbrechende Forschungen im Bereich des Elektromagnetismus, Pierre-Simon Laplaces Fortschritte in der Himmelsmechanik und Jean-Baptiste Lamarcks Theorie der Vererbung erworbener Eigenschaften. Bedauerlicherweise erlebte Napoleon die Entwicklung der Fotografie durch seinen jungen Schützling Louis-Jacques-Mandé Daguerre nicht mehr.

Nach dem Vertrag von Tilsit im Jahr 1816 erlebte Europa ein beträchtliches Bevölkerungswachstum. Doch nicht alle Teile der Gesellschaft profitierten von dem daraus resultierenden wirtschaftlichen Fortschritt. Armut, sowohl in den Städten als auch auf dem Land, blieb weit verbreitet, und in vielen Fällen herrschte sogar tiefes Elend. Die Kindersterblichkeit war nach wie vor alarmierend hoch, und viele verarmte Frauen und Mädchen waren gezwungen, ihren Lebensunterhalt durch Prostitution zu verdienen. Das tiefe Leid ganzer Bevölkerungsgruppen, wie etwa der schlesischen Weber, wurde auf eindringliche Weise von Heinrich Heine beschrieben und später in den Werken des Schriftstellers Gerhart Hauptmann und der Künstlerin Käthe Kollwitz künstlerisch verarbeitet.

In Frankreich kulminierten die steigende Arbeitslosigkeit, das brutale Vorgehen der Polizei gegen protestierende Arbeiter und die weit verbreitete Unzufriedenheit mit Napoleons Regierung in der Julirevolution von 1830. Während des Aufstands suchte der Kaiser, verkleidet in einer Kammerdieneruniform, die seine stattliche Leibesfülle nur schwer verdeckte, Zuflucht in der britischen Botschaft. Ironischerweise war der damalige Botschafter kein Geringerer als Napoleons Zeitgenosse, der Herzog von Wellington. Nachdem Wellington jahrelang auf der iberischen Halbinsel gegen Napoleon gekämpft hatte und durch ihn bei Waterloo eine Niederlage erlitten hatte, fand er sich nun als Gastgeber und Beschützer seines einstigen Gegners wieder.

Mit einem Sinn für Anstand und Diplomatie organisierte Wellington Napoleons diskrete Überführung an Bord eines britischen Schiffs, das in Rouen stationiert war. Doch angesichts des unvermeidlichen Aufschrei in Großbritannien, der gegen einen friedlichen Ruhestand Napoleons auf englischem Boden gerichtet war – und vielleicht auch aus einem Gefühl später Rache für Waterloo –, wurde der sechzigjährige Napoleon kurzerhand auf ein anderes britisches Territorium verschifft: St. Helena, eine abgelegene Insel im Südatlantik, näher an Angola als an Brasilien – falls ‚nahe‘ überhaupt der richtige Ausdruck für einen solch isolierten Ort sein kann.

Während in den Küstenregionen der Insel, die zur Versorgung britischer Schiffe mit Wasser und Proviant genutzt wurden, ein mildes, subtropisches Klima herrschte, war Napoleons zugewiesene Residenz in höherer Lage – Longwood House – die meiste

Zeit des Jahres in Wolken und Nebel gehüllt. Die allgegenwärtige Feuchtigkeit führte dazu, dass Bücher, Spielkarten und Lederwaren schimmelten, was auch die Stimmung der Bewohner trübte. Ein solch eher unrühmliches Ende ereilte den einst so mächtigen Kaiser der Franzosen, der schließlich an Magenkrebs verstarb.

Wie bei vielen Revolutionen ging die Macht, die 1830 dem gestürzten Regime entrissen wurde, nicht auf das Volk über, das sein Blut auf den Straßen vergossen hatte. Die sogenannten ‚drei glorreichen Tage‘ von Paris im Juli endeten vielmehr mit der Restaurierung der Autorität des Hauses Orléans. Louis Philippe I., der Bürgerkönig, bestieg den wackelnden Thron und verhinderte dessen Kippen achtzehn Jahre lang, bis seine Herrschaft und der französische Einfluss auf Teile Europas schließlich von den Revolutionen von 1848 hinweggefegt wurden.

Ominöse Vorzeichen für die bevorstehenden Unruhen zeigten sich bereits in den 1840er-Jahren in Form von Lebensmittelknappheit, Unruhen in mehreren Ländern und Weberstreiks in Lyon und Brünn. Der Funke sprang schließlich auf die Schweiz über, wo progressive Kantone und Traditionalisten in einem bewaffneten Konflikt aufeinandertrafen. Der Sonderbundskrieg im November 1847 forderte weniger als hundert Todesopfer und wurde innerhalb eines Monats beendet – ein Beweis dafür, dass die Schweizer das Gemeinwohl über interne Differenzen stellten.

Die gleichen gesellschaftlichen Spannungen, die die von einer winzigen Klasse Überprivilegierter beherrschten europäischen Gesellschaften durchzogen, brachen im Frühjahr 1848 fast zeitgleich in Städten wie Palermo, Mailand, Paris und Berlin aus. Monarchien wurden gestürzt, und Minister wie Metternich in Wien mussten um ihr Leben fliehen.

Im Rheinbund und den italienischen Gebieten verband sich die Revolution von 1848 mit tief verwurzelten antifranzösischen Gefühlen. Diese erwiesen sich als stark genug, um König Louis

Philippe I. kurz vor seiner Abdankung zu zwingen, die Kontrolle Frankreichs über diese Gebiete aufzugeben und die französischen Truppen abzuziehen. England blieb vom revolutionären Eifer unberührt, vermutlich weil potenzielle Unruhestifter vorsorglich in die Kolonien geschickt wurden. In Spanien hingegen wurden die Aufstände brutal niedergeschlagen, sodass die Monarchie keine Zugeständnisse machen musste.

Die europaweite Revolution von 1848 entstand spontan, ohne Koordination oder Vorsatz der revolutionären Gruppierungen. Wie Christopher Clarke treffend bemerkte, brachte die Revolution ihre eigenen Revolutionäre hervor, nicht umgekehrt. Was waren die Folgen? Frankreich erlebte das Ende seiner Hegemonie in Europa, während andere Nationen die Einrichtung von Parlamenten, die Einführung von Verfassungen in den meisten Monarchien und eine Ausweitung der Pressefreiheit erfuhren – Fortschritte, die trotz späterer, siegreicher Gegenrevolutionen weitgehend Bestand hatten.

Napoleon III., der Neffe Bonapartes, übernahm in den folgenden zwei Jahrzehnten die Führung in Frankreich. Papst Pius IX. kehrte aus dem Exil nach Rom zurück, und in Österreich bestieg der junge Franz Joseph den Kaiserthron, den er bemerkenswerte achtundsechzig Jahre lang innehatte. Die folgenden Jahrzehnte läuteten eine Ära des Eisenbahnausbaus, des wirtschaftlichen Aufschwungs, des aufkeimenden Nationalismus und der städtischen Erneuerung ein, sichtbar in der Umgestaltung von Städten wie Paris und Madrid. Diese Zeit markierte auch die historische Einigung Deutschlands und Italiens. Das ‚Volk‘ und insbesondere die Frauen, die weitgehend entrechtet blieben, wurden jedoch vorerst weiterhin ausgeschlossen.

Die Chronisten der Zeit unmittelbar nach Waterloo werden durch zwei beeindruckende Frauen verkörpert, die beide eine Verbindung zu Eugène Rose de Beauharnais hatten, dem Stiefsohn Napoleons und wohl fähigsten Nachkommen aus der Verbindung von Joséphine und dem Bonaparte-Clan. Eugène, der als Vizekönig von Italien amtierte und nach dem Frieden von Tilsit König von Bayern wurde, war bekannt für seine politischen und administrativen Fähigkeiten. Seine Ehefrau, Augusta Amalia von Bayern, zeichnete sich durch außergewöhnlichen Intellekt und politischen Scharfsinn aus. Seine Geliebte, Adelaide de Polignac, geborene Lambert, galt als die beste Sopranistin ihrer Zeit und erlangte Berühmtheit durch ihre Rolle als Rosina in der Uraufführung von Gioachino Rossinis *Il barbiere di Siviglia* am 20. Februar 1816 im Teatro Argentina in Rom.

Auch wenn die Beziehung zwischen den dreien nicht ganz der eines konventionellen *ménage à trois* entsprach, zeichneten sich ihre Verhältnisse durch bemerkenswerte Großzügigkeit und Offenheit aus. Hier folgen Auszüge aus dem umfangreichen Briefwechsel zwischen Eugène und den beiden Frauen in der Zeit zwischen Waterloo und Tilsit. Bedauerlicherweise sind Eugènes Antworten nicht für die Nachwelt erhalten geblieben.

Briefe von Augusta Amalia von Bayern und Adelaide de Polignac an Eugène de Beauharnais – Juni 1815 bis Januar 1816

Paris, 22. Juni 1815

Liebster Eugène,

Wie rücksichtsvoll von Ihnen, Ihren Adjutanten Kléber zu schicken, um mir eine so willkommene Nachricht zu überbringen! Ich nutze die Gelegenheit, schnell diesen Glückwunschbrief zu verfassen, damit er ihn bei seiner baldigen Rückkehr nach Brüssel mitnehmen kann. Es war nicht leicht, ihn zu überreden, eine Pause einzulegen, um etwas zu essen, zu baden und

kurz auszuruhen. Ich hoffe, dass auch Sie sich um Ihr Wohlergehen kümmern; Kléber erwähnte, dass eine Kugel Ihren
Arm gestreift hat – wie beunruhigend (Abbildung 12.2)! Da die
Kriege nun hoffentlich hinter uns liegen, freue ich mich darauf, dass Sie sich auf Unternehmungen konzentrieren können,
die Ihren Talenten besser entsprechen und, wie ich zu hoffen
wage, mir näher sind.

Abbildung 12.2: Künstlerische Darstellung der Schlacht von Waterloo,
die Napoleon Bonaparte hervorhebt

Wann könnten Sie Paris – und mich – mit Ihrer Anwesenheit
beehren? Ich werde noch eine weitere Woche hier verweilen;
danach werde ich mich, wie es meine Gewohnheit ist, für den
Sommer nach Grenoble zurückziehen. Es war eine fruchtbare
Saison für mich, und ich sehne mich nach einer Pause in einem
kühleren Klima während der Sommermonate. Ich hoffe aufrichtig, dass Sie auf Ihrer Heimreise diesen Abstecher machen,
um mich dort zu besuchen. Mein Liebster, bitte erwägen Sie, zu
kommen, auch wenn es nur für ein paar flüchtige Tage ist. Sie
können sich vorstellen, wie sehr das mein Herz erfreuen würde,

und ich werde dafür sorgen, dass Sie sich während Ihres gesamten Aufenthalts wohl und bestens umsorgt fühlen!

Ich muss gestehen, dass mich die Nachricht zwar ermutigt, aber sehr überrascht hat. Ich habe nie wirklich geglaubt, dass Napoleon gegen die vereinte Macht von Wellington, Blücher und den anderen Gegnern, die sich erneut gegen uns verbündet haben, bestehen könnte. Paris ist in einen wahren Festtaumel verfallen; selbst in meiner Wohnung höre ich den begeisterten Jubel, der durch die Straßen hallt. Nun bin ich gespannt auf Ihre Zukunftsaussichten – oder besser gesagt, auf die Pläne, die Ihr Stiefvater für Sie bereithält. Ich hoffe inständig, dass er Ihnen zumindest ein Ministeramt anbietet. Doch zugleich haben Sie ja auch Ihre Familie in jenem barbarischen Land ...

Ich verstehe, dass Sie zwischen Ihrer wunderbaren Familie in München und einer glänzenden Karriere hier in der Metropole hin- und hergerissen sein werden. Ich habe nur Ihre ältesten Kinder kennengelernt und – ob Sie es glauben oder nicht – ich mag Ihre Frau sehr, auch wenn mich ihr scharfer Verstand ein wenig einschüchtert. Doch sie ist warmherzig und liebt Sie aufrichtig, fast so sehr wie ich, mein Liebster.

Was mich betrifft, so muss ich über mich selbst lachen, weil ich von der Sommerpause spreche, als wäre sie eine Ewigkeit – wie töricht von mir. Ab August werde ich wieder aktiv sein und in Grenoble mit dem alten Fouché proben. Nun ist es an mir, Ihnen eine gute Nachricht mitzuteilen: Ich werde die Saison mit der Rolle der Susanna, der Zofe der Gräfin in Mozarts *Le nozze di Figaro* eröffnen. Es ist zwar nicht die Hauptrolle, aber dennoch von Bedeutung. Noch vor Weihnachten werde ich dann die anspruchsvolle *Médée* in Luigi Cherubinis gleichnamiger Oper übernehmen – eine Rolle, die mir trotz ihrer Herausforderungen gut liegt. Die männlichen Hauptrollen, Jason und König Créon, werden von Henri-Bernard Dabadie und Étienne Lainez gespielt, beide so geschätzte Bariton- und Basssänger, dass sie eine hervorragende Produktion garantieren. Die Besetzung des Figaro bleibt vorerst ungewiss. Wie immer werden beide Opern im Théâtre de l'Odéon aufgeführt.

Kléber ist nun bereit, aufzubrechen, und ich muss mich von Ihnen verabschieden. Passen Sie gut auf sich auf, mein Held, und beeilen Sie sich mit Ihrem Besuch bei mir!

Tausend Küsse von Ihrer Sie liebenden

Adelaide

***

München, 24. Juni 1815

Liebster Eugène,

Wie rücksichtsvoll von dir, wie immer, mir deinen Adjutanten Weber unmittelbar nach der Schlacht mit einer so erfreulichen Nachricht zu schicken! Ich muss gestehen, dass ich ernsthafte Zweifel an Napoleons Chancen gegen die vereinten Kräfte von Blücher und Wellington hegte – besonders nach dem Schock, den seine kühne Rückkehr von Elba in ganz Europa ausgelöst hatte! Doch einmal mehr hat dein Stiefvater seine strategische Brillanz bewiesen, indem er seine Gegner einen nach dem anderen besiegte. Obwohl mich die großen Verluste an Menschenleben tief erschüttern, finde ich Trost in der Hoffnung, dass dieser entscheidende Sieg vielleicht das Ende der europäischen Konflikte bedeutet – hoffentlich, mit Gottes Gnade, für den Rest unseres Lebens.

Weber erzählte mir von deiner Tapferkeit, was mich umso mehr beeindruckt, da ich in dir vor allem den Staatsmann sehe, nicht den Soldaten. Bitte versprich mir, das Schicksal nicht weiter herauszufordern und dich von nun an auf das zu konzentrieren, was du am besten kannst: Diplomatie. Die Brillanz deines Stiefvaters als Stratege ist unbestreitbar (auch wenn wir den Russlandfeldzug lieber unkommentiert lassen ...), aber seien wir unter uns ehrlich: Seine internationale Diplomatie war nicht immer von derselben Finesse geprägt. Einfach nur seine Brüder auf die Throne Europas zu setzen, war wohl etwas fantasielos, findest du nicht auch?

Dein Einfluss ist nun von größter Bedeutung; Du hast sein Ohr und sein Vertrauen. Wenn du es gestattest, möchte ich dir meine Sicht der Dinge darlegen – allerdings nicht in diesem Brief, da Weber sich schnell wieder zu dir aufmachen will und bereits heute nach der Nachtruhe abreist. Da die Würfel nun gefallen sind, fühle ich mich frei, München mit den Kindern zu verlassen und werde dir aus unserer Sommerfrische am Tegernsee schreiben. Ich bitte dich, mein Liebster, mir oft zu schreiben und mich über alle Entwicklungen auf dem Laufenden zu halten!

Deine dich liebende Frau,

Augusta Amalia

PS: Unsere Théodolinde, das geliebte Schätzchen ihrer Geschwister, hat ihre ersten Schritte gemacht, spricht ihre ersten Worte und ist schon eine richtige Plaudertasche!

***

St. Quirin, 25. Juli 1815

Liebster Eugène,

ich danke dir von ganzem Herzen für deinen Brief vom 1. Juli –
welch aufregende Zeiten müssen das für Euch alle sein! Ich schi-
cke diesen Brief nach Paris und hoffe, dass er dich bei deiner
Ankunft rechtzeitig erreicht. Wir vermissen dich hier alle sehr,
obwohl ich verstehe, welche Verpflichtungen die Geschichte an
Dich stellt. Dennoch hoffe ich inständig, dass du es ermöglichen
kannst, uns gegen Ende unserer Sommerfrische zumindest für
eine kurze Zeit zu besuchen!

Wie immer erfreuen wir uns an den Freuden unseres Gartens
am See. Die Kinder spielen den ganzen Tag draußen, während
ich lese, schreibe oder gelegentliche Besucher empfange – die
von Bothmers haben uns gestern besucht und lassen dich herzlich grüßen. Ich habe ein örtliches Kindermädchen eingestellt,
das sich als sehr zuverlässig erweist.

Du hast mir von deinem Besuch am Grab deiner Mutter geschrieben, ebenso von ihrem einst prachtvollen Haus Mal-
maison, das nun leider verlottert ist. Es ist rührend, zu sehen,
wie Napoleon auch mehr als ein Jahr nach ihrem Tod immer
noch um sie trauert. Du weißt, dass ich nie eine besondere
Sympathie für sie hegte, aber sie war zweifellos eine außergewöhnliche Frau! Aus bescheidenen Verhältnissen auf einem
karibischen Landgut, deren Abstammung unklar ist, stieg sie
bis zur Kaiserin von Frankreich auf. Möge ihre Seele ewigen
Frieden finden.

Wir haben bereits darüber gesprochen, dass es wohl nicht klug
wäre, ihr Erbe anzunehmen, da es uns mit immensen Schulden
belasten würde, selbst wenn wir es unter deinen Geschwistern
aufteilen würden.

Dennoch kann ich nicht umhin, das Schicksal ihres einst so prachtvollen, nun aber leider vernachlässigten Rosengartens zu bedauern. Darf ich dich um einen großen Gefallen bitten? Bitte veranlasse, dass ein erfahrener Gärtner Stecklinge der selteneren Rosen aus ihrer Sammlung nimmt und sie nicht hierher, sondern nach München schickt. Es wäre eine Schande, ihre botanischen Schätze verkommen zu lassen. Ich erinnere mich besonders an die Kaiserin Josephine, die Gloire de Dijon und die China-Rose, aber auch alle anderen Sorten wären sehr willkommen. Achte bitte darauf, einen Gärtner auszuwählen, der sein Handwerk versteht.

Hier in St. Quirin bin ich zu weit vom Münchner Klatsch entfernt, um dir etwas Bemerkenswertes jenseits unserer Familie zu berichten. Selbst München, wie du oft sagst, gleicht eher einem Hinterhof der Gerüchteküche. Nichtsdestotrotz ist es unsere Heimat, und ich glaube, es ist das Beste für die Kinder, dort aufzuwachsen, wie wir es beschlossen haben. Ich bin dir sehr dankbar für dieses Zugeständnis. Ich verstehe, was – oder besser gesagt, wer – dich in Paris hält, abgesehen von deiner Rolle als Berater Napoleons, und wie du weißt, habe ich, wenn überhaupt, kaum etwas dagegen. Doch bitte ich dich inständig, keine Position am kaiserlichen Hof anzunehmen, die dich dauerhaft an Paris bindet. Du kannst deine Aufgaben als Berater ohne Weiteres zeitweise wahrnehmen, was dich auch davor bewahren würde, Talleyrand, dieser gerissenen alten Schlange, allzu sehr auf die Nerven zu gehen. Überlasse ihm bitte das Tagesgeschäft sowie das Geld- und Machtgeschacher. Dein Intellekt ist viel zu wertvoll, um in solche trivialen Angelegenheiten verwickelt zu werden.

Gelegentlich dringen doch einige Gerüchte bis zu uns durch. Es wird gemunkelt, dass Napoleon plant, eine Konferenz einzuberufen, um nach dem gescheiterten Wiener Kongress die Karten neu zu mischen. Weißt du zufällig, wo und wann dieses Treffen stattfinden soll? Selbst wenn es in Paris sein sollte, wäre es unklug, wenn Napoleon persönlich daran teilnimmt – er hat, wie du weißt, ein Talent dafür, solche Verhandlungen zu sabotieren. Es wäre weitaus klüger, erneut Talleyrand zu entsenden, der in solchen Angelegenheiten versierter ist. Talleyrand muss sich jedoch streng an Napoleons Weisungen halten, und es liegt an dir, Napoleon entsprechend zu beraten.

Bitte mach ihm klar, wie wichtig es ist, seinen Ehrgeiz zu zügeln! Denke nur: Hätte er bei Waterloo verloren, was wäre geblieben? Nichts, absolut nichts! Versuche, ihn davon zu überzeugen, dass weniger manchmal mehr ist. Erinnere ihn außerdem daran, dass Europa nicht nur aus Frankreich und seinem Ruhm besteht. Andere Nationen, sowohl etablierte als auch aufstrebende, haben ihre eigene Geschichte, ihren eigenen Stolz und ihre eigenen Ambitionen. Sie werden sich nicht endlos einem fremden General unterwerfen, egal wie viele Siege er erringt. Wenn es dir gelingt, ihm diese Wahrheit – und nur diese – zu vermitteln, könnten sowohl Frankreich als auch Europa und alle Beteiligten als Sieger aus der Lage hervorgehen.

Wäre da nicht Talleyrand, der schwer zu umgehen sein wird, so würdest du sicher einen hervorragenden Außenminister für deinen Stiefvater abgeben. Das würde allerdings bedeuten, dass wir entweder getrennt werden oder alle nach Paris ziehen müssten. Mir persönlich würde das nicht viel ausmachen – und zwar nicht nur wegen A.; ich finde sie sogar recht unterhaltsam, solange sie nicht versucht, dich von uns wegzureißen. Für die Kinder jedoch glaube ich, dass München ein gesünderes Umfeld zum Aufwachsen bietet. Die Zeit wird es zeigen, und da weder das eine noch das andere Ergebnis allzu schlimm erscheint, vertraue ich darauf, dass Gott uns den richtigen Weg weisen wird.

Mit meinen aufrichtigsten Wünschen für dich, mein Liebster, sende ich diesen Brief ab – auch im Namen der Kinder. Ich werde über weitere Einzelheiten nachdenken und sie dir in einem späteren

Schreiben mitteilen. Bitte zögere nicht, mir umgehend zu antworten! Ich verstehe, dass du wenig Zeit hast, und habe daher nichts dagegen, wenn du deine Nachrichten ausnahmsweise diktierst.

Deine dich liebende Frau,

Augusta Amalia

***

Grenoble, 15. August 1816

Cher Eugène,

unsere gemeinsame Woche zu Beginn dieses Monats erscheinen mir jetzt wie ein himmlischer Traum. Vielen Dank, dass Sie sich die Mühe gemacht haben, mich zu besuchen! Ich hoffe, Ihre Reise nach Paris verlief reibungslos, auch wenn ich befürchte, dass solche Hoffnungen angesichts der Strapazen der Reise vielleicht zu optimistisch sind. Wäre da nicht mein Beruf, könnte ich gerne für unbestimmte Zeit in dieser beschaulichen Stadt bleiben, solange Sie mir versprechen, mich gelegentlich zu besuchen. Doch die Pflicht ruft, und die Liebe lockt, also muss ich bald wieder nach Paris zurückkehren. Wenigstens werde ich dort häufiger das Vergnügen Ihrer Gesellschaft genießen!

Ich habe mir hier eine ruhige Routine angewöhnt: Jeden Morgen kommt der gute alte Fouché zu mir, um die Orchesterpartituren für meine Proben aufs Klavier zu transkribieren. Nachmittags gehe ich mit unserer unermüdlichen Luna spazieren – sie wedelt schon eifrig mit dem Schwanz, wenn sie nur Ihren Namen hört! Gelegentlich genieße ich eine Tasse Tee mit einer der wenigen Freundinnen, die ich hier gefunden habe, oder mit anderen Parisern, die wie ich der Sommerhitze der Stadt entflohen sind.

Auch wenn ich Sie schrecklich vermisse, finde ich Trost in der Erinnerung an unsere gemeinsame Zeit und freue mich auf unser Wiedersehen in Paris, idealerweise Mitte September. Sollten die Umstände eine frühere Abreise von Ihnen erfordern, mein Liebster, bitte ich Sie inständig, diese bis dahin hinauszuzögern. Ich verstehe, wie wichtig es ist, Ihre Familie zu besuchen, aber bitte, lassen Sie uns jeden Moment, den wir gemeinsam haben, in vollen Zügen genießen.

Ich habe lange über Ihren Vorschlag nachgedacht, die Rolle der Rosina in Rom zu übernehmen und dabei Ihre Verbindungen in Italien zu nutzen – schließlich war Ihre Zeit als Vizekönig von Italien nicht ohne Vorteile! Sie wissen, dass ich nicht gerne reise, besonders nicht im Winter. Doch eine so vielversprechende Gelegenheit kann ich einfach nicht ausschlagen, zumal ich Italien sehr schätze. Bitte übermitteln Sie daher meine begeisterte Zusage! Wenn möglich, lassen Sie mir die Partitur schnellstmöglich zukommen. Im schlimmsten Fall werde ich kurz nach Neujahr die Reise antreten und erst in Rom mit den Proben beginnen. Auch wenn ich mit Rossinis Repertoire noch nicht sehr vertraut bin, haben die Kostproben, die ich bisher gehört habe, einen positiven Eindruck hinterlassen.

Ich bin gespannt, mehr über Napoleons Pläne für Sie zu erfahren. Sie sind weiser als Ihre Jahre, und ich bin überzeugt, dass Ihnen noch eine glanzvolle Karriere bevorsteht. Und es versteht sich von selbst, wie glücklich ich wäre, Sie endlich wieder in Paris zu sehen!

Mit unzähligen Küssen, Ihre ergebene

Adelaide

P.S. Ich bedauere aufrichtig, an Ihrem bevorstehenden Geburtstag nicht anwesend sein zu können, aber seien Sie versichert, dass meine herzlichsten Wünsche stets bei Ihnen sind.

P.P.S. Fast hätte ich vergessen zu erwähnen: Germaine[129] hat mich auf ihrem Weg von Coppet nach Italien mit ihrem neuen Ehemann, de Rocca, besucht. Auch wenn sie es nie zugeben würde, nähert sie sich den Fünfzig, aber ihr Witz, ihre Lebendigkeit und ihr bemerkenswerter Intellekt sind ungebrochen. Sie schenkte mir ein Exemplar ihres Buches *Zehn Jahre Exil*, das ich hoffentlich noch in Grenoble zu Ende lesen werde. Sie fürchtet immer noch Napoleons Zorn und wagt es deshalb nicht, nach Paris zu kommen. Ein paar Schritte über die Grenze sind für sie jedoch kein Hindernis. Vielleicht könnten Sie sich bei Ihrem Stiefvater für sie einsetzen?

***

St. Quirin, 23. August 1815

Liebster Eugène,

vielen Dank für deine prompte Antwort!

Du brauchst dir keine Sorgen um uns zu machen, es geht uns allen gut. Die Kinder sind so braungebrannt, dass sie wie kleine Bauern aussehen! Das Kindermädchen nimmt die drei Älteren ab und zu mit auf den Bauernhof ihrer Eltern, was sie sehr genießen – sie kommen stets vom Landleben parfümiert zurück. Das Wetter ist inzwischen recht heiß geworden, sodass ich es vorziehe, im Schatten des Gartens zu bleiben, wo meist eine erfrischende Brise weht. Die Kinder hingegen lieben es, im seichten Wasser des Sees zu baden. Vor drei Wochen haben wir einen Ausflug gemacht und zu Amélies[130] drittem Geburtstag ein schönes Picknick in der Nähe

---

129 Germaine de Staël
130 Amélie Auguste Eugénie Napoléone de Leuchtenberg wird als Ehefrau von Brasiliens Kaiser Pedro I. Kaiserin von Brasilien.

der Riedersteinkapelle veranstaltet. Es war ein wunderbarer Anlass! Ich hoffe sehr, dass du dein Versprechen einlösen und uns noch vor Ende September besuchen wirst, damit die Kinder die Freude haben, Zeit mit ihrem Vater zu verbringen – und ich die Freude, dich, meinen Ehemann, wiederzusehen.

Die Konferenz soll also Anfang nächsten Jahres eröffnet werden, was genügend Zeit für die Vorbereitung lässt. Und sie wird nicht in Paris stattfinden, was besser ist, damit Frankreich nicht den Anschein erweckt, sich zu sehr als alleiniger Sieger darzustellen. Ich bin froh, dass du dich zumindest oberflächlich mit Talleyrand verstehst, auch wenn ich immer noch erstaunt bin, wie leicht – scheinbar – Napoleon ihm verziehen hat, dass er ihn im letzten Jahr verraten hat.

Ich habe einen Klatsch, der nicht nur neu für dich ist, sondern auch nützlich, um mit den Launen deines Stiefvaters umzugehen. Du-weißt-schon-wer aus Wien war zu Besuch am Tegernsee und hat natürlich auch bei mir vorbeigeschaut. Sie hat von Marie-Louise selbst erfahren, dass diese nicht zu Napoleon nach Paris zurückkehren wird, sondern am Hof ihres Vaters in Wien bleibt. Der wahre Grund? Sie hat sich mit Neipperg zusammengetan ... Diese Nachricht wird Napoleon sicherlich hart treffen, auch wenn du es vielleicht vorziehst, nicht der Überbringer dieses letzten Teils der Information zu sein. Zweifellos könnte er sie zwingen, zu ihm zurückzukehren, aber ich wage zu behaupten, dass er zu sehr ein Gentleman ist, um das zu tun. Und vergessen wir nicht seine zahlreichen Mätressen. Aber was wird dann aus seinem Sohn, der, wie ich höre, in diesem Frühjahr vier Jahre alt geworden ist? Angeblich spricht er kaum noch Französisch.

Wenn ich an deiner Stelle wäre, würde ich Napoleon Folgendes ins Ohr flüstern. Ich wiederhole, was ich in meinem letzten Brief erwähnte, aber aus einer anderen Perspektive: Napoleon muss verstehen, dass es diesmal nicht nur um den

Ruhm Frankreichs geht, sondern um die Stabilität und Zukunft ganz Europas – einschließlich Russlands, das, wie wir wissen, in seiner Loyalität zu uns noch immer unsicher ist. Wenn Napoleon dies begreift – und du solltest keine Mühen scheuen, um sicherzustellen, dass er dies tut –, werden die Einzelheiten des Ergebnisses des Kongresses zweitrangig. Wieder einmal werden Polen und Teile Sachsen unter den drei Mächten aufgeteilt, während Herzöge, Könige und der Papst um Teile des italienischen Territoriums streiten. Stabilität und Gleichgewicht müssen oberste Priorität haben, und ich muss zugeben, dass die Engländer in Wien in ihrem Streben danach konsequent waren. Anstatt also Frankreich zu verherrlichen, sollte sich Napoleon in dem Ruhm sonnen, genau das erreicht zu haben.

Wo soll ich anfangen? Beginnen wir an der Oberfläche. Erstens hoffe ich, dass dein Stiefvater die Lektion, die ihm Russland erteilt hat, verinnerlicht hat. Der Verlust von Hunderttausenden junger Männer, darunter viele unserer eigenen, treibt mir noch immer Tränen in die Augen. Was noch schlimmer ist: Es scheint, als wäre alles umsonst gewesen – abgesehen von der Lektion, die wir daraus gelernt haben, wie ich bereits erwähnte. Lass den Zaren Reparationen zahlen, aber nur in einem Umfang, den Russland sich leisten kann, ohne seine Zukunft zu gefährden. Einen weiteren Konflikt sollten wir auf keinen Fall provozieren. Vielleicht gewährt man Russland sogar den in Wien versprochenen Anteil an Polen. Außerdem waren Napoleon und Alexander einst Freunde – warum also nicht versuchen, einen Teil dieser alten Sympathie wieder aufleben zu lassen? Auch wenn ich verstehe, dass die jüngsten Ereignisse eine persönliche Versöhnung erschweren könnten. Bitte dränge ihn dazu, es zumindest zu versuchen.

Nun zu Iberien. Napoleon selbst hat Spanien als ‚Geschwür‘ und seinen Bruder Joseph als ‚Schwachkopf‘ bezeichnet. Ich rate daher, das Land unter bestimmten Bedingungen in Ruhe zu lassen – insbesondere unter Berücksichtigung der englischen Interessen, die eine dauerhafte französische Vorherrschaft über Iberien nicht dulden werden, nachdem England jahrelang stark in den Konflikt auf der Halbinsel involviert war. Erwäge stattdessen die Errichtung eines kleinen Herzogtums in Italien, das Joseph regieren könnte. Lasst die Reformen des Code Napoléon in Spanien bestehen, aber setzt jemand anderen auf den Thron. Du hast es erahnt: wieder einmal die Bourbonen. Zumindest sind sie Franzosen, was Napoleon vielleicht besänftigen könnte.

Was Portugal betrifft, sollte Dom João VI. jemals in Erwägung ziehen, die tropischen Strände von Rio de Janeiro zu verlassen, um sein angestammtes Territorium zu verteidigen, so sollte man ihm klare Anweisungen geben – insbesondere in Bezug auf den fairen Handel mit Frankreich und England. Sollte er das jedoch nicht tun, wäre es vielleicht angebracht, eine Eingliederung Portugals in Spanien in Betracht zu ziehen, um zukünftige Nachfolgekämpfe zu vermeiden. Ich kann mir nämlich keine geeignete Dynastie vorstellen, die als Kandidat für diese Rolle in Frage käme. Und wir sollten uns wohl einig sein, dass Napoleons Brüder nicht in die Auswahl aufgenommen werden, nicht wahr?

Was die Kolonien angeht: Bonaparte hat vor etwa zehn Jahren weise erkannt, dass der Besitz von Louisiana eine größere finanzielle und logistische Belastung darstellte, als Frankreich ertragen konnte. Ich nehme also an, dass sein Appetit auf die Annexion weiterer Kolonien in Grenzen hält – und das zu Recht. Einige seiner Kolonien, darunter auch der Geburtsort deiner Mutter, haben zwar einigen wenigen Reichtum gebracht, aber Frankreich als Ganzes nicht unbedingt genutzt. Damit komme ich zum Thema Sklaverei, ein Punkt, bei dem die Engländer – zu Recht – besonders empfindlich sind. Du weißt, wo ich in dieser Angelegenheit stehe. Ich hoffe, Napoleon hat aus seiner – beschämenden – Wiedereinführung der Sklaverei in Saint-Domingue[131] vor etwa einem Dutzend Jahren, die letztlich zum Verlust der Kolonie führte, seine Lehren gezogen. Bitte sorge dafür, dass er seine ansonsten fortschrittliche Haltung auch in dieser Frage beibehält, denn die Geschichte wird ihn in dieser Angelegenheit weit strenger beurteilen als aufgrund seiner militärischen Feldzüge.

Dieser Brief ist ziemlich lang geworden, deshalb verabschiede ich mich jetzt. Glücklicherweise habe ich einen zuverlässigen Kurier, der dafür sorgen wird, dass er zumindest Straßburg schnell erreicht, von wo aus er ohne Verzögerung zu dir gelangen kann.

Wie immer, deine dich liebende Ehefrau,

Augusta Amalia

***

St. Quirin, 20. September 1815

Liebster Eugène,

Schade, dass du nicht an den Tegernsee kommen konntest, wie wir es alle erwartet hatten! Aber ich verstehe das vollkommen. Nun hoffe ich, dass du auf deiner Reise nach Berlin und Wien im nächsten Monat in München vorbeikommen wirst. Mein Gesinde hat bereits mit dem Packen begonnen, und wir bereiten uns auf unseren bevorstehenden Alpabzug vor.

In den kurzen Nachrichten, die ich dir eilig schickte, wenn ein Kurier vorbeikam, habe ich dich über unser Wohlergehen

---

131 Haiti

auf dem Laufenden gehalten. Der Sommer schien sich für die Kinder und mich endlos in die Länge zu ziehen, und ich habe eine dringend benötigte Atempause vom gesellschaftlichen Druck in München gefunden, die mir half, meine Energien wieder aufzuladen. In den letzten zwei Monaten habe ich die Kinder vollständig von ihren schulischen Pflichten befreit. Seit Anfang September jedoch habe ich den Unterricht mit den Mädchen wieder aufgenommen. Bemerkenswerterweise sind sie nach der langen Sommerpause fast eifrig darauf, zu lernen. Joséphines[132] Rechtschreibung hat sich deutlich verbessert, und Eugénie ist nicht nur mit ihren Buchstaben vertraut geworden, sondern hat sogar Freude am Lesen gefunden. Der kleine August gesellt sich oft zu seinen Schwestern, denn er will nicht außen vor bleiben. Es ist herzerwärmend zu sehen, wie die Mädchen ihr neu erworbenes Wissen an ihren kleinen Bruder weitergeben. Er malt seine Buchstaben eher, als dass er sie schreibt, doch das gelingt ihm bemerkenswert gut. Interessanterweise sind seine Buchstaben oft spiegelverkehrt – vielleicht haben wir hier einen angehenden Leonardo da Vinci in unserer Mitte?[133]

Ich danke dir für deine Antwort auf meine Bemerkungen zu Russland und Iberien. Deine Versicherung, dass Napoleon offenbar realistische Pläne für diese Regionen hat, beruhigt mich sehr. Deine Meinung über Italien hat mich zunächst überrascht, doch nach einigem Nachdenken stimme ich dir zu. Norditalien war jahrhundertelang ein Schlachtfeld, mit den päpstlichen Staaten, die oft in Unordnung gerieten, und den

---

132 Joséphine Maximilienne Eugénie Napoléone de Beauharnais sollte als Ehefrau von König Oscar I. Königin von Schweden und Norwegen werden.

133 Stattdessen wurde Auguste Charles Eugène Napoléon de Beauharnais, Herzog von Leuchtenberg, Prinzgemahl von Portugal. Leider nur für sehr kurze Zeit – er starb zwei Monate nach der Hochzeit mit Königin Maria II. von Portugal.

dazwischenliegenden Herzogtümern, die ständig in Konflikte mit ihren nördlichen und südlichen Verbündeten verwickelt waren. Auch das Königreich beider Sizilien hat unter den zahlreichen Herrschaftswechseln gelitten: von den Normannen und Staufern über die Anjou, die Aragoner, die Spanier und die Österreicher bis hin zu den Bourbonen (wie Du siehst, kenne ich Italiens Geschichte!).

Angesichts der Herkunft deines Stiefvaters könnte er selbst Ambitionen für Italien hegen, und ich möchte ihm einige Argumente für solche Bestrebungen anbieten – selbst wenn die Aufrechterhaltung der Kontrolle erfordert, dass Italien zumindest vorläufig zersplittert bleibt. Die Feinheiten der Diplomatie, ein Bereich, auf den ich mich ganz auf deine Expertise verlasse, werden von größter Bedeutung sein. Es wird notwendig sein, Herrscher zu finden, die stark genug sind, um ihre Territorien effektiv zu regieren, aber nicht so mächtig, dass sie das empfindliche Gleichgewicht auf der Halbinsel gefährden. Zu diesem Zweck schlage ich vor, die derzeitige Teilung der beiden Sizilien beizubehalten und möglicherweise auch die Union von Piemont und Sardinien aufzulösen. Ich vertraue darauf, dass Papst Pius VII. seine Lehren aus den Erfahrungen der Vergangenheit gezogen hat und sich an diese Einsichten halten wird – andernfalls könnte er sich noch einmal für ein paar weitere Jahre im Exil in Frankreich wiederfinden.

Auf keinen Fall befürworte ich eine direkte Herrschaft Napoleons über Italien, wie er es vor einem Jahrzehnt versucht hat – das würde unweigerlich zu Ressentiments führen. Sollte einer seiner Brüder geeignet sein, könnte er vielleicht das ‚u' in Buonaparte wieder einführen und ein geeintes Italien regieren, was möglicherweise akzeptabler wäre. Doch wir sind uns beide einig, dass keiner von ihnen die nötigen Fähigkeiten besitzt. Daher bitte ich dich, Napoleon von solchen Plänen abzubringen, falls er sie überhaupt hegt. Die Einzelheiten zu Italien können dann auf dem Kongress besprochen werden. Eine letzte Anmerkung zu Italien: Es wurde bereits in Wien beschlossen, Marie-Louise als Herzogin von Parma einzusetzen. Warum sollte man diesen Beschluss nicht aufrechterhalten? So könnte ihr Sohn den Titel erben und zumindest den Anschein der Kontinuität wahren, auch wenn er von seinem Vater entfremdet bleibt.

Was Österreich und Preußen betrifft, so ist es von größter Wichtigkeit, dass du Napoleon in Deiner zentralen Botschaft vermittelst, wie entscheidend es ist, die in Wien getroffenen Vereinbarungen über den Umgang miteinander und mit Russland so weit wie möglich zu respektieren – das ist der absolute Schlüssel. Eine Missachtung dieser Beschlüsse würde nur dazu führen, dass sie erneut gegen Frankreich intrigieren, wahrscheinlich in Zusammenarbeit mit dem perfiden Albion[134]. Franz von Österreich bleibt Napoleons Schwiegervater, und Metternichs[135] Intelligenz übertrifft vermutlich seine Ambitionen, sodass er weiterhin eine maßgebliche Rolle spielen wird. Zudem sollten wir nicht vergessen, dass er erst vor kurzer Zeit Frankreichs Verbündeter gegen Zar Alexander war.

Wir dürfen nicht übersehen, dass Talleyrand in Wien bereits mit denselben Vertretern verhandelt hat, die wahrscheinlich auch an der bevorstehenden Konferenz teilnehmen werden – eine unschätzbare Erfahrung, die ihm zugutekommen wird. Unter ihnen befinden sich Hardenberg und Humboldt für Preußen, Männer, die wohl mehr Einfluss haben als Friedrich Wilhelm selbst[136], dessen Interesse mehr der protestantischen Kirche als der Geopolitik gilt.

---

134 England
135 Graf Klemens von Metternich, Österreichs Außenminister
136 Karl August Fürst von Hardenberg, preußischer Reichskanzler; Friedrich Wilhelm Christian Karl Ferdinand von Humboldt, preußischer Diplomat, Bruder des Naturforschers Alexander von Humboldt; und Friedrich Wilhelm III., König von Preußen von 1797 bis zu seinem Tod 1840.

Die Konferenz wird also in Tilsit stattfinden, einem Ort, von dem du sehr überzeugt zu sein scheinst, und der an Napoleons Treffen mit Alexander vor acht Jahren auf einem Boot mitten auf dem Fluss erinnert. Es ist eine passende Wahl, die ein Gefühl der Kontinuität in der Geschichte vermittelt. Hoffen wir nur, dass der Winter nicht allzu streng wird! Ich mache hier eine kurze Pause und werde ein anderes Mal darüber schreiben, was Napoleon meiner Meinung nach in Bezug auf den Rheinbund unternehmen sollte – schließlich umfasst er die Heimat unserer Familie, die nun auch deine ist.

Und nun, wie sieht es mit deiner eigenen Karriere aus? Im Moment bist du mit den Vorbereitungen für die Konferenz beschäftigt, und ich bin zuversichtlich, dass dein Rat großes Gewicht haben wird und zum Wohle Europas dienen wird. Aber hat Napoleon dir schon angedeutet, was er nach Tilsit für dich plant? Bitte teile mir auch die kleinsten Hinweise oder deine besten Vermutungen mit!

Wir freuen uns alle so sehr darauf, dich bald hier in München zu sehen. Gute Reise!

Deine dich liebende Frau,

Augusta Amalia

P.S. Fast hätte ich die Schweiz in meiner Empfehlungsliste übersehen. Als eine der Nationen, die wohl am meisten von Napoleons Reformen profitiert hat, dient sie als bequemer Puffer zwischen den großen Regionalmächten. Zudem haben die Schweizer trotz ihrer sprachlichen Vielfalt eine beachtliche Fähigkeit zur Selbstverwaltung bewiesen. Eine entscheidende Frage ist, ob die französischsprachigen Schweizer derzeit eine Integration mit Frankreich wünschen – eine Frage, die meiner Meinung nach, falls sie sich stellt, durch eine Volksabstimmung geklärt werden sollte. Allerdings kann ich nicht umhin, Mitgefühl für de Staël zu empfinden; eine solche Entscheidung würde ihr den Vorteil eines bequemen Exils knapp außerhalb von Napoleons Einflussbereich nehmen. Auch wenn ich bezweifle, dass du Napoleon dazu bringen kannst, ihr Werk *Über Deutschland* zu lesen, so würde es ihm zweifellos wertvolle Einblicke in unsere Sichtweise bieten.

***

Paris, 15. Oktober 1815

Liebster Eugène,

wenn Sie dies erhalten, hoffe ich, dass Ihre Reise nach Wien über München reibungslos und sicher verlaufen ist – soweit dies unter den Umständen möglich war. Ich hoffe, Ihre Familie ist bei bester Gesundheit. Ich träume davon, eines Tages selbst nach Wien zu reisen, sei es nur, um meinem geschätzten Helden Ludwig van Beethoven die Ehre zu erweisen.

Die Proben für den *Figaro* schreiten gut voran. Schließlich werden die Rollen des Grafen Almaviva und des Figaro von Nicolas Levasseur und dem Neapolitaner Luigi Lablache gespielt – beide sind bemerkenswert talentiert und sehr kooperativ. Angelica Catalani hat die Hauptrolle der Gräfin Rosina übernommen – keine Überraschung, wenn man bedenkt, dass Napoleon sie zutiefst bewundert. Allerdings habe ich selten jemanden getroffen, der so sehr auf Geld aus ist wie sie; zu allem Überfluss vertraut sie alles ihrem Mann an, nur damit er es gleich wieder ausgibt! Dennoch ist ihr Können als Sopranistin wirklich bemerkenswert, das muss ich ihr lassen.

Wenn Sie mir versichern können, dass Ihr Versprechen gehalten wird, werde ich vielleicht bald eine andere Rosina porträtieren – diesmal in Rom. Catalani behauptet, sie sei eine Vertraute Rossinis und hat mir sogar zu meiner bevorstehenden Aufführung gratuliert! Ich bete, dass die Aufführung von *Médée* hier vor Weihnachten ein Triumph wird, der mir den Erfolg bringt, der mich wie eine günstige Brise nach Rom tragen wird. Metaphorisch gesprochen, natürlich – es wäre nicht ratsam, im Winter zu segeln, obwohl ich gehofft hatte, den Seeweg von Marseille nach Ostia zu nehmen. Wenn ich früh genug abreise, kann ich über den Landweg via Mailand nach Rom reisen und unterwegs an der Mailänder Scala Kontakte knüpfen. Wer weiß, welche Möglichkeiten sich aus solchen Begegnungen ergeben könnten?

So umgibt mich Paris wieder mit seiner Routine: Proben, Aufführungen und unaufhörliche Pläne für die Zukunft, denn wenn ich meinen Weg nicht selbst bestimme, wird es niemand anderes tun. Dennoch darf ich Ihren Einfluss nicht außer Acht lassen – diese Rolle in Rossinis Inszenierung könnte mir neue Horizonte eröffnen. Selbst wenn Sie noch hier wären, mein Geliebter, hätte ich inmitten der Anforderungen der Saison kaum Zeit für Sie. Und doch, oh, wie sehr ich mich nach Ihnen sehne! Wenn Sie von Wien nach Berlin und wieder zurück reisen, wird der Winter bereits Einzug gehalten haben und Ihre Reise noch unangenehmer machen. Ich habe gehört, dass der Winter in Russland die beste Reisezeit ist, wenn Schlitten mühelos über Schnee und gefrorene Flüsse gleiten …

Sie wissen, dass Politik nicht mein Interessensgebiet ist, daher kann ich Ihnen leider keinen pikanten Klatsch aus den Tuilerien bieten. Doch auch ich pflege meine Beziehungen und habe mich nach den jüngsten Ministerernennungen erkundigt. Überraschenderweise ist Ihr Name noch nicht aufgetaucht – ich frage mich, was das zu bedeuten hat. Ich erwarte nicht, dass er Talleyrand direkt durch Sie ersetzt, aber er hätte Ihnen doch inzwischen einen anderen wichtigen Posten anbieten können, nicht wahr? In der Zwischenzeit passen Sie bitte gut auf sich auf, und ich wünsche Ihnen von Herzen viel Erfolg bei Ihren diplomatischen Bestrebungen.

In Sehnsucht, Ihre Sie liebende

Adelaide

***

München, 23. Oktober 1815

Liebster Eugène,

Wir haben deine kurze Zeit bei uns sehr genossen, was uns allen, besonders den Kindern, viel bedeutet – sie vergessen so schnell. Während du deine Unternehmungen in Wien und Berlin fortsetzt, erwarten wir sehnsüchtig deine Rückkehr, idealerweise bis Weihnachten oder, noch besser, zu Eugénies Geburtstag. Für den unwahrscheinlichen Fall, dass du es nicht schaffst, kannst du sicher sein, dass die Kinder sich auf deine Geschenke freuen werden, die ich in der Zwischenzeit sorgfältig versteckt habe. Der Herbst hat einen besonderen Platz in meinem Herzen, und es tröstet mich zu wissen, dass du während deiner anstrengenden Reisen die Möglichkeit haben wirst, die atemberaubende Herbstlandschaft zu bewundern. Hoffen wir auf weiße Weihnachten, wenn du wieder bei uns bist.

Nun zu meinem hoffentlich letzten Ratschlag für Napoleon, den ich kurz fassen werde, da wir ihn bereits besprochen haben, als du hier warst. Er hat seine Rolle als Beschützer des Rheinbundes bekräftigt, und ich schlage vor – und unterstütze das –, dass er diese Erklärung auf dem bevorstehenden Kongress in Tilsit formalisiert. Frankreich wird von einem stabilen Puffer gegen Österreich, Preußen und, nicht weit dahinter, Russland erheblich profitieren. Daher könnte der Prozess der Wiederherstellung relativ einfach sein. In unseren jüngsten Diskussionen haben wir etwa 37 Königreiche, Herzogtümer und andere Einheiten identifiziert, eine Zahl, die durch territoriale Zusammenschlüsse, wo dies möglich ist, gestrafft werden könnte. Dabei sollte die Loyalität der Sieger belohnt und die Verlierer großzügig entschädigt werden – eine Investition, die sich mit Sicherheit lohnen wird.

Napoleon wird die Herrscher auf der Grundlage der Erfahrungen, die er in den vergangenen acht Jahren mit ihnen gemacht hat, sorgfältig auswählen müssen. Ich bin erleichtert, dass wir eine solide Liste zusammengestellt haben, denn wenn er erst mit den vier Königreichen und den fünf Großherzogtümern fertig ist, könnte ihm die Aufgabe überdrüssig werden. Ich bitte dich dringend, ihn dazu zu ermutigen, seinem Bruder Jérôme eine andere, geeignetere Aufgabe zu übertragen. Jérômes Missmanagement hat das Königreich Westfalen in den Bankrott geführt, und wenn er nicht als König abgelöst wird, werden die Unzufriedenheit und die schwelende, wenn nicht gar offene, Opposition weiterbestehen.

Was Bayern betrifft, so habe ich Bedenken, dass Napoleon Maximilian I. Joseph erneut Vertrauen schenken könnte, da dieser sich zuletzt mit Frankreichs Gegnern verbündet hat. Sollte sich mein Verdacht bestätigen, so bekräftige ich unsere früheren Diskussionen: Es gibt niemanden, der für diese Aufgabe fähiger und vertrauenswürdiger wäre als du. Deine Position hier ist bereits gut etabliert und akzeptiert. Wenn du außerdem mehr Zeit mit den Kindern verbringst – die nach unserem Urlaub nicht nur wie kleine Bauern aussahen, sondern auch wie solche sprachen –, wird sich dein Deutsch, einschließlich des lokalen Bergvolkdialekts, wie du ihn nennst, rasch verbessern. Ich verspreche dir, kein einziges französisches Wort mehr in den Mund zu nehmen, bis du das Deutsche fließend beherrschst!

Sachsen, das nach unserer eigenen die zweitgrößte Armee im Bund stellt, sollte, wie wir bereits besprochen haben, ein wichtiger Bestandteil des Bundes bleiben. Seine Einbeziehung dient als entscheidender, wenn auch teilweiser, Puffer zwischen Preußen und Österreich. Würde es einer der beiden Seiten zugeschlagen, würde dies zweifellos die andere Seite extrem erzürnen. König Friedrich August I. verdient Anerkennung für seine Loyalität; er war der einzige deutsche König, der vor zwei Jahren bei Leipzig an der Seite Napoleons gegen die Preußen kämpfte, und sollte daher seinen Thron behalten. Die meisten der verbleibenden Gebiete sind relativ unbedeutend und müssen nicht umkämpft werden, solange sie von Personen geführt werden, die mit Frankreich sympathisieren – woran es glücklicherweise nicht mangelt. Es ist jedoch von entscheidender Bedeutung, dass Napoleon den Vorsitzenden des Landtags des Bundes persönlich auswählt.

Ein Thema schließlich, das wir während deines kurzen Aufenthalts zu Hause nicht ansprechen konnten, betrifft die Juden, deren Rechte Napoleon maßgeblich vorangetrieben hat. Auch wenn seine Beweggründe eher pragmatischer Natur waren als aus echter Sympathie, ist diese Unterscheidung zweitrangig. Es muss unbedingt sichergestellt werden, dass in den von Frankreich kontrollierten Gebieten – vor allem in Italien und im Rheinbund – die neuen Rechte der Juden fest im geschriebenen Recht verankert werden. Ich schlage sogar vor, in beiden Regionen ein Verfahren ähnlich dem Großen Sanhedrin[137] durchzuführen.

---

137 Von Napoleon in 1807 einberufene Versammlung jüdischer Persönlichkeiten, die sich mit Fragen der Integration der Juden in den französischen Staat und die Gesellschaft befasste.

Ich muss mich nun verabschieden. Auch die Kinder senden viele Grüße.

Deine liebevolle Frau,

Augusta Amalia

P.S. Mit Glück wird mein Brief in Wien auf dich warten, da ich weiß, dass deine Pflichten eine Pause auf deiner Reise erfordern können.

P.P.S. Bitte grüße alle unsere gemeinsamen Freunde und Bekannten herzlich von mir, besonders Metternichs Frau Eleonore!

***

München, den 4. Januar 1816

Liebster Eugène,

Es kommt mir wie eine Ewigkeit vor, seit du vor zwei Tagen wieder einmal viel zu früh von uns gegangen bist! Ich konnte meine Freude kaum zurückhalten, als ich heute Morgen die wunderbare Nachricht von deinem treuen Wagner erhielt, und muss dir diese Zeilen einfach sofort schreiben. Es scheint, als hätten sich Eure Wege gestern gekreuzt, ohne dass einer von euch von der Reise des anderen wusste. Ich vertraue darauf, dass du die Nachricht spätestens in Straßburg erhalten hast, noch bevor du in Paris auf diesen Brief von mir stößt.

Du wirst also zum König von Bayern gekrönt! Ich lege zwar keinen großen Wert darauf, Königin zu werden, doch die Aussicht, dass du in München residieren wirst und nicht im fernen Paris, erfüllt uns alle mit Begeisterung. Apropos Paris: Wir haben von A.s Triumph als Médée im Théâtre de l'Odéon gehört – herzlichen Glückwunsch! Fast tut sie mir leid, aber ich bin zuversichtlich, dass sie einen anderen Mäzen finden wird, nun da ihre Karriere so gut läuft. Stimmt es, dass ihr Name für die bevorstehende Premiere von Rossinis Oper in Rom im Winter in Betracht gezogen wird? Und wenn du tatsächlich daran beteiligt warst – bedeutet das, dass du glücklicher bist, sie in Italien statt in Paris zu wissen? Du weißt, dass du so etwas nicht für mich tun musst, oder?

Was Bayern betrifft, so bin ich nicht nur persönlich hocherfreut, sondern habe auch volles Vertrauen, dass du ein außergewöhnlicher König sein wirst. Ich verspreche, dich mit all meiner Kraft und den Verbindungen meiner Familie zu unterstützen. Möge Gott uns in diesem Vorhaben leiten.

Ich habe gestern viel Zeit damit verbracht, den Kalender und die Landkarte zu studieren, und verstehe, wenn du auf deiner Reise nach Tilsit nicht nach Hause kommen kannst – es sollte ohnehin eine viel schnellere Angelegenheit sein als Wien, da Napoleon als alleiniger Sieger die Fäden in der Hand hält und sich nicht mit einer Versammlung halbherziger Verbündeter herumschlagen muss, wie es in der Hofburg in Wien der Fall war. Es tröstet mich, zu wissen, dass wir möglicherweise noch vor dem Frühjahr mit deiner endgültigen Rückkehr rechnen können.

Von deiner ergebenen Königin an ihren geliebten König,

Augusta Amalia (Abbildung 12.3)

P.S. Du brauchst dir keine Sorgen mehr um den Brief zu machen, der dich in Berlin verfehlt hat; er wurde ungeöffnet zu mir zurückgebracht.

Abbildung 12.3: Porträt von François Gérard:
Augusta Amalia, Königin von Bayern

423

***

Rom, 31. Januar 1816

Liebster Eugène,

Ich hoffe, dieser Brief erreicht Sie wohlbehalten nach Ihrer
Ankunft in Paris aus Berlin. Heute ist erst mein dritter Tag in
Rom nach einer langen Reise, die – abgesehen von den üblichen
Unannehmlichkeiten – recht ereignislos verlief. Der Zwischenstopp in Mailand erwies sich als vorteilhaft, da es mir dort gelang, auch einige indirekte Verbindungen zu Venedigs La Fenice
zu knüpfen. Vielleicht ergibt sich daraus später in dieser Saison
etwas Vielversprechendes.

Germaine, die stets eine gute Seele ist, hat mir freundlicherweise
eine Unterkunft zur Verfügung gestellt. Leider ist ihr Ehemann
gesundheitlich angeschlagen und kämpft mit der Schwindsucht,
weshalb ich nicht zu lange bleiben werde, auch wenn ich ihre
Gastfreundschaft und Gesellschaft sehr genieße. Sie plant, im
Frühjahr nach Coppet zurückzukehren. Das Wetter hier ist kühl,
doch der Himmel strahlend blau. Es ist Jahre her, dass ich das
letzte Mal in Rom war; die Rückkehr fühlt sich an wie eine nos-
talgische Reise zurück in meine Jugend.

Morgen beginnen die Proben, und ich muss gestehen, dass ich
ziemlich neugierig auf den Rest der Besetzung bin. Zu meiner
Enttäuschung habe ich Rossini selbst noch nicht getroffen. Gestern erhielten wir eine Einladung von Pauline Bonaparte, die in
einer Villa residiert, die an ein ägyptisches Museum erinnert –
alleine, da ihr italienischer Ehemann sich mit einer Geliebten
nach Florenz abgesetzt hat. In ihrer Begleitung befindet sich
ein Faktotum aus Saint-Domingue, kohlrabenschwarz, aber von
sanftem Gemüt. Er erzählt viele interessante Geschichten von

ihrer Zeit auf diesen fernen Inseln – ganz in der Nähe von dem Ort, wo deine Mutter herkommt, wie ich gerade festgestellt habe.

Was die Nachricht betrifft, die Pauline von ihrem Bruder erhalten hat, mein Lieber, so bin ich hin- und hergerissen. Einerseits freue ich mich aufrichtig für Sie und Ihre Familie über den Aufstieg auf den bayerischen Thron. Ich zweifle nicht daran, dass Sie ein äußerst lobenswerter Monarch sein werden, der nicht nur zu herrschen, sondern auch zu regieren versteht. Andererseits ist mein Herz schwer vor Kummer, denn München erscheint mir nicht als der geeignete Ort, um meine künstlerischen Ambitionen zu entfalten, und ich bin gewiss nicht dazu bestimmt, bloß die Mätresse eines Königs zu sein.

Trotz der kurzen Zeit, die wir miteinander hatten, bemühe ich mich, diese positiv zu betrachten und die Momente, die wir gemeinsam erlebten, zu schätzen, statt über ihre Kürze zu klagen. Ich hoffe aufrichtig, dass wir unsere Freundschaft bewahren und die Erinnerungen, die wir geschaffen haben, in Ehren halten können. Wäre ich religiös, würde ich wohl Gott für diese wertvollen Augenblicke bis ans Ende meiner Tage danken. Verzeihen Sie mir bitte meine Kürze in dieser Angelegenheit; der Schmerz in meinem Herzen ist zu groß, um ihn vollständig auszudrücken. Jedenfalls wünsche ich Ihnen von Herzen alles Gute.

Für immer,

Ihre Sie immer noch liebende Adelaide

1 - Magnolia
2 - Gilbert der Schreiberling
3 - Germanicus
4 - Raschid
5 - Niccolò 'Nico' Acciaiuoli
6 - Taleb
7 - Mary Radcliffe
8 - Philemon
9 - Domenico Michiel
10 - Bischof Niketas
11 - Eugène de Beauharnais
12 - Augusta Amalia
13 - Hanno
14 - Chrysippus
15 - Giuliano 'Gio' Lamberteschi
16 - Alonso Carvajal Covarrubias: 'Carva'
17 - Arminius
18 - Marget 'Marge' Clifford
19 - Adelaide

Abbildung E.1: Künstlerische Darstellung des
Treffens der Protagonisten im Himmel (© Markus Michael, 2024)

‚Wir sind in einem Buch!' In den unendlichen Weiten des Himmels, inmitten der kosmischen Sinfonie, erfasst Hanno diese plötzliche Erkenntnis – oder vielleicht ist es seine Seele, die diese Worte laut ausspricht, ohne sich an jemand bestimmten zu wenden. Seine Stimme hallt durch den grenzenlosen Äther, eine Verkündung an das Universum selbst. Überwältigt von dem Drang, diese Offenbarung zu teilen, macht er sich auf die Suche nach den anderen *dramatis personae*, deren Identitäten er in den Seiten des Buches erkannt hat. Wie er dieses Unterfangen inmitten der unzähligen Seelen des himmlischen Reichs vollbringen kann, bleibt ein Mysterium. Doch in dieser Sphäre, in der die irdischen Zwänge keine Macht mehr haben, überschreiten die Wege der Kommunikation die Grenzen der weltlichen Physik.

Erinnern ihr euch noch an alle (Abbildung E.1)? Angefangen beim griechischen Dramatiker Philemon, der den Besuch der persischen Götter auf dem griechischen Olymp auf der Bühne verewigte, über den Philosophen Chrysippus, der das Tavernengespräch von Antiochia erdachte, bis hin zum ehrwürdigen Hanno, dem letzten Vertreter Karthagos im Exil. Gefolgt von den romanisierten Germanen Arminius und Quintus Germanicus, dem jungen jüdischen Gelehrten Taleb, der im mittelalterlichen Europa Handschriften und Jungs jagte, und Gilbert dem Schreiberling, der den Prozess gegen Wilhelm den Bastard in der Normandie nach dessen Niederlage bei Hastings aufzeichnete.

Weiter geht es mit dem ehrwürdigen Bischof Niketas, der sich mitten in Anatolien vor der Invasion der Mongolen fürchtete; dem Trio Nico, Carva und Gio, die sich nach dem Hundertjährigen Krieg als päpstliche Nuntien an verschiedenen Königshöfen wiederfanden; und Domenico Michiel, der zwischen seiner Familie in Venedig und seiner großen Liebe in Konstantinopel hin- und hergerissen war. Nicht zu vergessen Raschid von Granada, eine Leuchte arabischen Stolzes in al-Andalus, sowie die Hofdamen Mary und Marge von Königin Elisabeth I., welche im Exil starb. Dann wären noch Napoleons Stiefsohn und General Eugène de Beauharnais, seine scharfsinnige Frau Augusta Amalia und seine temperamentvolle Geliebte, die Operndiva Adelaide. Und schließlich Magnolia, die junge Frau, die nach ihrem tragischen Tod bei einem Motorradunfall auf einer Schweizer Bergstraße erst postum in die Erzählung aufgenommen wird.

Den unzähligen Seelen, die das himmlische Reich bevölkern – und ohne die Engel zu übersehen, die ebenfalls dort leben – müssen wir auch die Gottheiten jedes Einzelnen hinzufügen. Diejenigen, die wir aus unserer Erzählung kennen, und unzählige andere. Da gibt es den Gott, den Juden und Christen gemeinsam haben, auch wenn er in der christlichen Tradition vielleicht strenger dargestellt wird, sowie seinen Sohn – und eine sehr ähnliche Figur, die von den Muslimen als al-Lah verehrt wird. Dann gibt es Zeus, den Beherrscher des Blitzes, seine Gemahlin Hera und den gleichfalls gehörnten Schmied Hephaistos, der Gattin von Aphrodite, der bezaubernden Göttin der Liebe. Odin und Thor, die Meister des Donners, stehen neben Freya, begleitet von ihren Walküren. Ahura Mazda, der weise Schöpfer, wird ebenso verehrt wie der blitzbewehrte Baal und die Mondgöttin Astarte.

Und unzählige weitere, die in unserer Erzählung nicht vorkommen, warten darauf, erwähnt zu werden: Oshun und Shango aus Afrika, deren brasilianische Entsprechungen als Oxum und Xango bekannt sind, sowie Nanã Buruquê. Aus den mittleren Gefilden Amerikas grüßen Huitzilopochtli und die gefiederte Schlange Quetzalcoatl. Aus dem Osten kommen Shiva, mit seiner Doppelnatur als Zerstörer und Schöpfer, Lakshmi, die Glücksbringerin, und mein Liebling Ganesha mit seinem Elefantenhaupt. Obgleich Buddha nicht als Gott gilt, wird er für seine Erleuchtung gefeiert. Und allein auf dem indischen Subkontinent gibt es Tausende von verehrten Gottheiten, und

Legionen mehr aus verschiedenen Kontinenten und Kulturen warten auf ihre Anerkennung.

Was für ein Spektakel! Aus der Ferne könnte man meinen, das Geschrei aus Walhalla zu hören oder einen flüchtigen Blick auf den einen weißbärtigen Gott auf seinem Thron zu erhaschen. Doch je näher man kommt – puff! – verschwinden sie. Dies ist geschickt arrangiert, um Ansammlungen von Seelen, Verwirrung und Konflikte zu vermeiden. Für jede Seele also sind die Götter da – und gleichzeitig auch nicht. Kein Wunder, dass die Seele Erwin Schrödingers mit einem immerwährenden, süffisanten Grinsen durch den Himmel schlendert. Es scheint, als habe er sich mit einem ägyptischen Katzengott angefreundet: Aus der Ferne sieht es so aus, als würde er eine Katze in seinen Armen wiegen, in diesem sonst Haustier-freien Himmel. Doch sobald man sich ihm nähert, verschwindet die Katze.

Unsere Protagonisten waren sehr überrascht, einander zu begegnen; obgleich ihnen die Ewigkeit zur Verfügung stand, wären sie sich vielleicht niemals begegnet. Nachdem sie sich, erfreut und neugierig, vorgestellt hatten, sagten sie Folgendes:

Hanno: Meine lieben Freunde! Sind wir nicht alle in der privilegierten Lage, zu wissen, was nach unserer Zeit auf der Erde passiert ist? Man langweilt sich hier oben wirklich keinen einzigen Moment ...

Augusta Amalia: Ja, aber zuzusehen, ohne eingreifen zu können, nicht einmal einen Kommentar abgeben zu dürfen – das kann sich wie eine Qual anfühlen. Erlauben Sie mir, ein französisches Sprichwort zu zitieren: *Si le présent savait, si le futur pouvait ...*[138] Aber natürlich stimme ich Ihnen zu, Han-

---

138 Ein Wortspiel auf *Si la jeunesse savait, si la vielleisse pouvait*: Wenn die Jugend wüsste, wenn das Alter könnte ...

no, wie ungemein unterhaltsam und faszinierend diese Beobachtung ist.

Adelaide: Es kommt ganz darauf an, wie man ‚unterhaltsam‘ definiert ...

Raschid: Und doch gibt es Momente tiefer Traurigkeit. Als ich etwa das plötzliche Verschwinden meines geliebten Granada miterlebte, wünschte ich, ich hätte es nie erfahren.

Magnolia: Ganz zu schweigen von den Tragödien des 20. Jahrhunderts – die Millionen und Abermillionen von Toten durch die Schuld von Hitler, Stalin und Mao!

Eugène de Beauharnais: *[Verbeugt sich]* Ich danke Ihnen, chère Magnolia, dass Sie meinen Stiefvater Napoleon Bonaparte in dieser Aufzählung ausgelassen haben – weniger wohlwollende Gemüter sehen in ihm einen Vorboten der schrecklichen Ereignisse, die Sie erwähnten.

Raschid: *[Spöttisch]* Wie wahr!

Domenico Michiel: Manchmal wünschte auch ich, ich hätte 1913 aufgehört, hinzuschauen – lieber würde ich auf das vorangegangene Jahrhundert blicken, als in Europa noch Frieden und Fortschritt herrschten.

Chrysippus: Der Fortschritt rast so schnell voran, dass einem schon beim bloßen Zusehen schwindlig wird! Wenn ich daran denke, wie stolz wir auf unsere bescheidenen wissenschaftlichen Entdeckungen waren, die uns heute fast kindlich erscheinen.

Philemon: Aber diese Entdeckungen waren bahnbrechend, lieber Landsmann, und legten den Grundstein für alles, was folgte. Wir können auch heute noch stolz darauf sein.

Hanno: Ihr beide, meine griechischen Freunde *[nickt Philemon und Chrysippus zu]*, seid ja beinahe Zeitgenossen; die Schlacht von Issus fand nur eineinhalb Jahrhunderte nach Marathon statt. Darf ich euch als die ‚Ältesten' hier gemeinsam fragen: Was hat euch an der Entwicklung eurer Region nach den Ereignissen, die ihr miterlebt und bezeugt habt, besonders beschäftigt?

Philemon: Wenn ich an mein Stück *Der Besuch* denke: Leider haben weder unsere griechischen Olympier noch die besuchenden persischen Götter überlebt ... *[Wendet sich an Eugène de Beauharnais, der die Hand hebt]* Ich weiß, es gibt noch eine Handvoll Parsen. Doch im Großen und Ganzen hat keine der beiden Religionen den Ansturm des Monotheismus überstanden. Es ist ein wenig bedauerlich – nicht nur wegen des Verlusts der Erinnerungen, sondern auch der kulturellen Vielfalt ...

Chrysippus: Ich stimme dir zu, lieber Philemon. Was die Philosophie betrifft, haben es die Griechen unter den Christen besser getroffen – sie studieren und zitieren uns noch immer. Die persischen Philosophen dagegen, wie ihre Götter, sind in der Dunkelheit verschwunden, vor allem in der östlichen muslimischen Welt. Es ist bemerkenswert, wie wenig die einst prächtige und mächtige persische Zivilisation der Nachwelt hinterlassen hat, vor allem im Vergleich zu unserem bleibenden griechischen Erbe – und das, obwohl wir Griechen nie ein großes Reich hatten und selten ein vereintes Land unser Eigen nennen konnten.

Philemon: Bei allem Respekt, lieber Chrysippus, ich verstehe deinen Punkt. Man könnte jedoch auch sagen, dass unsere griechische Zivilisation durch die Römer nach Westen getragen wurde, während sich das persische Erbe mit der muslimischen Expansion nach Osten ausdehnte.

Marge: Denkt nur an die Pracht der Kunst und Architektur der Moguln in Indien (Abbildung E.2)!

Abbildung E.2: Miniaturmalerei eines Mogulherrschers

Raschid: Und vergessen wir nicht die bedeutenden Beiträge der Perser zu den großartigen künstlerischen und wissenschaftlichen Leistungen am Hof meines Namensvetters Harun al-Raschid in Bagdad! Persönlichkeiten wie der berühmte Mathematiker und Astronom Muhammad al-Khwarizmi und der Dichter Abu Nuwas sowie andere persische Gelehrte spielten eine entscheidende Rolle bei der Übersetzung griechischer, römischer, persischer und indischer Texte ins Arabische ...

Taleb: ... von denen unser Emir eine beachtliche Sammlung besaß, die während der französischen Invasion zerstört wurde *[wirft einen missbilligenden Blick auf Eugène de Beauharnais, der die Achseln zuckt und die Hände hebt]*.

Gio: In der Tat hat die griechische Kunst auch im Osten ihre Spuren hinterlassen. Man denke nur an die Gandhara-Periode im heutigen Afghanistan und Pakistan – eine faszinierende Verschmelzung von hellenistischer und buddhistischer Kunst (Abbildung E.3) ...

Abbildung E.3: Buddha-Statue aus der Gandhara-Periode

Philemon: In der Tat, mein lieber Gio, aber generell, lieber Chrysippus, hängt es ein wenig von deinem Blickwinkel ab, wie du die Vergangenheit betrachtest. Aus einer eher westlichen Perspektive stimme ich dir jedoch vollkommen zu. Und wenn du mir gestattet, die gegenwärtige Situation in Persien – heute heißt es ja Iran – ist wirklich entmutigend: Eine Nation mit einer so glorreichen Vergangenheit und einer Bevölkerung, die sich nach Fortschritt sehnt, wird von einer erdrückenden Theokratie gefangen gehalten, die durch Angst regiert.

Domenico Michiel: Das stimmt. Und trotz unserer historischen Kenntnisse sind wir noch heute nicht in der Lage, wie zu unserer Zeit auf der Erde, vorherzusagen, ob und wie lange dieser traurige Zustand andauern wird.

Augusta Amalia: *Si le présent savait ...*

Hanno: In der Tat. Aber ich danke euch beiden, lieber Philemon und Chrysippus, für eure aufschlussreichen Perspektiven.

Taleb: Perspektiven sind in der Tat alles, was wir jetzt noch haben...

Hanno: Wie wahr, aber vergesst die Erinnerungen nicht! Lassen wir uns jedoch in unserem Gespräch fortfahren – nicht ohne, euch beiden, lieber Philemon und Chrysippus, noch einmal für eure aufschlussreichen Beiträge zu danken. Wenn wir uns an die chronologische Reihenfolge halten, bin ich wohl als Nächster an der Reihe, um über den langfristigen Ausgang der Schlacht von Zama zu sprechen. In Anlehnung an eure Diskussion über das kulturelle Erbe, lieber Chrysippus, muss ich zugeben, dass es uns Karthagern wohl noch schlechter ergangen ist als den Persern – sogar unsere Sprache ist völlig verschwunden.

Magnolia: ... ähnlich wie andere Sprachen in der Region, wie zum Beispiel Koptisch in Ägypten, die Sprache des Volkes, das die Pyramiden gebaut hat.

Hanno: Traurig, aber im Gegensatz zum Phönizischen hat es sich zumindest in der Liturgie bis heute erhalten.

Was hat mich an der Entwicklung des Mittelmeers am meisten beeindruckt? Traurigerweise sein Abstieg in die Bedeutungslosigkeit. Die Portugiesen haben unsere ursprüngliche Errungenschaft, die Umschiffung des afrikanischen Kontinents, zu einer blühenden Handelsroute nach Asien ausgebaut, zeitgleich mit der Entdeckung Amerikas. Diese beiden europäischen Entdeckungen verwandelten unseren Mittelmeerraum in eine sekundäre Passage zwischen dem Atlantik und dem Indischen Ozean, zwischen dem, was heute nicht mehr die Säulen des Herkules, sondern die Straße von Gibraltar genannt wird, und dem Suezkanal.

Eugène de Beauharnais: Umgekehrt scheint das Mittelmeer für Europa zu einer südlichen Barriere gegen die Migration aus Afrika geworden zu sein.

Hanno: Stimmt, in diesem Sinne könnte man mich als frühen Pionier bezeichnen: Flucht von Karthago über Ibiza nach Iberien – alles per Boot *[lacht]*!

Gio: Aber denkt nur an den kulturellen Reichtum der Vergangenheit, an die unzähligen historischen Stätten, die jedes Jahr von Millionen von Touristen besucht werden!

Hanno: Wahrlich, unsere Mittelmeerküste hat sich in ein wunderschönes Freilichtmuseum verwandelt ...

Und was ist mit dir, lieber Arminius, unser Held oder Schurke, je nach Sichtweise, des Teutoburger Waldes? Bisher warst du sehr still. Was fällt dir in der Entwicklung deines Teils der Erde nach deiner Zeit am meisten auf?

Arminius: Danke, Hanno, und bitte entschuldigt mein bisheriges Schweigen. Ich habe über eine andere Angelegenheit nachgedacht. Ich bin mir nicht sicher, ob ich so prägnant antworten kann wie Philemon und Chrysippus, aber lasst mich überlegen ... Der junge Quintus Germanicus hier *[nickt ihm zu,* *und dieser nickt zurück]* wird erfreut sein zu erfahren, dass das Land, das wir heute Deutschland nennen, im Englischen und anderen Sprachen, nach unseren Vorfahren benannt ist.

Was mich in der jüngeren Geschichte am meisten beeindruckt hat, ist die Art und Weise, wie die Nazis Tacitus' Werk *Germania* für ihre ruchlose Ideologie der rassischen Überlegenheit instrumentalisiert haben. Sie interpretierten Ideen von rassischer Reinheit und heroischer Kriegerkultur in eine imaginäre germanische Vergangenheit hinein. Sie schufen ein romantisiertes Bild eines ungezähmten, freien Volkes, das die Deutschen zweitausend Jahre später nachahmen sollten. Heinrich Himmler war besonders gut darin, selektiv Sätze von Tacitus auszuwählen und sie zu rassistischen Parolen zu verdrehen. Ich mag mir gar nicht vorstellen, wie Tacitus selbst, der heute nicht in unserer Runde ist, diesen Missbrauch empfunden haben muss.

Quintus Germanicus: Um unsere Ehre zu retten, war ich überrascht, wie nach dem Zusammenbruch des Römischen Reiches ...

Bischof Niketas: Des westlichen Teils, meinst du, denn Byzanz ...

Quintus Germanicus: Richtig, das meinte ich ja auch. Aber jetzt habe ich den Faden verloren ... Also: nachdem Finsternis über Europa hereinbrach und die Natur es zurückzuerobern drohte, entstanden allmählich wieder Dörfer und dann Städte, zwischen denen sich wieder Straßen den Weg bahnten. Die Kunst des Schreibens entwich aus den Klöstern, und so entstanden neue Zentren des Wissens und der Macht – diesmal auch nördlich der Alpen. Sie übertrafen bald alles, was wir rund um das Mittelmeer gesehen und gekannt hatten – etwas, das ich mir in meinen kühnsten Träumen nicht hätte vorstellen können.

Taleb: Wie wahr. Als ich mit Yahia reiste, hätte nichts auf eine strahlende Zukunft Europas hingedeutet, so weit entfernt vom Mittelmeer.

Magnolia: Arminius, würdest du uns erzählen, was dir durch den Kopf gegangen ist, bevor Hanno deine Gedanken unterbrochen hat?

Arminius: Ich habe über ein Symbol nachgedacht, das ich in Deutschland gesehen habe und das meine Aufmerksamkeit erregt hat. Interessanterweise scheinen meine abschweifenden Gedanken meine Antwort direkt beeinflusst zu haben, da es mit dem Thema zu tun hat, über das ich nachgedacht habe. Das Symbol steht für eine deutsche Neonazi-Gruppe namens Artgemeinschaft – Germanische Glaubensgemeinschaft – und zeigt einen angeblich germanischen Adler, der einen Fisch fängt, der das Christentum symbolisieren soll[139]. Es macht mich traurig zu sehen, wie unsere Stammesvorfahren und unsere Religion verdreht und fälschlicherweise mit der Nazi-Ideologie in Verbindung gebracht werden, selbst heute noch (Abbildung E.4).

Magnolia: Die Assoziation wurde von der deutschen Regierung verboten, aber ehrlich gesagt, interessiert mich die Vergangenheit mehr ...

Abbildung E.4: Skizze des germanischen Adlers, der einen Fisch fängt

---

139 Ichthys (ἰχθύς), das griechische Wort für Fisch, bildet das Anagramm von: Jesus Christus, der Sohn Gottes und der Erlöser (Ἰησοῦς Χριστός, Θεοῦ Υἱός Σωτήρ).

Hanno: Wenden wir uns doch lieber erbaulicheren Themen zu. Vielleicht kannst du, lieber Taleb, in dieser Hinsicht etwas beisteuern?

Taleb: *[Selbstgefällig]* Wollt ihr die Meinung von Taleb, Ardogast oder Ishaq hören?

Adelaide: *[Flüstert theatralisch]* Eine Dreifaltigkeit, in der Tat!

Hanno: *[Kichert]* Weniger als Dreifaltigkeit. In Anbetracht der verschiedenen religiösen Hintergründe hier, mit Christen, Vertretern anderer Glaubensrichtungen und mindestens einem Muslim, bist du, Ishaq, der einzige Vertreter deines Volkes und der Folgen der Schlacht von Tours und Poitiers.

Taleb: Ich bin es gewohnt, auch in anderen Bereichen eine Minderheit zu sein. *[Zuckt mit den Schultern und zwinkert Domenico Michiel zu]* Also, die Geschichte des jüdischen Volkes in … *[kichert]* Wieviel Zeit gibst du mir, Hanno?

Die Runde: *[Unisono]* Ewigkeit! Ewigkeit!

Adelaide: *[Gähnt]*

Philemon: *[Lacht]* Ihr wärt ein prächtiger Chor für mein Stück gewesen!

Mary: Bitte hab Erbarmen mit uns, lieber Taleb!

Taleb: Ich verstehe, ich verstehe, kein Grund zur Sorge. Um nun ernsthaft und auf den Punkt zu kommen, falls es einen gibt: Was genau möchtet ihr, dass ich anspreche? Die Kreuzritter haben uns entlang des Rheins massakriert, bevor sie das ‚Heilige Land' *[deutet Anführungszeichen mit den Fingern an]* von – verzeih meine Ausdrucksweise, Raschid, das ist nicht meine Wortwahl – Ungläubigen ‚befreiten'. König Edward von England hat uns von seiner Insel vertrieben – noch vor der Ära eurer Königin, wie ich weiß *[er nickt Mary und Marge zu]*. Isabella und Ferdinand, die allzu katholischen Könige, haben uns aus Spanien vertrieben – ich weiß, Raschid, und schätze, dass dein Emir uns nicht aus Granada gejagt hat. Die Russen haben das Pogrom erfunden, in Wort und Tat, und die Deutschen – mir fehlen immer noch die Worte. Und schließlich haben uns die Muslime aus ihren Ländern vertrieben, nachdem wir in Israel Zuflucht gesucht hatten – wenn man es überhaupt als Zuflucht bezeichnen kann, denn die Vertriebenen hegen verständlicherweise immer noch Groll. Das ist also der Stand der Dinge.

Nico: Es ist in der Tat entmutigend, dass uns Worte und Entschuldigungen für die Tragödien der Vergangenheit fehlen. Aber denke doch einmal an die bemerkenswerten Beiträge, die dein Volk in jüngerer Zeit zu Fortschritt und Aufklärung geleistet hat! Denk an die weltberühmten Philosophen, Wissenschaftler und Künstler: Spinoza, Freud, Einstein, Menuhin, Chagall, Isaac Bashevis Singer ...

Taleb: Danke für das Lob, lieber Nico, und vor allem für die Erwähnung des zuletzt genannten Schriftstellers, die einen Lichtblick darstellt: den Aufstieg des Jiddischen als gemeinsame Sprache der europäischen Juden. Dieses Privileg hatte ich zu unserer Zeit leider nicht...

Magnolia: *[Unterbricht, zu Nico]* ... du hast Leo Trotzki vergessen...

Adelaide: *[Schmunzelt]* Vielleicht auch einen jüdischen Papst?

Bischof Niketas: *[Lächelt zu Adelaide zurück]* Nein, nur Jesus Christus ...

Eugène de Beauharnais: Touché!

Taleb: Genug, bitte, sonst veröffentliche ich eine Liste, die unseren Gilbert, den nächsten in unserer Reihe, für immer verstummen lassen könnte.

Adelaide: *[Seufzt]* Für immer …

Hanno – Und jetzt bitte, lieber Gilbert, teile uns deine Gedanken mit. Und vielen Dank noch, Taleb!

Gilbert: Als einfacher Gerichtsschreiber fühle ich mich etwas eingeschüchtert in solch geschätzter Gesellschaft …

Hanno: Ach was, hier oben sind wir doch alle gleich, nicht wahr? Du hast sicher einen Großteil deiner Zeit hier oben damit verbracht, zu beobachten, was deine Nachfolger und Nachkommen seit der Schlacht von angestellt haben?

Gilbert: In der Tat, das habe ich. Und es war oft ein trauriger Anblick: Kaum war der Hundertjährige Krieg zu Ende, über den uns unsere Gefährten hier *[nickt Nico, Carva und Gio zu]* noch weiter aufklären werden, zerriss der Dreißigjährige Krieg das Deutsche Reich. Darauf folgten Napoleons verheerende Eroberungen in ganz Europa *[nickt Eugène de Beauharnais zu]*. Ganz zu schweigen von den Schrecken des 20. Jahrhunderts – und nach den aktuellen Ereignissen zu urteilen, scheint ein Ende nicht in Sicht zu sein …

Augusta Amalia: Aber, lieber Schreiberling, gab es nicht auch Positives zu berichten?

Gilbert: Wenn ich darüber nachdenke, ja – vor allem die Fortschritte in der Wissenschaft, ein Thema, das mich schon auf der Erde immer fasziniert hat.

Marge: Da stimme ich dir zu, Gilbert – das gilt auch für mich!

Gilbert: Und du *[nickt Marge zu]* hast den Beginn einer wissenschaftlichen Revolution miterlebt, die zu deinen Lebzeiten begann – während ich, ohne es zu wissen, noch im dunklen Mittelalter gefangen war. Doch anstatt auf die atemberaubenden technologischen Fortschritte einzugehen, die die Menschheit bis zum Mond geführt haben, möchte ich betonen, dass die zu meiner Zeit vorherrschende religiöse Weltanschauung dann allmählich und fast unaufhaltsam von einer wissenschaftlich geprägten verdrängt wurde – einer Weltanschauung, die meiner Meinung nach die Religion als Erklärung für den Ursprung und die Funktionsweise der Welt überflüssig gemacht hat.

Gio: In der Tat! Sogar unsere Päpste erkennen inzwischen an, dass die Welt nicht flach ist und nicht vor sechstausend Jahren in sieben Tagen erschaffen wurde.

Chrysippus: Etwas, das wir Griechen schon immer verstanden haben – zumindest den Aspekt, dass die Erde eine Kugel ist ...

Gilbert: Diese unvermeidliche Entwicklung spielt meiner Meinung nach eine wichtige Rolle bei der Erklärung, warum die Europäer und ihre Nachkommen nun einen Großteil der Welt beherrschen ...

Raschid: ... während die Regionen, die von meinen Glaubensbrüdern bewohnt und regiert werden, leider zurückgeblieben sind.

Domenico Michiel: Allerdings bin ich nicht ganz überzeugt, dass deine Einschätzung auf die Herrscher zutrifft, von denen viele die Religion einfach nur als Mittel nutzen, um mit Unzufriedenheit umzugehen und die Aufmerksamkeit von anderen Problemen abzulenken ...

Hanno: In der Tat faszinierend, und es gibt viel Stoff zum Nachdenken – fast *[zwinkert Adelaide zu]* genug, um für die Ewigkeit zu reichen ... Vielen Dank, lieber Gilbert, für deine Einsichten. Nun, Bischof Niketas, was sind deine Gedanken?

Bischof Niketas: Ich danke dir, Hanno, dass du mich um meine bescheidene Meinung aus den Tiefen Anatoliens bittest, als

Vertreter der Schlacht von Manzikert, die vielleicht die am wenigsten bekannte in diesem Buch ist.

Es fällt mir auf, wie wenig – ja fast gar nichts – wir damals über die Welt der anderen wussten! Aus der heutigen Perspektive, mit der Klarheit der Rückschau, bedaure ich die Zerstörung Bagdads durch die Mongolen, obwohl die Araber damals unsere Gegner waren. Wer weiß, was daraus hätte entstehen können, wäre diese Tragödie nicht geschehen. Die Türken, die später die Araber unterwarfen und ihre osmanische Herrschaft über den Nahen Osten und den Balkan ausdehnten, übernahmen zwar viel von der arabischen Kultur, einschließlich der Religion und der Schrift, aber nicht die Sprache.

Domenico Michiel: Wenn du erlaubst, lieber Niketas, möchte ich noch etwas hinzufügen: Es ist erwähnenswert, dass die osmanische Geschichte in osmanisch-arabischer Schrift verfasst ist, was ein erhebliches Hindernis für die zeitgenössische historische Forschung darstellt. Und nicht nur das – die osmanische Sprache war stark mit Persisch und Arabisch durchsetzt, von denen die moderne türkische Sprache dann ‚gereinigt‘ wurde. Daher können die Türken ihre eigenen schriftlichen historischen Quellen kaum noch lesen!

Bischof Niketas: Ich danke dir, Domenico. Ich bezweifle, dass Mustafa Kemal je an diesen Nachteil gedacht hat, als er die Sprachreform und den Übergang zum lateinischen Alphabet anordnete ... Also, wo war ich? Ach ja – die Türken haben nie den kulturellen Entwicklungsstand der Abbasiden erreicht, und als sie im späten 19. Jahrhundert versuchten ...

Domenico Michiel: *[Unterbricht]* ... erwies es sich, wie du richtig bemerkst, als zu spät. Bedenke nur, wie lange sie sich gegen die Einführung des Buchdrucks gewehrt haben!

Bischof Niketas: Der Gürtel türkischsprachiger Völker, der sich bis nach Zentralasien zieht, ist hin- und hergerissen zwischen der tief verwurzelten sowjetischen Kultur und dem muslimischen Einfluss. Nur Istanbul, das europäische Standbein der Türkei, neigt sich fest dem Westen zu.

Taleb: Wenn ich hinzufügen darf: Wir schulden Sultan Bayezid Dank, der viele von uns Juden im Osmanischen Reich aufnahm, nachdem wir aus Spanien vertrieben worden waren.

Domenico Michiel: Deshalb wird Ladino auch heute noch in Saloniki und Istanbul gesprochen ...

Taleb: Stimmt, aber die sephardische Gemeinschaft in der Türkei – oder muss man jetzt *Türkiye* sagen? – ist im 20. Jahrhundert aufgrund der weit weniger günstigen Behandlung fast bedeutungslos geworden.

Hanno: Leider, ja. Aber du hast deine eigene orthodoxe christliche Gemeinschaft noch nicht angesprochen, Niketas, deren prominentes Mitglied du zu deiner Zeit warst.

Bischof Niketas: Du hast recht, auch das ist eine düstere Geschichte. Bis heute – denken wir nur and den russischen Patriarchen Kyrill und Putin ... Aber ich denke, ich werde mich Domenico anschließen, wenn er an der Reihe ist, über das Schicksal von Byzanz zu sprechen.

Domenico Michiel: *[Nickt zustimmend]*

Hanno: Wir sind gespannt auf eure Erkenntnisse! Nico, Carva und Gio, wenn ich eure Spitznamen verwenden darf – wart ihr von der Entwicklung der europäischen Kunst aus unserer Perspektive hier oben beeindruckt?

Carva: Nun, ich werde mich nicht allzu sehr über Spanien äußern, da ich mein Heimatland schon in jungen Jahren verlassen habe. Mary *[deutet auf sie]* weiß durch ihre Zeit im Exil wahrscheinlich mehr über die kulturelle Entwicklung dort als ich. Dennoch sind die kulturellen Fortschritte in ganz Europa nach unserer Zeit, wie ihr alle wisst, unbestreitbar bemerkenswert.

Nico: Auf jeden Fall haben wir schon zu unserer Zeit eine neue Strömung in der Kunst gespürt und gefeiert, obwohl wir nicht wussten, dass sie nur der Anfang von etwas Größerem war.

Gio: Der Renaissance, um sie beim Namen zu nennen, die in Italien begann.

Carva: Denkt nur an die Entwicklung der Musik: Palestrina trat kurz nach unserer Zeit auf, gefolgt von Bach, Lully und Purcell während der Barockzeit, um nur einige zu nennen …

Nico: … und die literarischen Giganten wie Cervantes, Shakespeare, Rabelais, Montaigne und Corneille, die alle die menschliche Natur in bisher unerforschte Richtungen lenkten.

Gio: Übersehen wir nicht die italienischen Meister Leonardo da Vinci, Michelangelo, Raffael, Tizian und Caravaggio, die nicht nur das Wesen ihrer Motive einfingen, sondern sie auch mit Seele und Bedeutung erfüllten.

Marge: Und wir dürfen auch die flämischen Maler wie Rubens, Vermeer und Rembrandt nicht vergessen …

Carva: … sowie die spanischen Künstler Velásquez und El Greco, die jeweils ihren eigenen unverwechselbaren Stil zur Kunst beitrugen …

Gio: … und schließlich Palladio, dessen architektonischer Einfluss Jahrhunderte überdauerte.

Chrysippus: Wahrlich beeindruckend, da sind wir uns alle einig. Doch übersehen wir nicht die philosophische Revolution, die diesen Ausbruch an Kreativität und künstlerischer Befreiung erst ermöglichte: den Übergang von einer deduktiven zu einer induktiven Weltanschauung. Beobachtung, Experimente und Mathematik lösten das Dogma als primäres Mittel zum Verständnis der Welt ab und trieben so die Explosion wissenschaftlicher Erkenntnisse voran, die wir erlebt haben.

Marge: Denkt nur an Persönlichkeiten wie Kopernikus, Kepler und Galilei, die die Astronomie revolutionierten – ein Gebiet, das mich zu meiner Zeit sehr interessierte.

Eugène de Beauharnais: In der Tat erschütterte die wissenschaftliche Revolution die Dogmen sowohl der aristotelischen Philosophie als auch der kirchlichen Weltanschauung und legte damit den Grundstein für das Zeitalter der Vernunft in Europa – eine Periode, die, so möchte ich behaupten, auch die Grundlage für die spätere geopolitische Vorherrschaft Europas bildete.

Augusta Amalia: Zusammenfassend lässt sich sagen, dass die Aufklärung sowohl die Körper der Menschen von der absoluten Macht der Monarchen als auch ihre Seelen von der Umklammerung durch die Kirche befreite.

Domenico Michiel: Gut gesagt! Aus eurer Sicht *[nickt Carva, Gio und Nico zu]* habt ihr vielleicht gespürt, dass ein Wandel im Gange war, aber in euren kühnsten Träumen konntet ihr nicht ahnen, wie weitreichend das, was folgen würde, wirklich sein würde.

Nico: Auf jeden Fall. Die Kirche, die einst der Eckpfeiler unseres Lebens war, sowohl materiell als auch spirituell, trat allmählich in den Hintergrund und spielt heute nur noch eine untergeordnete Rolle. Ob dieser Wandel zum Guten oder Schlechten war, vermag ich nicht zu beurteilen, aber er war zweifellos eine historische Unvermeidlichkeit.

Hanno: Nun, ich danke euch allen für eure aufschlussreichen Beiträge! Über Kunst zu diskutieren, ist immer erbaulich, aber wir sollten unsere unbegrenzte Zeit nicht überstrapazieren ... Raschid, du warst bisher eher still, aber wir sind gespannt auf deine Sichtweise. Du hast bereits über eure verlorene Welt in der Sierra Nevada gesprochen, doch wir sind auch neugierig auf deine Ansichten über das große Ganze.

Raschid: *[Seufzt]* Unsere verlorene Welt wirkt aus der Ferne so unbedeutend. Obwohl ich zugeben muss, dass ich kein großer Intellektueller war ... Unser Granada hatte eine geistige Weite und Offenheit, die die Enge der heutigen muslimischen Welt bei weitem übertrifft, was mich mit tiefer Traurigkeit erfüllt. Trotz des enormen Reichtums, den einige Länder durch Öl und Gas erlangt haben – was haben sie wirklich erreicht? Glitzernde Paläste, in den Sand gebaut, aber was ist mit allem anderen? Wo sind die Nobelpreise? Wo sind die bemerkenswerten künstlerischen Errungenschaften? Und was ist mit dem Wohlergehen der Menschen? Was sie am besten produzieren, sind Despoten. Dazu wetteifern Sunniten mit Schiiten um regionale Vorherrschaft, und beide geben dem Westen die Schuld für ihre eigenen Unzulänglichkeiten. Es schmerzt mich zutiefst, dass der Islam heute meist mit Terrorismus in Verbindung gebracht wird.

Marge: Aber lasst uns nicht die bedeutenden wissenschaftlichen Beiträge während der Herrschaft deines Namensvetters in Bagdad oder die großartige Architektur deiner umayyadischen Vorfahren in al-Andalus vergessen!

Raschid: Das stimmt, aber all das liegt fest in der Vergangenheit. Darüber hinaus wurden die erwähnten wissenschaftlichen Fortschritte größtenteils von persischen Konvertiten erzielt und bestanden vor allem in der Übersetzung griechischer und lateinischer Texte – wichtige Beiträge, ja, aber kaum originell. Selbst das, was wir heute als ,arabische' Zahlen bezeichnen, einschließlich des revolutionären Konzepts der Null, haben wir nur aus Indien übernommen und weitergegeben. Apropos: Betrachtet Indien und Pakistan, die unter ähnlichen Umständen und zur gleichen Zeit ihre Unabhängigkeit von der britischen Herrschaft erlangten. Schaut nun, wo beide Länder heute stehen ...

Gio: Nicht lange nach unserer Zeit leiteten Martin Luther und andere eine Kirchenreform ein, um nach anderthalb Jahrtausenden des Christentums eine modernere Weltanschauung zu etablieren. Folglich musste sich auch die katholische Kirche in gewissem Maße anpassen. Nach dem muslimischen Kalender nähert sich dein Volk nun einem ähnlichen Punkt in seiner Geschichte. Glaubst du, dass der Islam eine vergleichbare Reform durchmachen wird?

Raschid: Ich wünsche es mir sehr, genauso wie es zu unserer Zeit in Granada tatsächlich geschah. Doch leider sehen die Aussichten derzeit düster aus. Kurz nach eurer Zeit *[nickt Eugène de Beauharnais, Augusta Amalia und Adelaide zu]* gab es einige Bemühungen, den Islam zu reformieren, doch diese wurden im Namen des Antikolonialismus unterdrückt, der den Islam instrumentalisiert hat – und das Ergebnis spricht für sich. Was mich am meisten frustriert, ist die Scheinheiligkeit des Ganzen. Die Taliban und der Islamische Staat zum Beispiel nutzen im Kampf gegen die vermeintlichen Übel der westlichen Welt das Internet, Mobiltelefone, Drohnen und moderne Waffen – all das wurde von genau jenen Mächten erfunden, entwickelt und produziert, die sie bekämpfen.

Bischof Niketas: In der Tat spiegelt die Kluft heute nicht mehr den Konflikt zwischen Muslimen und Christen wider, wie zu meiner Zeit, sondern eher den Zusammenstoß zwischen einer religiös geprägten und einer wissenschaftlich geprägten Weltanschauung, wie bereits erwähnt. Der Westen hat sich zunehmend von der Religion entfernt, und dort, wo sie noch besteht, ist sie eher auf den privaten Bereich beschränkt.

Hanno: Ganz richtig. Und vielen Dank, Raschid, für deine Einblicke. Also, wer ist der Nächste? Mary und Marge, denke ich. Bitte, bereichert uns mit eurer Perspektive auf die Entwicklungen nach der spanischen Armada und eurer Zeit.

Mary: Vielen Dank, Hanno, für die Gelegenheit, zu dieser fesselnden Diskussion über die jüngere Weltgeschichte beizutragen.

Augusta Amalia: Wobei ich einwerfen muss, dass vieles davon noch unerforscht ist ...

Marge: In der Tat, in der Tat. Dennoch liegt unser Schwerpunkt in diesem Buch und in unserer Runde auf der europäischen Geschichte. Vielleicht wird eines Tages jemand ein ähnliches Buch schreiben, das sich mit der Geschichte anderer Kontinente und Völker befasst.

Mary: Und genau hier liegt eine interessante Beobachtung. Was mir am meisten auffiel, war die Schnelligkeit, mit der England das größte Reich, das die Welt je gesehen hat, errichtete – gemessen an der kurzen historischen Zeitspanne.

Eugène de Beauharnais: Eine Leistung, die, wie ich betonen möchte, auf den Grundlagen der Industriellen Revolution aufbaute ...

Domenico Michiel: Um auf meinen Punkt zurückzukommen: Man könnte argumentieren, dass sich eine ähnliche Entwicklung in China hätte vollziehen können, angesichts seiner fortschrittlicheren Wissenschaft und früheren Entwicklungen. Wenn, wie man sagt, die Industrielle Revolution im Vereinigten Königreich durch technologischen Fortschritt, den Zugang zu Kohle und den Kolonialbesitz möglich war, so hatte China die ersten beiden und aufgrund seiner Größe keinen Bedarf am letzteren. Spanien mit seinen Kolonien und reichlich Silber hätte sich beides – Kohle und Wissen – ebenfalls aneignen können. Warum also fand die Industrielle Revolution im Vereinigten Königreich statt und nicht anderswo?

Chrysippus: In der Tat, in der Tat. Aber betrachten wir die unterschiedlichen Denkweisen ... Erinnern wir uns an Admiral Zheng He, der mit seiner riesigen Flotte vor den europäischen Entdeckern nach Südasien und Afrika segelte, nur um zurückbeordert zu werden. Im Gegensatz dazu setzten die Engländer ihre Flotte bewusst ein, um ihren Konkurrenten voraus zu sein.

Domenico Michiel: So mag der Wettbewerb in Europa eine entscheidende Rolle gespielt haben – etwas, das es in China so nicht gab.

Hanno: Das ist in der Tat eine fesselnde Diskussion, die ich gerne ein anderes Mal mit euch allen vertiefen würde. Aber lasst uns jetzt zu deinen Überlegungen über das Imperium zurückkehren, Mary.

Mary: Ich bin keine Politikwissenschaftlerin, und dies ist nicht der Ort für einen akademischen Diskurs. Alles, was ich sagen kann, ist, dass unser Imperium ohne große Absicht oder strategische Planung entstand; es hat sich einfach unter günstigen Umständen entwickelt.

Marge: Und genauso schnell, wie es entstanden ist, verschwand es nach dem Zweiten Weltkrieg wieder.

Mary: *Sic transit* ... Aber es hinterließ fast überall ein bleibendes Erbe: Schulen, Parlamente, Eisenbahnen ...

Magnolia: Nicht zu vergessen die seltsame Angewohnheit, auf der linken Seite zu fahren ... und, um ernst zu bleiben, die Verbreitung des Englischen als Weltsprache.

Carva: Erlaubt mir, Folgendes hinzuzufügen: Spanien und Portugal waren über zwei, drei Jahrhunderte hinweg reich an Silber und Gold aus ihren amerikanischen Kolonien – wenn auch mit Blut befleckt –, doch wohin ist all das verschwunden?

Eugène de Beauharnais: Noch einmal, wenn ihr mir verzeiht: Es ist eine Frage der Einstellung. Sie haben es vergeudet, anstatt es klug zu investieren.

Hanno: Gut gesagt und auf den Punkt gebracht! Über dieses Thema sind Bücher geschrieben worden, aber lasst uns jetzt über Byzanz und die Osmanen sprechen, ja?

Domenico Michiel: In der Tat, beide Reiche sind verschwunden, wie Reiche kommen und gehen. Als Venezianer erstaunt es mich immer wieder, wie unsere nun ebenfalls untergegangene Republik inmitten der wechselnden Gezeiten der Macht gediehen ist – zwischen dem Niedergang des einen und dem Aufstieg des anderen.

Bischof Niketas: Ich teile deinen Schmerz und schließe mich dem Gefühl des Verlustes an. Das tief verwurzelte Misstrauen der westlichen Christenheit gegenüber unserem orthodoxen Glauben, das aus dem Schisma von 1094 resultierte, besiegelte schließlich das Schicksal Konstantinopels, das das Erbe Roms nicht bewahren konnte.

Chrysippus: Aus einem anderen Blickwinkel betrachtet ist es bemerkenswert, dass Byzanz überhaupt ein Jahrtausend nach dem Fall Roms überdauerte.

Gio: In der Tat hat Byzanz, wenn man sein Erbe betrachtet, wesentlich dazu beigetragen, die Schätze der Antike für Europa zu bewahren.

Bischof Niketas: *[Hebt die Schultern und breitet die Arme aus, um Resignation auszudrücken.]*

Domenico Michiel: Da ich die letzten Jahre des Osmanischen Reiches, das zu meinen Lebzeiten als ,der kranke Mann am Bosporus' bezeichnet wurde, miterlebt habe, bewundere ich Mustafa Kemals Bemühungen, zu retten, was noch zu retten war. Dennoch bleibt die moderne Türkei nur ein schwacher Abglanz ihres Vorgängers.

Philemon: Als Beobachter aus der Ferne, der ich in der Region lebte, die später von diesen beiden Reichen beherrscht wurde, muss ich ebenfalls ihre bemerkenswerte kulturelle Vielfalt bezeugen.

Magnolia: Doch die moderne Türkei kämpft mit dieser Vielfalt; man denke nur an die Behandlung von Juden, Armeniern und Kurden.

Bischof Niketas: Stimmt, unsere Gesellschaften legten zwar großen Wert auf religiöse Einheit, doch sie akzeptierten Minderheitenkulturen eher als heute.

Augusta Amalia: Man könnte sogar argumentieren, dass das Leben in einem Kaiserreich, nachdem die anfänglichen Eroberungen abgeschlossen waren, eine integrativere Existenz bot als die Grenzen innerhalb von Nationalstaaten – ein Konstrukt, das größtenteils aus dem 19. Jahrhundert stammt.

Hanno: Das ist in der Tat eine scharfsinnige Beobachtung, die eine vertiefte Diskussion verdient. Doch zunächst möchte ich Sie, verehrte Damen und den Herrn [nickt Augusta Amalia, Adelaide und Eugène de Beauharnais zu], nach Ihren Ansichten fragen: Bedauern Sie die Kurzlebigkeit von Bonapartes Reich?

Eugène de Beauharnais: Wenn Sie erlauben, liegt mir die kurze Antwort auf der Zunge: Es hat sich nicht gelohnt, selbst wenn es erfolgreich gewesen wäre – zu viel Blutvergießen. Denken Sie daran, wie Europa sich seither freiwillig und friedlich vereinigt hat.

Magnolia: Doch das nicht, ohne aus dem noch viel größeren Blutvergießen, das folgte, Lehren zu ziehen …

Eugène de Beauharnais: In der Tat, doch meine anfängliche Meinung bleibt unverändert, trotz meiner persönlichen Beteiligung damals: Es war den Preis nicht wert.

Adelaide: Als jemand, der in ganz Europa gereist und aufgetreten ist, bin ich besonders beeindruckt von der Versöhnung zwischen Deutschland und Frankreich. Ich denke, daraus lässt sich eine wertvolle Lektion ziehen.

Augusta Amalia: Stimmt. Wie Eugène schon sagte, hatte Deutschland den Mut, sich seiner jüngsten Vergangenheit zu stellen und sie aufzuarbeiten. Aber haben andere Nationen nachgezogen? England mit Irland? Japan mit der Mandschurei? Spanien und Portugal mit ihren ehemaligen Kolonien auf dem amerikanischen Kontinent? Russland mit Zentralasien und Sibirien? Ich werde meine rhetorischen Fragen hier unterbrechen, um unsere Zeit nicht zu überstrapazieren, aber ich hoffe, ich habe meinen Punkt klar gemacht.

Hanno: In der Tat, wie viele Lehren kann man aus der Geschichte ziehen, nicht wahr? Das führt mich zu einem Gedanken, der mir immer bewusster wird, während ich euch allen zuhöre. Meine Frage richtet sich besonders an Magnolia und Domenico als die ‚Jüngsten‘ unter uns und an Chrysippus und Philemon als die ‚Ältesten‘ in unserer Runde. Meine Frage lautet: Gibt es einen Unterschied zwischen der Betrachtung der Geschichte ausschließlich von vorne nach hinten, wie wir und die professionellen Historiker es auf der Erde getan haben, und der Betrachtung von hinten nach vorne, wie sie uns hier im Himmel möglich ist?

Magnolia: Eine faszinierende Frage, und ich bin sehr gespannt auf die Antworten! Ich selbst war zu jung, um mich mit Geschichte zu beschäftigen, also übergebe ich das Wort an Domenico. Nur ein Gedanke: Wir alle erleben im Laufe unseres Lebens, wie sich die Geschichte von hinten nach vorne entfaltet, und wir werden

Zeugen ihrer Entwicklung – allerdings nur für eine recht kurze Zeit, je nach unserer Lebensspanne. Seht mich an.

Domenico Michiel: Ich habe die Geschichte tatsächlich aus der von dir erwähnten privilegierten Perspektive betrachtet, und ich wünschte, ich hätte es nicht getan, insbesondere bis zur Mitte des zwanzigsten Jahrhunderts. Deshalb fühle ich mich eher geneigt, die Geschichte im herkömmlichen Sinne, also rückblickend, zu bewerten. Dabei fällt mir besonders auf, dass Geschichte keine exakte Wissenschaft ist, sondern eine Mischung aus verschiedenen Disziplinen, was das Verständnis so anspruchsvoll und gleichzeitig faszinierend macht. Das Erkennen von Mustern und übergreifenden Trends in den verschiedenen Bereichen der Wissenschaft sowie das Aufspüren schwer fassbarer Kausalitäten – allein diese Aufgaben bieten dem Geschichtsinteressierten eine große Befriedigung.

Darüber hinaus verleiht die Gewinnung von Lehren aus der Vergangenheit der Geschichte auch einen praktischen Wert für zukünftige Entscheidungen. Dies ist nicht nur für Investoren wie mich wichtig, sondern auch für Politiker, die ihre Bevölkerung vertreten müssen – sei es, weil sie wiedergewählt werden wollen oder, im Falle von Diktatoren, um ihre Macht zu legitimieren. Leider beherrschen nur wenige diese Kunst wirklich, denn wie ich bereits sagte, ist die Geschichte weit davon entfernt, eine exakte Wissenschaft zu sein.

Hanno: Gut gesagt! Ich danke dir, Domenico. Und nun zu euch beiden [nickt den Griechen zu]: Wie war es für euch, die Geschichte sozusagen von hinten nach vorne zu erleben?

Chrysippus: Wie Magnolia scharfsinnig dargelegt hat, unterscheidet sich diese Erfahrung nicht grundlegend von dem, was wir zu Lebzeiten erlebt haben – mit zwei bemerkenswerten Ausnahmen: Sowohl der weitaus längere Zeitrahmen als auch die breitere Perspektive, die sich uns von hier oben bietet, haben unser Verständnis der Geschichte erheblich vertieft.

Nehmen wir das Thema der Schlachten, auf dem die Struktur des Buches beruht. In unseren ersten Jahren im Himmel, nachdem Philemon und ich uns hier gefunden hatten, vergnügten wir uns damit, Wetten über den Ausgang bedeutender Schlachten abzuschließen, die bevorstanden. Doch bald wurde uns dieser Zeitvertreib langweilig, denn wir erkannten – mit wenigen Ausnahmen –, dass Schlachten allein nicht den Lauf der Geschichte bestimmen. Es sind vielmehr tiefere, langfristige Kräfte, die über längere Zeiträume hinweg wirken und die Ergebnisse und Veränderungen wirklich beeinflussen.

Domenico Michiel: Stimmt! Lasst mich das an einem konkreten Beispiel verdeutlichen: Was wäre geschehen, wenn es den Mongolen gelungen wäre, Japan zu erobern, wie sie es im 13. Jahrhundert zweimal versucht haben? Meine Vermutung ist: Es hätte kaum einen Unterschied gemacht. Schließlich eroberte Dschingis Khan China, doch innerhalb einer oder zwei Generationen wurden die Mongolen so gründlich von den Chinesen assimiliert, dass sie kaum Spuren hinterließen.

Philemon: Vielen Dank, Domenico, für dieses aufschlussreiche Beispiel. Chrysippus und ich haben uns daraufhin auf tiefere historische Entwicklungen konzentriert – zum Beispiel darauf, welche Staaten sich als dominante Regionalmächte durchsetzen oder welche Regionen der Welt kolonisieren würden. Und was glaubt ihr, was dann geschah? *[Blickt in die Runde]*

Chrysippus: Auch diese Praxis haben wir letztlich aufgegeben. Trotz gelegentlicher Ausnahmen, wie der plötzlichen mongolischen Expansion im 13. Jahrhundert *[nickt Bischof Niketas zu]*, sahen wir uns zunehmend außerstande, gegensätzliche Positionen einzunehmen und darauf zu wetten. Unsere verfeinerten Beobachtungen führten in der Regel dazu, dass wir sehr ähnliche, wenn nicht sogar identische Ergebnisse vorhersagten.

Philemon: In der Tat, mein Lieber, wie wahr. Bestimmte Entwicklungen haben uns dennoch überrascht, wie die Entdeckung Amerikas durch Christoph Kolumbus im Namen der spanischen Krone, anstatt für die Portugiesen oder seine Heimatstadt Genua. Doch das Ereignis an sich wäre ohnehin eingetreten, nachdem die Europäer wiederentdeckt hatten, was wir schon immer wussten: Die Erde ist rund.

Was die langsameren historischen Entwicklungen betrifft, haben wir einige nicht vorhergesehen, wie den ins Stocken geratenen Fortschritt *[nickt Raschid zu]* in der muslimischen Welt. Andere hingegen, wie der vergleichsweise geringe postkoloniale Fortschritt Afrikas im Vergleich zu Asien, wurden von uns beiden richtig vorhergesagt.

Hanno: Eine faszinierende Erkenntnis! Sie unterstreicht, dass das Studium der Geschichte nicht nur eine müßige intellektuelle Beschäftigung ist, sondern das Potenzial hat, denjenigen in einflussreichen Positionen wertvolle Informationen für fundiertere und langfristigere Entscheidungen zu liefern.

Chrysippus: Ich freue mich, dass wir selbst von unserer Position aus, sozusagen aus der Ferne, einen Beitrag leisten konnten! Ich möchte noch eine weitere Bemerkung hinzufügen, die unseren unterschiedlichen Platz in der Zeitlinie der Erde betrifft, insbesondere in Bezug auf die menschliche Natur und unsere Beziehung zur natürlichen Welt. Viele spätere Generationen haben sich durch den bemerkenswerten Fortschritt der Technik und Wissenschaft dazu verleiten lassen, sich ihren Vorfahren überlegen zu fühlen. Philemon und mir ist jedoch aufgefallen, wie beständig die Menschheit geblieben ist: Ihre Leidenschaften, Ängste, Motivationen und alle grundlegenden philosophischen Fragen haben sich im Wesentlichen nicht verändert, auch wenn sich der Fokus der Aufmerksamkeit, die Interpretationen und die Lösungsvorschläge wandeln.

Was sich jedoch grundlegend verändert hat, ist das Verhältnis des Menschen zur Umwelt. In unserer Zeit schien die Natur weitgehend unberührt von Menschenhand und scheinbar grenzenlos. Unerwarteterweise hat sich dieses Verhältnis jedoch dramatisch gewandelt: Die natürliche Welt schrumpft in alarmierendem Tempo, was ein Ungleichgewicht schafft, das nicht nur die Natur selbst, sondern auch den Menschen als integralen Bestandteil dieser Natur gefährdet.

Hinzu kommt die weit verbreitete Annahme, dass sich die Erde, die sich im Laufe ihres langen Bestehens immer wieder erwärmt und abgekühlt hat, derzeit so schnell erwärmt, dass sie bald einen Kipppunkt erreichen könnte, dessen Folgen kaum absehbar sind. Damit möchte ich sagen, dass die analytischen Fähigkeiten, die wir in politischen und wirtschaftlichen Fragen entwickelt haben, nicht ausreichen, um Vorhersagen auf dieser globalen Ebene zu treffen, die Umwelt und Klima betreffen. Zudem sind die Entscheidungsprozesse – oder ihr Fehlen – völlig anders als jene, die wir gewohnt waren zu analysieren.

Magnolia: Stimmt, doch es wird gesagt, dass die Weltbevölkerung noch vor Ende dieses Jahrhunderts zu schrumpfen beginnen wird, was der Natur etwas Erleichterung verschaffen könnte. Meint ihr nicht auch?

Chrysippus: Ich wünschte, das wäre der Fall, aber es ist nicht unbedingt so. Wenn die Menschen in ärmeren Regionen anfangen, Ressourcen im gleichen Maße zu verbrauchen wie die Menschen in wohlhabenderen Ländern, könnten alle potenziellen Vorteile eines Bevölkerungsrückgangs zunichtegemacht werden. Wollen wir eine Wette abschließen?

Hanno: Ich würde es nicht wagen. Dieser Aspekt der Geschichte ist, wie Chrysippus richtig bemerkt, bisher kaum untersucht worden. Trotzdem ist es sicherlich ein Denkanstoß.

[Unsere Protagonisten diskutieren weiter, und wir können nur über die Themen spekulieren: Der Aufstieg außereuropäischer Mächte auf der Weltbühne? Die Bedrohungen für die moderne Demokratie? Die Rolle der Religion, oder deren Fehlen, in verschiedenen Gesellschaften? Die Auswirkungen von Chinas demographischem Einbruch? Wird es ein weiteres Buch geben, das sie wieder zusammenbringt? Die Liste ist endlos, und unsere Freunde haben die Ewigkeit vor sich. Wir jedoch müssen uns zurückziehen, bis ihr Gerede, ihre Dispute und ihr Lachen sich wieder in den ätherischen Weiten des Himmels verlieren.]

Anhang

Ausgewählte Quellen

Prolog
Creasy, Edward Shepherd. *The Fifteen Decisive Battles of the World: From Marathon to Waterloo*. Dover Publications. Inc. New York, 2008 (zuerst veröffentlicht in 1851). ISBN 9780486461700.

Kapitel 1
Osborne, Robin: *Classical Greece: 500-323 BC*. Short Oxford History of Europe. Oxford University Press, Oxford, New York. 2000. ISBN 9780198731535.

Rhodes, Peter John. *A History of the Classical Greek World: 478–323 BC*. Wiley-Blackwell, Hoboken, New Jersey, US, 2005. ISBN 9780631225645.

Kapitel 2
Erskine, Andrew (ed.). *A Companion to the Hellenistic World*. Blackwell Companions to the Ancient World. Wiley-Blackwell, Hoboken, New Jersey, 2003. ISBN 9780631225379.

Ferrari, Michel, and Georges Potworowski (ed.). *Teaching for Wisdom: Cross-cultural Perspectives on Fostering Wisdom*. Springer-Verlag New York Inc. 2008. ISBN 978140206532-3.

Provencal, Vernon L. *Sophist Kings: Persians as Other in Herodotus*. Bloomsbury Classical Studies Monographs. London; New York: Bloomsbury Academic, 2015. ISBN 9781780936130.

Kapitel 3
Brown, Peter: *The World of Late Antiquity: AD 150-750.*
Thames & Hudson, London, 1971. ISBN 13: 978-0393958034.

Miles, Richard: *Carthage Must Be Destroyed: The Rise and Fall of an Ancient Mediterranean Civilization*: Penguin Books, 2011.
ISBN 0141018097.

Kapitel 4
Glassman, Ronald M. *The Origins of Democracy in Tribes, City-States and Nation-States.* Springer International Publishing, Berlin; New York, 2017. ISBN 9783319516936.

Heather Peter. *Empires and Barbarians: The Fall of Rome and the Birth of Europe.* Oxford University Press, Oxford, New York, 2012. ISBN 9780333989753.

Santosuosso, Antonio. *Storming the Heavens: Soldiers, Emperors, And Civilians* in the *Roman Empire.* Pimlico, London, 2001. ISBN 9780813341606.

Kapitel 5
Kennedy, Hugh N. *Muslim Spain and Portugal: A Political History of al-Andalus.* Oxford University Press, Oxford, New York, 1996. ISBN 9780582495159.

Kapitel 6
Barlow, Frank. *Edward the Confessor.* University of California Press, Los Angeles, 1970. ISBN 9780300071566.

Barlow, Frank. *The Godwins: The Rise and Fall of a Noble Dynasty.* Longman, New York, 2001. ISBN 9780582423817.

O'Brien, Harriet. *Queen Emma and the Vikings: A History of Power, Love, and Greed in 11th-Century England.* Bloomsbury Publishing, London, 2006. ISBN 9781582345963.

Seller, Walter Carruthers, and Robert Julian Yeatman. *1066 and All That: A Memorable History of England, Comprising All the Parts You Can Remember, Including 103 Good Things, 5 Bad Kings and 2 Genuine Dates.* Methuen Publishing, London, 1930. ISBN 9780750917162.

Kapitel 7
Fletcher, Richard. *The Cross and the Crescent: The Dramatic Story of the Earliest Encounters Between Christians and Muslims.* Penguin Books, London, 2004. ISBN 9780143034810.

May, Timothy. *The Mongol Empire.* Edinburgh University Press, 2018. ISBN 9780748642366.

Norwich, John Julius. *Byzantium: The Decline and Fall.* Viking, New York, 1996. ISBN 9780140114492.

Tyerman, Christophe. *God's War: A New History of the Crusades.* Penguin Books, London, 2007. ISBN 9780140269802.

Kapitel 8
Green, David. *The Hundred Years War: A People's History.* Yale University Press, New Haven and London, 2014. ISBN 9780300134513.

Van Loo, Bart. *The Burgundians: A Vanished Empire.* Head of Zeus, London, 2022. ISBN 9781789543438.

Kapitel 9
Angold, Michael. *The Fall of Constantinople to the Ottomans: Context and Consequences*. Routledge, UK, 2012. ISBN 9780582356122.

Crowley, Roger. *City of Fortune: How Venice Won and Lost a Naval Empire*. Faber & Faber, London, 2011. ISBN 9780571245949.

Ilias, Florian. *1913: The Year before the Storm*. Melville House, New York, London, 2013. ISBN 9781612193519.

Norwich, John Julius. *A History of Venice*. Penguin Books, London, New York, 1982. ISBN 9780241953044.

Kapitel 10
Kennedy, Hugh. *Muslim Spain and Portugal: A Political History of al-Andalus*. Oxford University Press, Oxford, New York, 1996. ISBN 9780582495159.

Kapitel 11
Elliot, John Huxtable. *Spain and Its World, 1500-1700: Selected Essays*. Yale University Press, New Haven and London, 1989. ISBN 9780300042177.

Parker, Geoffrey. *Imprudent King: A New Life of Philippe II*. Yale University Press, 2014. ISBN 9780300196535.

Picard, Liza. *Elizabeth's London: Everyday Life in Elizabethan London*. St. Martin's Press, New York, 2004. ISBN 9780312325664.

Weir, Alison. *The Life of Elizabeth I*. Ballantine Books, New York, 1999. ISBN 9780345425508.

Kapitel 12

Clarke, Christopher. *Revolutionary Spring: Europe Aflame and the Fight for a New World, 1848–1849*. Penguin Random House, UK, 2023. ISBN 978024134766.

Lentz, Thierry. *Le congrès de Vienne: Une refondation de l'Europe 1814-1815*. Éditions Tallandier, Paris, 2013. ISBN 978226203305.

Roberts, Andrew. *Napoleon: A Life*. Penguin Books, New York, 2015. ISBN 9780670025329.

Epilog

Krebs, Christopher B. *A Most Dangerous Book: Tacitus' Germania from the Roman Empire to the Third Reich*. W. W. Norton & Company, New York and London, 2012. ISBN 9780393062656.

Reilly, Robert R. *The Closing of the Muslim Mind: How Intellectual Suicide Created the Modern Islamic Crisis*. ISI Books, Wilmington Delaware, 2010. ISBN 1933859911.

Bildquellennachweis:

S. 14, 71, 151, 177, Autorenfoto © Adrian Michael

S. 21 © Autorin: Kaminska Joanna, https://commons.wikimedia.org/wiki/
File:TYMVOS_MARATHONA.jpg., 20.8.2024

S. 28 © Autor: John F. Campbell, https://commons.wikimedia.org/wiki/File:The_
romance_of_the_ship;_the_story_of_her_origin_and_evolution_(1911)_
(14775862471).jpg., 20.8.2024

S. 22 © https://commons.wikimedia.org/wiki/File:Miltiades_fighting_the_Persians_
at_the_Battle_of_Marathon_in_the_Stoa_Poikile_(reconstitution).jpg.,
20.8.2024

S. 37 © Autorin: Marie-Lan Nguyen., https://de.wikipedia.org/wiki/Datei:Jupiter_
Smyrna_Louvre_Ma13.jpg., 20.8.2024

S. 40 © Autor: Ninara., https://commons.wikimedia.org/wiki/File:Faravahar_
Atashkadeh_Yazd.jpg. 20.8.2024

S. 49 © Autor: Ruthven., https://en.m.wikipedia.org/wiki/File:BattleofIssus333BC-
mosaic-detail1.jpg. 20.8.2024

S. 51 © https://commons.wikimedia.org/wiki/File:TIMAYENIS(1881)_p2.125_ISSUS.
jpg. 20.8.2024

S. 53 © https://commons.wikimedia.org/wiki/File:0_La_Bataille_d%27Issus_-_Jan_
Brueghel_I%27Ancien_(2).JPG?uselang=de. 20.8.2024

S. 16, 70, 119, 142 193, 244, 426, 210 © Markus Michael

S. 78 © Autorin: Ophelia2. https://commons.wikimedia.org/wiki/File:Representació_
guarnida_de_la_deessa_Tànit.JPG. 21.8.2024

S. 81 © https://www.reddit.com/r/papertowns/comments/x4sjf6/the_commercial_
heart_of_ancient_carthage_modern/21.8.2024

S.117 © Autor: Einsamer Schütze. https://commons.wikimedia.org/wiki/
File:Museum_Kalkriese_009.JPG. 21.8.2024

S. 127 © Autor: Sintakso. https://commons.wikimedia.org/wiki/File:Villa_romana_
delle_Grotte.jpg

S. 130 © https://www.alamy.de/antike-karte-ca-1875-von-rom-antike-
image157609124.html. 218.2014

S. 149 © https://commons.wikimedia.org/wiki/File:BookDurrowInitMark86r.jpg<y.
21.8.2024

S. 166 © Autor: Mattana. https://commons.wikimedia.org/wiki/File:Alsace_Mont_
Sainte-Odile_03.JPG. 21.8.2024

S. 198 © https://commons.wikimedia.org/wiki/File:Bayeux_horses_boats.jpg

S. 199 © Autor: Alonso de Mendoza. https://da.m.wikipedia.org/wiki/Fil:Bayeux_
Tapestry_Horses_in_Battle_of_Hastings.jpg. 21.8.2014

S. 204 © https://commons.wikimedia.org/wiki/File:Manuscript_of_XIII_BC_Battle_
of_Hastings.jpg. 21.8.2024

S. 209 © https://en.m.wikipedia.org/wiki/File:BnF_Fr232_fol323_Alp_Arslan_
Romanus.jpg. 21.8.2024

S. 212 © https://en.m.wikipedia.org/wiki/File:YuanEmperorAlbumOgedeiPortrait.jpg.
21.8.2014

S. 238 © https://commons.wikimedia.org/wiki/File:The_Burghers_of_Calais_MET_
DP221863.jpg. 21.8.2024

S. 242 © https://commons.wikimedia.org/wiki/File:SiegeOfOrleans1429_(cropped).
jpg. 21.8.2014

S. 240 © Author: Milo Tatch. https://en.m.wikipedia.org/wiki/File:Siege_Orleans.jpg.
21.8.2014

S. 268 © https://commons.wikimedia.org/wiki/File:Joan_of_arc_burning_at_stake.
jpg?uselang=de.21.8.2024

S. 276 © Autor: Ricardo André Frantz. https://commons.wikimedia.org/wiki/
File:Donatello_-_David_-_Florença.jpg?uselang=de21.8.2024

S. 281 © https://en.m.wikipedia.org/wiki/File:Le_siège_de_Constantinople_(1453)_
by_Jean_Le_Tavernier_after_1455.jpg.
21.8.2024

S. 285 © https://en.m.wikipedia.org/wiki/File:Siege_constantinople_bnf_fr2691.jpg.
21.8.2024

S. 301 © https://commons.wikimedia.org/wiki/File:Balat_houses.jpg. 21.8.2024

S. 309 © https://de.m.wikipedia.org/wiki/Datei:La_Rendición_de_Granada_-_
Pradilla.jpg. 21.8.2024

S. 316 © https://commons.wikimedia.org/wiki/File:Goya-Scene_from_spanish_war_
of_independence.jpg. 21.8.2024

S. 318 © https://commons.wikimedia.org/wiki/File:Granada,_1886,_Öl_auf_
Leinwand.jpg?uselang=de. 21.8.2024

S. 341 © https://de.m.wikipedia.org/wiki/Datei:Invincible_Armada.jpg. 21.8.2024

S. 344 © https://commons.wikimedia.org/wiki/File:Queen_Elizabeth_I_from_NPG_
(2).jpg. 21.8.2024

S. 348 © Autor: José Luis Filpo Cabana. https://commons.wikimedia.org/wiki/
File:Real_Monasterio_de_Yuste.jpg. 21.8.2024

S. 379 © https://commons.wikimedia.org/wiki/File:Hans_Eworth_Unknown_Man_
in_a_Re_Doublet.jpg. 21.8.2024

S. 392 © Autor: Alta Falisa. https://commons.wikimedia.org/wiki/File:18_
June_1815_-_Victory_at_Waterloo_-_Stanzas_to_the_Lion.jpg. 21.8.2024

S. 423 © https://commons.wikimedia.org/wiki/File:Charge_of_the_French_
Cuirassiers_at_Waterloo.jpg?uselang=de. 21.8.2024

S. 398 © https://commons.wikimedia.org/wiki/File:Auguste-Amélie_de_Bavière,_
vice-reine_d%27Italie_ (Château_de_Versailles).jpg. 21.8.2004

S. 432 © https://www.tutorialspoint.com/medieval_indian_history/medieval_indian_
history_mughals_cultural_developments.htm. 21.8.2024

S. 433 © https://commons.wikimedia.org/wiki/File:Gandhara_Buddha_(tnm).jpeg.
21.8.2024

S. 437 © https://commons.wikimedia.org/wiki/File:Adler-fängt-fisch.jpg?uselang=de.
21.8.2024

Der Autor

Markus Michael bildete sich in der Schweiz zum Arzt aus. Anstatt sich jedoch in einer Praxis um einzelne Patienten zu kümmern, verbrachte er sein gesamtes Berufsleben in Ländern im Kriegszustand, wo er humanitäre Hilfe leistete und inmitten des Chaos Gesundheitspolitik entwarf. Durch die Beobachtung und das Erleben von Geschichte im Werden entstand seine lebenslange Leidenschaft für die Erforschung, wie unsere Gegenwart entstanden ist. Markus Michael lebt in São Paulo, Brasilien.

Der Verlag

*Wer aufhört
besser zu werden,
hat aufgehört
gut zu sein!*

Basierend auf diesem Motto ist es dem novum Verlag
ein Anliegen, neue Manuskripte aufzuspüren, zu ver-
öffentlichen und deren Autoren langfristig zu fördern.
Mittlerweile gilt der 1997 gegründete und mehrfach
prämierte Verlag als Spezialist für Neuautoren in
Deutschland, Österreich und der Schweiz.

**Für jedes neue Manuskript wird innerhalb we-
niger Wochen eine kostenfreie, unverbindliche
Lektorats-Prüfung erstellt.**

Weitere Informationen zum Verlag und
seinen Büchern finden Sie im Internet unter:

w w w . n o v u m v e r l a g . c o m